MedR   Schriftenreihe Medizinrecht

Herausgegeben von
Professor Dr. Andreas Spickhoff, Regensburg

Thomas Gutmann

Für ein neues Transplantationsgesetz

Eine Bestandsaufnahme
des Novellierungsbedarfs
im Recht der Transplantationsmedizin

PD Dr. iur. Thomas Gutmann, M. A.
Ludwig-Maximilians-Universität München
Juristisches Seminar
Professor-Huber-Platz 2
80538 München
t.gutmann@jura.uni-muenchen.de

ISSN 1431-1151
ISBN-10 3-540-28283-1 Springer Berlin Heidelberg New York
ISBN-13 978-3-540-28283-9 Springer Berlin Heidelberg New York

Bibliografische Information Der Deutschen Bibliothek
Die Deutsche Bibliothek verzeichnet diese Publikation in der Deutschen Nationalbibliografie;
detaillierte bibliografische Daten sind im Internet über <http://dnb.ddb.de> abrufbar.

Dieses Werk ist urheberrechtlich geschützt. Die dadurch begründeten Rechte, insbesondere die der Übersetzung, des Nachdrucks, des Vortrags, der Entnahme von Abbildungen und Tabellen, der Funksendung, der Mikroverfilmung oder der Vervielfältigung auf anderen Wegen und der Speicherung in Datenverarbeitungsanlagen, bleiben, auch bei nur auszugsweiser Verwertung, vorbehalten. Eine Vervielfältigung dieses Werkes oder von Teilen dieses Werkes ist auch im Einzelfall nur in den Grenzen der gesetzlichen Bestimmungen des Urheberrechtsgesetzes der Bundesrepublik Deutschland vom 9. September 1965 in der jeweils geltenden Fassung zulässig. Sie ist grundsätzlich vergütungspflichtig. Zuwiderhandlungen unterliegen den Strafbestimmungen des Urheberrechtsgesetzes.

Springer. Ein Unternehmen der Springer Science+Business Media

springer.de

© Springer-Verlag Berlin Heidelberg 2006
Printed in Germany

Die Wiedergabe von Gebrauchsnamen, Handelsnamen, Warenbezeichnungen usw. in diesem Werk berechtigt auch ohne besondere Kennzeichnung nicht zu der Annahme, dass solche Namen im Sinne der Warenzeichen- und Markenschutz-Gesetzgebung als frei zu betrachten wären und daher von jedermann benutzt werden dürften.

Umschlaggestaltung: Erich Kirchner, Heidelberg

SPIN 11538691   64/3153-5 4 3 2 1 0 – Gedruckt auf säurefreiem Papier

Ein rechtswissenschaftliches Forschungsprojekt der
Jürgen und Felicitas Grupe Stiftung.

http://grupe-stiftung.de

Vorwort

Die vorliegende Untersuchung wurde durch die Jürgen und Felicitas Grupe Stiftung gefördert. Sie entstand im Zusammenhang mit Überlegungen zur Novellierung des Transplantationsgesetzes im Rahmen der Deutschen Akademie für Transplantationsmedizin e.V. Der Text gibt die wissenschaftliche Überzeugung des Verfassers wieder.

Die folgenden Ausführungen versuchen, den Stand der Kritik an Konzeption und Umsetzung des im Wesentlichen am 1. Dezember 1997 in Kraft getretenen Gesetzes über die Spende, Entnahme und Übertragung von Organen (Transplantationsgesetz – TPG) aus der Sicht insbesondere der Rechtswissenschaft, aber auch der Ethik, Psychologie und Medizin zusammenzufassen und in konkrete Vorschläge zur Novellierung des Gesetzes zu überführen. Hierbei wird ein Blick immer der Diskussion und den Regelungsmodellen im Ausland gelten.

Dieses Unternehmen kann auf eine Reihe von Vorarbeiten zurückgreifen. Hierunter sind zunächst zwei von der Deutschen Forschungsgemeinschaft geförderte Projekte zu nennen, die in den beiden Bänden *Gutmann/Schneewind/Schroth/Schmidt/Elsässer/Land/Hillebrand, Grundlagen einer gerechten Organverteilung – Medizin, Psychologie, Recht, Ethik und Soziologie, Berlin/New York (Springer) 2002*, und *Schroth/Schneewind/Gutmann/Fateh-Moghadam, Patientenautonomie am Beispiel der Lebendorganspende, 2005 (i.E.)* dokumentiert wurden. Eine weitere, ebenfalls durch die Jürgen und Felicitas Grupe Stiftung geförderte Vorarbeit liegt unter dem Titel *Gutmann/Schroth, Organlebendspende in Europa. Rechtliche Regelungsmodelle, ethische Diskussion und praktische Dynamik, Berlin/New York (Springer) 2002*, vor. Alle drei Untersuchungen fanden ihren Rahmen in einem seit 1991 an der Universität München laufenden Forschungsprojekt zu interdisziplinären Fragen der Organtransplantation. Einen wichtigen Orientierungspunkt bildet die jüngst erschienene Dokumentation der Ergebnisse des von der Deutschen Akademie für Transplantationsmedizin veranstalteten internationalen Kongresses über *Ethical, Legal and Social Issues in Organ Transplantation (München, Dezember 2002), Lengerich/Berlin 2004*, die der Verfasser gemeinsam mit A.S. Daar, W. Land und R.A. Sells herausgegeben hat. Eingeflossen sind auch Überlegungen einer Mitarbeit am *Consensus Statement of the Amsterdam Forum on the Care of the Live Kidney Donor* des *Ethics Committee of the Transplantation Society* im Jahr 2004 (Transplantation 78, 2004, 491 und 79, 2005, S 53). Einige Ergebnisse dieses Buches wurden bereits als Stellungnahme zur öffentlichen Anhörung „Organlebendspende" der Enquete-Kommission Ethik und Recht der modernen Medizin des Deutschen Bundestages am 1. März 2004 (Kom.-Drs. 15/135) vorgelegt. Für den Problemkomplex Lebendorganspende haben sowohl der Zwischenbericht „Organlebendspende" der Enquete-Kommission als auch die Sondervoten der Abgeordneten Kauch und Flach sowie des Sachverständigen Prof. Dr. Merkel hierzu die Diskussion vorangebracht. Diese Überlegungen wurden ebenso verarbeitet wie die Ergebnisse der öffentlichen Anhörung der Enquete-Kommission vom 14. März 2005 zur „Organisation der postmortalen Organspende in Deutschland".

Eine wesentliche Orientierung über die konkreten Rechtsprobleme des Gesetzes erbrachte die Arbeit an dem Kommentar zum Transplantationsgesetz von U. Schroth, P. König, Th. Gutmann und F. Oduncu, der im Sommer 2005 erschienen ist. Die vorliegende Untersuchung greift notwendigerweise ganz erheblich auch auf Arbeiten zurück, die von den an diesen Forschungsprojekten beteiligten Kollegen geleistet wurden. Weitere Anregungen entstammen den Diskussionen im Rahmen der Deutschen Akademie für Transplantationsmedizin und ihrer Arbeitsgruppe zur Novellierung des Transplantationsgesetzes. Für etwaige Unzulänglichkeiten dieses Buches ist der Verfasser allerdings alleine verantwortlich zu machen.

München, im Juni 2005

Thomas Gutmann

Inhalt

Vorwort VII

Inhalt IX

Einleitung 1

1. Die strafbewehrte Begrenzung des Spenderkreises bei der Lebendorganspende (§ 8 Abs. 1 Satz 2 TPG) 3
1.1. Verfassungsrechtliche Aspekte 4
1.1.1. Die Entscheidung des Bundesverfassungsgerichts 4
1.1.2. Unverhältnismäßigkeit des Grundrechtseingriffs 6
1.1.3. Formale Verfassungswidrigkeit des § 8 Abs. 1 Satz 2 TPG 7
1.1.4. Illegitimität der Strafbewehrung 8
1.1.5. Zwischenergebnis 9
1.2. Umfang und Auswirkungen der Restriktion des Spenderkreises 10
1.2.1. Internationale Entwicklungen 10
1.2.2. Beschränkungen in Deutschland 16
1.2.3. Unbestimmtheit und Unklarheiten der Norm 20
1.3. Die Anhörung vom 1. März 2004 22
1.4. Die Mehrheitsposition der Enquete-Kommission 22
1.4.1. Die Argumentation der Enquete-Kommission 23
1.4.2. Kritik 25
1.4.2.1. Grundsätzliche Einwände 25
1.4.2.2. Zur Überkreuz-Spende 31
1.4.2.3. Zu Poolmodellen 35
1.4.2.4. Zur nichtgerichteten Organspende 40
1.4.2.5. Zusammenfassung 46

2. Stärkung der sogenannten Lebendspende-Kommissionen und weitere prozedurale Sicherungen 49
2.1. Schutz der Spenderautonomie im klinischen Kontext 49
2.2. Die Kommissionen gemäß § 8 Abs. 3 TPG 54
2.2.1. „Zwischen Beratung und Entscheidung" 55
2.2.2. Organisation und Verfahren 56
2.2.3. Besetzung 57
2.2.4. Einbeziehung des Organempfängers 58
2.2.5. Die Vorschläge der Enquete-Kommission 59

2.2.6.	Erweiterte Prüfungskompetenz?	61
2.2.7.	Vereinheitlichung der Entscheidungsstandards	62
2.2.8.	Dolmetscher	63
2.2.9	Informationsaustausch	64
2.2.10.	Rechtsschutz	64
3.	**Streichung oder Änderung der sogenannten Subsidiaritätsklausel (§ 8 Abs. 1 Satz 1 Nr. 3 TPG)**	**69**
3.1.	Die gesetzliche Regelung	69
3.2.	Die grundsätzliche Verfehltheit der Vorschrift	69
3.3.	Beschränkte Effektivität der Norm	74
3.4.	Gefährdung von Patientenrechten	75
3.5.	Internationale Tendenzen	77
3.6.	Alternative: Die Formulierung im Schweizerischen TPG	78
3.7.	Ärztliche Aufklärungspflichten	78
3.8.	Kritik der Argumentation der Enquete-Kommission	78
3.8.1.	Bevormundung	79
3.8.2.	Potemkinsche Fassade	80
3.8.3.	Symbolische Gesetzgebung	81
3.8.4.	Förderung der postmortalen Organspende?	81
3.8.5.	Eine falsche Entgegensetzung	82
3.8.6.	Die kulturelle Dimension der Lebendorganspende	83
3.9.	Zusammenfassung	84
4.	**Einrichtung eines zentralen Lebendspender-Registers auf gesetzlicher Grundlage**	**85**
5.	**Verbesserung des Versicherungsschutzes für Lebendorganspender**	**89**
5.1.	Gesetzliche Unfallversicherung und ihre Alternativen	89
5.1.1.	Bestandsaufnahme	89
5.1.2.	Reaktionsmöglichkeiten	92
5.2.	Kosten, Verdienstausfall und Anschlussheilbehandlung des Lebendspenders	95
5.2.1.	Der Status quo	95
5.2.2.	Notwendigkeit gesetzlicher Klarstellungen	98
5.2.3.	Vorschläge der Enquete-Kommission	99
5.2.4.	Anschlussheilbehandlung	100
6.	**Das Organhandelsverbot**	**101**
6.1.	Notwendigkeit des Organhandelsverbots	101
6.2.	Probleme der §§ 17, 18 TPG	105
6.3.	Neukonzeption des Organhandelsverbots und weiterer strafrechtlicher Vorschriften	108
6.3.1.	Vorschlag einer Neufassung des Organhandelsverbotes	109
6.3.2.	Vorschlag zur Einführung des Tatbestandes des Organwuchers	111

6.3.3.	Vorschlag zur Einführung eines besonders schweren Falls der Nötigung	112
7.	**Die Regeln zur Organverteilung**	**113**
7.1.	Die Dimensionen des Problems	113
7.1.1.	Der Kontext	113
7.1.2.	Der grundlegende Konstruktionsfehler des § 12 TPG	115
7.2.	Die Verteilungskriterien (§ 12 Abs. 3 Satz 1 TPG)	117
7.2.1.	Unzureichende Vorgaben des Gesetzgebers	117
7.2.2.	Verstoß gegen das Bestimmtheitsgebot	118
7.2.3.	Verstoß gegen den Parlamentsvorbehalt	119
7.2.4.	Sonstige Ungeeignetheit der Formulierung	125
7.3.	Das Problem des Rechtsschutzes	129
7.4.	Materielle Vorgaben des Verfassungsrechts für die Allokation von Organen	131
8.	**Rechtliche Probleme der Beauftragung der Stiftung Eurotransplant**	**137**
8.1.	Die Grundentscheidung des Gesetzgebers	137
8.2.	Verfassungsrechtliche Problematik	137
9.	**Ungenügen der Lösung im Bereich der postmortalen Spende**	**141**
9.1.	Problemkontext	141
9.2.	Finanzielle und organisatorische Rahmenbedingungen	142
9.2.1.	Gründe für Verstöße gegen die Meldepflicht des § 11 Abs. 4 Satz 2 TPG	144
9.2.2.	Ökonomische Anreize zur Erfüllung der Meldepflicht	147
9.2.3.	Demotivationsfaktoren für das Krankenhauspersonal	148
9.2.4.	Sanktionen?	149
9.2.5.	Organisationsstrukturen in den Krankenhäusern	151
9.2.6.	Die Rolle der Koordinierungsstelle	154
9.3.	Die Widerspruchslösung	155
9.3.1.	Konzept und Bedeutung	155
9.3.2.	Rechtliche und ethische Aspekte	158
10.	**Weitere Probleme des geltenden Rechts**	**169**
10.1.	„Domino"-Transplantation	169
10.2.	Weiterer Korrekturbedarf am Transplantationsgesetz	172
11.	**Zusammenfassung der Empfehlungen**	**175**

Literatur **181**

Anhang: Das Transplantationsgesetz in seiner geltenden Fassung **209**

Einleitung

Dass die mit Erlass des TPG[1] getroffene Entscheidung, „eine Momentaufnahme der juristischen Diskussion und ihrer Ergebnisse zum Gesetz zu erheben, [...] Abänderungsgesetze erforderlich machen" wird, hat *Deutsch* schon zum Inkrafttreten des Regelwerks vorausgesagt.[2] Seit dem 1. Dezember 1997 hat sich in der Tat nicht nur die Transplantationsmedizin weiterentwickelt, es haben sich auch Niveau und Intensität der juristischen und ethischen Diskussion der Materie verändert. Mehr als sieben Jahre nach Inkrafttreten des Gesetzes ist es Zeit, Zwischenbilanz zu ziehen. Eine Reihe von Vorschriften des Regelwerks, bei denen der Gesetzgeber seinerzeit rechtliches Neuland betreten musste, hat sich als nicht adäquat oder als nicht hinreichend durchdacht erwiesen. Sieben Jahre juristischer Analyse haben zudem gezeigt, dass erhebliche Teile des Gesetzes mit verfassungsrechtlichen Vorgaben kollidieren oder unklar bzw. handwerklich missglückt sind und aus diesem Grund nachgebessert werden müssen. Insoweit wurde das Ziel des Gesetzgebers von 1997, durch „einen klaren rechtlichen Handlungsrahmen bestehende Rechtsunsicherheiten aus[zu]räum[en]"[3], verfehlt.[4] Zudem geben Erfahrungen und überzeugende Konzepte der Gesetzgebung im Ausland (wie etwa in der Schweiz) Anlass, über bessere Regelungen auch für Deutschland nachzudenken. Insgesamt muss das Transplantationsgesetz „als dringend reformbedürftig bezeichnet werden."[5]

---

[1] Gesetz über die Spende, Entnahme und Übertragung von Organen (Transplantationsgesetz – TPG) v. 5. 11.1997, BGBl I 1997, 2631, zuletzt geändert durch Art. 14 der Verordnung v. 25.11.2003, BGBl 2003 I, 2304.

[2] Deutsch, Das Transplantationsgesetz vom 5.11.1997, Neue Juristische Wochenschrift 1998, 777 (782).

[3] Entwurfsbegründung, BT-Drs. 13/4355 v. 16.04.1996, 11.

[4] Die Auffassung der Bundesregierung, „dass mit dem am 1. Dezember 1997 in Kraft getretenen Transplantationsgesetz (TPG) die notwendige rechtliche Sicherheit [...] für die Organspende und die Transplantation in Deutschland geschaffen wurde" (Antwort der Bundesregierung auf die Große Anfrage der Abgeordneten Julia Klöckner, Thomas Rachel, Andreas Storm, weiterer Abgeordneter und der Fraktion der CDU/CSU zum Thema Förderung der Organspende [BT-Drs. 15/2707], BT-Drs. 15/4542 v. 16.12. 2004), wird durch die wissenschaftliche Rezeption des Gesetzes und die Rechtswirklichkeit nachdrücklich widerlegt.

[5] Schroth/König/Gutmann/Oduncu–König, TPG, 2005, Einl. Rn. 6.

1. Die strafbewehrte Begrenzung des Spenderkreises bei der Lebendorganspende (§ 8 Abs. 1 Satz 2 TPG)

Die Bedeutung der Lebendspende von Organen hat in den vergangenen beiden Jahrzehnten weltweit stark zugenommen.[6] Dies gilt in besonderem Maß für die Bundesrepublik, in der der Anteil der Lebendspenden an der Gesamtzahl der übertragenen Nieren von 1,7 % im Jahr 1990 auf 19,7 % im Jahr 2004 gestiegen ist.[7] Es ist zu erwarten, dass sich dieser Quotient ungeachtet eines geringfügigen Rückgangs im Jahr 2003 (Anteil 16,1 %, absolut 405) mittelfristig weiter in Richtung der Verhältnisse in den USA bewegen wird, wo es seit 2001 insgesamt mehr Lebendspender als verstorbene Spender gibt[8] und zwischen 1992 und 2001 die Zahl der Lebendorganspenden unter biologisch nicht miteinander verwandten Personen um den Faktor 10 angestiegen ist.[9] Die Gründe für diese Entwicklung liegen ins-

---

[6] Gutmann/Schroth, Organlebendspende in Europa, 2002, 94 ff.

[7] Deutsche Stiftung Organtransplantation, Organspende und Transplantation in Deutschland 2004, 28.

[8] U.S. Organ Procurement and Transplantation Network and the Scientific Registry of Transplant Recipients (OPTN/SRTR) 2003 Annual Report, http://www.optn.org/AR2003/default.htm, Fig. III-6 (2002: 52 %).

[9] Die Zahl der Lebendspenden von Lebersegmenten unter Erwachsenen ist im Lichte einer zunehmend kritischen Bewertung der erheblichen Gefahren für den Spender und einiger Todesfälle (Surman/Hertl, Lancet 362, 2003, 674 m.w.N.; American Society of Transplant Surgeons, Position Paper on Adult-to-Adult Living Liver Donation, 2002, http://www.asts.org/positionpaper1.cfm) seit 2002 z.B. in den USA und Deutschland – jedenfalls vorläufig – zurückgegangen. 2004 wurden 64 Lebersegment-Lebendspenden an acht deutschen Kliniken vorgenommen, gegenüber 810 Lebertransplantationen nach postmortaler Organspende (DSO, a.a.o., 37). Dies entspricht einem Anteil von 7,3 % an der Gesamtzahl der Transplantationen und ist ein weiterer Rückgang (2003: 8,7 %), nachdem der Anteil der Teilleber-Lebendspende an der Lebertransplantation zunächst lange Zeit stark angestiegen war (von 1,4 % im Jahr 1996 auf 5,4 % im Jahr 1999 bis zu 12,5 % im Jahr 2001). Auch in den USA zeigt die Teilleber-Lebendspende eine rückläufige Tendenz: Die Zahl der Lebendspender stieg an von 253 (1999) über 385 (2000) bis auf 506 (2001) und ging dann wieder zurück auf 355 (2002) und 316 (2003), so die Zusammenfassung der DSO- und UNOS-Daten in: Enquete-Kommission Ethik und Recht der modernen Medizin, Zwischenbericht Organlebendspende, BT-Drs. 15/5050 v. 17.3. 2005, 11. Die Dokumente der Enquete-Kommission

besondere in der weiter zunehmenden Knappheit postmortal gespendeter Organe, im Fall der Niere in den deutlich höheren Erfolgsaussichten, sowie in einer vorrangig am Prinzip des Respekts vor der autonomen Entscheidung der Patienten orientierten normativen Neubewertung der Lebendorgantransplantation.[10]

Zu dieser Entwicklung gibt es mittel- bis langfristig keine Alternative. Wie *U. Frei* vor der Enquete-Kommission des Deutschen Bundestags am Beispiel der Niere zusammengefasst hat, muss es aus medizinischer Sicht

> „Ziel sein, alle für eine Nierentransplantation geeigneten Patienten innerhalb einer medizinisch vertretbaren Wartezeit mit einem Organ zu versorgen. Jedoch: Es besteht keine realistische Chance, die gegenwärtigen Wartelisten mit Organspenden Verstorbener jemals abzubauen. Jahrelanges Warten (z.Zt. 4-8 Jahre) beseitigt nahezu alle Vorteile der Transplantation. Eine Verfügbarkeit eines geeigneten Organs vom verstorbenen Spender ist angesichts der langen Wartelisten nicht gegeben. Den einzig möglichen Ausweg bietet die verstärkte Nutzung der Lebend-Nierenspende als notwendige Regelbehandlung. Ohne breite Anwendung der Lebendspende-Nierentransplantation ist keine angemessene Versorgung der nierenkranken Bürger möglich, eine Chance für eine deutliche Lebensverlängerung wird damit verspielt."[11]

1.1. Verfassungsrechtliche Aspekte

1.1.1. Die Entscheidung des Bundesverfassungsgerichts

Intensive Kritik hat von Anfang an die Begrenzung des Spenderkreises durch § 8 Abs. 1 Satz 2 TPG auf sich gezogen. Die Entnahme von Organen, die sich nicht

---

finden sich unter http://www. bundestag.de/parlament/kommissionen/ethik_med/index.html.

[10] Gutmann/Schroth, Organlebendspende in Europa, 2002, 107 ff.; Nationale Ethikkommission der Schweiz im Bereich Humanmedizin (NEK-CNE), Stellungnahme 6/2003 – Zur Regelung der Lebendspende im Transplantationsgesetz, 3.

[11] Frei, Stellungnahme zur öffentlichen Anhörung „Organlebendspende" der Enquete-Kommission Ethik und Recht der modernen Medizin am 1.3.2004, Kom.-Drs. 15/141, 1; vgl. die Stellungnahme Neuhaus, Kom.-Drs. 15/151. Vgl. dazu, dass mit zunehmender Dauer der Dialysebehandlung die Langzeitfunktion des schließlich transplantierten Organs stark abnimmt, Meier-Kriesche/Kaplan, Waiting Time on Dialysis as the Strongest Modifiable Risk Factor for Renal Transplant Outcomes, A Paired Donor Kidney Analysis, Transplantation 74, 2002, 1377; daneben Meier-Kriesche et al., Kidney International 58 (2000), 1311-1317 und Transplantation Proceedings 33 (2001), 1204 ff.; Mange/Joffe/Feldman, Effect of the Use or Nonuse of Long-Term Dialysis on the Subsequent Survival of Renal Transplants from Living Donors, New England Journal of Medicine 344, 2001, 726 ff.

1.1. Verfassungsrechtliche Aspekte

wieder bilden können, ist nach diesem im Gesetzgebungsverfahren gefundenen Kompromiss[12] nur zulässig zum Zwecke der Übertragung auf Verwandte ersten oder zweiten Grades, Ehegatten, Lebenspartner[13], Verlobte oder andere Personen, die dem Spender in besonderer persönlicher Verbundenheit offenkundig nahestehen.

Eine Kammer des Bundesverfassungsgerichts hat mit Beschluss über die Nichtannahme dreier Verfassungsbeschwerden gegen § 8 Abs. 1 Satz 2 TPG vom 13.8.1999[14] die Norm für verfassungsgemäß gehalten, hierbei jedoch festgehalten, dass der Gesetzgeber mit § 8 TPG die Therapiemöglichkeiten von Patienten, die auf Ersatzorgane angewiesen sind, „kausal zurechenbar nachhaltig beeinträchtigt" hat. Das Transplantationsgesetz greift – so das Bundesverfassungsgericht – mit § 8 in die abwehrrechtliche Verbürgung des Art. 2 Abs. 2 Satz 1 GG (Grundrecht auf Leben und körperliche Unversehrtheit) beim potentiellen Empfänger ein, weil hier

> „staatliche Regelungen dazu führen, dass einem kranken Menschen eine nach dem Stand der medizinischen Forschung prinzipiell zugängliche Therapie, mit der eine Verlängerung des Lebens, mindestens aber eine nicht unwesentliche Minderung des Leidens verbunden ist, versagt bleibt".[15]

Mit dieser Entscheidung ist *nicht* zugleich die Verfassungsmäßigkeit des § 8 TPG festgestellt worden, da sie als bloßer Nichtannahmebeschluss keine Bindungswirkung (gemäß § 31 Abs. 1 BVerfGG) entfaltet. Die Entscheidung der Kammer ist in der rechtswissenschaftlichen Literatur nahezu durchgehend auf Kritik gestoßen.[16]

---

[12] Zur Geschichte der deutschen Diskussion um die Gesetzgebung in Bezug auf die Lebendorganspende vgl. Gutmann, Probleme einer gesetzlichen Regelung der Lebendspende von Organen, Medizinrecht 1997, 147 ff.; Koch, Rechtsfragen der Organübertragung vom lebenden Spender, Zentralblatt für Chirurgie 124, 1999, 718, 719; Gutmann/Schroth, Organlebendspende in Europa, 2002, 2 ff. und Zilligens, Die strafrechtlichen Grenzen der Lebendorganspende, 2004, 79 ff.

[13] Die „Lebenspartner" wurden durch Art. 3 § 7 Nr. 2 des Gesetzes v. 16.2.2001 („Lebenspartnerschaftsgesetz"), BGBl. I, 266 mit Wirkung zum 1.8.2001 eingefügt.

[14] 1 BvR 2181/98; 1 BvR 2182/98; 1 BvR 2183/98; veröffentlicht in Neue Juristische Wochenschrift 1999, 3399 und Medizinrecht 2000, 28.

[15] Bundesverfassungsgericht, Neue Juristische Wochenschrift 1999, 3399 (3401); Sachs-Murswieck, Grundgesetz, ²2003, Art. 2 Rn. 159a; Dreier–Schulze-Fielitz, Grundgesetz, ²2004, Art. 2 Abs. 2 Rn. 81; Schmidt-Aßmann, Grundrechtspositionen und Legitimationsfragen im öffentlichen Gesundheitswesen, 2001, 18; Kloepfer, Leben und Würde des Menschen, in: Festschrift 50 Jahre Bundesverfassungsgericht, 2001, II, 77-104 (85).

[16] Gutmann, Gesetzgeberischer Paternalismus ohne Grenzen?, Neue Juristische Wochenschrift 1999, 3387; Gutmann/Schroth, Organlebendspende in Europa, 2002, 24; Schroth/König/Gutmann/Oduncu–Gutmann, TPG, 2005, § 8 Rn. 28 ff.; Esser, Verfassungsrechtliche Aspekte der Lebendspende von Organen, 2000, 79, 186 ff., 194; Höfling, Stellungnahme zur öffentlichen Anhörung „Organlebendspende" der Enquete-Kommission Ethik und Recht der modernen Medizin am 1.3.2004, Kom.-Drs. 15/143,

1.1.2. Unverhältnismäßigkeit des Grundrechtseingriffs

§ 8 Abs. 1 Satz 2 TPG begegnet weiterhin grundsätzlichen verfassungsrechtlichen Bedenken.[17]
Die Vorschrift beeinträchtigt die Handlungsfreiheit (Art. 2 Abs. 1 GG) des potentiellen Lebendorganspenders. Die Beantwortung der Frage, wann das Eingehen des mit dem Spendeakt verbundenen Risikos vernünftig ist, ist in wesentlicher Hinsicht eine nichtvertretbare Entscheidung, die nur der (hinreichend aufgeklärte) Betroffene selbst im Lichte seiner Wertungen und seiner Vorstellungen eines gelungenen Lebens treffen kann. Für potentielle Lebendspender kann es im Hinblick auf ihr Selbstbild, ihre Lebensumstände und ihre Beziehung zum Empfänger und dessen Situation eine individuell in jeder Hinsicht vernünftige Entscheidung – und eine Entscheidung von eminenter subjektiver Bedeutsamkeit – sein, eine Niere zu spenden oder selbst das höhere Risiko einer Leber- oder Lungenteilspende einzugehen. Auch selbstgefährdendes Verhalten ist Ausübung grundrechtlicher Freiheit und genießt prinzipiell den Schutz des Grundgesetzes.[18]

Insbesondere jedoch greift § 8 Abs. 1 Satz 2 TPG in die abwehrrechtliche Verbürgung des Art. 2 Abs. 2 Satz 1 GG des potentiellen Empfängers ein. Dieser Eingriff ist im Hinblick auf das Ziel, die Freiwilligkeit des Spenders zu sichern, schon nicht geeignet. Die gesetzgeberische Intuition, „daß grundsätzlich eine verwandtschaftliche oder vergleichbare enge persönliche Beziehung die beste Gewähr für die Freiwilligkeit der Organspende bietet"[19], ist offensichtlich verfehlt.[20] Der

---

3 sowie teilweise Sachs, JuS 2000, 393 und Seidenath, Anmerkung: Zur Verfassungsmäßigkeit der Regelung der Organentnahme bei Lebenden im Transplantationsgesetz, Medizinrecht 2000, 33.

[17] Esser, Verfassungsrechtliche Aspekte der Lebendspende von Organen, 2000, 185 ff., 194; Gutmann/Schroth, Organlebendspende in Europa, 2002, 24; Forkel, Das Persönlichkeitsrecht am Körper, gesehen besonders im Lichte des Transplantationsgesetzes, Jura 2001, 73, 78; Höfling–Esser, TPG, 2003, 89 ff.; Höfling, Stellungnahme zur öffentlichen Anhörung „Organlebendspende" der Enquete-Kommission Ethik und Recht der modernen Medizin am 1.3.2004, Kom.-Drs. 15/143, 4; Neft, Die Überkreuz-Lebendspende im Lichte der Restriktionen des Transplantationsgesetzes, Neue Zeitschrift für Sozialrecht 2004, 519; Zilligens, Die strafrechtlichen Grenzen der Lebendorganspende, 2004, 341; teilweise Sachs JuS 2000, 393 u. Seidenath, Anmerkung: Zur Verfassungsmäßigkeit der Regelung der Organentnahme bei Lebenden im Transplantationsgesetz, Medizinrecht 2000, 33; daneben Zilligens, Die strafrechtlichen Grenzen der Lebendorganspende, 2004, 341.

[18] Bundesverfassungsgericht, Neue Juristische Wochenschrift 1999, 3399, 3401; daneben Bundesverfassungsgericht, Neue Juristische Wochenschrift 1979, 1925, 1930 f. und Höfling, Stellungnahme zur Anhörung des Ausschusses für Gesundheit des Deutschen Bundestags zum Transplantationsgesetz am 9.10.1996, Aussch-Drs. 599/13, 6 (10).

[19] Entwurfsbegründung, BT-Drs. 13/4355, 20.

[20] Choudry/Daar/Radcliffe Richards/Guttmann/Hoffenberg/Lock/Sells/Tilney, Unrelated Living Organ Donation: Ultra Needs to Go, Journal of Medical Ethics 29 (2000), 169 f.; Höfling, Stellungnahme zur öffentlichen Anhörung „Organlebendspende" der Enquete-Kommission Ethik und Recht der modernen Medizin am 1.3.2004, Kom.-Drs.

Schweizer Bundesrat hat in seiner Botschaft zum Schweizer Transplantationsgesetz zu Recht ausgeführt:[21]

> „In vielen Ländern wird insbesondere im Hinblick auf die Gefahren eines möglichen Organhandels eine enge emotionale oder verwandtschaftliche Beziehung zwischen der spendenden und der empfangenden Person gesetzlich gefordert. Diese Begründung ist allerdings nicht überzeugend. Insbesondere ist nicht einsehbar, weshalb die Gefahr des Organhandels oder Druckversuche auf die spendende Person ausserhalb der Familie grösser sein soll als innerhalb."

Es ist ganz im Gegenteil keine Lebendorganspende denkbar, bei der weniger Bedenken hinsichtlich Freiwilligkeit und nichtkommerzieller Motivation des Spenders bestehen, als eine (verfahrensmäßig abgesicherte) anonyme, nichtgerichtete Lebendspende zugunsten des Pools der wartenden Patienten.

Im übrigen ist die Restriktion des § 8 Abs. 1 Satz 2 TPG nicht erforderlich, da strafrechtliche Verbote zum Schutz der gesetzgeberischen Zwecke bereits bestehen (§§ 18, 19 TPG) und prozedurale Sicherungen (vgl. § 8 Abs. 3 TPG) im Einzelfall ausreichen, um ein hinreichendes Maß an Sicherheit zu schaffen. Den Gefahren autonomieverletzender Instrumentalisierung und Kommerzialisierung kann durch angemessene Verfahren im jeweiligen Einzelfall vorgebeugt werden. Dies gilt insbesondere, wenn diese verfahrensmäßigen Sicherungen hinsichtlich ihrer Effektivität weiter verstärkt werden (siehe sogleich, 2.).

1.1.3. Formale Verfassungswidrigkeit des § 8 Abs. 1 Satz 2 TPG

Überwiegendes spricht zudem für die formelle Verfassungswidrigkeit der Regelung des § 8 Abs. 1 Satz 2 TPG, weil die Vorschrift gegen das Zitiergebot des Art. 19 Abs. 1 Satz 2 GG verstößt.[22]

---

[21] 15/143, 4; Birnbacher, Stellungnahme zur öffentlichen Anhörung „Organlebendspende" am 1.3.2004, Kom.-Drs. 15/144, 2; „Positionen zur Lebendorganspende" der Ständigen Kommission Organtransplantation der Bundesärztekammer v. 8.9.2003, 4, vorgelegt als Anh. zur Stellungnahme Schreiber zur öffentlichen Anhörung „Organlebendspende" am 1.3.2004, Kom.-Drs. 15/139; vgl. Stellungnahme Schreiber, Kom.-Drs. 15/139a; Nationale Ethikkommission der Schweiz im Bereich Humanmedizin (NEK-CNE), Stellungnahme 6/2003 – Zur Regelung der Lebendspende im Transplantationsgesetz, 31; Esser, Verfassungsrechtliche Aspekte der Lebendspende von Organen, 2000, 187 ff.; Rittner/Besold/Wandel, Die anonymisierte Lebendspende nach § 9 Satz 1 TPG geeigneter Organe (§ 8 I 2 TPG lege ferenda) – ein Plädoyer pro vita und gegen ärztlichen und staatlichen Paternalismus, Medizinrecht 2001, 121. 2001, 70.

[22] Die gegenteilige Ansicht des Bundesverfassungsgerichts (Neue Juristische Wochenschrift 1999, 3399 m. Anm. Gutmann, ebd., 3387) ist normlogisch unrichtig und nicht mit Art. 19 Abs. 1 Satz 2 GG zu vereinbaren (Gutmann, a.a.O.; Schroth/König/Gutmann/Oduncu–Gutmann, TPG, 2005, § 8 Rn. 27).

1.1.4. Illegitimität der Strafbewehrung

Darüber hinaus ist der Straftatbestand des § 19 Abs. 2 i.V.m. § 8 Abs. 1 Satz 2 TPG nicht mit den Prinzipien einer grundrechtsorientierten Strafrechtsordnung in Einklang zu bringen.[23] Er ist nicht nur nicht mit dem Bestimmtheitsgebot des Art. 103 Abs. 2 GG vereinbar[24], sondern auch rechtspolitisch aus mehreren Gründen verfehlt. § 19 Abs. 2 i.V.m. § 8 Abs. 1 Satz 2 TPG inkriminiert nicht nur ein Verhalten, das allenfalls im Vorfeld abstrakter Rechtsgutsgefährdung liegt, sondern will die Entnahme eines Organs durch einen Arzt auch und gerade in Fällen bestrafen, in denen diese nur dazu dient, Leben und Gesundheit eines Dritten zu erhalten. § 19 Abs. 2 i.V.m. § 8 Abs. 1 Satz 2 TPG verletzt damit insbesondere den Grundsatz, dass strafrechtliche Normen nur sozialschädliches Verhalten unter Strafe stellen dürfen.[25] Das Strafrecht soll „die Grundlagen eines geordneten Gemeinschaftslebens" schützen. Es wird als ultima ratio dieses Schutzes eingesetzt, wenn ein bestimmtes Verhalten über sein Verbotensein hinaus in besonderer Weise sozialschädlich und für das geordnete Zusammenleben der Menschen unerträglich, seine Verhinderung daher besonders dringlich ist."[26] Hierbei sollen die Androhung und gar die Verhängung und Vollziehung von Strafe „den Vorwurf zum Ausdruck bringen, „der Täter habe ʻelementare Werte des Gemeinschaftslebensʼ verletzt."[27] Bei der freiwilligen und nichtkommerziellen Lebendspende eines Organs unter einander nicht nahestehenden Menschen liegt jedoch kein sozialschädliches, sondern ein in hohem Maße fremd- und sozialnützliches Verhalten vor, bei dem der Organspender zudem – nach entsprechender Aufklärung – ausschließlich in seine eigenen Rechtsgüter eingreifen läßt. Der bloße Umstand, dass ein Arzt, ethischen Prinzipien seiner Berufsausübung folgend, das Organ eines erwachsenen, aufgeklärten, und nach seiner Überzeugung freiverantwortlich handelnden Menschen entnimmt, der mit seiner Spende einer ihm nicht besonders verbundenen Person aus nichtkommerziellen Gründen helfen möchte, ist unter Schuld- und Verhältnismäßigkeitsgesichtspunkten schlechthin nicht strafwürdig. Der ärztliche „Täter" wird zudem letztlich nicht für eigenes, sondern vielmehr für vermutetes

---

[23] Vgl. zum Folgenden Schroth, Die strafrechtlichen Grenzen der Lebendspende, in: Roxin/Schroth/Knauer/Niedermair (Hg.), Medizinstrafrecht, ²2001, 271-290 (284 ff.); Schroth/König/Gutmann/Oduncu–Schroth, TPG, 2005, § 19 Rn. 174 ff.; Gutmann, Gesetzgeberischer Paternalismus ohne Grenzen? Zum Beschluß des Bundesverfassungsgerichts zur Lebendspende von Organen, in: Neue Juristische Wochenschrift 1999, 3387-3389; daneben Forkel, Das Persönlichkeitsrecht am Körper, gesehen besonders im Lichte des Transplantationsgesetzes, Jura 2001, 73-79 (78).

[24] Vgl. näher unten, 1.2.3. sowie bereits Schroth, Die strafrechtlichen Tatbestände des Transplantationsgesetzes, in: Juristenzeitung 1997, 1149-1154 (1153). So auch Dippel, Zur Entwicklung des Gesetzes über die Spende, Entnahme und Übertragung von Organen (Transplantationsgesetz – TPG) vom 5.11.1997, in: Ebert et al. (Hg.), Festschrift für Walter Hanack, 1999, 665-696 (693).

[25] Vgl. Roxin, Strafrecht. Allgemeiner Teil, Band I, ³1997, § 2 Rn. 23.

[26] Richter Sommer, Einzelvotum zu BVerfGE 90, 145 (213), im Anschluß an BVerfGE 88, 203 (257).

[27] Ebenda, unter Verweis auf BVerfGE 45, 187 (253).

Verhalten Dritter bestraft.[28] Das Anknüpfen einer Strafdrohung an ein solches Handeln höchstens mittelbarer Gefährlichkeit rückt den Betroffenen „in die Nähe eines bloßen Mittels zum Zweck; das aber läßt die Strafdrohung als mit dem verfassungsrechtlich geschützten Wert- und Achtungsanspruch nicht mehr vereinbar erscheinen".[29] Der Rechtsausschuss des Deutschen Bundestags hatte bereits 1997 die Streichung dieses Straftatbestandes empfohlen.[30] Das Sondervotum der Abgeordneten *Kauch* und *Flach* sowie des Sachverständigen *Prof. Dr. Merkel* zum Zwischenbericht der Enquete-Kommission hat diese Empfehlung nachdrücklich erneuert.[31]

1.1.5. Zwischenergebnis

Insgesamt ist festzuhalten: Nicht die Forderung einer Öffnung des Spenderkreises über die gegenwärtigen Grenzen der Norm hinaus, sondern diese Grenzen selbst bedürfen einer Begründung.[32] Im Hinblick auf die betroffenen Rechtsgüter der Patienten, deren Schutz das Transplantationsgesetz dienen soll, *sind Restriktionen hinsichtlich möglicher Spender-Empfänger-Konstellationen bei der Lebendorganspende nur legitimierbar, wenn hierfür zwingende Gründe bestehen. Solche gibt es jedoch nicht.*

Zum Beschluß des Bundesverfassungsgerichts ist festzuhalten, dass das Gericht nur über die Frage entscheiden musste, ob § 8 Abs. 1 Satz 2 TPG die Grundrechte der Beschwerdeführer verletzt, nicht aber über die Sinnhaftigkeit und rechtspolitische Angemessenheit der Norm zu befinden hatte. Die Entscheidung hat diesbezüglich in der Tat „wenig bis nichts zur Klärung der Sachproblematik beigetragen".[33]

Zur Diskussion haben nunmehr die beiden Fragen zu stehen,
- ob der Gesetzgeber beim Erlaß des § 8 Abs. 1 Satz 2 TPG von seinen Beurteilungs- und Entscheidungsspielräumen, die ihm die Kammer des Bundesverfassungsgerichts in Achtung des Grundsatzes der Gewaltenteilung konzediert hat und die von der Mehrheit der Enquete-Kommission des Bundestags

---

[28] Näher Gutmann/Schroth, Organlebendspende in Europa, 2002, 17 f.; a.A. Bundesverfassungsgericht a.a.O.
[29] BVerfGE 90, 145 (221 – abw. Meinung Richter Sommer).
[30] BT-Drs. 13/8017, 24.
[31] Sondervotum von Michael Kauch, Ulrike Flach und Prof. Dr. Reinhard Merkel zum Zwischenbericht Organlebendspende der Enquete-Kommission Ethik und Recht der modernen Medizin, BT-Drs. 15/5050 v. 17.3.2005, 78 ff. (85).
[32] Dies betont auch das Sondervotum von Michael Kauch, Ulrike Flach und Prof. Dr. Reinhard Merkel zum Zwischenbericht Organlebendspende der Enquete-Kommission, BT-Drs. 15/5050 v. 17.3.2005, 78 ff. (79).
[33] Höfling, Stellungnahme zur öffentlichen Anhörung „Organlebendspende" der Enquete-Kommission Ethik und Recht der modernen Medizin am 1.3.2004, Kom.-Drs. 15/143, 3. Vgl. Höfling–Rixen, TPG, 2003, Einl. Rn. 6.

heute betont werden[34], in vernünftiger, überzeugender und angemessener Weise Gebrauch gemacht hat,
- und ob die Fortentwicklung nicht nur der Transplantationsmedizin, sondern auch der rechtswissenschaftlichen und ethischen Diskussion ihrer Fragen, nicht auch eine Weiterentwicklung des Transplantationsgesetzes angeraten sein läßt.

Aus den hier genannten und noch auszuführenden Gründen ist die erste Frage mit *nein*, die zweite mit *ja* zu beantworten. Deshalb besteht Bedarf an einer Neuformulierung – oder Streichung – des § 8 Abs. 1 Satz 2 TPG.[35]

1.2. Umfang und Auswirkungen der Restriktion des Spenderkreises

1.2.1. Internationale Entwicklungen

1.2.1.1.

Gerade auf dem Gebiet der Lebendorganspende ist die Entwicklung der Transplantationsmedizin seit 1997 nicht stehen geblieben. In internationaler Perspektive gewinnen in Deutschland gegenwärtig untersagte Modelle wie die Überkreuz-Lebendspende, Austauschmodelle für Lebend- und Leichenorgane und die altruistische Lebendorganspende unter einander fremden Menschen an Bedeutung.[36] Waren noch vor einigen Jahren umfangreiche Programme zur Fremd- und Überkreuz-Spende von Nieren (auch im Poolmodell) nur aus Südkorea bekannt[37], haben US-amerikanische Transplantationszentren nach intensiven, zuletzt in der Form nationaler Konsensuskonferenzen[38] geführten Diskussionen mittlerweile auf breiter Li-

---

[34] Enquete-Kommission Ethik und Recht der modernen Medizin, Zwischenbericht Organlebendspende, BT-Drs. 15/5050 v. 17.3.2005, 22, 80, 83.

[35] Dass sich der Gesetzgeber mit einem Verzicht auf § 8 Abs. 1 Satz 2 TPG im Rahmen seiner verfassungsrechtlichen Spielräume hielte, steht außer Zweifel. Vgl. zur Überkreuzspende insoweit auch die Enquete-Kommission Ethik und Recht der modernen Medizin, Zwischenbericht Organlebendspende, BT-Drs. 15/5050 v. 17.3.2005, 42.

[36] Vgl. Gutmann, Stellungnahme zur öffentlichen Anhörung „Organlebendspende" der Enquete-Kommission Ethik und Recht der modernen Medizin des Deutschen Bundestags am 1.3. 2004, Kom.-Drs. 15/135, 9 ff.

[37] Park/Moon/Kim/Kim, Exchange Donor Program in Kidney Transplantation, Transplantation 67 (1999), 336-338; dies., Exchange Donor Program in Kidney Transplantation, Transplantation Proceedings 31 (1999), 356 f. und Kim/Kim, Organ Donation-Third-Party Donation: Expanding the Donor Pool, Transplantation Proceedings 32 (2000), 1489-1491.

[38] National Kidney Foundation/American Society of Transplantation/American Society of Transplant Surgeons/American Society of Nephrology et al., Consensus Statement on the Live Organ Donor, JAMA 284 (2000), 2919-2926; Adams/Cohen/Danovitch et

1.2. Umfang und Auswirkungen der Restriktion des Spenderkreises

nie begonnen, bislang unkonventionelle Formen der Nieren-Lebendspende in ethisch begleiteten Pilotstudien in die Praxis umzusetzen. Der amerikanischen Erfahrung kommt für die Bundesrepublik wesentliche Bedeutung zu, sie wird daher im Folgenden in den Vordergrund gestellt.

Im Dezember 2000 wandte sich ein „Consensus Statement on the Live Organ Donor" der an der Organtransplantation beteiligten ärztlichen und weiteren Organisationen[39] explizit gegen jede Form genereller Beschränkungen des Spenderkreises, jedenfalls bei der Niere. Die Überkreuz-Spende von Nieren wird als „ethisch akzeptabel" bewertet und die Unterstellung zurückgewiesen, sie stelle eine Form von Organhandel dar; der Text beschränkt sich insoweit auf Vorschläge für pragmatische Lösungen der technischen Fragen einer solchen Doppeltransplantation. Ebenso positiv bewertet wird die nichtgerichtete (d.h. zugunsten eines nicht vom Spender bestimmten, ihm regelmäßig unbekannten Empfängers erfolgende) Fremdspende einer Niere, sofern auf die psychosoziale Evaluation des Spenders besondere Aufmerksamkeit gerichtet werde.

An der University of Minnesota in Minneapolis wurde bereits 1999 ein Programm zur nichtgerichteten, nicht finanziell motivierten Fremdspende von Nieren eingerichtet, das eine medizinische sowie eine intensive psychologische[40] Evaluation des Spendewilligen und seiner Motivation, aber nicht zwingend dessen Anonymität *nach* dem Eingriff vorsieht. Aus 360 Kontaktaufnahmen Spendewilliger resultierten 48 Evaluationen; bis 2004 waren in dem Programm 22 solcher Spenden zugunsten Fremder zu verzeichnen (Stand Juli 2005: 35). 16 Spendewillige wurden abgelehnt, davon nur 4 aus psychosozialen Gründen.[41] In Washington „scheiterten" 9 von 62 Bewerbern an der psychiatrischen und ebensoviele an der medizinischen Evaluation; 10 nichtgerichtete Spenden wurden durchgeführt.[42] Beide Pilotprojekte haben gezeigt, dass generalisierende Bedenken gegen die (in

---

al., The Nondirected Live Kidney Donor: Ethical Considerations and Practice Guidelines. A National Conference Report, Transplantation 74 (2002), 582-591.

[39] National Kidney Foundation/American Society of Transplantation/American Society of Transplant Surgeons/American Society of Nephrology et al., Consensus Statement on the Live Organ Donor, JAMA 284 (2000), 2919-2926.

[40] Vgl. auch Henderson/Landolt/McDonald et al., The Living Anonymous Kidney Donor: Lunatic or Saint?, American Journal of Transplantation 3 (2003), 203-213 zu dem in solchen Kontexten einsetzbaren Instrumentarium.

[41] Jacobs/Roman/Garvey/Kahn/Matas, Twenty-Two Nondirected Kidney Donors: An Update on a Single Center's Experience, American Journal of Transplantation 4 (2004) 1110; Jacobs/Matas, Nondirected Kidney Donation Practice in the United States, American Journal of Transplantation 3 (2003), 178 (Stand 31.10.2003; persönliche Mitteilung Dr. A. Matas, Minneapolis; vgl. bereits Matas/Garvey/Jacobs/Kahn, Nondirected Donation of Kidneys from Living Donors, The New England Journal of Medicine 343 (2000), 433-436 und Matas et al., Nondirected Kidney Donation at the University of Minnesota, in: Gutmann/Daar/Land/Sells (Eds.), Ethical, Legal And Social Issues In Organ Transplantation, 2004, 195-200.

[42] Gilbert/Brigham/Batty/Veatch, The Nondirected Living Donor Program: A Model for Cooperative Donation, Recovery and Allocation of Living Donor Kidneys, American Journal of Transplantation 5 (2005) 167-174.

jedem Einzelfall und orientiert am Standard für eine Einwilligung in fremdnützige Forschung[43] genauestens zu prüfende) Einwilligungsfähigkeit und Freiwilligkeit dieses Kreises potentieller Lebendspender nicht berechtigt sind. In Minneapolis haben fünf der Spender-Empfänger-Paarungen nach der Transplantation aufgrund eines beiderseitigen Wunsches Kontakt miteinander aufgenommen, drei haben sich getroffen. Eine ähnliche Politik in Bezug auf die Frage der Anonymität verfolgt das Programm in Washington.[44] Probleme mit (versuchtem) Organhandel oder mit finanziellen oder sonstigen Forderungen seitens des Spenders traten nicht auf; die Motivation der Spender beruhte durchgehend primär auf Hilfsbereitschaft oder ähnlichen Motiven.[45] Zwischen 1998 und Mai 2003 wurden, getragen von großer öffentlicher Zustimmung[46], an insgesamt 57 US-amerikanischen Transplantationszentren 117 Fremdorganspenden durchgeführt[47], beispielhaft ist das Programm der Johns-Hopkins-University in Baltimore mit fünf Fällen. Diese ihrem Umfang nach zunehmende Praxis mündet gegenwärtig in Bemühungen um entsprechende Richtlinien insbesondere zur Evaluation und Aufklärung solcher Spender.[48] In kanadischen Zentren gibt es ähnliche Programme, ebenfalls mit positiven Ergebnissen.[49]

---

[43] Taylor/Allee et al., Informed Consent for Living Anonymous Adult Donors, in: Gutmann/Daar/Land/Sells (Eds.), Ethical, Legal And Social Issues In Organ Transplantation, 2004, 201 (203).

[44] Gilbert/Brigham/Batty/Veatch, The Nondirected Living Donor Program: A Model for Cooperative Donation, Recovery and Allocation of Living Donor Kidneys, American Journal of Transplantation 5 (2005), 167-174 (173).

[45] Jacobs/Roman/Garvey/Kahn/Matas, Twenty-Two Nondirected Kidney Donors: An Update on a Single Center's Experience, American Journal of Transplantation 4 (2004) 1110. Dasselbe gilt für die kanadischen Erfahrungen: "Conclusion: Contrary to our medical community's fears, there are a significant number of psychologically stable, altruistically motivated individuals who want to donate a kidney anonymously to a stranger, and seek no material compensation in return. The evidence is sufficiently compelling to consider developing LAD programs nationally and internationally. This is especially true for Canadian and European programs, which have been more reticent about LADs than their American counterparts, given the dearth of comprehensive empirical evidence. However, based on these findings, it is timely for each health region to develop best practices commensurate with their culture and circumstances" – so Henderson/Landolt/McDonald et al., The Living Anonymous Kidney Donor: Lunatic or Saint?, American Journal of Transplantation 3 (2003), 203-213.

[46] Spital, Public Attitudes Toward Kidney Donation by Friends and Altruistic Strangers in the United States, Transplantation 71 (2001), 1061-1064.

[47] Jacobs/Matas, Nondirected Kidney Donation Practice in the United States, American Journal of Transplantation 3 (2003), 178 (Stand 31.10.2003); persönliche Mitteilung Dr. A. Matas, Minneapolis.

[48] Adams/Cohen/Danovitch et al., The Nondirected Live Kidney Donor: Ethical Considerations and Practice Guidelines. A National Conference Report, Transplantation 74 (2002), 582-591.

[49] Vgl. Henderson/Landolt/McDonald et al., The Living Anonymous Kidney Donor: Lunatic or Saint?, American Journal of Transplantation 3 (2003), 203-213.

1.2. Umfang und Auswirkungen der Restriktion des Spenderkreises

International ist, wie auch die Enquete-Kommission einräumt, eine allgemeine Tendenz zur Befürwortung der anonymen Lebendspende zu erkennen.[50] Der von der Deutschen Akademie für Transplantationsmedizin veranstaltete Internationale Kongreß über die Ethik der Organtransplantation in München, Dezember 2002, brachte diesen Konsens in folgenden Resolutionen zum Ausdruck:[51]

Resolution 3: „Non-directed living kidney donation is ethically acceptable and should be permitted."

Resolution 4: "Kidneys derived from non-directed donation should be allocated using the standard cadaver allocation criteria." [52]

Resolution 5: "The suitability of living related and unrelated organ donors should be assessed by the same criteria."[53]

In den Vordergrund tritt zunehmend die sogenannte Überkreuz-Spende, wie sie u.a. in den USA[54] sowie seit April 2003 auf der Grundlage einer nationalen Datenbank von den sieben niederländischen Universitätskliniken[55] erfolgreich praktiziert wird. In den USA fand am 2./3. März 2005 eine Konsens-Konferenz zur Vor-

---

[50] Enquete-Kommission Ethik und Recht der modernen Medizin, Zwischenbericht Organlebendspende, BT-Drs. 15/5050 v. 17.3.2005, 43.

[51] Abgedruckt in: Gutmann/Daar/Land/Sells (Eds.), Ethical, Legal and Social Issues in Organ Transplantation, 2004, 547 ff.

[52] Dies ist in der Schweiz nunmehr gesetzlich verankert, vgl. Art. 16 Abs. 1 Schweizer TPG. Ebenso bereits Nationale Ethikkommission der Schweiz im Bereich Humanmedizin (NEK-CNE), Stellungnahme 6/2003 – Zur Regelung der Lebendspende im Transplantationsgesetz, 32 f.

[53] Ebenso bereits Nationale Ethikkommission der Schweiz im Bereich Humanmedizin (NEK-CNE), Stellungnahme 6/2003 – Zur Regelung der Lebendspende im Transplantationsgesetz, 32 f.

[54] Delmonico, Exchanging Kidneys – Advances in Living-Donor Transplantation, The New England Journal of Medicine 350 (2004), 1812; Delmonico/Morrissey/Lipkowitz et al., Donor Kidney Exchanges, American Journal of Transplantation 4 (2004), 1628. Bereits 1997 begann die University of Chicago mit einer Prospektivstudie zur nicht auf Ehepaare beschränkten Ring-Überkreuzspende von Nieren (Ross/Rubin/Siegler et al., Ethics of a Paired-Kidney-Exchange Program, The New England Journal of Medicine 336, 1997, 1752-1755 sowie Ross/Woodle, Ethical Issues in Increasing Living Kidney Donations by Expanding Kidney Paired Exchange Programs, Transplantation 69, 2000, 1539-1543). Ein groß angelegtes Überkreuz-Spende-Programm für Nieren besteht ebenfalls an der Johns-Hopkins-University in Baltimore. Dort wurde auch die erste Dreifach-Überkreuz-Lebendspende von Nieren durchgeführt.

[55] Kranenburg/Visak et al., Starting a Crossover Kidney Transplantation Program in The Netherlands: Ethical and Psychological Considerations, Transplantation 78 (2004), 194; de Klerk et al., Acceptability and Feasibility of Cross-Over Kidney Transplantation, in: Gutmann/Daar/Land/Sells (Eds.), Ethical, Legal And Social Issues In Organ Transplantation, 2004, 255.

bereitung einer umfassenderen Implementierung der Überkreuz-Spende statt[56], die nicht zuletzt ein neu entwickeltes, computergestütztes Vermittlungsmodell für Überkreuz-Spenden des Harvard-Ökonomen Alvin Roth[57] diskutiert hat, das eine höhere Anzahl möglicher Kombinationen verspricht. Daneben wurden Austauschmodelle für Lebend- und Leichenorgane nach dem Prinzip, dem Empfänger ein postmortal gewonnenes Transplantat im Austausch gegen ein für ihn von einem Lebendspender an den „Pool" gespendetes Organ zuzuteilen („list-paired exchange of kidneys") in Boston und anderen Transplantationszentren Neuenglands sowie im Raum Washington implementiert.[58] Bis zum 31.12.2003 wurden, jeweils nach intensiver Aufklärung und Evaluation der Patienten vor Ort, vier Simultan-Überkreuzspenden und 17 „live donor/deceased donor list exchange kidney transplants" in Transplantationszentren Neuenglands durchgeführt; in Washington waren es zehn.[59]

1.2.1.2.

Die Erfahrungen mit diesen Projekten sind durchweg positiv[60] und geben Anlaß, Restriktionen abzubauen, die in der Bundesrepublik solchen Entwicklungen entgegenstehen. Mit Blick auf die europäischen Nachbarstaaten, sowie die USA und Kanada ist festzuhalten, dass nationale Regelungen, die mit einem weiter gefaßten Spenderkreis einhergehen[61], nach bisherigen Erkenntnissen keineswegs mit größeren Problemen hinsichtlich der Sicherstellung der Freiwilligkeit der Lebendspende und des Ausschlusses von Organhandel zu kämpfen haben.

1.2.1.3.

Vorbildhaft ist, neben anderen auf unbegründete Restriktionen verzichtenden Regelungen u.a. in Spanien, den Niederlanden, Österreich und Dänemark[62] (sowie in

---

[56] Live Donor Paired Kidney Donation Consensus Meeting, March 2-3, 2005, http://www.hopkinsmedicine.org/Transplant/Programs/InKTP/Agenda.pdf.
[57] Roth/Sönmez/Ünver, Kidney Exchange, Quarterly Journal of Economics, 119 (2004), 457-488; dies., A Kidney Exchange Clearinghouse in New England, http://www.aeaweb.org/annual_mtg_papers/2005/0107_1015_1004.pdf.
[58] Persönliche Mitteilung Dr. F. Delmonicos (Boston) und Lori Brighams (Washington); siehe nunmehr Gilbert/Brigham/Batty/Veatch, The Nondirected Living Donor Program: A Model for Cooperative Donation, Recovery and Allocation of Living Donor Kidneys, American Journal of Transplantation 5 (2005), 167-174.
[59] Gilbert/Brigham/Batty/Veatch, a.a.O.
[60] Siehe die genannten Beiträge sowie Spital, Kidney Donation by Altruistic Living Strangers, in: Gutmann/Daar/Land/Sells (Eds.), Ethical, Legal And Social Issues In Organ Transplantation, 2004, 133-142.
[61] Vgl. zum Überblick Gutmann/Schroth, Organlebendspende in Europa, 2002; Gutmann/Gerok, International Legislation in Living Organ Donation, in: Collins/Dubernard/Persijn/Land (Eds.), Procurement and Preservation of Vascularized Organs, 1997, 317-324; Price, Legal and Ethical Aspects of Organ Transplantation, 2000.
[62] Vgl. Gutmann/Schroth, Organlebendspende in Europa, 2002, 55 ff.

1.2. Umfang und Auswirkungen der Restriktion des Spenderkreises

den USA und Kanada), das neue Schweizer Transplantationsgesetz vom 8.10.2004, das sich – gerade in Abgrenzung vom deutschen Modell – durch einen bewußten, im Gesetzgebungsverfahren von allen Beteiligten begrüßten Verzicht auf jegliche Begrenzung des Kreises potentieller (erwachsener und einsichtsfähiger) Lebendorganspender auszeichnet und sowohl die Überkreuz-Spende als auch die nichtgerichtete, „altruistische" Spende eines Organs zuläßt; in letzterem Fall gelten dieselben Zuteilungskriterien wie für die Organe verstorbener Personen.[63]

Insgesamt läßt sich gegenwärtig ein einheitlicher europäischer Trend gegen jede strikte Begrenzung des Spenderkreises mit generellem Charakter feststellen.[64] Nahezu[65] alle wesentlichen Novellierungen europäischer Transplantationsgesetze der vergangenen Jahre (Spanien, Niederlande, Dänemark, Schweden sowie die Schweiz) haben bewußt auf eine derartige Restriktion verzichtet. Auch das Zusatzprotokoll zur Organtransplantation zum Übereinkommen des Europarats über Menschenrechte und Biomedizin lehnt generelle Restriktionen ab und schlägt eine Verfahrenslösung für den Einzelfall vor – ein Ethikkomitee oder eine vergleichbare Einrichtung soll den Eingriff gerade auch in außergewöhnlichen Konstellationen genehmigen können.[66] Gedacht ist insbesondere an Fälle, in denen – wie wohl beispielsweise, aber nicht nur bei der Überkreuz-Spende – die Lebendorganspende zwischen einander nicht eng verbundenen Menschen mit „langfristigem psychologischem Nutzen für den Spender" assoziiert werden kann.[67] Mit diesem Ansatz verficht auch der Europarat die in der Frage des Spenderkreises bei der Organlebendspende benötigte, verfahrensmäßig abgesicherte

---

[63] Bedenklich an dem Schweizer Gesetz erscheint insoweit nur, dass die im ursprünglichen Gesetzentwurf vorgesehene Kommissionslösung nach zum Teil heftiger Kritik fallengelassen wurde („Diese Kommission habe einen unnötigen administrativen Aufwand zur Folge, was die Methode der Lebendspende hemme", Schweizer Bundesrat, Botschaft zum Schweizer TPG, 2001, 43). Dies erscheint mit Blick auf den gleichzeitigen, überzeugend begründeten Verzicht auf bürokratische Begrenzungen des Spenderkreises problematisch.

[64] Gutmann/Schroth, Organlebendspende in Europa, 2002, 73.

[65] Dem steht auch nicht das neue Britische Gesetz (Human Tissue Bill vom 3.12.2003, insb. sect. 30) entgegen, dessen Restriktion der Lebendorganspende auf der formalgesetzlichen Ebene durch Freigaben und Erlaubnisvorbehalte auf der Verordnungsebene ergänzt wird.

[66] Europarat, Zusatzprotokoll zu der Konvention über Menschenrechte und Biomedizin über die Transplantation von menschlichen Organen und Geweben menschlichen Ursprungs v. 24.1.2002 (ETS No. 186, 2002), Art. 10 („Organ removal from a living donor may be carried out for the benefit of a recipient with whom the donor has a close personal relationship as defined by law, or, in the absence of such relationship, only under the conditions defined by law and with the approval of an appropriate independent body").

[67] Vgl. diesbezüglich den Explanatory Report vom 8.11.2001 zum Zusatzprotokoll, http://conventions.coe.int/Treaty/EN/Reports/Html/186.htm; sowie hierzu Guillod/Perrenoud, The Regulatory Framework for Living Organ Donation, in: Gutmann/Daar/Land/Sells (Eds.), Ethical, Legal And Social Issues In Organ Transplantation, 2004, 157 (167 f.).

Flexibilität im Einzelfall. Insoweit wird man dem Befund, dass im Bereich der Regelung der Lebend-Organtransplantation in Europa eine Krankheit namens HIL („Highly Inappropriate Legislation") umgehe[68], nicht länger zustimmen können.

1.2.2. Beschränkungen in Deutschland

1.2.2.1.

Die gegenwärtige deutsche Gesetzeslage verhindert ohne tragfähigen Grund nichtgerichtete Lebendspenden unter Fremden und Modelle wie z.B. die Möglichkeit, dem dialysepflichtigen Patienten ein postmortal gewonnenes Nierentransplantat im Austausch gegen ein zu seinen Gunsten von einem Lebendspender an den „Wartelistenpool" der Vermittlungsstelle gespendetes Organ zuzuteilen. Zudem werden deutsche Patienten von der internationalen Entwicklung auf dem Gebiet der Überkreuz-Nierenspende ausgeschlossen. Die Gesetzeslage verbietet im Regelfall Überkreuz-Lebendspenden auch dann, wenn diese immunologisch möglich und ethisch unbedenklich sind (hierzu sogleich); nicht erlaubt ist insbesondere deren Vermittlung über ein Register[69]; das Urteil des Bundessozialgerichts vom 10.12.2003[70] (hierzu sogleich) hat hieran nichts geändert.

1.2.2.2.

Inwieweit durch das geltende Gesetz die Überkreuzspende untersagt wird, ist umstritten.[71] Klar herausgearbeitet wurde zwischenzeitlich, dass die Überkreuzspende nicht per se Organhandel darstellt.[72] Prinzipiell gilt jedoch, dass das von § 8 Abs. 1 Satz 2 letzte Alt. TPG geforderte Näheverhältnis im konkreten Einzelfall und unmittelbar zwischen dem Spender und dem Empfänger eines bestimmten Organs

---

[68] Nielsen, Living Organ Donors – Legal Perspectives from Western Europe, in: Price/Akveld (Eds.), Living Organ Donation in the Nineties: European Medico-Legal Perspectives (EUROTOLD), 1996, 63-77 (73); vgl. Nys, Desirable Characteristics of Living Donation Transplant Legislation, im selben Band, 127-137 (131).

[69] Zu einem Organisationsvorschlag siehe Rittner/Besold/Wandel, A Proposal for Anonymous Living Organ Donation in Germany, in: Gutmann/Daar/Land/Sells (Eds.), Ethical, Legal And Social Issues In Organ Transplantation, 2004, 231-235. Vgl. bereits Rapaport, The Case for a Living Emotionally Related International Kidney Donor Exchange Registry, Transplantation Proceedings 18 (3/1986), Suppl. 2, 5-9.

[70] Az: B 9 VS 1/01 R; veröffentlicht in Juristenzeitung 2004, 464.

[71] Vgl. Schroth/König/Gutmann/Oduncu–Gutmann, TPG, 2005, § 8 Rn. 36 ff.

[72] Bundessozialgericht, Juristenzeitung 2004, 464, 466 mit insoweit zustimmender Anmerkung von Schroth, Juristenzeitung 2004, 469, 470, Nefl, Die Überkreuz-Lebendspende im Lichte der Restriktionen des Transplantationsgesetzes, Neue Zeitschrift für Sozialrecht 2004, 519 und Nickel/Preisigke, Zulässigkeit einer Überkreuz-Lebendspende nach dem Transplantationsgesetz, Medizinrecht 2004, 307, 308; vgl. Schroth/König/Gutmann/Oduncu–König, TPG, 2005, §§ 17,18 Rn. 31; abweichend Stellpflug, Die Sozialgerichtsbarkeit, 2004, 579.

1.2. Umfang und Auswirkungen der Restriktion des Spenderkreises

bestehen muss.[73] Dies ist im Rahmen einer Überkreuz-Spende zwischen den jeweiligen („kreuzweisen") Spender-Empfänger-Paaren gundsätzlich nicht der Fall. Regelmäßig wird jedoch vorgebracht, eine „besondere persönliche Verbundenheit" sei bei der Überkreuz-Spende wegen einer aufgrund gemeinsamer Notlage bestehenden Schicksalsgemeinschaft der Beteiligten zu unterstellen.[74] Dieses Argument überzeugt nicht. Es ist auch nicht durch eine verfassungskonforme Auslegung des § 8 Abs. 1 Satz 2 letzte Alt. TPG im Lichte der betroffenen Grundrechte der überkreuz-spendewilligen Paare zu stützen. Nach der ständigen Rechtsprechung des Bundesverfassungsgerichts darf im Wege der Auslegung einem nach Wortlaut und Sinn eindeutigen Gesetz nicht ein entgegengesetzter Sinn verliehen, der normative Gehalt der auszulegenden Norm nicht grundlegend neu bestimmt und das gesetzgeberische Ziel nicht in einem wesentlichen Punkt verfehlt werden;[75] sie darf dem Willen des Gesetzgebers nicht zuwiderlaufen.[76] Der gesetzgeberische Wille, dem wegen der zeitlich neuen und sachlich neuartigen Regelung des TPG besonderes Gewicht zukommt[77], ist *insoweit* jedoch hinreichend klar. Die Entwurfsbegründung[78] macht deutlich, dass das restriktive Leitbild der von § 8 Abs. 1 Satz 2 letzte Alt. TPG umschriebenen Beziehung in einer auf Dauer angelegten nichtehelichen Lebensgemeinschaft auf der Basis einer „gemeinsame[n] Lebensplanung mit innerer Bindung" besteht, wobei ein vergleichbares enges persönliches Verhältnis vorliegen könne, wenn die Bindung *über einen längeren Zeitraum gewachsen* sei und sich etwa durch häufige enge persönliche Kontakte über einen längeren Zeitraum manifestiere.

Das vom Gesetz geforderte „sich Nahestehen in besonderer persönlicher Verbundenheit" exkludiert nach alledem nicht nur bloß ökonomisch motivierte oder rein zweckrationale Beziehungen; es setzt vielmehr eine biographisch gewachsene Beziehungsgeschichte und wechselseitige Zusammengehörigkeits- bzw. Verant-

---

[73] Schroth/König/Gutmann/Oduncu–Schroth, TPG, 2005, § 19 Rn. 190; Nickel/Schmidt-Preisigke/Sengler, TPG, 2001, § 8 Rn. 20; Höfling–Esser, TPG, 2003, § 8 Rn. 82; Gutmann/Schroth, Organlebendspende in Europa, 2002, 8 f.; Bundessozialgericht, Juristenzeitung 2004, 464, 467; Neft, Die Überkreuz-Lebendspende im Lichte der Restriktionen des Transplantationsgesetzes, Neue Zeitschrift für Sozialrecht 2004, 519, 521; Enquete-Kommission Ethik und Recht der modernen Medizin, Zwischenbericht Organlebendspende, BT-Drs. 15/5050 v. 17.3.2005, 41; A.A. Edelmann, Ausgewählte Probleme bei der Organspende unter Lebenden, Versicherungsrecht 1999, 1065, 1067 und Koch, Aktuelle Rechtsfragen der Lebend-Organspende, in: Kirste (Hg.), Nieren-Lebendspende. Rechtsfragen und Versicherungsregelungen für Mediziner, Band 1, 2000, 49, 57 f.

[74] Seidenath, Lebendspende von Organen: Zur Auslegung des § 8 Abs. 1 S. 2 TPG, Medizinrecht 1998, 253, 256; Schreiber, Recht und Ethik der Lebend-Organtransplantation, in: Kirste (Hg.), Nieren-Lebendspende. Rechtsfragen und Versicherungsregelungen für Mediziner, 2000, 33, 41 f.; Holznagel, Aktuelle verfassungsrechtliche Fragen der Transplantationsmedizin, DVBl. 2001, 1629, 1635.

[75] BVerfGE 8, 1, 34; 54, 277, 299 f.; 71, 81, 105; 86, 288, 320.

[76] BVerfGE 69, 1, 55; Sachs–Sachs, Grundgesetz, ³2003, Einf. 56 mit Fn. 117 m.w.N.

[77] Vgl. BVerfGE 54, 277, 297.

[78] BT-Drs. 13/4355 v. 16.04.1996, 21.

wortungsgefühle sowie eine häufige, enge und persönliche Interaktion über einen längeren Zeitraum voraus.[79]
Eine Bejahung der Voraussetzungen des § 8 Abs. 1 Satz 2 letzte Alt. TPG („sich Nahestehen in besonderer persönlicher Verbundenheit") ist nach alledem zwar nicht bereits deshalb ausgeschlossen, weil sich die Betroffenen erst bei der Suche nach einem für eine Überkreuzspende geeigneten weiteren Paar kennen gelernt haben;[80] eine Cross-Spende wird von § 8 Abs. 1 Satz 2 TPG jedoch nur dann erlaubt, wenn die „Überkreuz-Spende"-Willigen untereinander *vor* dem Eingriff tatsächlich eine enge persönliche Beziehung aufgebaut haben.[81] Welcher Zeitraum hierfür vonnöten ist („drei bis vier Monate"[82]; „ein halbes Jahr"[83]), lässt sich nicht verallgemeinern. Für den Regelfall einer Überkreuz-Lebendspende nach einer Vermittlung der Paare kann und werden die Voraussetzungen des § 8 Abs. 1 Satz 2 TPG jedenfalls nicht zutreffen. Vor diesem Hintergrund ist – ungeachtet ihrer rechtspolitischen Wünschbarkeit – der Normalfall einer Überkreuz-Lebendspende mit der entstehungsgeschichtlich deutlich zu belegenden Teleologie der gesetzlichen Regelung nicht vereinbar.[84]

Auch das Bundessozialgericht[85] hat sich dem Bemühen um eine erweiternde Interpretation des als zu eng empfundenen § 8 Abs. 1 Satz 2 letzte Alt. TPG angeschlossen und ausgeführt, die bis zur Operation zurückgelegte Dauer der Beziehung der Beteiligten sei kein entscheidendes Kriterium; dies gelte angesichts des Gleichklangs der Lebensverhältnisse und des hieraus resultierenden personal-emotionalen Bezugs der Beteiligten zueinander insbesondere für eine Überkreuzspende zwischen Ehepaaren. Im Rahmen einer Prüfung der Umstände des Einzelfalls könne hier eine besondere persönliche Verbundenheit angenommen werden, wenn die Verbindung zwischen den Paaren „aus Sicht der Beteiligten grundsätzlich auf eine unbefristete Dauer angelegt" und so stark sei, „dass ihr Fortbestehen über die Operation hinaus erwartet werden" könne. Damit hat das Bundessozialgericht das gesetzliche Erfordernis des *Bestehens* einer – notwendigerweise biographisch gewachsenen – engen persönlichen Beziehung weitestgehend durch eine *Prognoseentscheidung* über deren *künftige Entwicklung* ersetzt. Abgesehen

---

[79] Landessozialgericht Nordrhein-Westfalen, Medizinrecht 2003, 469, 474; Gutmann/Schroth, Organlebendspende in Europa, 2002, 8 m.w.N.; Höfling–Esser, TPG, 2003, § 8 Rn 76 f.; Schroth/König/Gutmann/Oduncu–Schroth, TPG, 2005, § 19 Rn. 189.

[80] Bundessozialgericht, Juristenzeitung 2004, 464, 468; Nickel/Schmidt-Preisigke/Sengler, TPG, 2001, § 8 Rn. 17 f.

[81] Bundesregierung, BT-Drs. 14/868, 20, 22; Nickel/Schmidt-Preisigke/Sengler, TPG, 2001, § 8 Rn. 23; Gutmann/Schroth, Organlebendspende in Europa, 2002, 9.

[82] Schroth, Juristenzeitung 2004, 469, 471.

[83] Höfling–Esser, TPG, 2003, § 8 Rn. 79.

[84] Höfling, Stellungnahme zur öffentlichen Anhörung „Organlebendspende" der Enquete-Kommission Ethik und Recht der modernen Medizin am 1.3.2004, Kom.-Drs. 15/143, 4.

[85] Juristenzeitung 2004, 464, 466 ff. mit insoweit zustimmenden Anmerkungen von Neft, Neue Zeitschrift für Sozialrecht 2004, 519 und Nickel/Preisigke, Medizinrecht 2004, 307, 308; teilweise kritisch Schroth, Juristenzeitung 2004, 469.

davon, dass eine solche Prognose nicht mehr als „ein Stochern im Nebel auf schmaler Tatsachenbasis" sein kann[86], stellt dies keine haltbare Auslegung des Gesetzes dar und ist damit *contra legem*. Im übrigen würde das Gros der Fälle von Überkreuz-Spenden, wie sie gegenwärtig etwa in den USA oder in den Niederlanden auf der Grundlage einer zentralen Vermittlung durchgeführt werden, (unterstellt man nicht die Vorspiegelung falscher Tatsachen durch die Patienten) auch den vereinfachten Kriterien des Bundessozialgerichts keineswegs genügen. Das Urteil des Bundessozialgerichts entfaltet zudem keine Bindungswirkung für die in erster Linie angesprochene Strafgerichtsbarkeit, so dass im Hinblick auf § 8 Abs. 1 Satz 2 i.V.m. § 19 Abs. 2 TPG Ärzten für den Regelfall weiterhin nachdrücklich davon abgeraten werden muss, sich an Überkreuz-Lebendspenden zu beteiligen.[87]

Deshalb bleibt zu betonen, „dass die Problematik der Cross-Over-Spenden durch die bestehende gesetzliche Regelung keinesfalls so eindeutig geregelt wird, wie es alle Beteiligten, namentlich aber die transplantierenden Ärzte hinsichtlich einer strafrechtlich sanktionierten Norm erwarten dürfen. Der Gesetzgeber bleibt hier zu einer Neuregelung aufgerufen."[88]

1.2.2.3.

Zusammenfassend ist festzuhalten: Die gesetzliche Beschränkung des Spenderkreises wird insbesondere mit Blick auf die Überkreuz-Spende nahezu allgemein als unangemessen empfunden. Dies hat in Teilen des medizinrechtlichen Schrifttums und in der Rechtsprechung – bis hin zum Bundessozialgericht – zu dem nachvollziehbaren Bemühen geführt, offensichtlich unbillige Ergebnisse durch eine äußerst extensive Auslegung der Norm zu vermeiden. Hierbei wurden die zulässigen Möglichkeiten des Gesetzesverständnisses an ihre Grenzen und über diese hinaus geführt. Im Rahmen rechtsstaatlich-demokratischer Prinzipien kann jedoch nicht jede verfehlte gesetzgeberische Entscheidung mit den Mitteln der Auslegung unschädlich gemacht werden. Eine Korrektur des § 8 Abs. 1 Satz 2 TPG hat, nachdem das Bundesverfassungsgericht sich 1999 der Möglichkeit hierzu begeben hat, auch insoweit durch den Gesetzgeber zu erfolgen.

---

[86] Schroth, Juristenzeitung 2004, 469, 471; im Ergebnis ähnlich Neft, Die Überkreuz-Lebendspende im Lichte der Restriktionen des Transplantationsgesetzes, Neue Zeitschrift für Sozialrecht 2004, 519, 522.
[87] A.A. offenbar Lilie, Stellungnahme zur öffentlichen Anhörung „Organlebendspende" der Enquete-Kommission Ethik und Recht der modernen Medizin am 1.3.2004, Kom.-Drs. 15/147, 9.
[88] Höfling, Stellungnahme zur öffentlichen Anhörung „Organlebendspende" der Enquete-Kommission Ethik und Recht der modernen Medizin am 1.3.2004, Kom.-Drs. 15/143, 3.

1.2.3. Unbestimmtheit und Unklarheiten der Norm

Die Kriterien für die Feststellung des „Sich-Nahestehens in besonderer persönlicher Verbundenheit" im Sinne von § 8 Abs. 1 Satz 2 TPG, das zudem „offenkundig" sein muss[89], sind in der Rechtswissenschaft, in der Rechtsprechung und in der Praxis der Lebendspendekommissionen, wie gezeigt, weitgehend ungeklärt und umstritten. Die Regelung ist deshalb in mehrfacher Weise unbestimmt und läßt Arzt und Patienten mit erheblichen Interpretationsproblemen zurück. Dies gilt, wie gezeigt, für die Frage der geforderten Nähebeziehung, für die Frage der Subsumierbarkeit der typischen Überkreuzspende sowie für das Tatbestandsmerkmal der „Offenkundigkeit". In der Praxis wird zudem eine größere Zahl von ethisch völlig gerechtfertigt erscheinenden Lebendorganspenden nicht durchgeführt, weil sich die Beziehung von Spender und Empfänger nicht genau genug unter die Vorgaben des § 8 Abs. 1 Satz 2 TPG – die geforderte Nähebeziehung – subsumieren läßt oder weil diesbezügliche Unsicherheiten verbleiben. Der mit § 8 Abs. 1 Satz 2 TPG verbundene Straftatbestand des § 19 Abs. 2 TPG sorgt dafür, dass in den regelmäßig begegnenden Grenzfällen der Eingriff unterbleibt und dem potentiellen Empfänger die Therapie versagt wird. Schon dieser Umstand allein legt eine Änderung der Norm nahe.

Eine weitere Unsicherheit liegt in der Frage, ob die Spende eines Lebersegmentes bzw. -lappens unter die Vorschrift des § 8 Abs. 1 Satz 2 TPG fällt.[90] Dies ist an sich in eindeutiger Weise zu verneinen: Die Leber ist ein regenerierbares Organ; ihr Regenerationsprozess nach einer Lebendspende ist im Normalverlauf schnell und vollständig.[91] Hiervon gehen auch ausländische Regelungen aus.[92]

---

[89] Überwiegendes spricht dafür, dass das Merkmal der Offenkundigkeit dieser Verbundenheit nicht meint, dass sie ohne weiteres für jedermann ersichtlich oder erkennbar sein müsse, sich also entsprechende Erkundigungen und Ermittlungen geradezu verböten. Ihre Merkmale müssen vielmehr (nur) für den Arzt, der an dem Prozess der Entscheidung bis zur Transplantation beteiligt ist, im beruflichen Kontakt eindeutig erkennbar sein (so Bundessozialgericht Juristenzeitung 2004, 464, 468 m.w.N.; Schroth, Juristenzeitung 2004, 469, 472; Neft, Neue Zeitschrift für Sozialrecht 2004, 519, 522). Eindeutig ist dies jedoch keineswegs, siehe Landessozialgericht NRW, Medizinrecht 2003, 469, 474 f.

[90] Schroth/König/Gutmann/Oduncu–Gutmann, TPG, 2005, § 8 Rn. 31; Schroth/König/Gutmann/Oduncu–Schroth, TPG, 2005, § 19 Rn. 176; Gutmann/Schroth, Organlebendspende in Europa, 2002 18 f.; Höfling–Esser, TPG, 2003, 65; Zilligens, Die strafrechtlichen Grenzen der Lebendorganspende, 2004, 121 ff.; Höfling, Stellungnahme zur öffentlichen Anhörung „Organlebendspende" der Enquete-Kommission Ethik und Recht der modernen Medizin am 1.3.2004, Kom.-Drs. 15/143, 4.

[91] Marcos/Fisher/Ham, Liver Regeneration and Function in Donor and Recipient after Right Lobe Adult to Adult Living Donor Liver Transplantation, in: Transplantation 69 (2000), 1375-1379.

[92] Vgl. Schweizer Bundesrat, Botschaft zum Schweizer TPG, 2001: „[D]er verbleibende Leberlappen regeneriert sich in der Regel innerhalb von rund drei bis sechs Wochen zu normaler Grösse und Funktion. Diese einzigartige Fähigkeit der Leber führt dazu, dass sich auch das transplantierte Teilorgan in der Empfängerin oder im Empfänger durch

1.2. Umfang und Auswirkungen der Restriktion des Spenderkreises

Nach dem Wortlaut des Gesetzes wird die Lebendspende eines Lebersegments oder -lappens deshalb *nicht* vom Anwendungsbereich des § 8 Abs. 1 Satz 2 TPG erfasst. Nichts anderes ergibt sich daraus, dass insoweit auf den entnommenen Leber*teil* (§ 1 Abs. 1 Satz 1 TPG) abzustellen ist und dieser normalerweise nicht in seiner „alten" Form nachwächst, sondern sich die Leber in neuer Form regeneriert, da die Regenerierbarkeit nach dem Sinn der Norm in funktioneller und nicht in ästhetischer Hinsicht zu verstehen ist.[93] Dieses Ergebnis findet eine weitere Stütze in § 298 Abs. 1 Nr. 1 i.d.F. des Regierungsentwurfs eines Strafrechtsänderungsgesetzes – Organhandel[94], wo Leberexplantate den regenerierungsfähigen Organen zugeordnet sind.[95] Auch die Entwurfsbegründung[96] nannte – nachdem die „klassischen" regenerierbaren Körpermaterialien wie Blut und Knochenmark bereits durch § 1 Abs. 2 TPG vom Anwendungsbereich des Gesetzes ausgenommen waren – als Beispiele für „nicht regenerierungsfähige Organe und Organteile" seinerzeit nur „Nieren, Lungenlappen oder Teile der Bauchspeicheldrüse", *nicht* aber die Leber, obwohl Mitte der 90er Jahre die Bedeutung der Lebersegment-Lebendspende bereits um ein Vielfaches über derjenigen der Lungen- oder Pankreasspende lag. Der Umstand, dass die gesetzgeberischen Ziele des § 8 Abs. 1 Satz 2 TPG (Sicherstellung der Freiwilligkeit der Entscheidung des Spenders sowie ein paternalistischer Schutz des Spenders davor, sich selbst gesundheitlich zu schaden) an sich *a fortiori* für die riskante Lebendspende eines Lebersegments zuträfen, kann ein anderes Ergebnis nicht begründen. Eine teleologische Extension der Norm scheitert daran, dass § 8 Abs. 1 Satz 2 TPG i.V.m. § 19 Abs. 2 TPG einen Straftatbestand darstellt, für den das Verbot strafbegründender Analogie und tatbestandsausweitender Interpretation gilt (Art. 103 Abs. 2 GG).[97] Der Begriff der „Regenerierbarkeit" des Organs ist nach alledem zur Umsetzung der gesetzgeberischen Absicht ungeeignet;[98] § 8 Abs. 1 Satz 2 TPG ist insoweit in einer ganz wesentlichen Hinsicht dysfunktional.[99] Auch dieser Befund ist Grund für eine Novellierung der Norm, die vorzugsweise in ihrer Streichung bestünde. Der Umstand, dass

---

Zellvermehrung selbst regeneriert"; daneben Price, Legal and Ethical Aspects of Organ Transplantation, 2000, 256.

[93] Anderer Ansicht sind offenbar Nickel/Schmidt-Preisigke/Sengler, TPG, 2001, § 8 Rn. 13; Sengler, Stellungnahme zu rechtlichen Aspekten der Lebendspende aus der Sicht des Bundesgesundheitsministeriums, in: Kirste (Hg.), Nieren-Lebendspende, Band 1, 2000, 100 (107) und nunmehr Enquete-Kommission Ethik und Recht der modernen Medizin, Zwischenbericht Organlebendspende, BT-Drs. 15/5050 v. 17.3.2005, 21.

[94] BT-Drs. 13/587.

[95] Vgl. Schroth/König/Gutmann/Oduncu–König, TPG, 2005, vor §§ 17, 18 Rn. 16.

[96] 20.

[97] Zum möglichen Wortsinn eines strafgesetzlichen Begriffs als Grenze seiner Auslegung vgl. BVerfGE 73, 206, 234; 92, 1, 12.

[98] Price, Legal and Ethical Aspects of Organ Transplantation, 2000, 256; Schroth/König/ Gutmann/Oduncu–Gutmann, TPG, 2005, § 8 Rn. 31.

[99] Höfling, Stellungnahme zur öffentlichen Anhörung „Organlebendspende" der Enquete-Kommission Ethik und Recht der modernen Medizin am 1.3.2004, Kom.-Drs. 15/143, 4.

Autoren aus dem Umkreis der Bundesministeriums für Gesundheit[100] und nunmehr auch die Enquete-Kommission[101] entgegen dem hier erläuterten, ganz eindeutigen Auslegungsbefund daran festhalten, dass die Leber bzw. Lebersegmente bereits nach geltendem Recht unter § 8 Abs. 1 Satz 2 TPG fallen sollen, dokumentiert nur erneut das Maß an Rechts- und Anwendungsunsicherheit, das mit dieser Norm verbunden ist.

Insgesamt spricht Überwiegendes für die Annahme, dass § 8 Abs. 1 Satz 2 TPG i.V.m. § 19 Abs. 2 TPG das Bestimmtheitsgebot des Art. 103 Abs. GG verletzt, da der Transplantationschirurg in wesentlicher Hinsicht nicht voraussehen kann, wann er sich strafbar macht und wann nicht.[102]

1.3. Die Anhörung vom 1. März 2004

Das Resultat der Sachverständigen-Stellungnahmen zur öffentlichen Anhörung „Organlebendspende" der Enquete-Kommission Ethik und Recht der modernen Medizin des Deutschen Bundestages am 1. März 2004 hinsichtlich der Aufhebung der in § 8 Abs. 1 Satz 2 TPG ausgesprochenen Restriktionen des Spenderkreises war eindeutig befürwortend.[103]

1.4. Die Mehrheitsposition der Enquete-Kommission

Ungeachtet der angeführten Argumente empfiehlt die Mehrheit der Enquete-Kommission dem Deutschen Bundestag, bei der Lebendspende von Organen an der gesetzlichen Regelung des Spenderkreises in § 8 Abs. 1 Satz 2 TPG festzuhalten. Eine Lebendspende von Organen, die sich nicht wieder bilden können, solle auch

---

[100] Nickel/Schmidt-Preisigke/Sengler, TPG, 2001, 13; Sengler, Stellungnahme zu rechtlichen Aspekten der Lebendspende aus der Sicht des Bundesgesundheitsministeriums, in: Kirste (Hg.), Nieren-Lebendspende, Band 1, 2000, 100 (107).

[101] Enquete-Kommission Ethik und Recht der modernen Medizin, Zwischenbericht Organlebendspende, BT-Drs. 15/5050 v. 17.3.2005, 21.

[102] Schroth, Das strafbewehrte Organhandelsverbot des Transplantationsgesetzes. Ein internationales Problem und seine deutsche Lösung, in: Gutmann/Schneewind/Schroth/Schmidt/Elsässer/Land/Hillebrand, Grundlagen einer gerechten Organverteilung – Medizin, Psychologie, Recht, Ethik und Soziologie, 2002, 115 (132). Vgl. grundsätzlich Schroth, Präzision im Strafrecht. Zur Deutung des Bestimmtheitsgebots, in: Grewendorf (Hg.), Rechtskultur als Sprachkultur, Frankfurt a. Main 1992, 93-110.

[103] Vgl. die Stellungnahmen von Birnbacher, Frei, Gründel, Gutmann, Höfling, Kirste, Lilie, Neuhaus, Otto und daneben Schreiber/Bundesärztekammer und Bundesverband der Organtransplantierten e.V., sowie hierzu Enquete-Kommission Ethik und Recht der modernen Medizin, Zwischenbericht Organlebendspende, BT-Drs. 15/5050 v. 17.3.2005, 43.

weiterhin nur zulässig sein, wenn zwischen Organspender und Organempfänger ein besonderes Näheverhältnis bestehe.

1.4.1. Die Argumentation der Enquete-Kommission

Die Enquete-Kommission hat hierzu im wesentlichen ausgeführt:

1.4.1.1. *Überkreuz-Spenden*

Eine Ausdehnung der Zulässigkeit der Lebendspende auf Überkreuz-Spenden, bei denen sich Organspender und Organempfänger nicht in besonderer persönlicher Verbundenheit nahe stehen,

„stellt nach Auffassung der Kommission einen grundlegenden Paradigmenwechsel dar. Der psychische und soziale Druck auf potenzielle Spender könnte steigen, weil die medizinischen Grenzen entfallen, die eine Spende für die nahe stehende Person ausschließen. Psychischer und sozialer Druck, die Spende-Entscheidung jedenfalls nicht mehr zurückzuziehen, könnten auch wegen der organisatorischen Vorkehrungen entstehen, mit denen bei einer Überkreuzspende sichergestellt werden müsste, dass beide Spenden im Rahmen des Gegenseitigkeitsverhältnisses realisiert werden. Der Spender hätte nicht mehr die persönliche Beziehung zum Empfänger, die ihn in gewissem Umfang davor bewahrt, dass er seine Entscheidung bei Komplikationen oder bei einem Misserfolg der „überkreuz" erlangten Spende für den eigenen Partner bereut. Da die Beziehung zwischen den Beteiligten keine weiteren Merkmale außer den wechselseitigen Interessen an einer Spende mehr aufweist, entsteht das Problem der Begrenzung der Überkreuzspende. Ein ethisch und rechtlich relevanter Unterschied zu einer Konstellation mit drei, vier oder mehr Paaren ist nicht erkennbar. Daher wird mit einer Ausdehnung der Zulässigkeit der Lebendspende auf die Überkreuzspende – zumindest auf mittlere Sicht – der gleitende Übergang zu Poolmodellen ermöglicht. Es besteht die Gefahr, dass verdeckte Vermittlungstätigkeiten entstehen; auch einem Handel mit Organen wird nicht mehr von vornherein der Boden entzogen. Die Nachteile und Risiken rechtfertigen die Vorteile einer Ausdehnung der Zulässigkeit der Lebendspende nicht. Potenziellen Überkreuz-Spende-Paaren, deren Zahl ohnehin sehr gering ist, steht es offen, untereinander ein persönliches Näheverhältnis zu begründen, das die Spende möglich macht."[104]

---

[104] Enquete-Kommission Ethik und Recht der modernen Medizin, Zwischenbericht Organlebendspende, BT-Drs. 15/5050 v. 17.3.2005, 73; vgl. 38 ff.

1.4.1.2. Nichtgerichtete Lebendspende

Des weiteren empfiehlt die Enquete-Kommission dem Deutschen Bundestag, die nichtgerichtete Lebendspende auch weiterhin nicht zuzulassen:[105]

Gegen eine Ausweitung des Spenderkreises bei der Organlebendspende und eine Aufgabe des Erfordernisses eines besonderen Näheverhältnisses sprächen zunächst ähnliche Erwägungen wie in der Situation der Überkreuz-Spende. Wenn die Selbstschädigung durch eine Lebendspende nicht unmittelbar einem Familienmitglied oder einer besonders nahe stehenden Person zugute komme, sei sie ethisch nur schwer zu rechtfertigen. Es bedürfe jedenfalls stets einer genauen Prüfung, ob sie im einzelnen Fall ethisch vertretbar sei. Gerade die anonyme Spende könne auch auf einem überzogenen Helfersyndrom beruhen und psychopathologische Hintergründe haben. Um solche Fälle und auch verdeckten Organhandel auszuschließen, wären sehr umfassende Evaluierungsverfahren erforderlich, die über das weit hinaus gingen, was die bestehenden Lebendspendekommissionen bislang überprüfen. Nach internationalen Erfahrungen sei aber ohnehin keine signifikante Zahl von anonymen Lebendspenden zu erwarten. Um anonyme Organspender in relevanter Zahl zu gewinnen, müsste dafür öffentlich geworben werden. Nicht zuletzt davon seien nachteilige Folgen für die Akzeptanz und Bereitschaft zur postmortalen Spende und zur gezielten Lebendspende zu erwarten. Zudem erfordere die Umsetzung – etwa über Poolmodelle – einen hohen organisatorischen Aufwand. Die Einführung der anonymen Lebendspende führe zu einer grundlegenden Änderung der Zielsetzung des Gesetzes, die mit dem geringen Organaufkommen nicht zu rechtfertigen sei.

1.4.1.3. Poolmodelle

Die Enquete-Kommission empfiehlt dem Deutschen Bundestag schließlich, auch keine Poolmodelle für die Lebendspende zuzulassen – weder im Sinne eines Ringtauschs (für jeden Empfänger eines Organs aus dem Pool spendet ein Angehöriger bzw. eine nahe stehende Person in den Pool) noch im Sinne einer anonymen Pool-Lebend-Spende im Gegenzug gegen ein Organ aus der Spende von hirntoten Spendern.[106]

Dies wird damit begründet, dass es unklar sei, ob durch diese Modelle tatsächlich eine relevante Zunahme des Organaufkommens zu erreichen wäre und wie groß der Spendepool sein müsste, damit dies der Fall wäre. Die Kommission ist der Auffassung, dass bei diesen Vorschlägen für verhältnismäßig wenige Fälle das gesamte Organspendesystem grundlegend umgestaltet werden müsste. Das Prinzip der Nachrangigkeit (Subsidiarität) der Lebendspende müsste aufgegeben werden. Der moralische Druck auf den jeweiligen Partner, ein Organ in den Pool zu spenden, damit sein Partner ein Organ bekomme, würde sich erhöhen; die Entscheidung würde sich auf die Frage reduzieren, ob jemand zu einer Spende in den Pool bereit sei, in dem aller Voraussicht nach ein passendes Organ für seinen Partner

---

[105] Ebd., 74; vgl. 43 ff.
[106] Ebd., 74; vgl. 47 ff.

1.4. Die Mehrheitsposition der Enquete-Kommission

vorhanden sein werde, ohne dass es noch auf die immunologische Verträglichkeit zwischen den Partnern ankomme. Der Pool aus Lebendspende und Spende von hirntoten Spendern sei zusätzlich problematisch, da das Modell besonders zu Lasten der Gruppe von Patienten ginge, die ein Blutgruppe 0-Transplantat benötigten, selbst aber keinen Lebendspender organisieren könnten. Schließlich sei die medizinische Entwicklung weiter zu beobachten; nach einer neueren medizinischen Entwicklung könne es möglich sein, dass in Zukunft die immunologische Verträglichkeit für eine Organtransplantation nicht mehr erforderlich sei bzw. als Voraussetzung für eine Transplantation an Bedeutung verliere. In diesem Falle wäre das Modell der anonymen Ringtausch-Poolspende sinnlos. Eine so grundlegende Gesetzesänderung, die auch die bisherige Zielsetzung des § 8 Abs. 1 Satz 2 TPG wesentlich verändere und fundamentale ethische Fragen berühre, dabei aber unter Umständen nur für eine Übergangszeit Nutzen bringe, solle nicht vorgenommen werden.

1.4.2. Kritik

Die Position der Mehrheit der Enquete-Kommission kann weder im einzelnen noch insgesamt überzeugen.

1.4.2.1. Grundsätzliche Einwände

(1)
Ein zentrales, wenn nicht *das* zentrale Argument der Mehrheit der Enquete-Kommission lautet, mit einer Aufhebung der geltenden Restriktionen des § 8 Abs. 1 Satz 2 TPG und einer Ermöglichung der Überkreuzspende und ähnlicher Modelle würde „der psychische und soziale Druck auf potenzielle Spender [...] steigen, weil die medizinischen Grenzen entfallen, die eine Spende für die nahe stehende Person ausschließen" bzw. würde sich der „moralische Druck auf den jeweiligen Partner, ein Organ in den Pool zu spenden, damit sein Partner ein Organ bekommt, [...] erhöhen."[107]

(a)
Dieses Argument beruht auf zwei ethischen Fehleinschätzungen von gleichermaßen grundsätzlicher Natur.

(aa)
Die Mehrheit der Enquete-Kommission nimmt potentielle Lebendspender nur als passive Objekte in den Blick, die vor „Druck" zu schützen seien, und blendet sie als moralisch handelnde Personen – und diesbezügliche Grundrechtsträger – völlig aus. Die (potentiellen) Lebendspender werden nicht als grundsätzlich autonome Personen wahrgenommen, die in der Lage sind, nach gehöriger Aufklärung und Beratung, eine *eigene*, auch auf ihre konkrete Beziehung zum Empfänger bezoge-

---

[107] Ebd., 40, 42 f., 48, 73 f.

ne Entscheidung über den Spendeakt zu treffen; deshalb soll ihnen eine solche Entscheidung unter der Überschrift des „Schutzes vor Druck" im Hinblick auf die genannten „neuen" Modelle der Lebendorganspende *generell* verwehrt werden. Dieser entmündigende Zugriff auf erwachsene Menschen ist schon im Ansatz unangemessen. Er verfehlt den spezifischen Anspruch auf Achtung, den grundsätzlich autonomiebegabte Erwachsene nicht zuletzt gegenüber dem Gesetzgeber einfordern können und mißachtet das mit diesem Anspruch verbundene Recht der Bürger, wesentliche und kritische Lebensentscheidungen selbst zu treffen. Die Ausführungen der Mehrheit der Enquete-Kommission lassen sich weder mit dem Menschenbild des Grundgesetzes, d.h. mit der Vorstellung des „Menschen als eigenverantwortliche[r] Persönlichkeit"[108], die die Idee grundrechtlich geschützter Freiheitsrechte voraussetzt, noch mit Art. 1 Abs. 1 des Grundgesetzes in seiner Funktion als „Grundnorm personaler Autonomie"[109] zur Deckung bringen.

Hinter dem amorphen Begriff „Druck", auf den die Enquete-Kommission abstellt, verbergen sich zudem normativ völlig unterschiedliche Dinge. Richtig ist, dass bereits das bloße Vorhandensein der Option Lebendspende den „Druck" oder „Zwang" zu der Wahl generiert, ob man diese Option wahrnehmen will oder nicht. Wenn die Lebendspende überhaupt angeboten wird, dann *müssen – und können –* sich Angehörige und nahestehende Personen entscheiden, ob sie dem Nächsten mit einer Lebendspende helfen wollen oder nicht. Dies kann eine schwere Entscheidung sein. Doch wäre es gerade keine begründbare Alternative zur Option „Lebendorgantransplantation", um der scheinbaren Seelenruhe potentieller Spender willen darauf zu verzichten, die Lebendspende anzubieten. *Schwere* Entscheidungen dürfen nicht mit *unfreiwilligen* verwechselt werden; anderenfalls würde man Personen gerade im Hinblick auf ihre kritischen, wertbezogenen Lebensentscheidungen entmündigen.

Die Vorstellung etwa, Zweifel an der Freiwilligkeit seien angebracht, wenn sich ein Elternteil zur Organhingabe bereit erklärt, nachdem ihm eröffnet wurde, dass eine Dialysierung des Kindes nachteilige Auswirkungen auf sein Wachstum haben werde oder wenn die elterliche Spende gar die einzige Möglichkeit darstellt, das Kind vor dem Tod zu bewahren, ist deshalb ein Fehlschluss, der auf einer Verwechslung von freiwilligen mit 'leichten' Entscheidungen[110] und der Vermengung von innerem Verpflichtungsgefühl und nötigendem äußeren Zwang beruht. Entspricht es im Beispielsfall naheliegenderweise dem eigenen Präferenz- und Wertesystem des Elternteils, das eigene Kind auch unter Inkaufnahme von Risiken in jedem Fall zu retten, so ist dies auch dann noch eine freiwillige Entscheidung, wenn es für Mutter oder Vater in der konkreten Situation subjektiv gar keine Entscheidungsalternative zu geben scheint.[111] Diese Form des „moralischen Drucks" (Enquete-Kommission) ist Teil der *condition humaine* und ein wesentlicher Aspekt davon, überhaupt eine zu moralischem Handeln fähige Person zu sein. Es ist

---

[108] BVerfGE 32, 98 (107) = Neue Juristische Wochenschrift 1972, 327.
[109] Dreier-Dreier, Grundgesetz, ²2004, Art. 1 Rn. 40; Morlok, Selbstverständnis als Rechtskriterium, 1993, 287.
[110] Gutmann/Schroth, Organlebendspende in Europa, 2002, 114.
[111] Ebd.

normativ nicht zu rechtfertigen, Entscheidungen, die potentielle Lebendorganspender als hart oder als – auf der Grundlage des eigenen Werthorizonts und Rollenverständnisses – alternativlos erleben, mit denen sie sich jedoch *identifizieren*[112], als druckbedingt und damit als unfreiwillig zu qualifizieren und so um ihre Wirksamkeit zu bringen.[113]

Ein Verbot der Lebendspende aus einem solchen Grund könnte noch nicht einmal paternalistisch gerechtfertigt werden, denn es kann nicht im objektiven Interesse eines Menschen liegen, dass ihm von vorneherein die Möglichkeit genommen wird, durch eigenen Einsatz einer nahestehenden Person zu helfen oder diese gar zu retten. Aus der ethischen Dialektik von Hilfemöglichkeit und Entscheidungslast gibt es deshalb nicht den simplen Notausgang, den die Mehrheit der Enquete-Kommission beschreiten will. Es gibt jedoch Verfahren, die diese Dialektik für die Betroffenen erleichtern und zu einer eigenverantwortlichen Entscheidungsfindung für oder gegen die Lebendorganspende beitragen können (siehe unten, 2.).

Dasselbe gilt für den Bereich der Überkreuz-Spende und verwandter Modelle. Je zahlreicher die Konstellationen der Lebendorganspende sind, die medizinisch und rechtlich möglich sind, umso mehr Menschen *müssen* sich entscheiden, ob sie für den außergewöhnlichen Akt einer Lebendorganspende zur Verfügung stehen wollen oder nicht. Dies heißt wiederum aber zugleich, dass mehr Menschen *die Chance erhalten,* als Lebendspender einer anderen Person zu helfen *und ihr gegebenenfalls existentielles Interesse am Wohlergehen dieses Menschen durch eine autonome Entscheidung zur Lebendspende eines Organs zu realisieren.* Wer, wie die Mehrheit der Enquete-Kommission, in dieser Dialektik nur einen amorphen „Druck" sieht und *allein* beklagt, dass sich für potentielle Spender die Möglichkeiten des „Sich-Entziehen[s] unter Hinweis auf immunologische Unverträglichkeiten" verminderten[114], reduziert potentielle Lebendorganspender darauf, bloße Behälter für ihre physischen Wohlfahrtsinteressen zu sein und verfehlt Sinn und Bedeutung des Aktes der Lebendorganspende.

(bb)
Die unter der Überschrift des „Drucks" geführte Kritik der Mehrheit der Enquete-Kommission gilt letztlich dem Umstand als solchem, dass durch eine „Ausweitung des Spenderkreises" bei der Organlebendspende Patienten geholfen werden kann, für die sonst keine Therapie zur Verfügung steht. So heißt es anläßlich der Diskussion von Modellen zur zentralen Erfassung und Vermittlung überkreuz-spendewilliger Paare:

---

[112] Vgl. Frankfurt, Identification and Wholeheartedness, in: Shoeman (Ed.), Responsibility, Character, and Emotions, 1987, 27-45 und in ders., The Importance of What We Care About. Philosophical Essays, 1988, 80-94.

[113] Vgl. auch Fateh-Moghadam/Schroth/Gross/Gutmann, Die Praxis der Lebendspendekommissionen – Eine empirische Untersuchung zur Implementierung prozeduraler Modelle der Absicherung von Autonomiebedingungen im Transplantationswesen. Teil 1: Freiwilligkeit, Medizinrecht 2004, 19-34, 32.

[114] Enquete-Kommission Ethik und Recht der modernen Medizin, Zwischenbericht Organlebendspende, BT-Drs. 15/5050 v. 17.3.2005, 48.

> „Der moralische Druck auf den jeweiligen Partner eines Organempfängers, ein Organ in den Pool zu spenden, damit sein Partner ein Organ aus dem Pool bekommt, kann sich erhöhen. Es ist dann nämlich sehr viel wahrscheinlicher, dass ein passendes Organ für seinen Partner im Pool gefunden wird, als wenn das Paar selbst nach einem geeigneten Spender-Empfänger-Paar Ausschau halten muss. Die Entscheidung reduziert sich letztlich auf die Frage, ob jemand zu einer Spende in den Pool bereit ist, in dem aller Voraussicht nach ein passendes Organ für seinen Angehörigen oder eine andere nahe stehende Person vorhanden sein wird, ohne dass es noch auf die immunologische Kompatibilität ankommt."[115]

Wer, wie die Mehrheit der Enquete-Kommission, es ausschließlich mit Bedauern und Ablehnung wahrnimmt, dass heute „medizinische Grenzen entfallen, die eine Spende für die nahe stehende Person ausschließen"[116], hat aus dem Blick verloren, welche *Chancen* die Überkreuz-Spende und verwandte Modelle Personen – wie etwa dem Ehemann, der seiner Frau wegen einer Immununverträglichkeit seine Niere nicht spenden kann – eröffnen, nahestehenden Menschen zu helfen, *und von welch existentieller Bedeutung diese Chance für Leben und Gesundheit der betroffenen Patienten ist.* Wie das Bundesverfassungsgericht gerade in seiner Entscheidung zur Lebendorganspende nochmals betont hat, stellt das Leben einen „Höchstwert" innerhalb der grundgesetzlichen Ordnung dar und ist als die vitale Basis der Menschenwürde die Voraussetzung aller anderen Grundrechte; „auch das Grundrecht auf körperliche Unversehrtheit nimmt, wie schon der enge systematische Zusammenhang mit dem Grundrecht auf Leben zeigt, innerhalb der grundrechtlichen Ordnung einen besonderen Platz ein."[117] Die Mehrheit der Enquete-Kommission hat das Gewicht dieser Rechtsgüter nicht auf angemessene Weise in ihre Abwägung eingestellt. Auch hierin liegt eine erhebliche moralische und rechtliche Fehleinschätzung.

Problematisch ist hierbei nicht in erster Linie, dass die Mehrheit der Enquete-Kommission die Diskussion um § 8 Abs. 1 Satz 2 TPG zum Anlaß nimmt, ein unspezifisches Unbehagen gegenüber der Transplantationsmedizin und der modernen Hochleistungsmedizin als solcher zum Ausdruck zu bringen, sondern die Art und Weise, wie sie dies auf Kosten der Patienten tut, die nur auf diesem Weg Hilfe erlangen können.

(b)
Weder bei den gegenwärtig zugelassenen Formen der Lebendorganspende noch bei der Überkreuz-Spende und verwandten Modellen ist es ausgeschlossen, dass auf einen potentiellen Spender *äußerer, nötigender* Druck ausgeübt wird oder er zur Spende manipuliert werden soll. Nötigung (§ 240 StGB) ist strafbar; eine Erweiterung der Strafzumessungsregel des Nötigungstatbestandes des § 240 Abs. 4

---

[115] Ebd., 48 f.
[116] Ebd., 43.
[117] Neue Juristische Wochenschrift 1999, 3399.

1.4. Die Mehrheitsposition der Enquete-Kommission

StGB für den Bereich der Transplantationsmedizin steht in der Diskussion (siehe unten, 6.). Dafür, dass diese Gefahr bei der Überkreuz-Spende und verwandten Modellen größer wäre als im Kontext von Familie und anderen üblichen Näheverhältnissen, gibt es keinerlei empirische Hinweise. Alle vorhandenen Indizien sprechen dafür, dass auch in diesen Konstellationen – nicht anders als bei den gegenwärtigen Formen der Lebendnierenspende[118] – es nahezu immer der Spender sein wird, von dem die Initiative zur Spende ausgeht. Den – nach allen vorliegenden Erkenntnissen in Deutschland in den vergangenen Jahren offenbar weitestgehend theoretisch gebliebenen – Gefahren autonomieverletzender Instrumentalisierung des Spenders kann und muss hier wie dort durch angemessene Verfahren im jeweiligen Einzelfall vorgebeugt werden. Dies ist insbesondere dann auf verantwortliche Weise möglich, wenn diese verfahrensmäßigen Sicherungen hinsichtlich ihrer Effektivität weiter verstärkt werden (siehe sogleich, 2.).

(2)
Die Mehrheit der Enquete-Kommission weist Forderungen nach einer Aufhebung der in § 8 Abs. 1 Satz 2 TPG ausgesprochenen Restriktionen sowohl hinsichtlich der Überkreuz-Spende als auch hinsichtlich der nichtgerichteten Spende sodann mit dem Argument zurück, dass die Zahl der zu erwartenden Fälle „ohnehin sehr gering" sei[119], „eine signifikante Zahl [sei] nicht zu erwarten, ein relevanter Einfluss auf die Organknappheit daher unwahrscheinlich"[120]; das „geringe Organaufkommen" aus diesen Modellen falle nicht „ins Gewicht"[121] und rechtfertige deshalb keine legislativen Anstrengungen.

(a)
Hieran ist richtig, dass alle diese „neuen" Formen der Lebendorganspende in ihrem zahlenmäßigen Potential insoweit begrenzt sind, als die „Behebung" des Organmangels – der im übrigen in seinen existentiellen Auswirkungen für Leben und Gesundheit der Patienten sehr real und keineswegs nur ein „so genannter" (Enquete-Kommission[122]) ist – von ihnen *allein* nicht zu erwarten ist. Die geltenden Restriktionen führen jedoch in einer erheblichen und ständig zunehmenden Zahl von Fällen ohne überzeugenden Grund dazu, „dass einem kranken Menschen eine nach dem Stand der medizinischen Forschung prinzipiell zugängliche Therapie, mit der eine Verlängerung des Lebens, mindestens aber eine nicht unwesentliche Minderung des Leidens verbunden ist, versagt bleibt".[123] In jedem dieser Fälle

---

[118] Schneewind, Ist die Lebendspende von Nieren psychologisch verantwortbar?, in: Oduncu/Schroth/Vossenkuhl (Hg.), Transplantation, Organgewinnung und -allokation, 2003, 222 (225).
[119] Enquete-Kommission Ethik und Recht der modernen Medizin, Zwischenbericht Organlebendspende, BT-Drs. 15/5050 v. 17.3.2005, 73.
[120] Ebd., 44.
[121] Ebd.
[122] Enquete-Kommission Ethik und Recht der modernen Medizin, Zwischenbericht Organlebendspende, BT-Drs. 15/5050 v. 17.3.2005, 15.
[123] Bundesverfassungsgericht, Neue Juristische Wochenschrift 1999, 3399, 3401.

stellen sie einen Grundrechtseingriff dar, der sich nach dem Grundsatz der Verhältnismäßigkeit vor jedem einzelnen betroffenen Grundrechtsträger zu legitimieren hat. Gesetzliche Verbote mit grundrechtsbeschränkender Wirkung sind nur hinnehmbar, wenn sie als geeignet, erforderlich und zumutbar begründet werden können. Dies ist bei § 8 Abs. 1 Satz 2 TPG jedoch nicht der Fall.

Demgegenüber ist die *unausgewiesen utilitaristische Logik des Votums der Mehrheit der Enquete-Kommission* zu kritisieren, die offenbar davon ausgeht, gesetzgeberisches Handeln sei nur vonnöten, wenn hierbei eine erhebliche Erhöhung des gesellschaftlichen Netto-Kollektivnutzens zu erwarten steht, nicht aber schon dann, wenn nur Grundrechte (einer erheblichen Anzahl) Einzelner bedroht sind. Zugleich hält die Mehrheit der Enquete-Kommission Organlebendspenden in der Form von Überkreuz-Spenden oder nichtgerichteten Spenden offensichtlich schon deshalb für strafwürdiges Unrecht, „weil sie nur im konkreten Einzelfall helfen, aber keinen messbaren Effekt für einen statistischen Gesamtnutzen haben."[124]

(b)
Darüber hinaus geht die Mehrheit der Enquete-Kommission von unzutreffenden empirischen Annahmen aus. Insbesondere bei der Überkreuz-Spende ist durchaus mit einem zahlenmäßig ins Gewicht fallenden Potential zu rechnen. Die bisherigen niederländischen Erfahrungen zeigen, dass selbst bei einem sehr kleinen Vermittlungsregister die Überkreuzspende von Nieren eine realisierbare und quantitativ bedeutsame Option darstellt. Dort waren unter zunächst 32 teilnehmenden Paaren (13 mit Blutgruppeninkompabilität, 19 mit einem positiven cross-match) neue Kombinationen unter 14 Paaren (44 Prozent) möglich.[125] In der kurzen Zeit seit der praktischen Implementierung des Programms wurden in den relativ kleinen Niederlanden 20 Überkreuz-Transplantationen vermittelt und durchgeführt.[126] Davon, dass aus medizinischer Sicht die Zahl der für eine Überkreuz-Lebendspende geeigneten Paare innerhalb der Bundesrepublik als außerordentlich niedrig (fünf bis sechs Überkreuz-Lebendspenden pro Jahr) anzunehmen sei[127], kann deshalb keine Rede sein. Die Entwicklungsdynamik der anderen Modelle ist ohnehin nicht

---

[124] So das Sondervotum von Michael Kauch, Ulrike Flach und Prof. Dr. Reinhard Merkel zum Zwischenbericht Organlebendspende der Enquete-Kommission, BT-Drs. 15/5050 v. 17.3.2005, 78 ff. (84).

[125] De Klerk/Keizer/Weimar, Donor Exchange for Renal Transplantation, NEJM 351 (2004) 935 ff.; vgl. de Klerk/Luchtenburg/Zuidema et al. Feasibility of Cross-Over Kidney Transplantation For Donor-Recipient Pairs With a Positive Cross-Match, American Journal of Transplantion 3 (2003), Suppl. 5, 229; De Klerk et al., Acceptability and Feasibility of Cross-Over Kidney Transplantation, in: Gutmann/Daar/Land/Sells (Eds.), Ethical, Legal And Social Issues In Organ Transplantation, 2004, 255 ff. Kritisch noch etwa Terasaki/Gjertson/Cecka, Paired Kidney Exchange is not a Solution to AB0 Incompatibility, Transplantation 65 (1998), 291.

[126] G. Persijn (Direktor Eurotransplant), Vortrag über „Eurotransplant: Aufgaben und Regeln" auf dem 12. Walter-Brendel-Kolleg für Transplantationsmedizin in Wildbad-Kreuth, 7.3.2005.

[127] Enquete-Kommission Ethik und Recht der modernen Medizin, Zwischenbericht Organlebendspende, BT-Drs. 15/5050 v. 17.3.2005, 39.

1.4. Die Mehrheitsposition der Enquete-Kommission

einzuschätzen. Hinzu kämen Spenden innerhalb von Näheverhältnissen, die heute deshalb scheitern, weil sich diese Beziehungen nicht genau genug unter die von § 8 Abs. 1 Satz 2 TPG geforderte, sehr spezifische und eng definierte Nähebeziehung subsumieren lassen oder weil diesbezügliche Unsicherheiten verbleiben.

(3)
Die Mehrheit der Enquete-Kommission reflektiert darüber hinaus nicht, dass im übrigen bereits das dargestellte erhebliche Maß an Rechts- und Anwendungsunsicherheit, das mit § 8 Abs. 1 Satz 2 TPG verbunden ist, Änderungsbedarf begründet.

(4)
Im übrigen hat das Mehrheitsvotum nicht zu den erheblichen Bedenken Stellung genommen, die sich gegen den *Straftatbestand* des § 19 Abs. 2 i.V.m. § 8 Abs. 1 Satz 2 TPG als solchen richten (siehe oben, 1.1.4). Das Sondervotum der Abgeordneten *Kauch* und *Flach* sowie des Sachverständigen *Prof. Dr. Merkel* zum Zwischenbericht der Enquete-Kommission empfiehlt demgegenüber für den Fall, dass es bei der Begrenzung des § 8 Abs. 1 Satz 2 TPG bleiben sollte, jedenfalls die Strafdrohung gegen den Arzt, der zum Zweck der Lebendspende einem Spender außerhalb des in § 8 Abs. 1 Satz 2 TPG bezeichneten Personenkreises ein nichtregenerierbares Organ entnimmt, ersatzlos zu streichen, also § 19 Abs. 2 TPG entsprechend zu ändern und bei Verstößen ein Bußgeld nach § 20 TPG vorzusehen.[128]

1.4.2.2. Zur Überkreuz-Spende

(1)
Auch die weiteren Einwände der Enquete-Kommission, die sich spezifisch gegen die Spielarten der Überkreuzspende richten, blenden den Umstand aus, dass erwachsene, aufgeklärte Menschen grundsätzlich in der Lage sind, Entscheidungen selbst zu treffen. So ist die Befürchtung, bei der Überkreuzspende habe der Spender „nicht mehr die persönliche Beziehung zum Empfänger, die ihn in gewissem Umfang davor bewahrt, dass er seine Entscheidung bei Komplikationen oder bei einem Misserfolg der ‚über Kreuz' erlangten Spende für den eigenen Partner bereut"[129], in der Tat ein Umstand, über den im Rahmen der intensiven ärztlichen und psychologischen Aufklärung (und Beratung, siehe unten, 2.) vor einer Überkreuzlebendorganspende schon im Rahmen der Aufklärungspflicht nach § 8 Abs. 2 TPG gesprochen werden müßte; die letzte Einschätzung kann diesbezüglich jedoch nur bei den potentiellen Spendern selbst liegen.[130] Derlei Risiken der Über-

---

[128] Sondervotum von Michael Kauch, Ulrike Flach und Prof. Dr. Reinhard Merkel zum Zwischenbericht Organlebendspende der Enquete-Kommission Ethik und Recht der modernen Medizin, BT-Drs. 15/5050 v. 17.3.2005, 78 ff. (85).

[129] Enquete-Kommission Ethik und Recht der modernen Medizin, Zwischenbericht Organlebendspende, BT-Drs. 15/5050 v. 17.3.2005, 73.

[130] Dies ist auch der Grundsatz des niederländischen Programms, vgl. De Klerk et al., Acceptability and Feasibility of Cross-Over Kidney Transplantation, in: Gutmann/

kreuzspende stellen in ethischer und rechtlicher Sicht dann kein Problem dar, wenn die Betroffenen über sie gehörig aufgeklärt sind und sie bewußt eingehen. Hierzu gehört auch die Gefahr, dass der zweite Spender von seinem unveräußerlichen Recht, seine Einwilligung jederzeit zu widerrufen, Gebrauch machen könnte, nachdem dem ersten Spender das Organ bereits entnommen wurde. Dieser Gefahr wird indessen in der Praxis schon dadurch begegnet, dass die vier Operationen nach internationalem Standard[131] ohnehin parallel angesetzt werden. Insofern gibt die Überkreuz-Spende Anlaß zur pragmatischen Lösung logistischer Fragen. Argumente für gesetzliche Restriktionen lassen sich hieraus grundsätzlich nicht herleiten.

Im übrigen sind die Spendeakte der Beteiligten bei der Überkreuzspende bei phänomenologischer Betrachtung ohnehin auf den je eigenen Partner und dessen Gesundheit bezogen. Der erwartete „Nutzen", der den Organspender zu einer Überkreuz-Spende motiviert – nämlich seinem Partner zu einem funktionierenden Organ und erhöhter Lebensqualität (und -dauer) zu verhelfen – ist in seiner Art und Qualität kein anderer als bei jeder anderen Lebendspende eines Organs.[132] Das gleiche gilt für den nie völlig auszuschließenden Mißerfolg eines solchen Ver-

---

Daar/Land/Sells (Eds.), Ethical, Legal And Social Issues In Organ Transplantation, 2004, 255 (261). Ebenso Nationale Ethikkommission der Schweiz im Bereich Humanmedizin (NEK-CNE), Stellungnahme 6/2003 – Zur Regelung der Lebendspende im Transplantationsgesetz, 33 f.: „Die NEK-CNE sieht daher keinen Grund, für die Crossover-Spende besondere Einschränkungen in das Gesetz aufzunehmen. Die besonderen Schwierigkeiten und Chancen können von den Beteiligten bei ihrer Entscheidung berücksichtigt werden. Die psychosoziale Unterstützung soll auf diese besonderen Umstände der Crossover-Spende vorbereitet sein."

[131] Delmonico, Exchanging Kidneys – Advances in Living-Donor Transplantation, The New England Journal of Medicine 350 (2004), 1812; Gilbert/Brigham/Batty/Veatch, The Nondirected Living Donor Program: A Model for Cooperative Donation, Recovery and Allocation of Living Donor Kidneys, American Journal of Transplantation 5 (2005) 167-174 (173).

[132] Diesbezüglich ist die Position der Bundesregierung aus dem Jahr 1999 abwegig und nicht mehr als ein erkennbares Verlegenheitsargument, wenn sie ausführen läßt: „Die Lebendspende eines nicht regenerierungsfähigen Organs oder Organteils für einen kranken Angehörigen (sei er blutsverwandt oder durch andere besondere persönliche Verbundenheit nahestehend) kann trotz der dauerhaften Reduktion der gesundheitlichen Beschaffenheit des Spenders deswegen akzeptiert werden, weil sich der Vorteil für den Spender aus der direkten, engen persönlichen Beziehung zum Empfänger ergibt. Dieser Gesichtspunkt fehlt bei einer ‚Ringtauschlösung', denn hier besteht in der Regel zwischen dem Spender und dem Empfänger keine direkte, enge persönliche Beziehung, die in Anbetracht der mit einer Spende verbundenen irreversiblen, gesundheitlich relevanten Schädigung des Spenders einen ausreichenden Grund darstellt, um dem Wunsch nach einer Spende nachzugeben" – so die Antwort der Parlamentarischen Staatssekretärin Christa Nickels vom 23. April 1999 auf die parlamentarische Anfrage der Bundestagsabgeordneten Reichard (Dresden, CDU/CSU) in bezug auf die „Verbesserung der Organspende-Möglichkeiten, z.B. durch Genehmigung von Ringtauschlösungen", BT-Drs. 14/868 vom 30.04.1999, sub 33.

1.4. Die Mehrheitsposition der Enquete-Kommission

suchs. Wo hier ein „grundlegender Paradigmenwechsel"[133] der Transplantationsmedizin liegen soll, ist unerfindlich.

(2)
Nicht plausibel ist daneben die Befürchtung der Kommissionsmehrheit, die Zulassung der Cross-over-Spende schaffe eine „Gefahr, dass verdeckte Vermittlungstätigkeiten entstehen".[134] Wie verdeckte, „graue" Vermittlungstätigkeiten überhaupt funktionieren könnten und warum sie gerade dann entstehen und attraktiv werden sollten, wenn eine offene, transparente, medizinisch-wissenschaftlich begründete und kostenlose Vermittlung überkreuzspendewilliger Paare über die Transplantationszentren oder – nach niederländischem[135] und künftig Schweizer Vorbild – über eine nationale Koordinierungsstelle bzw. über die mehrfachen Kontrollmechanismen unterstehende, ohnehin als Vermittlungsstelle nach § 12 TPG fungierende Stiftung Eurotransplant angeboten würde, ist nicht zu verstehen. Im Gegenteil ist anzunehmen, dass eine solche Vermittlung dem Organhandel entgegenwirken würde.[136]

(3)
Noch weiter hergeholt ist die Befürchtung der Mehrheit der Enquete-Kommission, durch die Freigabe der Überkreuz-Lebendspende würde „auch einem Handel mit Organen [...] nicht mehr von vornherein der Boden entzogen". Denn zum einen ist auch auf der Grundlage des geltenden § 8 Abs. 1 Satz 2 TPG dem Organhandel „nicht von vornherein der Boden entzogen"; sonst bedürfte es offenbar keines entsprechenden Straftatbestandes. Wohl aber ist der Gefahr des Organhandels, der auch nach Einschätzung der Enquete-Kommission „in Deutschland so gut wie keine Rolle spielt"[137], mit dieser Strafdrohung und prozeduralen Vorkehrungen angemessen zu begegnen. Gerade im Fall der legalisierten Überkreuz-Spende fehlt es im übrigen schon an einem möglichen Motiv für kommerzielles Handeln. Wer soll einen Grund für finanzielle Transaktionen haben, wenn zwei Paare einander bekanntgemacht werden, die ohnehin der gemeinsame Wunsch nach einer kreuzweisen Organgabe verbindet? Wo wäre die Austauschgerechtigkeit diesseits aller finanziellen Erwägungen besser garantiert, als wenn jeder der beiden Spender die

---

[133] Enquete-Kommission Ethik und Recht der modernen Medizin, Zwischenbericht Organlebendspende, BT-Drs. 15/5050 v. 17.3.2005, 73.
[134] Ebd.
[135] Kranenburg/Visak et al., Starting a Crossover Kidney Transplantation Program in The Netherlands: Ethical and Psychological Considerations, Transplantation 78 (2004) 194; de Klerk et al., Acceptability and Feasibility of Cross-Over Kidney Transplantation, in: Gutmann/Daar/Land/Sells (Eds.), Ethical, Legal And Social Issues In Organ Transplantation, 2004, 255.
[136] Interdisziplinärer Arbeitskreis „Ethik und Recht in der Medizin" der Johannes Gutenberg Universität Mainz (Greif-Hilger/Paul/Rittner), Mainzer Thesen zur Organspende, März 2005, These 10.
[137] Enquete-Kommission Ethik und Recht der modernen Medizin, Zwischenbericht Organlebendspende, BT-Drs. 15/5050 v. 17.3.2005, 45.

im wesentlichen gleiche Chance erhält, durch seine „kreuzweise" Organgabe das zu tun, worauf es ihm ankommt, nämlich seinem Partner zu helfen? Wie könnte denn Geld in dieser Struktur einen kausalen Anreiz zur Spende bieten?

(4)
Befremdlich ist schließlich der Hinweis der Mehrheit der Enquete-Kommission, dass es potentiellen Überkreuz-Spende-Paaren schließlich offen stehe, „untereinander ein persönliches Näheverhältnis zu begründen, das die Spende möglich macht."[138] Denn dies ist – selbst auf der Grundlage der von der Enquete-Kommission selbst kritisierten[139] Entscheidung des Bundessozialgerichts vom 10.12.2003[140] (oben, 1.2.2.2.) – für die Betroffenen nur allzu offensichtlich keine praktikable Option.[141] Erstens verlangt § 8 Abs. 1 Satz 2 TPG nicht nur irgendein „persönliches Näheverhältnis", sondern wechselseitige Zusammengehörigkeits- bzw. Verantwortungsgefühle sowie eine vorhandene (und selbst nach der dargestellten problematischen Auslegung durch das Bundessozialgericht zumindest eine prognostizierbare) häufige, enge und persönliche Interaktion über einen längeren Zeitraum. Zweitens ist eine derartige Beziehung bei einem hinreichend großen Vermittlungsbereich – etwa dem Eurotransplant-Gebiet – zwischen möglicherweise sehr entfernt voneinander wohnenden Paaren, bei denen ein Partner ständig dialysiert werden muß, in aller Regel nicht zu realisieren. Drittens schließlich wollen dies überkreuz-spendewillige Paare regelmäßig auch nicht – in der niederländischen Studie bestanden *sämtliche* Teilnehmer auf Anonymität.[142] Es ist nicht zu rechtfertigen, zwei Paaren, die ein wechselseitiges Interesse an einer nur „über Kreuz" zu leistenden Hilfe für schwer kranke Patienten, eine aufgrund gemeinsamer Notlage bestehende temporäre Schicksalsgemeinschaft und möglicherweise auch besondere Sympathie verbindet, die aber keine auf Dauer angelegte Beziehung der Nähe und Verantwortung füreinander eingehen wollen, eine solche Beziehung vermittels einer Drohung mit Strafe und dem Verlust von Sozialleistungen bürokratisch aufzwingen zu wollen. Angesichts dessen wird man diesen Hinweis der Mehrheit der Enquete-Kommission, mit dem diese vorgibt, es gäbe heute schon ausreichende „Spielräume"[143] und ihre restriktive Haltung bringe für die Be-

---

[138] Ebd., 73.
[139] Ebd., 42.
[140] Az: B 9 VS 1/01 R; veröffentlicht in Juristenzeitung 2004, 464.
[141] Eine Minderheit innerhalb der Mehrheit der Enquete-Kommission sieht dies, siehe Enquete-Kommission Ethik und Recht der modernen Medizin, Zwischenbericht Organlebendspende, BT-Drs. 15/5050 v. 17.3.2005, 73.
[142] De Klerk/Keizer/Weimar, Donor Exchange for Renal Transplantation, NEJM 351 (2004), 935 ff.; vgl. de Klerk/Luchtenburg/Zuidema et al. Feasibility of Cross-Over Kidney Transplantation for Donor-Recipient Pairs With a Positive Cross-Match, American Journal of Transplantation 3 (2003), Suppl. 5, 229; De Klerk et al., Acceptability and Feasibility of Cross-Over Kidney Transplantation, in: Gutmann/Daar/Land/Sells (Eds.), Ethical, Legal And Social Issues In Organ Transplantation, 2004, 255 (261).
[143] Enquete-Kommission Ethik und Recht der modernen Medizin, Zwischenbericht Organlebendspende, BT-Drs. 15/5050 v. 17.3.2005, 42.

troffenen allenfalls eine kleine Unbequemlichkeit mit sich, als nicht frei von Zynismus bezeichnen dürfen.

1.4.2.3. Zu Poolmodellen

(1)
Die verbleibende Argumentation der Mehrheit der Enquete-Kommission, die das angebliche „Problem" der „Begrenzung der Überkreuzspende"[144] thematisiert, ist schließlich in einem einfachen Zirkelschluß verfangen. Das Mehrheitsvotum führt diesbezüglich aus, dass ausgehend vom Grundfall einer Überkreuz-Spende „ein ethisch und rechtlich relevanter Unterschied zu einer Konstellation mit drei, vier oder mehr Paaren [...] nicht erkennbar" sei:[145]

> „Es wäre sowohl im Rahmen einer gesetzlichen Regelung als auch im Rahmen der Auslegung des § 8 Abs. 1 S. 2 TPG verfassungswidrig, die Zulässigkeit einer Überkreuzspende auf die Konstellation zu beschränken, in der Ehepaare einander gegenüberstehen, weil es andere enge Beziehungen gibt, die ebenfalls verfassungsrechtlich geschützt sind und unter Gleichbehandlungsgrundsätzen nicht anders behandelt werden dürften als Ehepaare. Ebenso trägt die Vierer-Konstellation des Kreuzes dezisionistische Züge. Für sich genommen gibt es keinen Grund, nicht auch eine Sechser-Konstellation oder Achter-Konstellation anzuerkennen, in der Organe für jemanden anders gespendet werden, damit der eigene Partner ein Organ erhält."[146]

Anstelle hieraus den naheliegenden Schluß zu ziehen, dass gegen solche Konstellationen ebensowenig ein normativer Grund spricht wie gegen den Grundfall einer Überkreuz-Spende und sie daher vernünftigerweise auch nicht verboten sein sollten, setzt das Mehrheitsvotum vielmehr das erwünschte Ergebnis – dieser „gleitende Übergang zu Poolmodellen" sei zu verhindern[147] – kurzerhand voraus und will von diesem Ergebnis aus auf die Verbotswürdigkeit auch der Überkreuz-Spende etwa zwischen zwei Ehepaaren zurückschließen. Dieses Argument richtet sich selbst.

(2)
Soweit das Mehrheitvotum zudem ausführt, in solchen Konstellationen könne „die ‚Überschaubarkeit' verloren geh[en]"[148], ist zu fragen, wer hier angeblich welche Übersicht über welche Zusammenhänge verlieren soll und ob sich hinter dem Begriff der „Überschaubarkeit" ein gesetzgeberisches Ziel ausmachen läßt, das ge-

---

[144] Ebd., 73.
[145] Ebd.
[146] Enquete-Kommission Ethik und Recht der modernen Medizin, Zwischenbericht Organlebendspende, BT-Drs. 15/5050 v. 17.3.2005, 42.
[147] Ebd.
[148] Ebd.

eignet ist, schwere Grundrechtseingriffe zu rechtfertigen. In den vorliegenden Pilotstudien (1.2.1.) jedenfalls ist es den verantwortlichen Ärzten offenbar gelungen, die Übersicht über ihre Patienten und die durchgeführten Eingriffe zu behalten.

Wenn die Mehrheit der Enquete-Kommission im unmittelbaren Anschluß schließlich erneut ausführt

> „Daher birgt die Überkreuzspende, wenn die Beziehungen nur durch die wechselseitigen Interessen an einer Spende gekennzeichnet sind, die Gefahr des Entstehens von Vermittlungstätigkeiten und eines Handels mit Organen"[149],

muss aus den oben (1.4.2.2.(3)) angeführten Gründen im Dunklen bleiben, welche Form von Schlußfolgerung an dieser Stelle das Wort „daher" bezeichnen soll. Denn auch hier gilt, dass nicht einzusehen ist, wie verdeckte, „graue" Vermittlungstätigkeiten überhaupt funktionieren könnten und warum sie gerade dann entstehen und attraktiv werden sollten, wenn eine offene, transparente, medizinisch-wissenschaftlich begründete und kostenlose Vermittlung überkreuzspendewilliger Paare – in welcher Konstallation auch immer – über die Transplantationszentren oder eine Vermittlungsstelle angeboten wird; auch hier gilt, dass nicht einzusehen ist, wie denn auch nur ein Motiv für kommerzielle Interaktionen entstehen soll, wenn zwei Paare einander bekanntgemacht werden, die ohnehin bereits ihre „wechselseitigen Interessen an einer Spende", d.h. der gemeinsame Wunsch nach einer kreuzweisen Organgabe verbindet und ohnehin zur Spende motiviert.

(3)
Darüber hinaus macht die Enquete-Kommission nicht hinreichend klar, was sie unter den angeblich drohenden „Poolmodellen" eigentlich verstehen will. In der Praxis geht es – von der südkoreanischen, in Deutschland nicht interessierenden Sonderkonstellation abgesehen – im Rahmen der Lebendorganspende von Nieren ganz vorrangig um das Bemühen um eine geographisch möglichst weiträumig angelegte zentrale *Erfassung* und *Vermittlung* von überkreuz-spendewilligen Paaren, also um die *organisatorische Ermöglichung des Grundmodells der Cross-Spende*. Hierbei kann die Vermittlung offen oder anonym[150] erfolgen. Eine „grundlegende

---

[149] Ebd.
[150] Siehe hierzu den Vorschlag von Rittner/Besold/Wandel (A Proposal for Anonymous Living Organ Donation in Germany, in: Gutmann/Daar/Land/Sells, Eds., Ethical, Legal And Social Issues In Organ Transplantation, 2004, 231-235) sowie das niederländische Modell (Kranenburg/Visak et al., Starting a Crossover Kidney Transplantation Program in the Netherlands: Ethical and Psychological Considerations, Transplantation 78, 2004, 194; de Klerk, Acceptability and Feasibility of Cross-Over Kidney Transplantation, in: Gutmann/Daar/Land/Sells, Eds., Ethical, Legal and Social Issues In Organ Transplantation, 2004, 255). Differenzierend Nationale Ethikkommission der Schweiz im Bereich Humanmedizin (NEK-CNE), Stellungnahme 6/2003 – Zur Regelung der Lebendspende im Transplantationsgesetz, 33 f.

1.4. Die Mehrheitsposition der Enquete-Kommission

Umgestaltung des gesamten Organspendesystems"[151] ist damit nicht verbunden. Gegen eine solche Vermittlung spricht, wie dargelegt, solange nichts, als man nicht mit der Mehrheit der Enquete-Kommission bereits den Umstand als solchen kritisch betrachtet und letztlich ablehnt, dass durch eine „Ausweitung des Spenderkreises in der Organlebendspende"[152] Patienten geholfen werden kann, für die sonst keine Therapie zur Verfügung steht (vgl. oben, 1.4.2.1.(1)). Ob für die anonyme Verteilung der Spender-Empfänger-„Paare" per Gesetz eine Vermittlungsstelle eingerichtet oder für diese Aufgabe gesetzlich legitimiert werden müsste[153], ist fraglich, angesichts der Novellierungsaufgaben, die sich dem Gesetzgeber mit Blick auf die Vermittlungsstelle ohnehin stellen (unten, 7.) jedoch eine leicht lösbare Aufgabe. Die Stiftung Eurotransplant, die heute bereits das niederländische Cross-Spende-Programm unterstützt, ist zu dieser Tätigkeit technisch ohne weiteres in der Lage.[154]

(4)
Wenig überzeugend ist aus den eben genannten Gründen die von einer „Minderheit innerhalb der Mehrheit der Enquete-Kommission" ausgesprochene Empfehlung an den Deutschen Bundestag, bei der Lebendspende von Organen die gesetzliche Regelung des Spenderkreises in § 8 Abs. 1 Satz 2 TPG insoweit zu ändern, als die Organspende möglich sein soll, ohne dass zwischen Spender und Organempfänger ein besonderes Näheverhältnis besteht, wenn eine Überkreuz-Spende zwischen zwei Paaren erfolgt und deren jeweilige Partner einander besonders nahe stehen.[155] Denn zugunsten dieser Position wird ausgeführt, mit ihr bliebe „die Lebendspende [...] auf einen überschaubaren Personenkreis von vier Personen beschränkt, der sich klar von einem ‚Pool' abgrenzen" lasse; es bedürfe „grundsätzlich nur eines weiteren Paares" ohne die „Gefahr von Vermittlungstätigkeiten".[156] Hierbei bleibt völlig im unklaren, ob jene zentrale Registrierungs- und Vermittlungstätigkeit für spendewillige Paare erlaubt sein soll, ohne die die Überkreuz-Spende ganz überwiegend ihren Sinn verliert.[157]

---

[151] Enquete-Kommission Ethik und Recht der modernen Medizin, Zwischenbericht Organlebendspende, BT-Drs. 15/5050 v. 17.3.2005, 74.
[152] Ebd., 39, 42.
[153] Ebd., 48.
[154] Persönliche Mitteilung Dr. G. Persijn (Direktor Eurotransplant), 7.3.2005.
[155] Enquete-Kommission Ethik und Recht der modernen Medizin, Zwischenbericht Organlebendspende, BT-Drs. 15/5050 v. 17.3.2005, 73.
[156] Ebd.
[157] Vgl. die niederländischen Erfahrungen, Kranenburg/Visak et al., Starting a Crossover Kidney Transplantation Program in The Netherlands: Ethical and Psychological Considerations, Transplantation 78 (2004), 194 sowie die Nationale Ethikkommission der Schweiz im Bereich Humanmedizin (NEK-CNE), Stellungnahme 6/2003 – Zur Regelung der Lebendspende im Transplantationsgesetz, 33 f.: „Anzumerken ist [...], dass die Crossover-Spende gegenüber der normalen Spendekonstellation besonders von einer Organisation auf nationaler Ebene abhängt, um die Effizienz und somit auch die ethische Akzeptabilität der Crossover-Spende sicherzustellen."

(5)
Offen bleiben muss, was unter der Kritik der Mehrheit der Enquete-Kommission zu verstehen sein soll, dass ein solches „Modell zu einer weitgehenden Privatisierung der Transplantationsmedizin führ[en]" würde.[158] „Privatisierung" ist hier offenbar nicht in dem Sinn gemeint, in dem heute etwa über die Privatisierung der öffentlichen Wasserversorgung diskutiert wird. Die Möglichkeit einer „öffentlichen" Versorgung der wartenden Patienten mit Organen, ohne dass es hierzu „privater" Spendeakte der Bürger bedürfte, ist einstweilen nicht ersichtlich. Eine Spekulation ohne auch nur den Ansatz empirischer Indizien stellt schließlich die Befürchtung dar, dass unter der organisierten Überkreuzspende „die Bereitschaft der Bevölkerung zur postmortalen Spende erheblich leiden würde."[159]

(6)
Verfehlt ist schließlich auch das Argument, es *könne* in Zukunft möglich werden, dass die immunologische Verträglichkeit für eine Organtransplantation nicht mehr erforderlich sei bzw. als Voraussetzung für eine Transplantation an Bedeutung verliere; in diesem Fall wäre das Modell der anonymen Ringtausch-Poolspende sinnlos. Zum einen ist es nicht angemessen, schwerkranken Patienten vorhandene Therapiemöglichkeiten mit dem Argument strafbewehrt (!) zu untersagen, ihnen könne *vielleicht künftig* anders geholfen werden; zum anderen erstaunt die Leichtfertigkeit, mit der die Mehrheit der Enquete-Kommission bereit ist, Patienten die Belastungen zuzumuten, die mit der medikamentösen Unterdrückung der körperlichen Reaktionen des Empfängers verbunden sind, der ein Organ einer nicht kompatiblen Blutgruppe erhält.

(7)
Das Sondervotum der Abgeordneten *Kauch* und *Flach* sowie des Sachverständigen *Prof. Dr. Merkel* zum Zwischenbericht der Enquete-Kommission empfiehlt, die Überkreuz-Spende zu erlauben, also den Kreis der in § 8 Abs. 1 Satz 2 TPG zugelassenen Lebendspender auf die an einer solchen „Cross-over"-Spende beteiligten Paare auszudehnen.[160] Damit ist zugleich ausgesprochen, dass organisatorische Maßnahmen (etwa die zentrale Registrierung und Vermittlung spendewilliger Paare, z.B. durch die Stiftung Eurotransplant) erlaubt sein sollen, die die logistischen Voraussetzungen für diese Therapie bereitstellen.

---

[158] Enquete-Kommission Ethik und Recht der modernen Medizin, Zwischenbericht Organlebendspende, BT-Drs. 15/5050 v. 17.3.2005, 49.

[159] Ebd. Hierzu auch ablehnend Interdisziplinärer Arbeitskreis „Ethik und Recht in der Medizin" der Johannes Gutenberg Universität Mainz (Greif-Hilger/Paul/Rittner), Mainzer Thesen zur Organspende, März 2005, These 7.

[160] Sondervotum von Michael Kauch, Ulrike Flach und Prof. Dr. Reinhard Merkel zum Zwischenbericht Organlebendspende der Enquete-Kommission Ethik und Recht der modernen Medizin, BT-Drs. 15/5050 v. 17.3.2005, 78 ff. (81 ff.).

(8)

Hinsichtlich des in den USA erprobten „Lebendspende/Organpool-Austauschs" bei Nieren („list-paired [indirect] exchange of kidneys"), bei dem ein nicht gewebekompatibles Organ aus Lebendspende mit einem kompatiblen Organ aus dem Organpool aus *Postmortalspende* getauscht wird, führt die Enquete-Kommission zu Recht aus, dass diese Modelle unter einem Gesichtspunkt problematisch sind: Da es statistisch bei über 2/3 der AB0-inkompatiblen Überkreuz-Spende-Paare einen potenziellen Empfänger mit Blutgruppe 0 gibt, könnte dieses Modell, insbesondere wenn sich das ihm vorausgesagte „große Entwicklungspotential"[161] realisieren würde, zu einer weiteren Verminderung der ohnedies knappen Zahl von Transplantaten führen, die für normale Wartelistenpatienten dieser Blutgruppe zur Verfügung stehen. Damit würde dieses Austauschmodell besonders zu Lasten der Gruppe von Patienten gehen, die ein Blutgruppe-0-Transplantat benötigen, für die aber selbst kein Lebendspender bereit steht.[162] Dies ist jedoch kein Grund dafür, einen Organaustausch dieser Art – der allerdings eine (ohnehin notwendige) Änderung der Vorschriften des Transplantationsgesetzes zur Organvermittlung (§ 12 Abs. 3 TPG) voraussetzen würde (hierzu unten, 8.) – kategorisch abzulehnen.[163] In bestimmten Konstellationen, etwa wenn der Empfänger keine Niere der Blutgruppe 0 benötigt, sondern die Lebendspende nur an einem positiven cross-match zwischen ihm und dem Lebendspender scheitert, oder in anderen, besonders gelagerten Fällen kann der Austausch eines lebend gespendeten Organs gegen das Organ eines Verstorbenen eine insgesamt gerechtfertigte, ja ethisch insgesamt vorzugswürdige Option darstellen.[164] Insbesondere besteht nicht der geringste Grund für ein – noch dazu strafbewehrtes – Verbot solcher Modelle.

---

[161] Thiel, Möglichkeiten der Cross-over-Lebendspende bei der Nierentransplantation, in: Kirste (Hg.), Nieren-Lebendspende. Rechtsfragen und Versicherungs-Regelungen für Mediziner, 2000, 169-179 (179).

[162] Enquete-Kommission Ethik und Recht der modernen Medizin, Zwischenbericht Organlebendspende, BT-Drs. 15/5050 v. 17.3.2005, 48 m.w.N.

[163] Das amerikanische Consensus Statement schlug insoweit die Durchführung einer Pilotstudie zu komplizierteren Ringtauschlösungen unter Einbeziehung altruistischer Fremdspender vor, vgl. National Kidney Foundation/American Society of Transplantation/American Society of Transplant Surgeons/American Society of Nephrology et al., Consensus Statement on the Live Organ Donor, JAMA 284 (2000), 2919-2926 (2923 f.). Diese werden gegenwärtig, wie gezeigt, in den Neuenglandstaaten sowie in Washington durchgeführt. Für die ethische Akzeptabilität, ja Wünschbarkeit solcher Modelle spricht sich sehr nachdrücklich auch Thiel aus, in: ders., Möglichkeiten der Cross-over-Lebendspende bei der Nierentransplantation, in: Kirste (Hg.), Nieren-Lebendspende. Rechtsfragen und Versicherungs-Regelungen für Mediziner, 2000, 169-179 (172).

[164] Veatch, Transplantation Ethics, 2000, 200; Gilbert/Brigham/Batty/Veatch, The Nondirected Living Donor Program: A Model for Cooperative Donation, Recovery and Allocation of Living Donor Kidneys, American Journal of Transplantation 5 (2005) 167-174 (173); National Kidney Foundation/American Society of Transplantation/American Society of Transplant Surgeons/American Society of Nephrology et al., Consensus Statement on the Live Organ Donor, JAMA 284 (2000), 2919-2926 (2923 f.); Zenios/

1.4.2.4. Zur nichtgerichteten Organspende

(1)
Wenig überzeugend mutet bereits die These der Enquete-Kommissions-Mehrheit an, dass „die Selbstschädigung durch eine Lebendspende", wenn sie nicht unmittelbar einem Familienmitglied oder einer besonders nahe stehenden Person zugute komme, „ethisch nur schwer zu rechtfertigen" sei. Es bedürfe „jedenfalls stets einer genauen Prüfung, ob sie im einzelnen Fall ethisch vertretbar ist."[165]

Diese Aussage ist erstens widersprüchlich, denn die Forderung nach einer Streichung des § 8 Abs. 1 Satz 2 TPG, der sich die Mehrheit der Enquete-Kommission widersetzt, soll ja gerade dazu dienen, jene „genaue Prüfung", ob eine nichtgerichtete Organspende im Einzelfall ethisch vertretbar ist, künftig allererst zu ermöglichen. Zweitens erscheint die Begrifflichkeit der Mehrheit der Enquete-Kommission nicht angemessen, die die Termini „Selbstschädigung"[166], „massive Selbstschädigung"[167] bzw. „Selbstverstümmelung"[168] durch eine Lebendspende, die Hilfe für einen schwerkranken Menschen bedeutet, nicht weiter qualifiziert und sie offenbar auf der gleichen Stufe angesiedelt sieht wie eine Selbstverstümmelung zu Unterhaltungszwecken. Drittens bleibt im unklaren, nach welcher „Ethik" die nichtgerichtete Lebendspende einer Niere „ethisch nur schwer zu rechtfertigen" sein soll. In Rahmen einer Ethik, in der – wie heute im Hauptstrom des medizinethischen Diskurses – der Respekt vor den autonomen Entscheidungen hinreichend aufgeklärter Erwachsener im Zentrum steht, kann der potentielle Spender für einen solchen Spendeakt auf diesen ethischen Achtungsanspruch pochen. Diesem Achtungsanspruch ist eine traditionell hippokratische Position, die einem verabsolutierten – und verengten – Prinzip der Schadensvermeidung folgt, den Patienten als autonomes Gegenüber ausblendet und deshalb die Entnahme eines Organs beim gesunden Spender grundsätzlich für unerlaubt halten muß, kategoriell nachgeordnet.[169] Die moralische Legitimation der Lebendspende – auch der nichtgerichteten – liegt in erster Linie in dem Respekt, der den individuellen Entscheidungen von Spender und Empfänger geschuldet ist, die in letzter Konsequenz immer selbst abzuwägen haben, welche Risiken sie zur Verfolgung ihres Lebensplans und ihrer Überzeugungen einzugehen bereit sind. Im Rahmen konsequentia-

---

Woodle/Ross, Primum Non Nocere: Avoiding Harm to Vulnerable Wait List Candidates in an Indirect Kidney Exchange, Transplantation 72 (2001), 648-654.

[165] Enquete-Kommission Ethik und Recht der modernen Medizin, Zwischenbericht Organlebendspende, BT-Drs. 15/5050 v. 17.3.2005, 74.
[166] Ebd., 45 f., 70, 74.
[167] Ebd., 45.
[168] Ebd., 45 m. Anm. 354, 69.
[169] Gutmann/Schroth, Organlebendspende in Europa, 2002, 94 ff.; Gutmann/Land, Review Topic: Ethics Regarding Living Donor Organ Transplantation, Langenbeck's Archives of Surgery 384 (1999), 515-522; Veatch, Transplantation Ethics, 2000, 202 und ebd., ch. 1; ders., Theories of Medical Ethics: The Professional Model Compared With the Societal Model, in: Land/Dossetor (Eds.), Organ Replacement Therapy: Ethics, Justice and Commerce, 1991, 3-9; ders., A Theory of Medical Ethics, 1981; Häyry, The Limits of Medical Paternalism, London 1991.

listischer, folgenorientierter Ethiken wird eine Nierenlebendspende an das Kollektiv der wartenden Patienten auch dann für alle Beteiligten nutzenerhöhend sein, wenn man sämtliche ökonomischen Aspekte (insbesondere die erheblichen Kosteneinsparungen) außer acht läßt.[170] In moraltheologischer Sicht wird in der freiwilligen, nichtgerichteten anonymen Lebendspende ein „hochherziger Liebesakt" aus mitmenschlicher Solidarität und Hilfsbereitschaft gesehen.[171] Auf welche Art von Ethik sich die Enquete-Kommission zur Begründung ihrer ausgreifenden These stützt, und ob diese Ethik überhaupt geeignet sein kann, Rechtsnormen (zumal Straftatbestände) zu begründen[172], bleibt deshalb im Dunkeln.

---

[170] Vgl. Daar/Jakobsen/Land/Gutmann/Schneewind/Tahya, Living-Donor Renal Transplantation: Evidence-Based Justification for an Ethical Option, Transplantation Reviews 11 (1997), 95-109. Die nichtgerichtete Lebendorganspende läßt sich im Regelfall auch dann unter dem Gesichtspunkt einer Nutzen- und Risiken-Abwägung rechtfertigen, wenn man mit der Enquete-Kommission (Zwischenbericht Organlebendspende, BT-Drs. 15/5050 v. 17.3.2005, 38) zu Recht kritisch gegenüber der Aggregationslogik konsequentialistischer Ethiken darauf beharrt, dass diese Nutzen- und Risiken-Abwägung auf zwei Personen zu beziehen ist und nicht unter den beiden Betroffenen, was Nutzen und Risiken anbetrifft, „verrechnet" werden kann.

[171] Gründel, Stellungnahme zur öffentlichen Anhörung „Organlebendspende" der Enquete-Kommission Ethik und Recht der modernen Medizin am 1.3.2004, Kom.-Drs. 15/148, 4; vgl. ders., Ethische Probleme bei der Lebendspende von Organen, Zeitschrift für Transplantationsmedizin 5 (1993), 70-74 und Elsässer, Die Transplantation lebend gespendeter Organe aus heutiger christlicher Sicht, Transplantationsmedizin 12 (2000), 184-188.

[172] Der weltanschaulich neutrale Staat, der seine Bürger mit gleicher Rücksicht und gleichem Respekt zu behandeln hat, muss sich bei der Begründung von Rechtsnormen auf Gründe beschränken, die im Prinzip jedermann diskursiv einsichtig gemacht werden können. Vor dem Hintergrund des (verfassungsrechtlich garantierten) „Faktums des vernünftigen Pluralismus" und eines Neben-, Mit- und Gegeneinanders unterschiedlicher Lebenswelten, -formen und -entwürfe, aber auch unterschiedlicher Wertskalen, moralischer Normsysteme und ethischer Theorien können Rechtsnormen mit allgemeinem (innerstaatlichem) Geltungsanspruch oder gar Strafgesetze nicht auf partikuläre Vorstellungen des Guten, etwa solche theologischer Natur, gegründet werden. Vgl. hierzu grundsätzlich Huster, Die ethische Neutralität des Staates. Eine liberale Interpretation der Verfassung, 2002, 85 ff., 633 ff.; ders., Liberalismus, Neutralität und Fundamentalismus. Über verfassungsrechtliche und sozialphilosophische Grenzen rechtlicher Verbote und Regulierungen in der Gentechnologie und in der modernen Medizin, in: Brockmöller/Buchwald/von der Pfordten/Tappe (Hg.), Ethische und strukturelle Herausforderungen des Rechts, Archiv für Rechts- und Sozialphilosophie, Beiheft 66, 1997, 9-25; Rawls, Gerechtigkeit als Fairneß. Ein Neuentwurf, 2003, 63 ff. und daneben Habermas, Die Zukunft der menschlichen Natur. Auf dem Weg zu einer liberalen Eugenik?, vierte, erweiterte Auflage 2002, 61, 70 ff. sowie Gutmann, ‚Gattungsethik' als Grenze der Verfügung des Menschen über sich selbst?, in: van den Daele/Döbert/Nunner-Winkler (Hg.), Biopolitik (Sonderheft der Zeitschrift Leviathan), 2005, i.E.

(2)
Ergänzend ist darauf hinzuweisen, dass die ethische Rechtfertigung der nichtgerichteten Nierenspende nicht etwa in einer Vorstellung von „Altruismus" begründet liegt, die mit „Selbstlosigkeit" (Enquete-Kommission)[173] zu übersetzen wäre. Gemeint ist nur, dass der Spender nicht aus kommerziellen Motiven handelt; hierbei auch selbstbezogene Absichten (wie eine „Befriedigung eigener seelischer Bedürfnisse", eine Steigerung des Selbstbewusstseins oder den Wunsch, „ein Zeichen zu setzen"[174]) zu verfolgen, ist ihm im freiheitlichen Rechtsstaat auch in „ethischer" Hinsicht gestattet. Die These der Mehrheit der Enquete-Kommission, es müsse „ausgeschlossen werden, dass eigennützige [...] Gründe bei so genannter altruistischer Lebendspende mitspielen"[175], ist nicht nachvollziehbar und sprengt bei weitem die Grenzen dessen, was der Staat des Grundgesetzes von seinen Bürgern an Moralität und innerer Motivationslage verlangen darf. Ebensowenig ist es angebracht, Lebendorganspenden aus „unpräzis [sic] formulierten altruistischen Motiven [,eine gute Tat vollbringen']"[176] zu denunzieren, wie dies die Mehrheit der Enquete-Kommission tut. In der internationalen Diskussion wurde der Begriff „altruistische Lebendorganspende" (unter Fremden) weitestgehend durch den Terminus „nichtgerichtete Lebendorganspende" ersetzt, um nicht länger Energie auf semantische Diskussionen ohne normative Substanz verschwenden zu müssen, wie sie die Mehrheit der Enquete-Kommission mit dem Begriff des „Altruismus" vollführt.[177] Aus dem Gesagten ergibt sich sogleich, dass die von der Mehrheit der Enquete-Kommission gestellte „Frage, ob im Falle der anonymen Lebendspende die Feststellung einer rein altruistischen Motivation die Kompetenz einer Lebendspendekommission nicht grundsätzlich überfordert"[178], falsch gestellt ist, da eine solche Motivation weder zu verlangen ist noch von irgendjemandem – außer der Mehrheit der Enquete-Kommission Recht und Ethik der Medizin des Deutschen Bundestags – verlangt wird.

(3)
Unzutreffend ist schließlich der Einwand, die konkrete Nachprüfbarkeit der psychologischen Kriterien zur Eignung potentieller anonymer Lebendspender sei „wesentlich problematischer" als bei der nicht anonymen Lebendspende.[179] Die Verfahren zur Feststellung hinreichend stabiler, aufgeklärter und nicht pathologisch verzerrter Entscheidungen bemühen gängige Instrumentarien[180], die regel-

---

[173] Enquete-Kommission Ethik und Recht der modernen Medizin, Zwischenbericht Organlebendspende, BT-Drs. 15/5050 v. 17.3.2005, 45. Vgl. jedoch andererseits 36.
[174] Ebd., 45.
[175] Ebd., 46.
[176] Ebd., 45.
[177] Ebd., 45 ff.
[178] Ebd., 45 f.
[179] Ebd., 45.
[180] Henderson/Landolt/McDonald et al., The Living Anonymous Kidney Donor: Lunatic or Saint?, American Journal of Transplantation 3 (2003), 203-213; daneben Gilbert/Brigham/Batty/Veatch, The Nondirected Living Donor Program: A Model for Coope-

1.4. Die Mehrheitsposition der Enquete-Kommission

mäßig auch bei den heute bereits erlaubten Formen der Lebendorganspende zum Einsatz kommen und kommen sollten.

(4)
Unerfindlich ist schließlich der Einwand, gerade bei der nichtgerichteten Lebendorganspende müssten „Evaluationsverfahren, die in der Lage sind, die Möglichkeit eines verdeckten Organhandels auszuschließen, sehr umfassend sein".[181] Die Gefahr der Kommerzialisierung wäre vielmehr von vorneherein gebannt, wenn eine Kommunikation zwischen Spender und Empfänger (jedenfalls vor der Transplantation) nicht stattfinden könnte. Dies wäre dann der Fall, wenn eine nichtgerichtete Fremdspende (nach dem Schweizer Vorbild sowie nach der hier vertretenen Position) vermittlungspflichtig wäre und das Organ von der Vermittlungsstelle unter Wahrung der Anonymität des Spenders nach den Kriterien für postmortal gespendete Organe einem durch Computer bestimmten Patienten zugeteilt würde.[182]

(5)
Ebenso unbegründet ist die Behauptung, die Einführung der anonymen Lebendspende führe „zu einer grundlegenden Änderung der Zielsetzung des Gesetzes".[183] Weiterhin geht es darum, Rechtssicherheit für Lebendorganspenden zu schaffen, mit denen schwerkranken Patienten geholfen werden kann, und hierbei sicherzustellen, dass (insbesondere) der Spender eine freiwillige, durchdachte und stabile

---

rative Donation, Recovery and Allocation of Living Donor Kidneys, American Journal of Transplantation 5 (2005) 167-174; vgl. Jacobs/Roman/Garvey/Kahn/Matas, Twenty-Two Nondirected Kidney Donors: An Update on a Single Center's Experience American Journal of Transplantation 4 (2004) 1110; Matas/Garvey/Jacobs/Kahn, Nondirected Donation of Kidneys from Living Donors, The New England Journal of Medicine 343 (2000), 433-436; Matas et al., Nondirected Kidney Donation at the University of Minnesota, in: Gutmann/Daar/Land/Sells (Eds.), Ethical, Legal And Social Issues In Organ Transplantation, 2004, 195-200; Adams/Cohen/Danovitch et al., The Nondirected Live Kidney Donor: Ethical Considerations and Practice Guidelines. A National Conference Report, Transplantation 74 (2002), 582-591.

[181] Enquete-Kommission Ethik und Recht der modernen Medizin, Zwischenbericht Organlebendspende, BT-Drs. 15/5050 v. 17.3.2005, 45.

[182] Vgl. zu diesem Vorschlag United Network for Organ Sharing 1991 Ethics Committee, Ethics of Organ Transplantation from Living Donors, Transplantation Proceedings 24 (1992), 2236-2237 (2237) sowie für Deutschland Gutmann, Probleme einer gesetzlichen Regelung der Lebendspende von Organen, Medizinrecht 1997, 147-155 (150) und Hoyer, Die altruistische Lebendspende, in: Nieren- und Hochdruckkrankheiten 27 (1998), 193-198 (198). Vgl. hierzu nunmehr, auch zur Notwendigkeit der Aufklärung des Empfängers über den Umstand, dass er ein lebend gespendetes Organ erhalten soll, und zur Notwendigkeit einer entsprechenden Einwilligung, National Kidney Foundation/American Society of Transplantation/American Society of Transplant Surgeons/American Society of Nephrology et al., Consensus Statement on the Live Organ Donor, JAMA 284 (2000), 2919-2926 (2924).

[183] Enquete-Kommission Ethik und Recht der modernen Medizin, Zwischenbericht Organlebendspende, BT-Drs. 15/5050 v. 17.3.2005, 74.

Entscheidung trifft und keine Interessen verfolgt, die auf verbotenen Organhandel zielen. Soweit die Mehrheit der Enquete-Kommission ihre These damit begründet, ansonsten müsse „das Prinzip der Nachrangigkeit (Subsidiarität) aufgehoben werden", so ist dies erstens nicht zwingend; zweitens ist die Aufgabe und Änderung des in seiner geltenden Form verfehlten Subsidiaritätsprinzips aus anderen Gründen ohnehin angeraten (siehe unten, 3.).

(6)
Die These, es könne sich ein negativer Effekt auf die direkte altruistische Lebendspende einstellen, sodass sich im Ergebnis eine Reduktion der Anzahl lebend gespendeter Nieren ergeben könnte[184], ist lebensfremd. Welcher potentielle Spender sollte von einer direkten Spende an eine ihm nahestehende Person abgehalten werden, weil andere Personen zugunsten des riesigen Kollektivs der wartenden Patienten zu spenden bereit sind?

(7)
Vollends an den Haaren herbeigezogen schließlich ist die Befürchtung, „dass Angehörige und andere zum Kreis der legalen Lebendspender Zählende, die aus immunologischen Gründen nicht spenden können, zur anonymen Lebendspende von ihrem persönlichen Umfeld oder von ärztlicher Seite gedrängt werden, um zumindest über den Pool zur Wartelistenverkürzung beizutragen."[185] Ende 2003 befanden sich 9.479 deutsche Patienten auf der Warteliste für eine Nierentransplantation. Unter kriminologischen Gesichtspunkten ist die Vorstellung, dass ein Patient auf der Warteliste eine strafbare Nötigung begeht, um einer ihm unbekannten Person unter diesen 9.479 zu einem Organ zu verhelfen und seine eigenen Chancen um 1/9.479 zu erhöhen, offensichtlich abwegig.

(8)
Das Sondervotum der Abgeordneten *Kauch* und *Flach* sowie des Sachverständigen *Prof. Dr. Merkel* zum Zwischenbericht der Enquete-Kommission empfiehlt, die Öffnung des § 8 Abs. 1 Satz 2 TPG auch auf die anonyme (nichtgerichtete) Lebendspende zu erstrecken.[186]

(9)
Ergänzend ist darauf hinzuweisen, dass im übrigen auch nichts dagegen spricht, dass mit Streichung des § 8 Abs. 1 Satz 2 TPG eine Lebendorganspende nach Schweizer Vorbild auch dann möglich (und in Einzelfällen denkbar) wäre, wenn der Spender das Organ, ohne dass eine Anonymität gewahrt werden kann, einer bestimmten Person zukommen lassen will, zu der er kein Näheverhältnis hat.[187]

---

[184] Ebd., 44, 46.
[185] Ebd., 46.
[186] Sondervotum von Michael Kauch, Ulrike Flach und Prof. Dr. Reinhard Merkel zum Zwischenbericht Organlebendspende der Enquete-Kommission Ethik und Recht der modernen Medizin, BT-Drs. 15/5050 v. 17.3.2005, 78 ff. (83 f.).
[187] Vgl. Art. 16 Abs. 1 Schweizer TPG.

1.4. Die Mehrheitsposition der Enquete-Kommission

Eine Reihe der in Europa und den USA dokumentierten Fälle – insbesondere die Spende des Transplantationschirurgen Prof. Dr. Jochem Hoyer 1996 in München[188] – fielen in diese Kategorie. In diesen Fällen ist – anders als bei der anonymisierten Fremdspende – das Risiko des Organkaufs nicht von vorneherein auszuschließen. Andererseits geht es gerade im diesen Fällen – wie etwa in der Konstellation, die der Kammerentscheidung des Bundesverfassungsgerichts zu § 8 Abs. 1 Satz 2 TPG aus dem Jahr 1999 zugrundelag – regelmäßig um die konkrete Hilfe für einen schwerkranken Menschen, dessen grundrechtlich geschütze Position von einem Verbot weit stärker beeinträchtigt wird als dies bei einem Verbot der anonymisierten Fremdspende zugunsten der Warteliste der Fall wäre. Deshalb kann ein ausnahmsloses Verbot nicht überzeugen. Den Ausführungen in dem Sondervotum der Abgeordneten *Kauch* und *Flach* sowie des Sachverständigen *Prof. Dr. Merkel* zum Zwischenbericht der Enquete-Kommission ist diesbezüglich nichts hinzuzufügen:

> „Verbote unterliegen, auch wenn sie dem Schutz gewichtiger Rechtsgüter zu dienen bestimmt sind, nach allgemeinen rechtsethischen Prinzipien grundsätzlich der Möglichkeit bestimmter Ausnahmen: dann nämlich, wenn sie in akuten Notstandslagen für andere, eindeutig höherrangige Güter die Möglichkeiten zur Rettung dieser bedrohten Güter blockieren würden. Im deutschen Recht ist dieses grundlegende Prinzip in § 34 StGB als das des rechtfertigenden Notstands positivrechtlich normiert. Danach müssen die kollidierenden Rechtsgüter und Interessen gegeneinander abgewogen werden; dabei muss ein eindeutiges Überwiegen des akut bedrohten Interesses gegenüber dem von der Verbotsnorm grundsätzlich geschützten Rechtsgut festzustellen sein. Dann ist die Durchbrechung des generellen Verbots im konkreten Einzelfall zulässig. Sofern also ein potenzieller Spender, der etwa über die Medien vom Schicksal eines Todkranken erfahren hat, eine aufgeklärte und freiwillige Entscheidung trifft, ein Organ oder einen Teil davon zu spenden, muss das allgemeine gesetzliche Ziel, den Organhandel zu verhindern, gegen das der Rettung eines konkreten und akut bedrohten Menschenlebens abgewogen werden. Es ist unbestritten und verfassungsgerichtlich vielfach festgestellt, dass das individuelle menschliche Leben einen Höchstwert unserer Rechtsordnung darstellt. Ihm steht in einem solchen akuten Notstand das Interesse gegenüber, die abstrakte Gefährdung des Organhandelsverbots durch eine möglichst generelle Durchsetzung der Verbotsnorm zu vermeiden. Dieses allgemeine Interesse hat – dem eindeutigen Rangverhältnis der hier kollidierenden Rechtsgüter nach der Wertordnung des Grundgesetzes entsprechend – hinter den Schutz des akut bedrohten Menschenlebens zurückzutreten. Es spricht deshalb einiges dafür (und ist in der Wis-

---

[188] Hoyer, A Nondirected Kidney Donation and its Consequences. Personal Experience of a Transplant Surgeon, Transplantation 76 (2003), 1264 ff.

senschaft auch bereits behauptet worden), dass schon nach geltendem Recht, nämlich nach § 34 StGB, eine solche gezielte Fremdspende zur konkreten Lebensrettung gerechtfertigt wäre. Doch ist es Aufgabe des Gesetzgebers, in solchen neuartigen Problembereichen den in ihnen tätigen Personen präzise gesetzliche Handlungsanleitungen zu geben und damit die Rechtssicherheit zu gewährleisten. Neben dem oben dargelegten klaren und nicht zweifelhaften Vorrang des Rechtsguts Leben müssen in solchen Notstandssituationen zwei weitere Voraussetzungen gegeben sein, die ebenfalls den allgemeinen Notstandsprinzipien unserer Rechtsordnung entsprechen: Erstens muss die gezielte Spende seitens der Person ohne Näheverhältnis zum Empfänger nach vernünftigem ärztlichen Urteil unbedingt erforderlich, nämlich der einzige Erfolg versprechende Weg zur Rettung des bedrohten Lebens sein. Es darf also kein Organ aus einer postmortalen Spende oder von einem potenziellen Spender mit Näheverhältnis verfügbar sein. Und zweitens müssen die Lebendspendekommissionen in solchen Fällen mit besonderer Genauigkeit prüfen und bejahen können, dass es sich nach allen Umständen des Einzelfalles tatsächlich nicht um eine kommerzielle Organspende handelt."[189]

1.4.2.5. Zusammenfassung

Die Ausführungen der Enquete-Kommission zu § 8 Abs. 1 Satz 2 TPG vermögen weder im einzelnen noch in ihrer Gesamtheit zu überzeugen. Sie können keinen hinreichenden Grund für die Beibehaltung der verfassungsrechtlich problematischen und sachlich verfehlten Norm benennen und kontrastieren stark mit der begründeten und abgewogenen Argumentation, die den Zwischenbericht – von wenigen Ausnahmen abgesehen (siehe unten, 3.) – ansonsten auszeichnet. Die Bereitschaft der Mehrheit der Enquete-Kommission, zur Stützung ihrer Position auch und vorrangig Argumente zu bemühen, die die ihnen aufgebürdete Begründungslast ganz offensichtlich nicht zu tragen vermögen, nährt die Interpretation, dass hier weniger ein Suchen nach einer normativ angemessenen Position im Vordergrund stand als das prekäre Bemühen, ein Ergebnis argumentativ einzukleiden, das offenbar bereits vor einer auf Gründe gestützten Auseinandersetzung mit der Thematik feststand. Bedauerlich ist hierbei insbesondere, dass sich die Mehrheit der Mitglieder einer Kommission des Deutschen Bundestags auf eine rechtspolitische Linie festgelegt hat, die mit einer erheblichen Geringschätzung nicht nur des Selbstbestimmungsrechts potenzieller Organspender, sondern insbesondere auch der verfassungsrechtlich hochrangigen Rechtsgüter schwerkranker Patienten

---

[189] Sondervotum von Michael Kauch, Ulrike Flach und Prof. Dr. Reinhard Merkel zum Zwischenbericht Organlebendspende der Enquete-Kommission Ethik und Recht der modernen Medizin, BT-Drs. 15/5050 v. 17.3.2005, 78 ff. (84).

einhergeht, und die es letztlich zu bedauern scheint, dass diesen Menschen überhaupt mittels der Lebendspende von Organen geholfen werden kann.

Insgesamt ist die gegenwärtige Begrenzung des Spenderkreises nicht zu rechtfertigen. § 8 Abs. 1 Satz 2 TPG sollte ersatzlos gestrichen werden. Angemessen ist es vielmehr allein, auch in diesen Fällen „Sicherheit durch Verfahren"[190] zu suchen, d.h. Vorkehrungen für eine genaue Prüfung jedes Einzelfalles zu treffen. Hierauf sollten sich die Bemühungen konzentrieren. Die Enquete-Kommission hat gerade hierzu wichtige Aspekte aufgezeigt.

---

[190] Gutmann/Elsässer/Gründel/Land/Schneewind/Schroth, Living Kidney donation: Safety by Procedure, in: Terasaki (Ed.), Clinical Transplants 1994, 1995, 356 f.

2. Stärkung der sogenannten Lebendspende-Kommissionen und weitere prozedurale Sicherungen

2.1. Schutz der Spenderautonomie im klinischen Kontext

Die entscheidende rechtliche und ethische Legitimationsgrundlage der Lebendorgantransplantation liegt in der selbstbestimmten Willensbildung und Einwilligung des Organspenders und in dem Respekt, der den individuellen Entscheidungen von Spender und Empfänger geschuldet ist, die in letzter Konsequenz selbst abzuwägen haben, welche Risiken sie zur Verfolgung ihres Lebensplans, zu dem ihre Beziehung zu anderen Personen und ihr Interesse am Wohlergehen des anderen gehören, einzugehen bereit sind.[191]

Die Autonomie dieser Entscheidung *prozedural abzusichern*, erscheint als das wichtigste Ziel auf dem Feld der Lebendorgantransplantation. Über die Freiwilligkeit der Entscheidung des Lebendspenders kann nur im Einzelfall und nur durch angemessene Verfahren mit hinreichender Sicherheit befunden werden. Hierzu dienen insbesondere **Evaluations- und Beratungsverfahren am Transplantationszentrum**, die strukturell so ausgestaltet sind, dass sie

- eine angemessene (§ 8 Abs. 2 TPG[192]) und hinsichtlich des Verständnisses der Aufklärung durch den Patienten optimierte[193] ärztliche Aufklärung sicherstellen,

---

[191] Gutmann/Schroth, Organlebendspende in Europa, 2002, 111; Gutmann/Land, Review Topic: Ethics Regarding Living-Donor Organ Transplantation, Langenbeck's Archives of Surgery 384 (1999), 515-522; Price, Transplant Clinicians as Moral Gatekeepers: Is this Role Simply one of Respecting the Autonomy of Persons?, in: Gutmann/Daar/Land/Sells (Eds.), Ethical, Legal And Social Issues In Organ Transplantation, 2004, 143-147 und ders., Legal and Ethical Aspects of Organ Transplantation, 2000, 227. Vgl. auch British Transplantation Society and the Renal Association, United Kingdom Guidelines for Living Donor Kidney Transplantation, London 2000, 10; Spital, When a Stranger Offers a Kidney: Ethical Issues in Living Organ Donation, American Journal of Kidney Diseases 32 (1998), 676-691 (683).

[192] Schroth/König/Gutmann/Oduncu–Schroth, TPG, 2005, § 19 Rn. 64 ff.

- eigene Interessenkonflikte des Zentrums reflektieren[194],
- Umstände zu beseitigen helfen, die den konkreten Prozess der Entscheidungsfindung der Patienten behindern und verzerren[195],
- den Betroffenen, soweit möglich, einen Übereilungsschutz[196] bieten sowie
- Spendern und Empfängern die Option erhalten, sich zu jedem Zeitpunkt „mit Würde" aus dem Prozess der Lebendspende zurückziehen zu können.[197]

Hierbei erscheint eine Standardisierung der notwendigen psychosozialen Abklärung vor der Transplantation[198] an den verschiedenen Transplantationszentren wünschenswert, damit die Gefahr von unterschiedlichen Einschätzungen verringert wird.[199]

Daneben wird in der Diskussion überwiegend die Einsetzung eines *Donor Advocate* (Spender-„anwalt"/-beauftragter) befürwortet[200], d.h. einer sachkundigen

---

[193] Vgl. den Vorschlag von Steiner/Gert, A Technique for Presenting Risk and Outcome Data to Potential Living Renal Transplant Donors, Transplantation 71 (2001) 1056-1057 und nunmehr Steiner (Ed.), Educating, Evaluating, and Selecting Living Kidney Donors, 2004.

[194] Vgl. Steiner/Gert, Ethical Selection of Living Kidney Donors, American Journal of Kidney Diseases 36 (2000), 677-686.

[195] Price, Transplant Clinicians as Moral Gatekeepers: Is this Role Simply one of Respecting the Autonomy of Persons?, in: Gutmann/Daar/Land/Sells (Eds.), Ethical, Legal And Social Issues in Organ Transplantation, 2004, 143-147; Beauchamp/Childress, Principles of Biomedical Ethics, 5th ed., 2001, 63.

[196] Auch das amerikanische „Consensus Statement on the Live Organ Donor" betont die Notwendigkeit eines Einwilligungsverfahrens, das, soweit dies möglich ist, ein zeitliches Moratorium („cooling-off-period") vorsieht, vgl. a.a.O., 2922.

[197] Vgl. Schroth/Schneewind/Gutmann/Fateh-Moghadam, Patientenautonomie am Beispiel der Lebendorganspende, 2005.

[198] Vgl. zu den Instrumentarien der Diagnostik Schneewind/Hillebrand//Land, Lebendnierenspende zwischen verwandten und nicht-verwandten Personen: Das Münchner Modell, Report Psychologie, 22 (1997), 118-121; Schneewind/Ney/Hammerschmidt/Oerter/Pabst/Schultz-Gambard, Veränderungserwartungen bei Lebendnierentransplantation: ein Vergleich zwischen verwandten und nicht-verwandten Spender-Empfänger-Paaren, Transplantationsmedizin 12 (2000), 164-173 m.w.N.; daneben Smith et al., Prospective Psychosocial Monitoring of Living Kidney Donors Using the SF-36 Health Survey, Transplantation 76 (2003), 807-809 und Henderson/Landolt/McDonald et al., The Living Anonymous Kidney Donor: Lunatic or Saint?, American Journal of Transplantation 3 (2003), 203-213.

[199] Kiss, in: Nationale Ethikkommission der Schweiz im Bereich Humanmedizin (NEK-CNE), Stellungnahme 6/2003 – Zur Regelung der Lebendspende im Transplantationsgesetz, 57.

[200] Amsterdam Forum on the Care of the Live Kidney Donor, Report of the Meeting April 1-4, 2004, Transplantation 78 (2004), 491 (492); National Kidney Foundation/American Society of Transplantation/American Society of Transplant Surgeons/American Society of Nephrology et al., Consensus Statement on the Live Organ Donor, JAMA

2.1. Schutz der Spenderautonomie im klinischen Kontext

Person, die im Prozess der Vorbereitung einer möglichen Organspende in Unabhängigkeit vom Transplantationszentrum nur die Interessen des Spenders wahrnimmt und an den sich der Organspender in jeder Lage des Verfahrens und zu jedem Zeitpunkt vertraulich wenden kann. Ein solcher „Spenderanwalt" erscheint zur *Unterstützung* des Organspenders sinnvoll[201], darf im Hinblick auf das Selbstbestimmungsrecht der Patienten jedoch keinesfalls, wie bisweilen vorgeschlagen wurde[202], mit einer rechtlichen Vetomacht ausgestattet werden, die die eigene Entscheidung des betreffenden Spenders überspielen könnte. Das Ministerkomitee des Europarats hat anläßlich seiner Diskussion der Leber-Lebendspende bereits 1997 die Einführung einer solchen Institution angeregt.[203]

Die Enquete-Kommission[204] fordert nunmehr, auf der Ebene der Bundesländer – jedoch offenbar auf einer gesetzlichen Vorgabe des Bundes-Transplantationsgesetzes beruhend – eine solche unabhängige, beratende „Donor-Advocacy" neben der Lebendspendekommission einzuführen. Dies ist zu begrüßen.

Darüber hinaus bleibt festzuhalten, dass an der Bedeutung einer *psychologischen Beratung,* die im Sinne einer aktiven Intervention den autonomen Entscheidungsprozess der Betroffenen unterstützt und absichert sowie ihnen hilft, eine

---

284 (2000), 2919; Gutmann/Schroth, Organlebendspende in Europa, 2002, 116; Frei, Stellungnahme zur öffentlichen Anhörung „Organlebendspende" der Enquete-Kommission Ethik und Recht der modernen Medizin am 1.3.2004, Kom.-Drs. 15/141, 3; Vollmann, Medizinethische Probleme bei der Lebendspende von Organen, Fortschritte der Medizin 114 (1996), 303(39)-305(41), 305(41). Vgl. bereits die Ausführungen des General Medical Council (London), Guidance for Doctors on Transplantation of Organs from Live Donors vom 22.12.1992, abgedruckt bei Fluss, Trade in Human Organs: National and International Responses, in: Englert (Ed.), Organ and Tissue Transplantation in the European Union: Management of Difficulties and Health Risks Linked to Donors, Dordrecht 1995, 74-98 (84 f.), sowie Lamb, Ethical Aspects of Different Types of Living Organ Donation, in: Price/Akveld (Eds.), Living Organ Donation in the Nineties: European Medico-Legal Perspectives (EUROTOLD), Leicester 1996, 43-52 (48 – „separation principle"); Council of Europe, Recommendation No R(97)16 of the Committee of Ministers to Member States on Liver Transplantation from Living Related Donors, 30.9.1997, sub iii.

[201] Mit der Vorschrift des § 8 Abs. 2 Satz 2 TPG, derzufolge die Aufklärung des Organspenders in Anwesenheit eines weiteren Arztes zu erfolgen hat, der weder an der Entnahme noch an der Übertragung des Organs beteiligt ist noch Weisungen eines Arztes untersteht, der an diesen Maßnahmen beteiligt ist, wurde bereits ein – allerdings nicht hinreichend konsequenter – Versuch unternommen, die Figur eines „donor advocate" im Transplantationsgesetz zu verankern.

[202] National Kidney Foundation/American Society of Transplantation/American Society of Transplant Surgeons/American Society of Nephrology et al., Consensus Statement on the Live Organ Donor, JAMA 284 (2000), 2919, 2120 f.

[203] Council of Europe, Recommendation No R(97)16 of the Committee of Ministers to Member States on Liver Transplantation from Living Related donors, 30.9.1997, sub iii.

[204] Enquete-Kommission Ethik und Recht der modernen Medizin, Zwischenbericht Organlebendspende, BT-Drs. 15/5050 v. 17.3.2005, 75.

überlegte, authentisch[205]-eigene Entscheidung für oder gegen den Eingriff zu treffen, nicht zu zweifeln ist.[206] Gerade in diesem Rahmen können zum einen die Betroffenen (die erfahrungsgemäß ihre Entscheidung zur Spende meist als sogenannte *snap decision*, „aus dem Bauch heraus" längst gefällt haben) dazu gebracht werden, sich mit den medizinischen und psychosozialen Risiken der beabsichtigten Transplantation ausführlich auseinanderzusetzen, und zum anderen auch vulnerable[207], d.h. insbesonde druckanfällige Spender – und Empfänger – in einer autonomen Entscheidungsfindung auch gegen einen Spendeakt unterstützt werden. Die Analyse der diesbezüglich erhobenen Daten zeigt, dass Spender und Empfänger jedenfalls dann, wenn ihnen durch den Beratungskontext ein rationales Ent-

---

[205] Zum Begriff der Authentizität in diesem Sinn siehe Schöne-Seifert, Organtransplantation und Autonomie – Ethische Überlegungen, in: Köchler (Hg.), Transplantationsmedizin und personale Identität, 2001, 73-88 (83 ff.).

[206] Vgl. Schneewind/Schmid, Bedingungen der Patientenautonomie bei Lebendnierenspende: Ergebnisse einer psychologischen Studie, in: Schroth/Schneewind/Gutmann/Fateh-Moghadam, Patientenautonomie am Beispiel der Lebendorganspende, 2005.

[207] Biller-Andorno/Schauenburg, Vulnerable Spender. Eine medizinethische Studie zur Praxis der Lebendorganspende, Ethik in der Medizin 15 (2003), 25-35; Biller-Andorno, Gender Imbalance in Living Organ Donation, Medicine Health Care and Philosophy 5 (2002), 199-204; Biller-Andorno/Kling, Who Gives and Who Receives? Gender Issues in Living Organ Donation, in: Gutmann/Daar/Land/Sells (Eds.), Ethical, Legal And Social Issues in Organ Transplantation, 2004, 222-230; Biller-Andorno, Stellungnahme zur öffentlichen Anhörung „Organlebendspende" der Enquete-Kommission Ethik und Recht der modernen Medizin am 1.3.2004, Kom.-Drs. 15/149, 2 f. Im Hinblick auf die beklagte *gender imbalance* bei der Lebendorganspende, d.h. die deutliche Dominanz von Frauen unter den Lebendnierenspendern jedenfalls in den westlichen Staaten, ist festzuhalten, dass ein einfacher Rückschluß von diesen Zahlenverhältnissen auf eine durchgehend besondere Druck- oder Manipulationsanfälligkeit von Spenderinnen unzulässig wäre. Die Realität ist komplexer. Jedenfalls für spendende Ehefrauen ist nach den vorliegenden deutschen Daten davon auszugehen, dass die Initiative zum Spendeakt in aller Regel von ihnen ausgeht und sie hierbei nahezu durchgehend intrinsisch motiviert sind und selbstbewußt wohlerwogene Eigeninteressen verfolgen, vgl. Schneewind/Ney/Hammerschmidt/Oerter/Pabst/Schultz-Gambard, Veränderungserwartungen bei Lebendnierentransplantation: ein Vergleich zwischen verwandten und nicht-verwandten Spender-Empfänger-Paaren, Transplantationsmedizin 12 (2000), 164-173. Im übrigen ist das Geschlecht des Spenders/der Spenderin solange normativ bedeutungslos, als jede(r) Lebendspender(in) eine autonome, eigene Entscheidung zur Spende trifft. Ein geschlechterspezifisch „ausgewogenes Spender-Empfänger-Verhältnis bei der Lebendorganspende" (Biller-Andorno/Kling, Who Gives and Who Receives?, a.a.O., 222) ist *als solches* kein normativ begründbares und anzustrebendes Ziel. Die Frage jedoch, inwieweit es gender-spezifische psychosoziale Vulnerabilitätsfaktoren gibt, z.B. ob, wieweit und unter welchen Umständen bestimmte weibliche Rollenmodelle Ansatzpunkte für Manipulationen bieten können, bedarf weiterer Aufklärung und wird in jedem Einzelfall Gegenstand der Evaluations- und Beratungsprozesse an den Transplantationszentren und bei den Kommissionen nach § 8 Abs. 3 TPG zu sein haben.

scheidungsumfeld geboten wird, regelmäßig in einem hohen Maß zu vor dem Hintergrund ihres Selbstverständnisses reflektierten und in diesem Sinn eigenverantwortlichen Entscheidungen in der Lage sind.[208] Auch die Enquete-Kommission hat „die Dringlichkeit einer besonders sorgfältigen, qualifizierten und individuell ausgerichteten Beratung im Vorfeld der Lebendspende" unterstrichen.[209]

Soweit nach dem Vorschlag der Enquete-Kommission, auf landesrechtlicher Grundlage eine „Donor-Advocacy" einzuführen, regelnd in die Organisationsstrukturen der Transplantationszentren eingegriffen wird, ist es vorzugswürdig, im Interesse der Betroffenen zugleich das zur Sicherung der Autonomie des Spenders wohl noch effektivere, praktisch erprobte und empirisch erforschte Beratungsverfahren[210] – genauer: das Angebot einer solchen Beratung – verpflichtend zu machen. Hierbei sollte festgelegt werden, dass auch die beratenden Personen die Kriterien der Unabhängigkeit des § 8 Abs. 3 Satz 3 TPG erfüllen müssen (also weder an der Entnahme noch an der Übertragung von Organen beteiligt sein noch Weisungen eines Arztes unterstehen dürfen, der an solchen Maßnahmen beteiligt ist). Die Schaffung von Vorkehrungen, die „die Entscheidungsfindung der Spenderinnen und Spender [...] unterstützen", ist genuine Aufgabe eines Transplantationsgesetzes.[211]

Der Vorschlag eines obligatorischen Beratungsangebots ist auch im Zusammenhang damit zu sehen, dass zu den „mittelbaren Folgen der beabsichtigten Organentnahme" für die Gesundheit des Spenders bzw. zu den „sonstigen Umständen, denen er erkennbar eine Bedeutung für die Organspende beimißt", über die der verantwortliche Arzt, gegebenenfalls zusammen mit einer „anderen sachverständigen Person" gemäß § 8 Abs. 2 Satz 1 TPG, aufklären muss, regelmäßig auch die zu erwartenden psychischen Auswirkungen einer gelungenen (oder gar gescheiterten) Transplantation, einschließlich ihrer Konsequenzen für die Beziehung zwischen Spender und Empfänger, gehören.[212] Angesichts der Anforderungen des Gesetzes wird deshalb die Heranziehung eines einschlägig erfahrenen Psychologen in aller Regel schon bei der Aufklärung potentieller Spender und Empfänger vonnöten sein.[213] Eine Engführung dieser psychologischen Aufklärung des Organspenders und der psychologischen Beratung der Betroffenen stellt deshalb ein

---

[208] Schneewind/Schmid, Bedingungen der Patientenautonomie bei Lebendnierenspende: Ergebnisse einer psychologischen Studie, in: Schroth/Schneewind/Gutmann/Fateh-Moghadam, Patientenautonomie am Beispiel der Lebendorganspende, 2005, i.E.

[209] Enquete-Kommission Ethik und Recht der modernen Medizin, Zwischenbericht Organlebendspende, BT-Drs. 15/5050 v. 17.3.2005, 38.

[210] Siehe die genannten Beiträge von Schneewind.

[211] Nationale Ethikkommission der Schweiz im Bereich Humanmedizin (NEK-CNE), Stellungnahme 6/2003 – Zur Regelung der Lebendspende im Transplantationsgesetz, 9.

[212] Schroth/König/Gutmann/Oduncu–Gutmann, TPG, 2005, § 8 Rn. 43; Gutmann/Schroth, Organlebendspende in Europa, 2002, 38; vgl. Schneewind, Ist die Lebendspende von Nieren psychologisch verantwortbar?, a.a.O., 227 ff.

[213] Gutmann/Schroth, ebd.; Esser, Verfassungsrechtliche Aspekte der Lebendspende von Organen, 2000, 142; Höfling–Esser, TPG, 2003, § 8 Rn. 99; Edelmann, Ausgewählte Probleme bei der Organspende unter Lebenden, Versicherungsrecht 1999, 1065, 1068.

zentrales Element in dem Bemühen dar, die Autonomie der Entscheidung für oder gegen eine Organlebendspende prozedural abzusichern.[214]

2.2. Die Kommissionen gemäß § 8 Abs. 3 TPG[215]

Dem Ziel einer „Sicherheit durch Verfahren" sowohl im Hinblick auf die Freiwilligkeit[216] der Beteiligten als auch auf den Ausschluss des Organhandels dienen gegenwärtig in erster Linie die gesetzlichen Lebendspende-Kommissionen gemäß § 8 Abs. 3 TPG. Nach dieser Norm ist Voraussetzung der Organentnahme, dass eine nach Landesrecht zuständige Kommission gutachterlich dazu Stellung ge-

---

[214] Eine solche verpflichtende Beratung läßt sich auch dann legitimieren, wenn man davon ausgeht, dass staatliche Maßnahmen oder Eingriffe mit dem Ziel des *autonomy enhancement*, also der Erhöhung oder Verbesserung der Entscheidungsautonomie von Bürgern, unter dem Aspekt der grundsätzlichen Illegitimät des Rechtspaternalismus keineswegs unproblematisch sind; siehe hierzu Gutmann, Zur philosophischen Kritik des Rechtspaternalismus, in: Schroth/Schneewind/Gutmann/Fateh-Moghadam, Patientenautonomie am Beispiel der Lebendorganspende, 2005, i.E., unter 6.

[215] Vgl. zum Folgenden insbesondere Fateh-Moghadam, Zwischen Beratung und Entscheidung – Einrichtung, Funktion und Legitimation der Verfahren der Lebendspendekommissionen gem. § 8 Abs. 3 Satz 2 TPG im bundesweiten Vergleich, Medizinrecht 2003, 245–257; Fateh-Moghadam/Schroth/Gross/Gutmann, Die Praxis der Lebendspendekommissionen – Eine empirische Untersuchung zur Implementierung prozeduraler Modelle der Absicherung von Autonomiebedingungen im Transplantationswesen. Teil 1: Freiwilligkeit, Medizinrecht 2004, 19-34 und Teil 2: Spender-Empfänger-Beziehung, Organhandel, Verfahren, Medizinrecht 2004, 82-90; Schroth/König/Gutmann/Oduncu–Gutmann, TPG, 2005, § 8 Rn. 52 ff.; Höfling, Stellungnahme zur öffentlichen Anhörung „Organlebendspende" der Enquete-Kommission Ethik und Recht der modernen Medizin am 1.3.2004, Kom.-Drs. 15/143 sowie Gutmann, Stellungnahme, a.a.O., Kom.-Drs. 15/135, 6 f.

[216] Freiwilligkeit (auch) im Sinne des § 8 TPG ist nicht als wesensmäßig vorfindbares und empirisch messbares Phänomen zu verstehen, sondern als normatives Konzept, mit dessen Hilfe zu entscheiden ist, ob die Einwilligung in den körperlichen Eingriff als wirksam anzusehen ist und so ihre legitimierende Kraft entfalten kann. Die antizipierte Freiwilligkeitsüberprüfung durch die Kommissionen hat sich hierbei auf fünf Aspekte zu beziehen: (1.) Die Einwilligungsfähigkeit des Spenders und des Empfängers, (2.) die Freiheit ihrer jeweiligen Entscheidungsfindung von äußerem Zwang sowie (3.) von Täuschung und relevanten Irrtümern, (4.) die hinreichende Aufklärung des Spenders sowie des Empfängers anhand der je individuellen Gegebenheiten und schließlich (5.) die Stabilität der Entscheidung, in dem Sinne, dass am Ende des Entscheidungsprozesses ein fester Spendeentschluss über einen gewissen Zeitraum ohne größere Schwankungen aufrechterhalten wird, vgl. Fateh-Moghadam et al. Medizinrecht 2004, 19, 28 f.; Schroth/König/Gutmann/Oduncu–Schroth, TPG, 2005, § 19 Rn. 61, 82 ff. u. 116 ff. sowie Gutmann, Zur philosophischen Kritik des Rechtspaternalismus, in: Schroth/Schneewind/Gutmann/Fateh-Moghadam, Patientenautonomie am Beispiel der Lebendorganspende, 2005, unter 3.6.

2.2. Die Kommissionen gemäß § 8 Abs. 3 TPG

nommen hat, ob im konkreten Einzelfall begründete tatsächliche Anhaltspunkte dafür vorliegen, dass die Einwilligung in die Organspende nicht freiwillig erfolgt oder das Organ Gegenstand verbotenen Handeltreibens (§ 17 TPG) ist. Die Vorschrift gilt gleichermaßen für die Spende regenerierbarer und nicht regenerierbarer Organe.

Die Regelung der Kommissionstätigkeit ist im Kern sinnvoll, aber novellierungsbedürftig, damit die Kommissionen ihre Aufgabe erfüllen und zugleich mehr als nur eine „zusätzliche verfahrensrechtliche Sicherheit" für die Transplantationszentren[217] darstellen können. Richtig arbeitend können sie den Entscheidungsfindungsprozess der Beteiligten optimieren, indem sie, losgelöst von dem notwendigerweise interessegeleiteten Kontext der Transplantationszentren, eine weitere Auseinandersetzung der Patienten mit ihrer Entscheidung und gegebenenfalls eine Korrektur derselben ermöglichen. Für den Arzt erweist sich die Kommission bei soziologischer Analyse als funktionale, problemlösende Auslagerungsinstanz für Fragen, die nicht medizinisch zu beantworten sind.[218]

2.2.1. „Zwischen Beratung und Entscheidung"

Das Gesetz verfolgt mit § 8 Abs. 3 TPG insoweit nur eine Verfahrensregelung, als das Votum der vom Transplantationszentrum unabhängigen, in allen Bundesländern in öffentlich-rechtlicher Form bei den Landesärztekammern organisierten Kommissionen die verantwortlichen Ärzte weder formell bindet[219] noch rechtlich völlig entlasten kann. Der die Organentnahme durchführende Arzt muss sich insbesondere weiterhin selbst des Vorliegens einer rechtswirksamen Einwilligung des Organspenders vergewissern;[220] er trägt also die Letztverantwortung. Umgekehrt führt ein negatives Kommissionsvotum nicht schon zur Rechtswidrigkeit des Eingriffs, es kommt allein auf das tatsächliche Vorliegen oder Nichtvorliegen der materiellen gesetzlichen Voraussetzungen an. Insbesondere eine negative Stellungnahme der Kommission entfaltet in der Regel jedoch *faktische* Bindungswirkung. Insgesamt haben die Kommissionen deshalb eine Zwitterstellung „zwischen Beratung und Entscheidung", die zu rechtlichen Ungereimtheiten und Folgeproblemen führt.[221] Zudem stehen die Lebendspendekommissionen in einem verfassungsrechtlichen Spannungsverhältnis: Die dem Schutz des Spenders dienende Kommissionslösung stellt zugleich einen Eingriff in dessen grundrechtlich geschütztes

---

[217] Entwurfsbegründung, BT-Drs. 13/4355, 21.
[218] Wagner/Fateh-Moghadam, Freiwilligkeit als Verfahren. Zum Verhältnis von Lebendorganspende, medizinischer Praxis und Recht, Soziale Welt 56 (2005), 79-104.
[219] Unrichtig Engst, Die Lebendspendekommission – Ein bloßes Alibigremium?, Gesundheitsrecht 2002, 79 (86).
[220] Entwurfsbegründung, BT-Drs. 13/4355, 21.
[221] Fateh-Moghadam Medizinrecht 2003, 245, 246 ff. und im Anschluß Gutmann, Stellungnahme zur öffentlichen Anhörung „Organlebendspende" der Enquete-Kommission Ethik und Recht der modernen Medizin des Deutschen Bundestags am 1.3. 2004, Kom.-Drs. 15/135, 9.

Selbstbestimmungsrecht und potentiell auch in das Grundrecht auf Leben und Gesundheit des bedürftigen Empfängers dar.[222]

2.2.2. Organisation und Verfahren

Gerade weil von der Kommission als „Gremium privilegierter Beratung" hierdurch mittelbar die Realisierung wesentlicher Grundrechtspositionen von Spendern und Empfängern abhängt[223], sind auf der Basis der Rechtsprechung des Bundesverfassungsgerichts zur sogenannten Grundrechtssicherung durch Verfahren[224] Anforderungen an die Regelung ihrer Zusammensetzung und ihr Entscheidungsverfahren zu stellen, denen § 8 Abs. 3 TPG in seiner gegenwärtigen Form nicht genügt.[225] Das TPG gibt nur wenig vor, und die Länder haben den ihnen erteilten Regelungsauftrag formal und inhaltlich äußerst unterschiedlich umgesetzt.[226] Ob

---

[222] Fateh-Moghadam, Medizinrecht 2003, 245, 254.
[223] Fateh-Moghadam Medizinrecht 2003, 245, 246 ff.; Höfling, Stellungnahme zur öffentlichen Anhörung „Organlebendspende" der Enquete-Kommission Ethik und Recht der modernen Medizin am 1.3.2004, Kom.-Drs. 15/143; nunmehr auch Enquete-Kommission Ethik und Recht der modernen Medizin, Zwischenbericht Organlebendspende, BT-Drs. 15/5050 v. 17.3.2005, 51.
[224] BVerfGE 83, 130, 152 sowie 51, 324; 53, 30, 65; 65, 76, 94 und 69, 315, 355.
[225] Anderer Ansicht noch Gutmann, Probleme einer gesetzlichen Regelung der Lebendspende von Organen, Medizinrecht 1997, 147 (151).
[226] Vgl. näher Fateh-Moghadam, Medizinrecht 2003, 245, 246 ff.; daneben Höfling–Esser, TPG, 2003, § 8 Rn. 121 ff. und nunmehr auch Enquete-Kommission Ethik und Recht der modernen Medizin, Zwischenbericht Organlebendspende, BT-Drs. 15/5050 v. 17.3.2005, 52 f. Unzutreffend ist insoweit die Antwort der Bundesregierung, BT-Drs. 15/4542, 30.
In Ausführung von § 8 Abs. 3 Satz 4 TPG wurden folgende Normen erlassen:
- Baden-Württemberg, Gesetz zur Änderung des Heilberufe-Kammergesetzes v. 24.11.1999 (Neueinfügung des § 5a), BWGBl. 1999, Nr. 19 v. 30.11.1999, 453
- Bayern, Gesetz zur Ausführung des TPG und des TFG (AGTTG) v. 1.12.1999, BayGVBl. 1999, Nr. 25 v. 9.12.1999, 463 (hierzu: Gesetzentwurf der Bayer. Staatsregierung zur Ausführung des TPG und des TFG v. 5.7.1999, Bayerischer Landtag, Drs. 14/1450)
- Berlin, 8. Gesetz zur Änderung des Berliner Kammergesetzes v. 05.10.1999, GVBl. für Berlin 55, Nr. 42, 537; vgl. die Vereinbarung über die Bildung einer gemeinsamen Lebendspendekommission der ÄK Berlin und der LÄK Brandenburg v. 26.11.1999, ABl. Nr. 62 v. 26.11.1999
- Brandenburg, Verordnung zur Ausführung des TPG (TPGAV) v. 09.12.1999, GVBl. II./00, 24
- Bremen, 5. Gesetz zur Änderung des Heilberufsgesetzes v. 16.10.1999 (Einfügung des § 11b), BremGBl. 1999, 263; s. Heilberufsgesetz i.d.F. v. 5.1.2000, BremGBl. Nr. 3 v. 28.1.2000
- Hamburg, 5. Gesetz zur Änderung des Hamburgischen Ärztegesetzes v. 21.12.1999 (Art. 1, §§ 15 h-15n, Art. 2), Hamburgisches GVBl. 1999, Nr. 39 v. 27.12.1999, 338

sich der bundesrepublikanische Föderalismus hierbei bewährt hat, erscheint zweifelhaft. Nur neun Länder (Baden-Württemberg, Bremen, Hessen, Mecklenburg-Vorpommern, Niedersachsen, Nordrhein-Westfalen, Rheinland-Pfalz und das Saarland, teilw. Bayern) treffen die wesentlichen Entscheidungen hinsichtlich Organisation, Zusammensetzung, Finanzierung und Verfahren der Kommissionen (vgl. § 8 Abs. 3 Satz 3 TPG) bereits im formellen Landesgesetz. In den anderen Ländern wird die Regelungskompetenz vollständig oder in großen Teilen auf die Verordnungsebene delegiert und von dieser in manchen Fällen sogar vollständig an die jeweiligen Landesärztekammern weitergegeben, die die Regelungen auf Satzungs- oder Geschäftsordnungsebene treffen sollen.[227] Letzteres wird dem Grundsatz des Vorbehalts des Gesetzes nicht gerecht. Ingesamt sollte der Bundesgesetzgeber seine Regelungskompetenz aus Art. 74 Nr. 26 GG künftig weiter ausschöpfen.

2.2.3. Besetzung

§ 8 Abs. 3 Satz 3 TPG normiert zudem nur die Mindestbesetzung der Kommission. Die Zusammensetzung der Kommissionen sollte jedoch bereits in § 8 Abs. 3

- Hessen, Gesetz zur Ausführung des TPG (HAGTPG) v. 29.11.2000, GVBl. I v. 6.12.2001, 514
- Mecklenburg-Vorpommern, Gesetz zur Ausführung des TPG (TPGAG M-V) v. 24.11.2000 (GS Meckl.-Vorp. Gl. Nr. 212-7), GVOBL. M.-V. Nr. 19 v. 29.11.2000, 541
- Niedersachsen, Kammergesetz für die Heilberufe i.d.F. v. 16.12.1999 (MFAS 405, 1; (Einfügung des § 14a), Nds-GVBl. Nr. 25/1999
- Nordrhein-Westfalen, Gesetz zur Ausführung des TPG v. 9.11.1999, GVBl.-NRW 1999 Nr. 45 v. 19.11.1999, 599
- Rheinland-Pfalz, Landesgesetz zur Ausführung des TPG (AGTPG) v. 30.11.1999, GVBl. Rheinland-Pfalz Nr. 23 v. 10.12.1999, 424
- Saarland, Ausführungsgesetz zum TPG (AGTPG) v. 26.01.2000 (§ 2), Saarl. AmtsBl. v. 02.06.2000, 886
- Sachsen, Verordnung des Sächsischen Staatsministeriums für Soziales, Gesundheit, Jugend und Familie zur Errichtung einer Kommission bei einer Lebendspende (KommTPGVO) v. 14.12.1999, Sächs. GVBl. 2000 v. 21.1.2000, Bl. Nr. 1, 8 i.V.m. § 5 II des Sächs. Heilberufekammergesetzes v. 24.5.1994 i.d.F. v. 10.12.1998
- Sachsen-Anhalt, Gesetz zur Änderung des Gesundheitsdienstgesetzes v. 14.06 2000 (Neueinfügung des § 27b), GVBl Sachsen-Anhalt 2000, 424
- Schleswig-Holstein, Landesverordnung zur Bestimmung der Zuständigkeiten nach dem TPG v. 02.12.1999 (GS Schl.-H. II, Gl.Nr. 200-0-302), GVBl. Schl.-H. 2000, Nr. 1, 4; daneben Beschluss des Vorstandes der Ärztekammer Schleswig-Holstein über Zusammensetzung und Verfahren der Gutachterkommission nach § 8 Abs. 3 TPG v. 05.11.1999
- Thüringen, 3. Gesetz zur Änderung des Heilberufegesetzes (Einfügung der §§ 17 h-j), GVBl. Thü 2001, 309.

[227] Fateh-Moghadam, Medizinrecht 2003, 245, 246 f.

TPG *abschließend* geregelt werden. Die zusätzliche Besetzung der Kommissionen mit einem Patientenvertreter, wie dies etwa in Bremen der Fall ist, verändert den Charakter der Kommission kategorial. Die grundrechtsrelevante Frage der Zusammensetzung der Kommissionen ist daher vom Bundesgesetzgeber selbst zu entscheiden.

2.2.4. Einbeziehung des Organempfängers

Die Rolle des Empfängers im Kommissionsverfahren ist landesrechtlich uneinheitlich geregelt (seine Anhörung ist nur in Bayern zwingend) und variiert in der Praxis der Kommissionen erheblich. Diese Unsicherheit beruht auf der fehlenden Eindeutigkeit des § 8 Abs. 3 Satz 2 TPG, der nur von der „Einwilligung in die Organspende" spricht. Damit sollte jedoch, wenn nicht bereits nach dem Wortlaut der Norm, so doch nach ihrem Sinn und Zweck auch die Einwilligung des Empfängers gemeint sein.[228] Dessen Freiwilligkeit kann durchaus problematisch sein. Dies beginnt damit, dass es – soweit hierzu auf Deutschland bezogene Untersuchungen vorliegen – bei der Niere nahezu immer der Spender ist, der das Spendeangebot gemacht hat, und es häufig eines gewissen Überzeugungsaufwands bedurfte, um den Empfänger zur Annahme dieses Angebots zu bewegen.[229] Aufgrund der Dreiecksstruktur der Lebendorganspende[230] muss der Empfänger zudem über die Risiken „seines" Organspenders und die voraussichtlichen (auch mittelbaren) Folgen und Spätfolgen der Entnahme des Organs bei diesem aufgeklärt werden, da er nur im Licht dieses Wissens eine informiert-freiwillige und damit rechtswirksame Einwilligung in die konkrete Organübertragung erteilen kann[231] – Empfänger wollen in der Regel nur bestimmte und begrenzte Risiken und Belastungen ihres Spenders akzeptieren. Zudem sind einige Fälle belegt, bei denen der Empfänger dem Spendeangebot des Spenders mit großer Ambivalenz gegenübersteht oder es letztlich sogar ablehnt.[232] Es ist deshalb sachlich geboten, dass auch die informierte Einwilligung des Empfängers von den Kommissionen geprüft wird, weshalb seine Beteiligung unverzichtbar ist.[233]

---

[228] Gutmann/Schroth, Organlebendspende in Europa, 2002, 35; Fateh-Moghadam, Medizinrecht 2003, 245, 250 f.

[229] Schneewind, Ist die Lebendspende von Nieren psychologisch verantwortbar?, in: Oduncu/Schroth/Vossenkuhl (Hg.), Transplantation, Organgewinnung und -allokation, 2003, 222 (225).

[230] Schroth/König/Gutmann/Oduncu–Schroth, TPG, 2005, § 19 Rn. 73; Schroth/König/Gutmann/Oduncu–Gutmann, TPG, 2005, § 8 Rn. 48.

[231] Vgl. auch Amsterdam Forum on the Care of the Live Kidney Donor, Transplantation 78 (2004), 491.

[232] Schneewind, Ist die Lebendspende von Nieren psychologisch verantwortbar?, in: Oduncu/Schroth/Vossenkuhl (Hg.), Transplantation, Organgewinnung und -allokation, 2003, 222 (225).

[233] Gutmann/Schroth, Organlebendspende in Europa, 2002, 36; Preisigke, Ausgewählte Probleme in der aktuellen Diskussion um die Lebendspende von Organen, in: FS Schreiber, 2003, 833, 839. Höfling, Stellungnahme zur öffentlichen Anhörung „Organ-

2.2. Die Kommissionen gemäß § 8 Abs. 3 TPG

Als Mindeststandard muß deshalb eine mündliche Anhörung sowohl des Spenders als auch des Empfängers im Kommissionsverfahren etabliert werden. Die Annahme, dass die Kommission ihren gutachterlichen Auftrag erfüllen könnte, ohne mit beiden Betroffenen wenigstens gesprochen zu haben, ist abwegig.[234] Die Rolle des Empfängers im Kommissionsverfahren sollte in den Bundes- und Landesgesetzen deshalb in diesem Sinn genauer und einheitlich geregelt werden. Eine Klarstellung durch den Gesetzgeber ist diesbezüglich angebracht. Die Neuregelung sollte berücksichtigen, dass auch der Empfänger einer Lebendorganspende besonders schutzwürdig ist. Zu empfehlen ist zudem eine ausdrückliche Regelung der materiellen Aufklärungspflichten gegenüber dem Empfänger in § 8 TPG.[235]

2.2.5. Die Vorschläge der Enquete-Kommission

Die Enquete-Kommission Ethik und Recht der modernen Medizin des Deutschen Bundestags hat sich den genannten Forderungen im wesentlichen angeschlossen

---

lebendspende" der Enquete-Kommission Ethik und Recht der modernen Medizin am 1.3.2004, Kom.-Drs. 15/143, 7.

[234] Insofern erscheint es befremdlich, dass gerade die Bundesärztekammer die Ansicht vertritt, dass die mündliche Anhörung sämtlicher Spenderwilliger – sofern nicht landesgesetzlich vorgeschrieben – „nicht zwingend notwendig", sondern allenfalls „empfehlenswert" sei, vgl. Bundesärztekammer, Empfehlungen zur Lebendorganspende, Deutsches Ärzteblatt 97 (2000), A 3287-3288 (3288).

[235] Hierbei sollte in § 8 Abs. 2 TPG ausdrücklich festgelegt werden, dass Spender und Empfänger über alternative Behandlungsmethoden, insbesondere über die Möglichkeit der postmortalen Organspende und das Recht des Empfängers auf Aufnahme in die Warteliste gemäß § 13 Abs. 3 TPG aufzuklären sind. Dadurch soll verhindert werden, dass für Patienten, bei denen eine Lebendorganspende in Betracht kommt, die Möglichkeit der postmortalen Organspende vom Transplantationszentrum vorschnell ausgeschlossen wird. Die Entscheidung zwischen den Behandlungsalternativen muss vielmehr allein bei Spender und Empfänger verbleiben. Die Absicherung des legitimen Kerns des Subsidiaritätsgedankens erfordert zudem eine strenge Prüfung der in den von der Bundesärztekammer gemäß § 16 TPG erlassenen Richtlinien zur Aufnahme in die Warteliste für die postmortale Organspende. Die in diesen Richtlinien gegenwärtig vorgesehenen „Einschränkungen der Indikation" bzw. „Kontraindikationen", zum Beispiel die sechsmonatige Alkoholabstinenz bei Patienten mit alkoholinduzierter Zirrhose, führen in der Praxis dazu, dass Patienten, die sich in einer besonders prekären Lage befinden, auf die Lebendorganspende als einzige Behandlungsoption verwiesen werden. Ist aber die Übertragung des Organs im Rahmen der Lebendorganspende im Sinne von § 8 Abs. 1 Satz 1 Nr. 2 TPG für den Empfänger medizinisch indiziert, so besteht auch die gesetzliche Pflicht zur Aufnahme des Patienten in die Warteliste gemäß § 13 Abs. 3 TPG. Der Maßstab für die medizinische Indikation zur Aufnahme in die Warteliste gemäß § 13 Abs. 3 TPG kann kein anderer sein als der Maßstab für die medizinische Indikation im Sinne von § 8 Abs. 1 Satz 1 Nr. 2 TPG. Entgegenstehende Richtlinien der Bundesärztekammer sind zwar rechtlich unbeachtlich, führen aber praktisch zu den genannten, nicht tragbaren Konsequenzen. Der Autor dankt Herrn Bijan Fateh-Moghadam für diesen Hinweis.

und den Bundesgesetzgeber aufgefordert, die Voraussetzungen für die Einführung einheitlicher Verfahrens- und Entscheidungsstandards für die Lebendspendekommissionen zu schaffen, um in Anbetracht der möglichen Eingriffe in Grundrechte des Spenders und Empfängers durch die Tätigkeit der Lebendspendekommission die Chancengleichheit und Gleichbehandlung potentieller Organspender und -empfänger so weit wie möglich sicherzustellen. Der Bundesgesetzgeber soll nach Empfehlung der Enquete-Kommission künftig selbst durch Gesetz, ggf. in Verbindung mit einer Verordnung, die wesentlichen Regeln des Verfahrens der Kommission, die Rechte und Pflichten der Verfahrensbeteiligten, die Mindeststandards für die mit dem Antrag vorzulegenden Informationen und Dokumente als Voraussetzung für die Prüfung und Entscheidung der Kommission, die zwingende persönliche Anhörung nicht nur des Spenders, sondern auch des Empfängers vor der Kommission sowie die einheitliche und abschließende Zusammensetzung der Kommission regeln.[236] Dies entspricht den hier begründeten Vorschlägen.

Die darüber hinausgehende Forderung der Enquete-Kommission nach einer „vollkommene[n] innere[n] wie äußere[n] Unabhängigkeit" aller Kommissionsmitglieder vom Transplantationsteam[237] greift sehr weit. Der Vorschlag[238], dass nach dem Vorbild der Länderregelungen in Bayern, Berlin und Brandenburg alle Mitglieder der Kommission, nicht nur der Arzt, die Kriterien der Unabhängigkeit des § 8 Abs. 3 Satz 3 TPG erfüllen sollten (also weder an der Entnahme noch an der Übertragung von Organen beteiligt sein noch Weisungen eines Arztes unterstehen, der an solchen Maßnahmen beteiligt ist), ist sinnvoll, da auch bei den anderen Mitgliedern der Kommission Weisungs- bzw. Abhängigkeitsverhältnisse denkbar sind. Dass diese künftig nicht einmal in einem Beschäftigungsverhältnis mit dem Krankenhaus stehen dürfen, das den Antrag zur Begutachtung gestellt hat[239], erscheint jedoch nicht zwingend. Es ist nicht ohne weiteres einsehbar, warum das ärztliche Mitglied der Kommission nicht etwa an einer anderen Organisationseinheit des gleichen Universitätsklinikums tätig sein können soll.

Nachdrücklich zu begrüßen ist jedoch der Vorschlag, dass die Qualifikation der „psychologisch erfahrenen Person" (§ 8 Abs. 3 Satz 3 TPG) präzisiert werden soll.[240] Bisher haben nur einzelne Länder wie etwa Mecklenburg-Vorpommern diesbezügliche Anforderungen normiert.[241] In diesem Bundesland wird eine Person mit ausgewiesener Qualifikation und hinreichender Berufserfahrung als Diplompsychologe, als Facharzt für Psychiatrie und Psychotherapie oder für Neurologie und Psychiatrie, bzw. als Psychologischer Psychotherapeut gefordert. Ange-

---

[236] Enquete-Kommission Ethik und Recht der modernen Medizin, Zwischenbericht Organlebendspende, BT-Drs. 15/5050 v. 17.3.2005, 52 f., 75.
[237] Ebd., 75.
[238] Diese Forderung findet keine Stütze im gegenwärtigen Transplantationsgesetz, vgl. Schroth/König/Gutmann/Oduncu–Gutmann, TPG, 2005, § 8 Rn. 56; a.A. Höfling–Esser, TPG, 2003, § 8 Rn. 116.
[239] Enquete-Kommission Ethik und Recht der modernen Medizin, Zwischenbericht Organlebendspende, BT-Drs. 15/5050 v. 17.3.2005, 75.
[240] Ebd.
[241] § 1 Abs. 2 Nr. 3 TPGAG M-V; vgl. Höfling–Esser § 8 Rn. 118.

sichts des Umstands, dass im Hinblick auf den Gutachtensauftrag der Kommission vorrangig psychodiagnostische Mittel und medizinisch-psychologische Beratungsverfahren eine Beurteilung der Motivationslage und Freiwilligkeit der Betroffenen erlauben[242], muss darüber hinaus sichergestellt sein, dass im Rahmen des Verfahrens vor der Lebendspendekommission eine umfassende psychosoziale Konsultation und Begutachtung stattfindet. Es ist zu begrüßen, dass sich die Enquete-Kommission auch diesen seit langem in der Diskussion stehenden Vorschlag[243] explizit zu eigen gemacht[244] hat.

2.2.6. Erweiterte Prüfungskompetenz?

Umstritten ist und in der Praxis uneinheitlich behandelt wird gegenwärtig die materiellrechtliche Frage, ob die Kommissionen eine selbständige Prüfungskompetenz zur Feststellung der „besonderen persönlichen Verbundenheit" besitzen; regelmäßig wird diese von den Kommissionen jedoch in Anspruch genommen.[245] Angesichts des eindeutigen Wortlauts des § 8 Abs. 3 Satz 2 TPG kommt den Kommissionen eine solche Kompetenz jedoch *nicht* zu[246], auch nicht als „Annexkompetenz".[247] Andererseits können die öffentlich-rechtlichen Kommissionen

---

[242] Vgl. nunmehr Schneewind/Schmid, Bedingungen der Patientenautonomie bei Lebendnierenspende: Ergebnisse einer psychologischen Studie, in: Schroth/Schneewind/Gutmann/Fateh-Moghadam, Patientenautonomie am Beispiel der Lebendorganspende, 2005, sowie Schneewind/Hillebrand/Land, Lebendnierenspende zwischen verwandten und nicht-verwandten Personen: Das Münchner Modell, Report Psychologie 22 (1997), 118-121; Schneewind/Ney/Hammerschmidt/Oerter/Pabst/Schultz-Gambard, Veränderungserwartungen bei Lebendnierentransplantation: ein Vergleich zwischen verwandten und nicht-verwandten Spender-Empfänger-Paaren, Transplantationsmedizin 12 (2000), 164-173 m.w.N.; Gutmann/Schroth, Organlebendspende in Europa, 2002, 36 m.w.N.; Nickel/Schmidt-Preisigke/Sengler, TPG, 2001, § 8 Rn. 35.

[243] Schneewind, Psychological Aspects in Living Organ Donation, in: Collins/Dubernard/Land/Persijn (Eds), Procurement and Preservation of Vascularized Organs, Dordrecht 1997, 325-330; ders., Psychologische Aspekte der Lebendnierenspende, Zeitschrift für Transplantationsmedizin 1993, 89-96; ders., Ist die Lebendspende von Nieren psychologisch verantwortbar?, in: Oduncu/Schroth/Vossenkuhl (Hg.), Transplantation, Organgewinnung und -allokation, 2003, 222; Gutmann/Schroth, Organlebendspende in Europa, 2002, 36.

[244] Enquete-Kommission Ethik und Recht der modernen Medizin, Zwischenbericht Organlebendspende, BT-Drs. 15/5050 v. 17.3.2005, 75.

[245] Fateh-Moghadam et al., Medizinrecht 2004, 82 f., 87.

[246] Zutr. Schreiber, Recht und Ethik der Lebend-Organtransplantation, in: Kirste (Hg.), Nieren-Lebendspende. Rechtsfragen und Versicherungsregelungen für Mediziner, 2000, 33, 41 f.; Preisigke, Ausgewählte Probleme in der aktuellen Diskussion um die Lebendspende von Organen, in: FS Schreiber, 2003, 833 (838); Schroth/König/Gutmann/Oduncu–Gutmann, TPG, 2005, § 8 Rn. 59.

[247] A.A. Fateh-Moghadam et al. (einschließlich des Verfassers), Medizinrecht 2004, 82, 88 f.

kaum sehenden Auges rechtswidrige Transplantationsvorhaben unbeanstandet lassen. Auch hier ist eine entsprechende Klarstellung *de lege ferenda* nötig.[248] Auch die Enquete-Kommission schlägt deshalb vor, die Zuständigkeit der Kommission nach § 8 Abs. 3 Satz 2 TPG auf die Prüfung des Kriteriums der „persönlichen Verbundenheit" zu erweitern.[249] Vorzugswürdig wäre es indessen, auf dieses Kriterium in einem künftigen Transplantationsgesetz ganz zu verzichten.

2.2.7. Vereinheitlichung der Entscheidungsstandards

Dass die Implementierung eines neuartigen Instituts der Gesundheitsverwaltung mit rechtlichen und praktischen Unsicherheiten und Folgeproblemen verbunden ist, ist nicht überraschend. So lassen sich bezüglich der Arbeitsweise der Lebendspendekommissionen auf der Grundlage empirischer Befunde ganz erhebliche Differenzen feststellen.[250] In der Praxis bestehen insbesondere Unsicherheiten hinsichtlich der anzuwendenden Prüfungskriterien, die sowohl zu Defiziten beim Schutz des Organspenders als auch zu seiner unrechtmäßigen Bevormundung führen können, wenn etwa eine Kommission durch eigene Risiko-Nutzen-Abwägungen die insoweit allein maßgebliche Wertentscheidung des Spenders übergeht. Dafür, dass gerade auch Letzteres in der Praxis vorkommt, bieten die bisher erhobenen Befunde Indizien.[251] Im Hinblick darauf, dass die Kommissionen nach § 8 Abs. 3 TPG ein zentrales Element der bei der Lebendorganspende allein möglichen „Sicherheit durch Verfahren" darstellen, muss deshalb – über die nötigen gesetzgeberischen Anpassungen hinaus – weiter daran gearbeitet werden, einheitliche Standards für die Lebendspendekommissionen nicht nur prozedural-organisatorischer Art (Verfahrensgarantien), sondern auch in materiell-inhaltlicher Hinsicht (Entscheidungskriterien) zu etablieren. Dies dient nicht nur der Gleichbehandlung der Patienten, dadurch könnte vielmehr zugleich sicherer verhindert werden, dass potentielle Organempfänger, die auf ein Organ dubioser Herkunft hoffen, sich die jeweils „toleranteste" Lebendspendekommission aussuchen.[252] Die von der Enquete-Kommission vorgeschlagene regelmäßige Berichtspflicht der Lebendspende-Kommissionen über ihre Tätigkeit an das zuständige Landesgesundheitsministerium (z. B. über Anzahl der Fälle, Verwandtschaftsverhältnisse, Zu-

---

[248] Fateh-Moghadam et al., a.a.O., 88 f. u. Neft, Die Überkreuz-Lebendspende im Lichte der Restriktionen des Transplantationsgesetzes, Neue Zeitschrift für Sozialrecht 2004, 519, 522; nunmehr auch Enquete-Kommission Ethik und Recht der modernen Medizin, Zwischenbericht Organlebendspende, BT-Drs. 15/5050 v. 17.3.2005, 51.

[249] Enquete-Kommission Ethik und Recht der modernen Medizin, Zwischenbericht Organlebendspende, BT-Drs. 15/5050 v. 17.3.2005, 75.

[250] Fateh-Moghadam et al., Medizinrecht 2004, 19 ff., 82 ff.; nunmehr auch Enquete-Kommission Ethik und Recht der modernen Medizin, Zwischenbericht Organlebendspende, BT-Drs. 15/5050 v. 17.3.2005, 51 ff.

[251] Vgl. Fateh-Moghadam et al., Medizinrecht 2004, 19 (24 ff.)

[252] Birnbacher, Stellungnahme zur öffentlichen Anhörung „Organlebendspende" der Enquete-Kommission Ethik und Recht der modernen Medizin am 1.3.2004, Kom.-Drs. 15/144, 2.

stimmungen, Ablehnungen, Gründe)[253] erscheint geeignet, das Ziel grundsätzlich einheitlicher Entscheidungsstandards zu fördern.

Die Enquete-Kommission empfiehlt darüber hinaus, den Kompetenzerwerb der Mitglieder der Lebendspendekommissionen durch sachkundige Einführung in ihr Amt und regelmäßige Fortbildung durch die Bundesländer sicherzustellen. Es soll diesbezüglich ein regelmäßiger bundesweiter systematischer Erfahrungsaustausch der Lebendspendekommissionen eingeführt werden, um einen gleichen Wissensstand und gleiche Standards auf hohem Niveau sicherzustellen; die Lebendspendekommissionen sollten hierfür Richtlinien, insbesondere auch für den Umgang mit Organspendern aus anderen Kulturkreisen, erarbeiten.[254]

Inwieweit eine psychosoziale-medizinethische Konsultation als wesentliche Ergänzung der Arbeit der Lebendspendekommissionen verpflichtend in den Evaluationsprozess zu integrieren ist[255], ist umstritten. Dies erscheint dann sinnvoll, wenn sie erstens in ein Beratungskonzept eingebettet ist, das an dem Ziel orientiert ist, im Sinne einer Klärungshilfe die Autonomie der Entscheidung für oder gegen eine Lebendspende zu stärken[256], und zweitens der Respekt vor der Autonomie der Betroffenen Leitlinie des zur Anwendung gebrachten medizin-ethischen Konzepts bleibt und dieses nicht in „ethische" Bevormundung umschlägt.

2.2.8. Dolmetscher

Unabdingbare Voraussetzung ist bei nicht deutsch sprechenden Patienten im übrigen die Hinzuziehung eines unabhängigen Übersetzers.[257] Auch die Enquete-Kommission[258] fordert deshalb, dass bei Spender-Empfänger-Paaren, bei denen einer oder beide Partner aus dem Ausland kommen, für das Verfahren vor der Lebendspendekommission künftig nur solche Dolmetscher beigezogen werden sollten, die von beiden Betroffenen persönlich unabhängig sind. In der Praxis stoßen die Kommissionen hier nicht selten auf Probleme, weil die landesrechtlichen Regelungen die Tätigkeit und die Finanzierung eines Übersetzers in der Regel nicht vorsehen. Deshalb sollte ausdrücklich geregelt werden, dass auch die Kosten für die Tätigkeit der Dolmetscher vor den Lebendspendekommissionen von der

---

[253] Enquete-Kommission Ethik und Recht der modernen Medizin, Zwischenbericht Organlebendspende, BT-Drs. 15/5050 v. 17.3.2005, 75.
[254] Ebd.
[255] Biller-Andorno, Stellungnahme zur öffentlichen Anhörung „Organlebendspende" der Enquete-Kommission Ethik und Recht der modernen Medizin am 1.3.2004, Kom.-Drs. 15/149, 4.
[256] Schneewind, Ist die Lebendspende von Nieren psychologisch verantwortbar?, in: Odunuc/Schroth/Vossenkuhl (Hg.), Transplantation, Organgewinnung und -allokation, 2003, 222 (226).
[257] Gutmann/Schroth, Organlebendspende in Europa, 2002, 36; Birnbacher, Stellungnahme zur öffentlichen Anhörung „Organlebendspende" der Enquete-Kommission Ethik und Recht der modernen Medizin am 1.3.2004, Kom.-Drs. 15/144, 2.
[258] Enquete-Kommission Ethik und Recht der modernen Medizin, Zwischenbericht Organlebendspende, BT-Drs. 15/5050 v. 17.3.2005, 75.

Krankenkasse des Organempfängers zu übernehmen sind.[259] Keine Gründe sind allerdings für die weiter gehende Forderung der Enquete-Kommission ersichtlich, derzufolge sichergestellt werden müsse, dass Frauen nur von Frauen und Männer nur von Männern gedolmetscht werden.[260] Dies gilt umsomehr im Hinblick darauf, dass von den heranzuziehenden Übersetzern eine klare Wiedergabe des Gesprochenen und keine gender-spezifisch einfühlende Interpretation desselben erwartet wird.

2.2.9. Informationsaustausch

Darüber hinaus sollte nach dem Vorbild des Art. 4 Abs. 2 des Bayerischen Ausführungsgesetzes (BayAGTPG) sichergestellt werden, dass Kommissionen bundesweit von ablehnenden Voten anderer Kommissionen in Kenntnis gesetzt werden. Dieser Forderung haben sich nunmehr auch die Bundesregierung[261] sowie grundsätzlich die Enquete-Kommission angeschlossen. Hierbei scheint der Regelungsvorschlag der Enquete-Kommission, eine Pflicht des Spenders, des Empfängers und des Transplantationsteams zu normieren, offenzulegen, bei welcher Kommission bereits ein Antrag gestellt wurde und mit welchem Ergebnis[262], sinnvoll, aber als *alleinige* Vorschrift ungenügend. Vorzugswürdig dürfte es sein, jedenfalls auch einen von den Patienten unabhängigen Informationsfluss zwischen den Kommissionen sicherzustellen.

2.2.10. Rechtsschutz

Die angesprochene Zwitterstellung der Kommissionen „zwischen Beratung und Entscheidung" generiert Probleme bei der Frage der Überprüfbarkeit ihrer Voten. Zu überlegen ist, ob es nicht vorzugswürdig wäre, die Kommissionsvoten entweder rechtlich verbindlich und unter Gewährleistung der entsprechenden rechtsstaatlichen Verfahrens- und Rechtsschutzgarantien auszugestalten oder auf eine reine Beratungslösung umzustellen.

Gegenwärtig weist das Kommissionsmodell hinsichtlich der Frage des Rechtsschutzes ein prinzipielles Ungenügen auf.[263] Schon der Verzicht des Bundesgesetzgebers darauf, den Voten der Kommissionen einen rechtsverbindlichen Charakter zuzuweisen, diente objektiv dazu, Rechtsschutzmöglichkeiten der Verfah-

---

[259] Ebd., 76; Gutmann/Schroth, Organlebendspende in Europa, 2002, 36.
[260] Enquete-Kommission Ethik und Recht der modernen Medizin, Zwischenbericht Organlebendspende, BT-Drs. 15/5050 v. 17.3.2005, 75.
[261] BT-Drs. 15/4542, 30 f.
[262] Enquete-Kommission Ethik und Recht der modernen Medizin, Zwischenbericht Organlebendspende, BT-Drs. 15/5050 v. 17.3.2005, 75.
[263] Schroth/König/Gutmann/Oduncu–Gutmann, TPG, 2005, § 8 Rn. 65.

2.2. Die Kommissionen gemäß § 8 Abs. 3 TPG

rensbeteiligten auszuschließen.[264] Im Widerspruch hierzu ging die Entwurfsbegründung[265] aber von künftigen landesrechtlichen Regelungen zur „Überprüfbarkeit der getroffenen Entscheidung" aus. Allerdings sieht keines der Landesgesetze eine Möglichkeit zur Überprüfung der Kommissionsvoten vor, teilweise (etwa in Bremen und Baden-Württemberg) wird jede Form des Rechtsschutzes explizit ausgeschlossen. Es spricht ganz Überwiegendes dafür, dass dies im Hinblick auf die Rechtsweggarantie des Art. 19 Abs. 4 GG und das von ihr umfasste Gebot effektiven Rechtsschutzes nicht hinnehmbar ist, da die Feststellung von „Anhaltspunkten" im Sinne von § 8 Abs. 3 Satz 2 TPG dafür, dass die Einwilligung in die Organspende nicht freiwillig erfolgt oder das Organ Gegenstand verbotenen Handeltreibens ist, in der Regel[266] die faktische Verhinderung der Durchführung der geplanten Lebendorganspende bedeutet.[267] „Für Spender und Empfänger steht und fällt mit der gutachtlichen Stellungnahme in der Regel die Transplantation. Es ist für sie im Ergebnis unerheblich, wenn dem Votum rechtlich nur beratende Funktion für den transplantierenden Arzt zukommt."[268] Der Grundrechtsschutz erfasst jedoch auch solche Fälle „faktischer" und/oder mittelbarer Beeinträchtigungen.[269] Dies gilt insbesondere für das Grundrecht auf Leben und körperliche Unversehrtheit des potentiellen Empfängers einer Lebendorganspende aus Art. 2 Abs. 2 Satz 1 GG.[270] Nach der Rechtsprechung des Bundesverfassungsgerichts ist das Grundrecht auf Leben und Gesundheit dann berührt, wenn eine staatliche Maßnahme dazu führt, dass einem kranken Menschen eine prinzipiell zugängliche Therapie versagt bleibt.[271] Unter dem Aspekt des Grundrechtseingriffs sowie im Hinblick auf das Gebot effektiven Rechtsschutzes kommt es deshalb nicht darauf an, dass negative Stellungnahmen der Kommissionen – die als schlicht hoheitliche Akte zu

---

[264] Höfling, Stellungnahme zur öffentlichen Anhörung „Organlebendspende" der Enquete-Kommission Ethik und Recht der modernen Medizin am 1.3.2004, Kom.-Drs. 15/143, 6.

[265] BT-Drs. 13/4355, 21.

[266] Dies wird noch stärker der Fall sein, wenn der Vorschlag der Enquete-Kommission umgesetzt wird, künftig eine schriftliche Begründungspflicht für die Entscheidung des transplantierenden Arztes über die Transplantation verbindlich vorzusehen, falls der Arzt von dem Votum der Kommission abweichen will (Zwischenbericht Organlebendspende, BT-Drs. 15/5050 v. 17.3.2005, 75).

[267] Vgl. Fateh-Moghadam, Medizinrecht 2003, 245-257, 255 ff.

[268] So nunmehr auch Enquete-Kommission Ethik und Recht der modernen Medizin, Zwischenbericht Organlebendspende, BT-Drs. 15/5050 v. 17.3.2005, 51: "Mit dem Verzicht auf den rechtsverbindlichen Charakter des Votums sollte nach der Intention des Gesetzgebers das Problem des Rechtsschutzes gelöst werden. Dabei wurden jedoch die faktische Wirkung und die möglicherweise existentiellen Folgen des Handelns der Lebendspendekommission außer Acht gelassen."

[269] Sachs–Sachs, Grundgesetz, ^{3}2003, vor Art. 1 Rn. 83 ff. m.w.N.

[270] Sachs–Murswiek, Grundgesetz, ^{3}2003, Art. 2 m.w.N; Lorenz, in: Isensee/Kirchhof (Hg.), Handbuch des Staatsrechts der Bundesrepublik Deutschland, Band V, 1992, § 128 Rn. 24.

[271] Bundesverfassungsgericht, Neue Juristische Wochenschrift, 1999, 3399, 3400 f.

qualifizieren sind und keine Verwaltungsakte darstellen[272] – nicht unmittelbar rechtlich verbindlich sind, es genügt vielmehr, dass sie in der Regel mittelbar-faktisch zur Verhinderung der Therapie führen. Die Tätigkeit der Lebendspendekommission entfaltet in einem Entscheidungsprozeß mit evident grundrechtsrelevanten Folgen für Außenstehende (Spender und Empfänger) eine verhaltenssteuernde Wirkung.[273] Insoweit kann die Kommissionsentscheidung nicht als „Verwaltungsinternum ohne Außenwirkung"[274] verstanden werden, gegen die schon aus diesem Grund Rechtsschutz ausscheide. Ebensowenig spricht die gutachterliche Natur der Stellungnahme gegen ihre rechtliche Überprüfbarkeit.[275] Auch wenn man nicht daran zweifelt, dass die Lebendspendekommissionen ihre Tätigkeit in der Regel verantwortungsvoll und sachgerecht ausüben und man sieht, dass den Kommissionen ein Beurteilungsspielraum hinsichtlich der Feststellung der tatsächlichen Voraussetzungen von Anhaltspunkten für die Unfreiwilligkeit der Organspende oder für Organhandel zukommen muss, ist es im Blick auf die existentiellen Folgen der Kommissionsentscheidungen nicht akzeptabel, dass auch wesentliche Verfahrensfehler mit Auswirkungen auf das Ergebnis oder gar willkürliche oder diskriminierende Praktiken von Kommissionen der gerichtlichen Kontrolle entzogen sein sollen.[276] Es geht hierbei nicht darum, Rechtsschutz allererst zu *gewähren* – dies geschieht bereits unmittelbar durch Art. 19 Abs. 4 GG –, sondern die Grundrechtspositionen der Betroffenen einfachgesetzlich angemessen *umzusetzen*. Die Ansicht der Bundesregierung, eine richterliche Kontrolle der Kommissionen sei generell „weder wünschenswert noch sachgerecht"[277], steht deshalb mit geltenden rechtsstaatlichen Grundsätzen, namentlich mit Art. 19 Abs. 4 des Grundgesetzes, in Konflikt. Die Kommissionsvoten sollten deshalb *de lege ferenda* unter Gewährleistung der entsprechenden rechtsstaatlichen Verfahrens- und Rechtsschutzgarantien ausgestaltet werden. Der Enquete-Kommission ist deshalb zuzustimmen, dass es auch hinsichtlich „der Kontrolle [der Kommission] und des Rechtschutzes für Spender und Empfänger [...] weiterer Regelungen durch Gesetz" bedarf.[278]

Einige Mitglieder der Deutschen Akademie für Transplantationsmedizin stehen einer solchen weiteren Verrechtlichung des Kommissionsverfahrens skeptisch gegenüber. Immerhin hat der Schweizer Gesetzgeber Kommissionen nach deut-

---

[272] Fateh-Moghadam, Medizinrecht 2003, 245-257, 252; unrichtig Engst GesR 02, 79, 86.
[273] Höfling, Stellungnahme zur öffentlichen Anhörung „Organlebendspende" der Enquete-Kommission Ethik und Recht der modernen Medizin am 1.3.2004, Kom.-Drs. 15/143, 6.
[274] Entwurf der Bayerischen Staatsregierung zur Ausführung des TPG und des TFG vom 5.7.1999, Bayerischer Landtag, Drs. 14/1450, 8.
[275] Entgegen Nickel/Schmidt-Preisigke/Sengler, TPG, 2001, § 8 Rn. 37.
[276] Fateh-Moghadam, Medizinrecht 2003, 245-257; Höfling, Stellungnahme zur öffentlichen Anhörung „Organlebendspende" der Enquete-Kommission Ethik und Recht der modernen Medizin am 1.3.2004, Kom.-Drs. 15/143, 6; vgl. Höfling–Esser, TPG, § 8 Rn. 133; Schroth/König/Gutmann/Oduncu–Gutmann, TPG, 2005, § 8 Rn. 85.
[277] BT-Drs. 15/4542, 30.
[278] Enquete-Kommission Ethik und Recht der modernen Medizin, Zwischenbericht Organlebendspende, BT-Drs. 15/5050 v. 17.3.2005, 54.

schem Vorbild mit dem Argument zur Gänze fallengelassen, diese hätten „einen unnötigen administrativen Aufwand zur Folge, was die Methode der Lebendspende hemme".[279] Dies erscheint, will man den Selbstorganisationsmechanismen der Transplantationszentren nicht ein ganz außerordentliches Vertrauen entgegenbringen, als Fehlentscheidung. Trotz der Bedenken, die der Perspektive einer weiteren Formalisierung (und damit Bürokratisierung) der Kommissionstätigkeit von Mitgliedern der Akademie entgegengebracht wird, möchten auch diese nicht grundgesetzlich verbürgte Verfahrensrechte von Lebendspendern und Empfängern verkürzt sehen.

---

[279] Schweizer Bundesrat, Botschaft zum Schweizer TPG, 2001, 43.

3. Streichung oder Änderung der sogenannten Subsidiaritätsklausel (§ 8 Abs. 1 Satz 1 Nr. 3 TPG)

3.1. Die gesetzliche Regelung

§ 8 Abs. 1 Satz 1 Nr. 3 TPG schreibt vor, dass die Entnahme von Organen einer lebenden Person nur zulässig ist, wenn ein geeignetes Organ eines verstorbenen Spenders im Zeitpunkt der Organentnahme nicht zur Verfügung steht. Hintergrund dieser Bestimmung ist das in der Gesetzesbegründung formulierte Prinzip, demzufolge die Organspende von Toten „klaren Vorrang gegenüber der Lebendspende" habe.[280]

3.2. Die grundsätzliche Verfehltheit der Vorschrift

Dieser Subsidiaritätsgrundsatz erscheint nur insoweit begründbar, als er, orientiert am Prinzip der Schadensvermeidung, besagen soll, dass die Möglichkeit der Lebendspende nicht dazu führen soll, dass das Bemühen um die Gewinnung postmortal gespendeter Organe insgesamt vernachlässigt wird. Um dies zum Ausdruck zu bringen, ist § 8 Abs. 1 Satz 1 Nr. 3 TPG in seiner gegenwärtigen Form jedoch weder notwendig noch geeignet (näher unten, 3.8.4.).

Soweit der in § 8 Abs. 1 Satz 1 Nr. 3 TPG[281] postulierte Grundsatz der Nachrangigkeit der Lebendspende dazu dienen soll, im konkreten Fall Personen, die zur Lebendorgantransplantation entschlossen sind, diese zu untersagen und den potentiellen Lebendorganempfänger auf ein postmortal gewonnenes Organ zu verweisen, ist er weder verfassungsrechtlich noch ethisch zu rechtfertigen.[282]

---

[280] BT-Drs. 13/4355, 14.
[281] Ähnlich das Zusatzprotokoll zu der Konvention des Europarats über Menschenrechte und Biomedizin über die Transplantation von menschlichen Organen und Geweben menschlichen Ursprungs v. 24.1.2002 (ETS No. 186, 2002), Art. 9.
[282] Vgl. Gutmann/Schroth, Organlebendspende in Europa, 2002, 25 ff, 76 ff.; Gutmann, Stellungnahme zur öffentlichen Anhörung „Organlebendspende" der Enquete-Kom-

3. Streichung oder Änderung der sogenannten Subsidiaritätsklausel

Diese verfehlte Norm sollte gestrichen oder inhaltlich völlig neu gefaßt werden. Im Einzelnen sind hierfür wenigstens fünf Gründe anzuführen:

a)
Jedenfalls bei der Niere ist der zu erwartende medizinische Erfolg der Transplantation bei Verwendung eines Organs vom lebenden Spender statistisch erheblich höher als bei Verwendung eines postmortalen Organs, wie Großstudien in Bezug auf die USA[283] ergeben haben; die für Europa erhobenen Daten der Collaborative Transplantation Study (Heidelberg) bestätigen dies:[284]

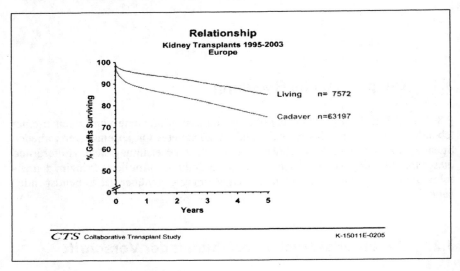

mission Ethik und Recht der modernen Medizin des Deutschen Bundestags am 1.3. 2004, Kom.-Drs. 15/135, 11 ff.; daneben Esser, Verfassungsrechtliche Aspekte der Lebendspende von Organen, 2000, 79, 195 ff. und Schutzeichel, Geschenk oder Ware? Das begehrte Gut Organ, 2002, 298 f.

[283] Zusammenfassend Tarantino, Why Should We Implement Living Donation in Renal Transplantation, Clinical Nephrology 53 (2000), 55-63 (58); Cecka/Terasaki, Living Donor Kidney Transplants: Superior Success Rates Despite Histoincompatibilities, Transplantation Proceedings 29 (1997), 203; Cecka, Kidney Transplantation from Living Unrelated Donors, Annu. Rev. Med. 51 (2000), 393–406; Gijertson/Cecka, Living Unrelated Donor Kidney Transplantation, Kidney International 58 (2000), 491-499.
Unzutreffend ist jedoch die Behauptung der Enquete-Kommission, „Per se sind Organe aus Lebendspende solchen aus Postmortalspende nicht überlegen" (Zwischenbericht Organlebendspende, BT-Drs. 15/5050 v. 17.3.2005, 49 m. Anm. 387). Dies ergibt sich insbesondere nicht aus der zitierten Arbeit von Meier-Kriesche/Kaplan (Waiting Time on Dialysis as the Strongest Modifiable Risk Factor for Renal Transplant Outcomes, A Paired Donor Kidney Analysis, Transplantation 74, 2002, 1377). Die Autoren stellen vielmehr überlegene Ergebnisse der Lebendnierenspende auch unabhängig von dem Faktor Dialysezeit fest.

3.2. Die grundsätzliche Verfehltheit der Vorschrift 71

Die Subsidiaritätsklausel stellt angesichts dessen den wohl einzigartigen Fall dar, dass durch Gesetz Patienten eine medizinisch eindeutig schlechtere Therapie aufgezwungen wird.[285] Dies erscheint verfassungsrechtlich problematisch. Das Grundrecht auf Leben und körperliche Unversehrtheit wird als Abwehrrecht beeinträchtigt, wenn einem terminal niereninsuffizienten Patienten aufgrund der Subsidiaritätsregel des § 8 Abs. 1 Satz 1 Nr. 3 TPG eine medizinisch indizierte Lebendorgantransplantation verunmöglicht wird.

Dieses Argument kann derzeit allerdings nur für die – zahlenmäßig das Gros der Transplantationen ausmachende – Nierenspende eine Rolle spielen, während das Subsidiaritätsprinzip alle Lebendspenden nach § 8 TPG umfasst.[286] Eine Norm, die im Hinblick auf den *weitaus größten Teil* der von ihr erfaßten Fälle verfassungsrechtlichen und rechtspolitischen Bedenken begegnet, empfiehlt sich allerdings schon aus diesem Grund zur Novellierung.

b)
Die genannten Unterschiede in den Erfolgsaussichten der beiden Therapien Lebend- und Verstorbenen-Organspende verschärfen sich zusätzlich dadurch, dass insbesondere bei der Niere mit zunehmender Dauer der Dialysebehandlung die Langzeitfunktion des schließlich transplantierten Organs stark abnimmt.[287] Die Wartezeit (die Zeitspanne vom Beginn der terminalen Niereninsuffizienz bis zur Transplantation) ist deshalb „der stärkste unabhängige, beeinflussbare Risikofaktor für den Transplantationserfolg".[288] Schon nach nur zwei Jahren Dialyse liegt

---

[284] Collaborative Transplantation Study, Heidelberg, K-15011E-0205, Februar 2005, http://cts.med.uni-heidelberg.de/.
[285] Gutmann, Probleme einer gesetzlichen Regelung der Lebendspende von Organen, Medizinrecht 1997, 147, 152; Edelmann, Ausgewählte Probleme bei der Organspende unter Lebenden, Versicherungsrecht 1999, 1065, 1068; Höfling–Esser, TPG, 2003, § 8 Rn. 55; Höfling, Stellungnahme zur öffentlichen Anhörung „Organlebendspende" der Enquete-Kommission Ethik und Recht der modernen Medizin am 1.3.2004, Kom.-Drs. 15/143, 5.
[286] Zutreffend Enquete-Kommission Ethik und Recht der modernen Medizin, Zwischenbericht Organlebendspende, BT-Drs. 15/5050 v. 17.3.2005, 49.
[287] Meier-Kriesche/Kaplan, Waiting Time on Dialysis as the Strongest Modifiable Risk Factor for Renal Transplant Outcomes, A Paired Donor Kidney Analysis, Transplantation 74, 2002, 1377-1381; Mange/Joffe/Feldman, Effect of the Use or Nonuse of Long-Term Dialysis on the Subsequent Survival of Renal Transplants from Living Donors, New England Journal of Medicine 344 (2001), 726 ff.; Frei, Stellungnahme zur öffentlichen Anhörung „Organlebendspende" der Enquete-Kommission Ethik und Recht der modernen Medizin am 1.3.2004, Kom.-Drs. 15/141, 1.
[288] "Results. Five- and 10-year unadjusted graft survival rates were significantly worse in paired kidney recipients who had undergone more than 24 months of dialysis (58% and 29%, respectively) compared to paired kidney recipients who had undergone less than 6 months of dialysis (78% and 63%, respectively; P <0.001 each). Ten-year overall adjusted graft survival for cadaveric transplants was 69% for preemptive transplants versus 39% for transplants after 24 months on dialysis. For living transplants, 10-year overall adjusted graft survival was 75% for preemptive transplants versus 49% for

einer amerikanischen Großstudie zufolge das (bereinigte) statistische zehnjährige Transplantatüberleben bei postmortaler Transplantation nur noch bei 39%, gegenüber 69% bei präemptiver Transplantation; bei Lebendspenden sind dies 49% gegenüber 75%. Insoweit liegt es – entgegen dem Subsidiaritätsgedanken – regelmäßig im medizinischen Interesse von Patienten, die an terminaler Niereninsuffizienz leiden bzw. von ihr bedroht sind, eine präemptive Transplantation (d.h. eine Transplantation möglichst vor Beginn der Dialysebehandlung) zu erhalten.[289] Eine solche ist in der Regel nur als Lebendorganspende realisierbar. Die Lebendspende einer Niere muß in dieser Perspektive als ein nicht nur lebensqualitätsverbessernder, sondern vielmehr lebensverlängernder, bisweilen gar lebensrettender Akt begriffen werden[290], da die frühe, in der Regel nur in Form der Lebendspende realisierbare Nierentransplantation im Vergleich zur Dialysebehandlung die Lebenserwartung der Patienten deutlich erhöht.[291] Hierbei gibt es eine große Zahl von Patienten (insbesondere Diabetiker), deren Lebenserwartung bzw. Sterbewahrscheinlichkeit in besonderer Weise davon abhängt, wieviel Zeit zwischen dem Beginn ihrer Dialysepflichtigkeit und der Organübertragung vergeht.[292] In der klinischen

---

transplants after 24 month on dialysis. Conclusions: ESRD time is arguably the strongest independent modifiable risk factor for renal transplant outcomes" – Meier-Kriesche/Kaplan, Waiting Time on Dialysis as the Strongest Modifiable Risk Factor for Renal Transplant Outcomes, A Paired Donor Kidney Analysis, Transplantation 74, 2002, 1377.

[289] Vgl. Kasiske/Snyder/Matas et al., Pre-emptive Transplantation: The Advantages and the Advantaged, 2000, in: United States Renal Data System (USRDS) Presentations, http://www.usrds.org/pres/. Vgl. ebenfalls Meier-Kriesche/Kaplan, Waiting Time on Dialysis as the Strongest Modifiable Risk Factor for Renal Transplant Outcomes, A Paired Donor Kidney Analysis, Transplantation 74, 2002, 1377-1381 und Mange/Joffe/Feldman, a.a.O., 727; Thiel, Organlebendspende in der Schweiz – ein Erfahrungsbericht, in: Becchi/Bondolfi/Kostka/Seelmann (Hg.), Organallokation. Ethische und rechtliche Fragen, Basel 2004, 11-27 (22 ff.), sowie ders., in: Nationale Ethikkommission der Schweiz im Bereich Humanmedizin (NEK-CNE), Stellungnahme 6/2003 – Zur Regelung der Lebendspende im Transplantationsgesetz „Es wurde mehr und mehr realisiert, dass durch die Planbarkeit einer Nierenlebendspende [...] eine Transplantation anstelle der Dialyse realisierbar ist (sog. prae-emptive Transplantation). Es zeigte sich immer deutlicher, dass die prae-emptive Transplantation in vielerlei Hinsicht die besten Ergebnisse erbringt: Lebenserwartung, Transplantatüberleben, Job-Erhaltung, Lebensqualität für alle in der Familie, Kosteneinsparung durch Wegfall der Dialyse und IV-Rentenvermeidung."

[290] Hunsicker, A Survival Advantage for Renal Transplantation (Editorial), New England Journal of Medicine 341 (1999), 1762 f. (1762).

[291] British Transplantation Society and the Renal Association, United Kingdom Guidelines for Living Donor Kidney Transplantation, London 2000, 6.

[292] Der berechnete durchschnittliche Gewinn an weiterer Lebenszeit, der für einen an Diabetes mellitus leidenden Patienten mit einer Nierentransplantation (im Vergleich zur fortgesetzten Dialysebehandlung) verbunden ist, beträgt einer auf die USA bezogenen Großstudie zufolge 11 Jahre; für Diabetiker der Altersgruppe 20-39 Jahre beträgt er gar 17 (25 anstatt 8) Jahre, in der Altersgruppe der 40-59-jährigen immerhin 14 (22 an-

3.2. Die grundsätzliche Verfehltheit der Vorschrift

Praxis wird die Subsidiaritätsvorschrift des Transplantationsgesetzes jedoch regelmäßig so interpretiert, dass sie einer präemptiven Transplantation mit einem lebend gespendeten Organ entgegenstehe. Dies ist ebenso medizinisch widersinnig wie normativ unbegründet.

c)

Eine Reihe von Patienten, die auf ein Organ angewiesen sind, haben erhebliche psychische Probleme mit oder moralisch genährte Vorbehalte gegenüber der Vorstellung, ein Organ gerade eines toten Menschen zu erhalten. Die Entscheidung darüber, was ein Teil des eigenen Körpers werden soll, unterfällt jedoch dem Kernbereich des grundrechtlich geschützten Persönlichkeits- und Selbstbestimmungsrechts des Empfängers (Art. 2 Abs. 1 i.V.m. Art. 1 Abs. 1 GG), seinem Grundrecht auf körperliche Unversehrtheit (Art. 2 Abs. 2 GG), das auch ein Freiheitsrecht darstellt, unter Umständen auch seiner Religions- und Weltanschauungsfreiheit (Art. 4 Abs. 1 GG). Es ist nicht ersichtlich, wie eine echte Subsidiaritätsregel, die Patienten vor die Wahl stellt, sich entweder anstelle eines vom Lebenden zu spendenden Organs das Organ eines Toten aufdrängen zu lassen oder aber auf die heilende oder gar lebensrettende Transplantation gänzlich zu verzichten, verfassungsrechtlicher Prüfung standhalten könnte.[293]

d)

Hinzu kommt im Hinblick auf den Lebendorganspender, dass das gesetzgeberische Ziel, mit dem diese erheblichen Grundrechtseingriffe gerechtfertigt werden sollen, nur in dem Versuch besteht, mündige, ärztlich nachdrücklich und umfassend (§ 8 Abs. 2 TPG) aufgeklärte Erwachsene gegen ihren erklärten Willen von einem rational begründbaren und in seinen Risiken überschaubaren Eingriff in die eigene körperliche Integrität zugunsten eines nahestehenden Menschen abzuhalten. Gesetzlicher Paternalismus dieser Art sieht sich in einem liberalen Rechtsstaat jedoch einem prinzipiellen Legitimationsdefizit ausgesetzt;[294] vertretbar erscheint er im Hinblick auf die erheblichen Komplikationsrisiken für die Spender allenfalls in den problematischen Konstellationen von sehr kurzfristig angesetzten Leber-Lebendspenden zugunsten unmittelbar lebensbedrohter, „hochdringlicher" Empfänger.[295]

---

statt 8) Jahre, so Wolfe/Ashby/Milford et al., Comparison of Mortality in All Patients On Dialysis, Patients On Dialysis Awaiting Transplantation, And Recipients of A First Cadaveric Transplant, New England Journal of Medicine 341 (1999), 1725 ff.

[293] Im Ergebnis auch Nickel/Schmidt-Preisigke/Sengler, TPG, 2001, § 8 Rn. 11; Esser, Verfassungsrechtliche Aspekte der Lebendspende von Organen, 2000, 196.

[294] Gutmann/Schroth, Organlebendspende in Europa, 2002, 28; Höfling–Esser, TPG, 2003, § 8 Rn. 58; vgl. nunmehr Gutmann, Zur philosophischen Kritik des Rechtspaternalismus, in: Schroth/Schneewind/Gutmann/Fateh-Moghadam, Patientenautonomie am Beispiel der Lebendorganspende, 2005, i.E.

[295] Vgl. differenzierend die Nationale Ethikkommission der Schweiz im Bereich Humanmedizin (NEK-CNE), Stellungnahme 6/2003 – Zur Regelung der Lebendspende im Transplantationsgesetz, 27 f.

Das Ziel, den Lebendspender auf angemessene Weise zu schützen, kann mithin nicht durch Subsidiaritätsregeln erreicht werden, sondern nur dadurch, dass für eine nachdrückliche ärztliche Aufklärung der Betroffenen, und zwar gerade auch über die relativen Vorteile des Wartens auf die Zuteilung eines Leichenorgans, Sorge getragen wird. Hierzu ist der Arzt ohnehin verpflichtet. Ist diese Aufklärung erfolgt und der einwilligungsfähige und einsichtsfähige Spender hinreichend informiert, so sollte seiner – stabilen – Entscheidung für die Lebendorganübertragung kein rechtliches Hindernis entgegengesetzt werden. Demgegenüber sind Subsidiaritätsregeln Ausdruck staatlicher Geringschätzung für ein Kernprinzip freiheitlicher Rechtsordnungen, den Respekt vor dem Recht des Einzelnen, die für sein Leben wesentlichen Entscheidungen selbst und im Lichte seiner eigenen Vorstellungen und Werte zu treffen. Der Schweizer Bundesrat hat in seiner Botschaft zum Schweizer Gesetz diesbezüglich zu Recht ausgeführt:

> „Es erscheint selbstverständlich, dass vor jeder Lebendspende das medizinische Risiko der Spenderin oder des Spenders abgeklärt werden muss. Ergibt diese Abklärung, dass das Risiko vertretbar ist, ist allerdings nicht einsehbar, weshalb es diesfalls nicht der Autonomie der Spenderin oder des Spenders anheim gestellt sein soll zu entscheiden, ob sie oder er dieses vertretbare Risiko auf sich nehmen will. Aus der Sicht der Empfängerin oder des Empfängers ist nicht einsehbar, weshalb sie oder er sich das Organ einer verstorbenen Person mit einer schlechteren Prognose transplantieren lassen soll, wenn alternativ eine Lebendspende möglich wäre. Der erwähnte Grundsatz [der Subsidiarität der Lebendorganspende] erscheint deshalb als zu restriktiv. Es ist genügend, wenn die Spenderin oder der Spender umfassend informiert worden ist und der Entnahme frei und schriftlich zugestimmt hat."[296]

e)
Schließlich erscheint es unter dem Gesichtspunkt der Organallokation unter Bedingungen einer sich ständig verschärfenden Knappheit an Transplantaten auch der Rechtfertigung bedürftig, warum ein postmortal entnommenes Organ einem Patienten, der ein Lebendorgan erhalten könnte und möchte, aufgezwungen und damit zugleich dem nächstplazierten Anwärter auf der Eurotransplant-Warteliste vorenthalten werden soll.

3.3. Beschränkte Effektivität der Norm

In der Praxis kommt die verfehlte Subsidiaritätsregel des deutschen Transplantationsgesetzes bei näherer Hinsicht jedoch nur bedingt zum Tragen. § 8 Abs. 1 Satz 1 Nr. 3 TPG ist aus vier Gründen von beschränkter praktischer Relevanz:

---

[296] Schweizer Bundesrat, Botschaft zum Schweizer TPG, 2001, 168.

a. Erstens ist es angesichts einer (im Fall der Niere) durchschnittlichen Wartezeit von 6 Jahren statistisch wenig wahrscheinlich, ein postmortales Organ überhaupt angeboten zu bekommen.
b. Zweitens lässt sich angesichts der überlegenen Ergebnisse der Lebendtransplantation bezweifeln, ob jedes angebotene Leichenorgan im Sinne der Norm „geeignet" ist; das Merkmal der „Geeignetheit" ist jedenfalls streng zu interpretieren.[297]
c. Drittens bezieht sich die Vorschrift, an die keine strafrechtliche Sanktion geknüpft ist, gemäß einer durch die Beschlussempfehlung des Gesundheitsausschusses[298] aus Gründen der Rechtssicherheit eingefügten Konkretisierung nur auf den „Zeitpunkt der Organentnahme" beim lebenden Spender, der rechtlich eng zu verstehen und faktisch flexibel ist. Das Gesetz verbietet es dem Patienten und dem ihn behandelnden Arzt nach seinem Wortlaut nicht, die Organentnahme zu verschieben oder ein von der Vermittlungsstelle angebotenes Leichenorgan abzulehnen, wenn dieses während der Vorbereitung auf die Lebendspende, aber vor dem geplanten „Zeitpunkt der Organentnahme" angeboten wird.
d. Viertens kann sich der potentielle Empfänger eines lebend gespendeten Organs, der Konflikte mit der Subsidiaritätsvorschrift vermeiden will, von der Warteliste streichen oder sich gar nicht erst auf diese aufnehmen lassen.

§ 8 Abs. 1 Satz 1 Nr. 3 TPG wird nach seiner Konzeption deshalb im Konfliktfall in vielen Fällen leer laufen.

3.4. Gefährdung von Patientenrechten

Allerdings führen Versuche zur Durchsetzung der verfehlten Subsidiaritätsregel dazu, dass Rechte von Patienten gefährdet werden. So vertritt die Bundesärztekammer im Anschluss an *Schreiber*[299] die Position, potentielle Empfänger eines lebend gespendeten Organs könnten und sollten vermittels standesrechtlicher oder -ethischer Vorschriften für den transplantierenden Arzt gezwungen werden, sich auf die Warteliste setzen zu lassen und auf dieser zu verbleiben. Nach den „Empfehlungen zur Lebendorganspende" der Bundesärztekammer soll aus § 8 Abs. 1 Satz 1 Nr. 3 TPG zu schließen sein, der Empfänger müsse „deshalb [...] rechtzeitig auf die Warteliste im Transplantationszentrum aufgenommen und bei der Vermittlungsstelle als transplantabel gemeldet werden".[300] Diese Aussage, die sich in ähn-

---

[297] Koch, Rechtsfragen der Organübertragung vom lebenden Spender, Zentralblatt für Chirurgie 124, 1999, 718, 722.
[298] BT-Drs. 13/8017, 11, 42.
[299] Recht und Ethik der Lebend-Organtransplantation, in: Kirste (Hg.), Nieren-Lebendspende, Band 1, 2000, 33, 39.
[300] DÄBl. 97, 2000, A-3287.

licher Form jüngst in einer – widersprüchlichen – Aussage der Bundesregierung wiedergefunden hat[301] – ist unzutreffend. § 8 Abs. 1 Satz 1 Nr. 3 TPG verpflichtet einen Patienten, der eine Lebendorganübertragung durchführen lassen möchte, *nicht*, das „Zur-Verfügung-Stehen" eines postmortalen Organs herbeizuführen. Ob er auf eine Warteliste angemeldet werden möchte, unterliegt vielmehr allein seiner Entscheidung (§ 13 Abs. 1 Satz 1 TPG). An die Ausübung dieser Entscheidungsbefugnis wurden durch den Gesetzgeber keinerlei Sanktionen im Hinblick auf die Zulässigkeit einer Lebendorganübertragung geknüpft; er hätte dies aus den unter 3.2. genannten verfassungsrechtlichen Gründen auch schwerlich gekonnt. Der Vorschlag der ständigen Kommission Organtransplantation der Bundesärztekammer[302], durch Gesetz die Aufnahme des Empfängers einer Lebendspende auf der bundeseinheitlichen Warteliste für die postmortale Organspende zur Voraussetzung zu machen[303], widerspricht deshalb verfassungsrechtlichen Vorgaben. Noch weniger könnten solche Sanktionen mit grundrechtseinschränkender Wirkung für Patienten gegenwärtig durch einen nicht rechtsfähigen Verein des Privatrechts wie die Bundesärztekammer ausgesprochen werden. Zudem enthält das TPG keine Vorschrift, die es Ausländern, die nicht im Eurotransplant-Gebiet leben und dort nicht auf der Warteliste geführt werden können, verbieten würde, in Deutschland eine Lebendorganübertragung durchführen zu lassen. Im Hinblick auf die geschützten Rechtspositionen der betroffenen Empfänger ist es den behandelnden Ärzten untersagt, diese „Empfehlung" der Bundesärztekammer gegen den erklär-

---

[301] Die Bundesregierung führt aus: „Eine gesetzliche Regelung dergestalt, dass der vorgesehene Empfänger eines lebend gespendeten Organs vor der Transplantation auf der bundeseinheitlichen Warteliste erfasst worden sein muss, ist nach Auffassung der Bundesregierung nicht zwingend. Diese Notwendigkeit ergibt sich bereits aus dem Grundsatz der Subsidiarität der Lebendorganspende gemäß § 8 Abs. 1 Satz 1 Nr. 3 TPG, soweit nicht im Einzelfall der vorgesehene Empfänger die Transplantation eines postmortal gespendeten Organs von vornherein auch für den Fall ablehnt, dass die Transplantation des lebend gespendeten Organs keinen Erfolg hat" (BT-Drs. 15/4542 v. 16.12.2004, 32; ähnlich nunmehr Enquete-Kommission Ethik und Recht der modernen Medizin, Zwischenbericht Organlebendspende, BT-Drs. 15/5050 v. 17.3.2005, 50). Dies ist so nicht zutreffend. Richtig ist, dass eine Meldung an die Warteliste unterbleiben kann und muss, wenn der potentielle Lebendorganspender sie ablehnt. Falsch und ohne jede Grundlage im Gesetz ist jedoch die Behauptung, der Empfänger müsse hierbei „die Transplantation eines postmortal gespendeten Organs von vornherein auch für den Fall ablehn[en], dass die Transplantation des lebend gespendeten Organs keinen Erfolg hat." Selbstverständlich kann sich der Spender auch nach einer erfolglosen Lebendorganspende noch auf die Warteliste setzen lassen. Sein grundrechtlich gesicherter Teilhabeanspruch an den vorhandenen Transplantationskapazitäten kann nicht dadurch verwirkt werden, dass er seine von der Bundesärztekammer und der Bundesregierung *contra legem* geforderte Meldung vor Lebendorganspende unterlässt.
[302] „Positionen zur Lebendorganspende" der Ständigen Kommission Organtransplantation der Bundesärztekammer v. 8.9.2003, 4, vorgelegt als Anhang zur Stellungnahme Schreiber zur Anhörung der Enquete-Kommission am 1.3.2004, Kom.-Drs. 15/139; vgl. Stellungnahme Schreiber, Kom.-Drs. 15/139a.
[303] Vgl. Stellungnahme Schreiber, Kom.-Drs. 15/139a, 4.

ten Willen des Patienten umzusetzen. Insofern ist in Folge der Subsidiaritätsvorschrift jedoch erhebliche *Rechtsunsicherheit* entstanden. In der Praxis führt die Subsidiaritätsklausel – soweit sie nicht einfach umgangen wird – im Fall der Nieren zudem vielfach zur unnötigen und ungerechtfertigten kostenpflichtigen Anmeldung von Patienten bei der Vermittlungsstelle. Hinzu kommt, wie ausgeführt, dass die Subsidiaritätsvorschrift des Transplantationsgesetzes in der klinischen Praxis regelmäßig so interpretiert wird, dass sie einer präemptiven Transplantation mit einem lebend gespendeten Organ entgegenstehe; sowohl die dargestellten Behauptungen der Bundesärztekammer als auch die Ausführungen der Mehrheit der Enquete-Kommission (hierzu sogleich) sind geeignet, diese Interpretation zu unterstreichen. Dies sind weitere Gründe für eine Neufassung – oder Streichung – des § 8 Abs. 1 Satz 1 Nr. 3 TPG.

3.5. Internationale Tendenzen

Von einem einheitlichen Standard in Europa kann hinsichtlich der Frage der Nachrangigkeit der Lebendspende gegenüber der Leichenorganspende keine Rede sein.[304] Neuere Gesetze wie z.B. das Schweizerische Transplantationsgesetz vom 8.10.2004 haben sich bewußt und eindeutig von dem in § 8 Abs. 1 Satz 1 Nr. 3 TPG niedergelegten Grundsatz distanziert.[305] Auch die Weltgesundheitsorganisation (WHO), die der Lebendorganspende bisher restriktiv gegenüberstand, hat sich mit der Resolution der Weltgesundheitsversammlung vom 22.05.2004[306], die die Mitgliedsstaaten auffordert, die Verwendung von Lebendorganspenden in Ergänzung zur Spende Verstorbener „so weit wie möglich auszuweiten", vom traditionellen Subsidiaritätsdenken verabschiedet. Für die bei der Niere den *Regelfall* darstellende Erwartung höherer Erfolgsaussichten will im übrigen selbst das ansonsten nicht durchgehend befriedigende Zusatzprotokoll zu der Europarats-Konvention über Menschenrechte und Biomedizin über die Transplantation von menschlichen Organen und Geweben menschlichen Ursprungs vom 24.1.2002 eine Ausnahme vom Grundsatz der Nachrangigkeit der Lebendorganspende machen.[307]

---

[304] Vgl. im einzelnen Gutmann/Schroth, Organlebendspende in Europa, 2002, 76-82.
[305] Schweizer Bundesrat, Botschaft zum Schweizer TPG, 2001, 45, 167 ff.
[306] WHA 57.18, unter I.1.4.
[307] Vgl. den Explanatory Report vom 8.11.2001 zum Zusatzprotokoll, http://conventions.coe.int/Treaty/EN/Reports/Html/186.htm: „If the results of a living donor transplantation are expected to be significantly better than those expected utilising a graft removed from a deceased person, live donation may be the preferred therapeutic option for a particular recipient." Vgl. hierzu Guillod/Perrenoud, The Regulatory Framework for Living Organ Donation, in: Gutmann/Daar/Land/Sells (Eds.), Ethical, Legal And Social Issues In Organ Transplantation, 2004, 157 (167). Die Mehrheit der Enquete-Kommission (Zwischenbericht Organlebendspende, BT-Drs. 15/5050 v. 17.3.2005, 18) reflektiert dies nicht.

3.6. Alternative: Die Formulierung im Schweizerischen TPG

Als sinnvoll erscheint eine Konzeption wie z.B. die des Art. 12 lit. d Schweizer TPG, nach dem Organe, Gewebe oder Zellen einer lebenden Person nur entnommen werden dürfen, wenn die Empfängerin oder der Empfänger mit keiner anderen therapeutischen Methode von vergleichbarem Nutzen behandelt werden kann. Dies gilt im Hinblick darauf, dass diesbezüglich nicht in Frage steht, dass im Falle der Niere weder eine Dialysebehandlung noch die Übertragung eines postmortal gespendeten Organs dieses Kriterium erfüllen. Die Schweizer Formulierung ist dennoch geeignet, klarzustellen, dass und inwieweit für Lebendorganspenden der Grundsatz der *ultima ratio* gilt.

3.7. Ärztliche Aufklärungspflichten

Der verbleibende Sinn des Subsidiaritätsgedankens geht in Fragen der ärztlichen Aufklärungspflicht auf. Außer Frage steht die Bedeutung einer nachdrücklichen ärztlichen Aufklärung der Betroffenen auch über die relativen Vorteile des Wartens auf die Zuteilung eines Leichenorgans. Im Fall der Lebendspende eines Leberlappens ist es aus logistischen Gründen nachdrücklich anzuraten, dass der Empfänger für den Fall des Fehlschlagens der Lebendübertragung bei der Vermittlungsstelle registriert ist. Hierauf hinzuwirken gehört ebenfalls zu den Pflichten, denen der verantwortliche Arzt im Rahmen seiner Aufklärungspflicht bereits jetzt nachzukommen hat. Insbesondere bei der Lebendnierenspende kann sich der Empfänger jedoch jederzeit anders entscheiden und sich selbstverständlich auch nach einer erfolglosen Lebendnierenübertragung noch anmelden lassen.[308]

Insgesamt ist deshalb keine vernünftige Begründung für § 8 Abs. 1 Satz 1 Nr. 3 TPG in seiner gegenwärtigen Form erkennbar.

3.8. Kritik der Argumentation der Enquete-Kommission

Die Enquete-Kommission empfiehlt dem Deutschen Bundestag hingegen mehrheitlich, am Prinzip der Nachrangigkeit (Subsidiarität) der Lebendspende festzuhalten.[309] Sie führt dazu aus:

> „Die Nachrangigkeit (Subsidiarität) der Lebendspende dient dem Schutz der Gesundheit des potenziellen Lebendspenders. Dieser ist nach Auffassung der Kommission höher zu bewerten als die Aus-

---

[308] A.A. offenbar, ohne Begründung, die Bundesregierung, BT-Drs. 15/4542, 32.
[309] Enquete-Kommission Ethik und Recht der modernen Medizin, Zwischenbericht Organlebendspende, BT-Drs. 15/5050 v. 17.3.2005, 75.

sichten auf eine schnellere Transplantation für den Empfänger. Wegen der irreversiblen Schädigung des gesunden Spenders kann es kein automatisches Recht des Organempfängers auf die von ihm bevorzugte therapeutische Option geben. Das Prinzip stellt zudem in der Praxis auch keine Behinderung für die Durchführung einer Lebendspende dar. Wegen der mehrjährigen Wartezeit besteht bei Anmeldung auf der Warteliste nur eine theoretische Chance auf ein rechtzeitiges Angebot aus der Spende von hirntoten Spendern (Eurotransplant). Das Prinzip ist nach Ansicht der Kommission aber nicht überflüssig. Seine Bedeutung liegt nicht zuletzt in der Förderung der Bemühungen um die Verbesserung des Aufkommens postmortal gespendeter Organe. Bei einem gleichen Rang oder sogar Vorrang der Lebendspende wären solche Bemühungen noch schwieriger zu begründen. Der ethische Respekt vor der Leistung der Lebendspender gebietet es, nicht unnötig auf sie zurückzugreifen: Nur dann, wenn alle Möglichkeiten auf dem Gebiet der postmortalen Spende ausgeschöpft worden sind und die nötigen Anstrengungen zur Förderung unternommen wurden, darf man den Lebendspendern die Organspende zumuten."[310]

Diese Begründung kann nicht überzeugen.

3.8.1. Bevormundung

Die Stellungnahme der Enquete-Kommission zeichnet sich auch an dieser Stelle durch eine verkürzte Wahrnehmung der Lebendorganspender als Personen aus. Diese kommen der Kommission wiederum nur als passive Objekte in den Blick, denen „man" die „Organspende zumuten darf" oder eben nicht. Die Vorstellung, dass es sich beim Akt der Lebendspende um Risiken und Einschränkungen handelt, die – in den Worten der Nationalen Ethikkommission der Schweiz – „*sich eine Spenderin oder ein Spender zugunsten einer anderen Person zumutet*"[311], liegt außerhalb des Horizonts dieser Argumentation. Die (potentiellen) Lebendspender werden nicht als autonom handelnde Personen wahrgenommen, die in der Lage sind, nach gehöriger Aufklärung und Beratung, eine eigene, auch auf ihre konkrete Beziehung zum Empfänger bezogene Entscheidung über die Vor- und Nachteile des intendierten Spendeakts im Vergleich zur Möglichkeit der Verwendung eines postmortal gespendeten Organs zu treffen. Das berechtigte Ziel des „Schutzes der Gesundheit" des potenziellen Lebendspenders verdrängt hierdurch den Schutz seines Selbstbestimmungsrechts über seine körperliche Integrität zur Gänze. Die Nachrangigkeitsregel erschöpft sich so in einem Akt der Bevormundung. Mit dieser Blickrichtung reiht sich die Mehrheit der Enquete-Kommission in eine Tradi-

---

[310] Ebd., vgl. 50.
[311] Nationale Ethikkommission der Schweiz im Bereich Humanmedizin (NEK-CNE), Stellungnahme 6/2003 – Zur Regelung der Lebendspende im Transplantationsgesetz, 8 [Hervorhebung T.G.].

tion ein, die dem Gesetzgeber die Funktion einer elterlichen, schützenden Hand über die als strukturell unmündig gedachten Bürger zuschreibt. Dies hat im deutschen Rechtsdenken zwar starke, in das 17. Jahrhundert zurückreichende Wurzeln[312]; diese ändern allerdings nichts daran, dass diese Tradition keine angemessene Grundlage für die Gesetzgebung des liberalen Verfassungsstaats im 21. Jahrhundert darstellt.[313]

3.8.2. Potemkinsche Fassade

Die Enquete-Kommission fordert im übrigen, das verfehlte Subsidiaritätsprinzip gerade deshalb aufrechtzuerhalten, weil es in der Praxis leerläuft und seinen Regelungssinn ohnehin verfehlt. Die Kommission führt diesbezüglich aus, das Prinzip stelle in praxi keine Behinderung für die Durchführung einer Lebendspende dar, da wegen der mehrjährigen Wartezeit bei Anmeldung auf der Warteliste ohnehin nur eine theoretische Chance auf ein rechtzeitiges Angebot aus der Spende von hirntoten Spendern bestehe; im übrigen könne (und solle) sich der Organempfänger einfach von der Warteliste streichen lassen, bevor mit der Organlebendspende begonnen werde.[314] § 8 Abs. 1 Satz 1 Nr. 3 TPG soll also gerade deshalb aufrechterhalten werden, weil er hinsichtlich der Praxis der Lebendorganspende, die er doch regeln soll, folgenlos bleibt und die intendierten Hemmnisse nicht erzeugt. Dies entspricht nicht den Anforderungen rationaler Gesetzgebung.

---

[312] Vgl. Gutmann, Paternalismus – eine Tradition deutschsprachigen Rechtsdenkens? ZRG GA (Zeitschrift der Savigny-Stiftung für Rechtsgeschichte, Germanistische Abteilung), 122 (2005), 150-194.

[313] Noch weniger überzeugend ist die These der Enquete-Kommission, derzufolge „man [...] [n]ur dann, wenn alle Möglichkeiten auf dem Gebiet der postmortalen Spende ausgeschöpft worden sind und die nötigen Anstrengungen zur Förderung unternommen wurden, [...] den Lebendspendern die Organspende zumuten" dürfe (Zwischenbericht Organlebendspende, BT-Drs. 15/5050 v. 17.3.2005, 50, 75). Hier wird der Grundsatz der Nachrangigkeit der Lebendorganspende gegenüber der postmortalen Spende damit begründet, dass sich letztere gegenwärtig nicht auf einem befriedigenden Niveau befinde. Dieses Argument ist schon als solches von eigenartiger Struktur. Im übrigen wird hier eine Beeinträchtigung der Grundrechte insbesondere des potentiellen Lebendorganempfängers damit zu begründen versucht, dass *andere* Akteure des „Transplantationssystems" – nicht zuletzt der Gesetzgeber – das ihnen Mögliche nicht getan haben. Auch diesen Gedanken wird man eigenwillig nennen dürfen.

[314] Enquete-Kommission Ethik und Recht der modernen Medizin, Zwischenbericht Organlebendspende, BT-Drs. 15/5050 v. 17.3.2005, 50. Gegen die unbegründete und dem Gesetz widersprechende Ansicht der Bundesregierung (BT-Drs. 15/4542, 32, siehe oben) und der Enquete-Kommission (Zwischenbericht Organlebendspende, BT-Drs. 15/5050 v. 17.3.2005, 50) braucht ein potentieller Lebendorganempfänger, der sich von der Warteliste streichen oder gar nicht erst auf diese aufnehmen lassen will, allerdings keineswegs postmortal gespendete Organe „definitiv ab[zu]lehnen". Der Empfänger kann sich jederzeit anders entscheiden und sich selbstverständlich auch nach einer erfolglosen Lebendnierenübertragung noch anmelden lassen.

3.8.3. Symbolische Gesetzgebung

Der Regelungssinn des § 8 Abs. 1 Satz 1 Nr. 3 TPG erschöpft sich in dem Versuch, unter Verzicht auf eine eigentliche Regelungswirkung der Norm gesundheitspolitische Programmsätze zu unterstreichen. Eine solcherart nur *symbolische Gesetzgebung* ist solange nicht wirklich problematisch, als durch sie keine konkreten Rechtsgüter gefährdet oder beeinträchtigt werden. Bei der geltenden Subsidiaritätsregel ist letzteres jedoch der Fall. Denn in der Praxis scheitern – jedenfalls bei der Niere – regelmäßig medizinisch ganz eindeutig vorzugswürdige präemptive Transplantationen an der gerade durch § 8 Abs. 1 Satz 1 Nr. 3 TPG und die Versuche seiner Begründung genährten Ansicht, das Subsidiaritätsprinzip stehe Transplantationen vor Beginn der Dialysebehandlung entgegen. Zugleich trifft die Behauptung der Kommission, eine Grundrechtsbeeinträchtigung der Patienten sei letztlich ausgeschlossen, weil § 8 Abs. 1 Satz 1 Nr. 3 TPG in der Praxis leerlaufe und sich ein betroffener Organempfänger einfach von der Warteliste streichen lassen könne, auf die gegenwärtige Praxis keineswegs durchgehend zu. Denn die Patienten werden in der Regel nicht nur nicht über diese Möglichkeit informiert, es wird vielmehr unter Führung der Bundesärztekammer *contra legem* behauptet, potentielle Empfänger eines lebend gespendeten Organs *müssten* sich auch dann auf die Warteliste setzen lassen und auf dieser verbleiben, wenn sie dies ablehnten.

3.8.4. Förderung der postmortalen Organspende?

Die Enquete-Kommission hebt daneben erneut auf eine angeblich „auf die Makroebene" bezogene Schutzkomponente des Subsidiaritätsprinzips[315] ab: Seine Bedeutung liege „nicht zuletzt in der Förderung der Bemühungen um die Verbesserung des Aufkommens postmortal gespendeter Organe. Bei einem gleichen Rang oder sogar Vorrang der Lebendspende wären solche Bemühungen noch schwieriger zu begründen."

Auch dieses Argument hält einer Überprüfung nicht stand. Tatsächlich besteht kein Zusammenhang zwischen diesen beiden Fragen. Es gibt keinen denkbaren *normativen* Grund dafür, dass derjenige, der die Lebendorganspende von ungerechtfertigten Restriktionen befreit sehen möchte, deshalb Anlass hätte, sich gegen Bemühungen um die Verbesserung des Aufkommens postmortal gespendeter Organe zu stellen. Zugleich sind die normativen – ethischen wie rechtlichen – Gründe, die zugunsten der Bemühungen um die Verbesserung des Aufkommens postmortal gespendeter Organe sprechen, vollständig unabhängig von den (verfehlten) Argumenten, die zugunsten der „Nachrangigkeit" der Lebendorganspende vorgebracht werden. Dasselbe gilt in empirischer Hinsicht. Es ist nicht ersichtlich, welche sozialpsychologischen Mechanismen irgendeinen Akteur des „Transplantationssystems" dazu bringen sollten, die Förderung des Organaufkommens aus

---

[315] Enquete-Kommission Ethik und Recht der modernen Medizin, Zwischenbericht Organlebendspende, BT-Drs. 15/5050 v. 17.3.2005, 49.

postmortaler Spende einzustellen, weil der nur symbolische, von der Praxis längst widerlegte Ausweis einer behaupteten „Nachrangigkeit" der Lebendspende entfiele.[316] Das Argument der Enquete-Kommission ist deshalb nicht mehr als eine freie Spekulation ohne jedes empirische Fundament. Soweit man sich überhaupt auf das problematische Feld solcher Gedankenspiele über sozialpsychologische Auswirkungen von Gesetzesnormen begeben möchte, liegt im übrigen eine andere Annahme weit näher. § 8 Abs. 1 Nr. 3 TPG bringt objektiv zum Ausdruck, dass für den potentiellen Empfänger einer Lebendorgantransplantation die Hoffnung *realistisch* sei, das „vorrangige" Angebot aus der Spende von hirntoten Spendern zu erhalten, während auch die Kommission sehr wohl reflektiert, dass hierfür wegen der mehrjährigen Wartezeit bei Anmeldung auf der Warteliste ohnehin „nur eine theoretische Chance" besteht und nach mehrjähriger Wartezeit ohnehin alle Vorteile einer Transplantation dahin sind. Die in § 8 Abs. 1 Nr. 3 TPG enthaltene kontrafaktische *Fiktion der rechtzeitigen Transplantation mit einem postmortalen Organ als „Normalfall"* ist nachdrücklich geeignet, dazu beizutragen, dass „das Bemühen um die Gewinnung von mehr postmortal gespendeten Organen vernachlässigt" wird. Darüber hinaus wird man fragen dürfen, welche Bedeutung es für die Wahrnehmung der Wertigkeit der postmortalen Organspende hat, dass man glaubt und symbolisch unterstreicht, die mehr als knappen Organe Verstorbener gerade solchen Empfängern aufdrängen zu müssen, die sie zu ihrer Therapie im konkreten Fall nicht benötigen, anstelle sie dem bedürftigen nächstplazierten Anwärter auf der Eurotransplant-Warteliste zukommen zu lassen.

3.8.5. Eine falsche Entgegensetzung

Im übrigen ist die Fixierung der Mehrheit der Enquete-Kommission auf die Alternativen „Nachrang" bzw. „gleicher Rang oder sogar Vorrang der Lebendspende"[317] nicht angebracht. Hierum geht es nicht. Die gegenwärtige Diskussion ist keineswegs durch die Forderung charakterisiert, die Lebendorganspende solle *anstelle* bzw. *auf Kosten* der Gewinnung postmortal entnommener Organe liberalisiert oder gefördert werden; im Gegenteil ist allen Beteiligten völlig klar, dass viele Lebendspenden unterbleiben könnten (und die Mehrzahl der Lebendorganspender gerne auf den Spendeakt verzichten würde), wenn postmortale Organe in ausreichender Zahl zur Verfügung stünden – was allerdings auf lange Sicht nicht zu erwarten steht. Es geht in der Tat darum, im Rahmen des rechtlich und ethisch Angemessenen „möglichst viele Organe von verstorbenen *und* lebenden Spendern

---

[316] Völlig unerfindlich schließlich ist, warum ein „Verzicht auf das Subsidiaritätsprinzip [...] auch die Wertigkeit der postmortalen Organspende für die Organe, bei denen keine Lebendspende in Frage kommt (Herz, Lunge, Pankreas), beeinträchtigen" soll, so aber die Enquete-Kommission (Zwischenbericht Organlebendspende, BT-Drs. 15/5050 v. 17.3.2005, 50, unter Verweis auf die Stellungnahme Eiglers zur öffentlichen Anhörung am 1.3.2004, Kom.-Drs. 15/130, 3).

[317] Enquete-Kommission Ethik und Recht der modernen Medizin, Zwischenbericht Organlebendspende, BT-Drs. 15/5050 v. 17.3.2005, 50, 75.

3.8. Kritik der Argumentation der Enquete-Kommission

zu Verfügung [zu] stellen"[318] bzw. – in den Worten der Weltgesundheitsversammlung – die Verwendung von Lebendorganspenden *in Ergänzung* zur Spende Verstorbener so weit wie möglich auszuweiten.[319] In diesem Sinn faßte auch der von der Deutschen Akademie für Transplantationsmedizin veranstaltete Internationale Kongreß über die Ethik der Organtransplantation in München, Dezember 2002, folgende Doppelresolution:

> Resolution 1: „In all societies, every effort should be made to maximize cadaver organ donation."
>
> Resolution 2: "Living donor kidney transplantation should be adopted as widely as possible."[320]

Ebenso will auch die vorliegende Untersuchung Wege aufzeigen, sowohl die postmortale als auch die Lebendspende von Organen von ungerechtfertigten legislativen Hemmnissen zu befreien.

3.8.6. Die kulturelle Dimension der Lebendorganspende

Die Behandlung der Problematik der Subsidiarität durch die Mehrheit der Enquete-Kommission blendet schließlich die eigenständige nichtmedizinische Bedeutung aus, die der Akt der Lebendorganspende für Spender und Empfänger in ihrer je individuellen Paarbeziehung haben kann.[321] Dasselbe gilt für die kulturelle Dimension der Lebendorganspende, die von der Nationalen Ethikkommission der Schweiz mit den Worten umschrieben wird:

> „Die Entwicklung der Transplantationsmedizin im Bereich der Lebendspende und die stetige Vermehrung der von Lebenden transplantierbaren Organe, Gewebe und Zellen stellen jedenfalls eine bedeutsame Erweiterung und Transformation der zwischenmenschlichen Solidarität dar. Eine historisch neue Art, moralische Verant-

---

[318] Frei, Stellungnahme zur öffentlichen Anhörung „Organlebendspende" der Enquete-Kommission Ethik und Recht der modernen Medizin am 1.3.2004, Kom.-Drs. 15/141, 1. In diesem Sinn auch Interdisziplinärer Arbeitskreis „Ethik und Recht in der Medizin" der Johannes Gutenberg Universität Mainz (Greif-Hilger/Paul/Rittner), Mainzer Thesen zur Organspende, März 2005, These 12.
[319] WHA 57.18, unter I.1.4.
[320] Abgedruckt in: Gutmann/Daar/Land/Sells (Eds.), Ethical, Legal and Social Issues in Organ Transplantation, 2004, 547 ff.
[321] Schneewind/Ney/Hammerschmidt/Oerter/Pabst/Schultz-Gambard, Veränderungserwartungen bei Lebendnierentransplantation: ein Vergleich zwischen verwandten und nicht-verwandten Spender-Empfänger-Paaren, Transplantationsmedizin 12 (2000), 164-173; Schneewind/Schmid, Bedingungen der Patientenautonomie bei Lebendnierenspende: Ergebnisse einer psychologischen Studie, in: Schroth/Schneewind/Gutmann/Fateh-Moghadam, Patientenautonomie am Beispiel der Lebendorganspende, 2005, i.E.

wortung zu empfinden und auszuüben entsteht, eine neue Chance zur Hilfe für Mitmenschen in Not: einem anderen Menschen durch die Spende eines Stücks des eigenen Körpers helfen. Die Entwicklung der Lebendspende ist deshalb auch eine Innovation mit kultureller Bedeutung. Sie ist deshalb nicht nur als eine Massnahme zur Behebung des Mangels an Spenderorganen oder zur Verkürzung der Wartelisten zu sehen."[322]

3.9. Zusammenfassung

Das Sondervotum der Abgeordneten *Kauch* und *Flach* sowie des Sachverständigen *Prof. Dr. Merkel* zum Zwischenbericht der Enquete-Kommission empfiehlt dem Gesetzgeber, § 8 Abs. 1 Nr. 3 TPG ersatzlos zu streichen.[323]

Zusammenfassend handelt es sich bei § 8 Abs. 1 Satz 1 Nr. 3 TPG mit Blick jedenfalls auf die Lebendspende von Nieren um eine weder ethisch noch verfassungsrechtlich[324] zu rechtfertigende und nur wegen ihrer gesetzestechnischen Verfehltheit *teilweise* unschädliche Vorschrift. *Sie sollte gestrichen oder auf einen vernünftigen Gehalt zurückgeführt werden.*

Diskutabel erscheint angesichts der erheblich größeren Risiken des Spenders eine Subsidiaritätsvorschrift für die Lebendspende von Leberteilen oder Lungensegmenten. Aus den oben genannten Gründen spricht auch hier jedoch Überwiegendes für einen Verzicht des Gesetzgebers auf eine diesbezügliche gesetzliche Regelung.

---

[322] Nationale Ethikkommission der Schweiz im Bereich Humanmedizin (NEK-CNE), Stellungnahme 6/2003 – Zur Regelung der Lebendspende im Transplantationsgesetz, 30. Vgl. ebd., 29: „Von Seiten des Staates besteht die Pflicht, akzeptable Rahmenbedingungen für die Ausübung der Solidarität betroffener Individuen einzuführen."

[323] So das Sondervotum von Michael Kauch, Ulrike Flach und Prof. Dr. Reinhard Merkel zum Zwischenbericht Organlebendspende der Enquete-Kommission Ethik und Recht der modernen Medizin, BT-Drs. 15/5050 v. 17.3.2005, 78 ff. (85 f.). Ebenso Interdisziplinärer Arbeitskreis „Ethik und Recht in der Medizin" der Johannes Gutenberg Universität Mainz (Greif-Hilger/Paul/Rittner), Mainzer Thesen zur Organspende, März 2005, These 8.

[324] Vgl. auch Höfling, Stellungnahme zur öffentlichen Anhörung „Organlebendspende" der Enquete-Kommission Ethik und Recht der modernen Medizin am 1.3.2004, Kom.-Drs. 15/143, 5.

4. Einrichtung eines zentralen Lebendspender-Registers auf gesetzlicher Grundlage

Ein im Transplantationsgesetz verankertes zentrales Lebendspender-Register nach bisherigem Schweizer Vorbild[325], das die regelmäßigen Nachuntersuchungen des Spenders überwacht sowie auftretende Komplikationen (unter Einschluß solcher psychosozialer Natur[326]) und mögliche Folgen und Spätfolgen einer Organlebendspende im Langzeitverlauf dokumentiert, erscheint aus mehreren Gründen notwendig. Da die Rechtfertigung der Lebendorganspende in erster Linie im *informed consent* potentieller Spender besteht, fordert schon deren berechtigtes Interesse an einer den Tatsachen entsprechenden medizinischen Aufklärung die Einrichtung eines solchen obligaten Melderegisters, in dem perioperative Komplikationen und Beeinträchtigungen erfaßt werden.[327] Ein solches Register würde zugleich ein wirkungsvolles Instrument dafür darstellen, eine regelmäßige Nachbetreuung des Organspenders sicherzustellen und könnte zugleich als Grundlage für die Qualitätssicherung der Transplantationsmedizin sowie als epidemiologische Datenbasis für das Versicherungswesen dienen.

Die Schweiz hat dies im Fall der Niere vorgemacht[328], aber auch z.B. in den USA wurde ein Programm zum Aufbau einer Datenbank initiiert, in deren Rah-

---

[325] Die bereits praktizierte Regelung (siehe Anm. 328) wurde nicht in das Schweizer TPG übernommen. Sie wird jedoch dadurch abgesichert, dass nach Art. 27 des Schweizer TPG v. 8.10.2004 das Vorhandensein eines geeigneten Qualitätssicherungssystems, das auch die Nachverfolgung des Gesundheitszustandes der Lebendspender sicherstellt, nunmehr Zulassungsvoraussetzung für Transplantationszentren ist.

[326] Kiss, Psychological Problems of Living Donors before and after Transplantation, in: Gutmann/Daar/Land/Sells (Eds.), Ethical, Legal And Social Issues In Organ Transplantation, 2004, 190 (194).

[327] British Transplantation Society, Towards standards for Organ and Tissue Transplantation in the United Kingdom, 1998, sub 2.2.2.; Eigler, Das Problem der Organspende vom Lebenden, Deutsche Medizinische Wochenschrift 1997, 1398-1401 (1401); Biller-Andorno, Stellungnahme zur öffentlichen Anhörung „Organlebendspende" der Enquete-Kommission Ethik und Recht der modernen Medizin am 1.3.2004, Kom.-Drs. 15/149, 1. Für die Leber-Lebendspende fordern dies auch Shapiro/Adams, Ethical Issues Surrounding Adult-to-Adult Living Donor Liver Transplantation, Liver Transplantation 6 (2000), S77-S80.

[328] Vgl. hierzu Schweizer Bundesrat, Botschaft zum Schweizer TPG, 2001, 29: Im April 1993 wurde in Basel das weltweit erste Register dieser Art gegründet. Das Register hat sich die Ziele gesetzt, alle Nieren-Lebendspenden in der Schweiz transparent zu erfas-

men die gesundheitliche Entwicklung der Spender verfolgt und dokumentiert wird.[329] Vorschläge für ein internationales Register (das ein deutsches indes nicht ersetzen, sondern nur ergänzen könnte) liegen vor[330] und werden wenigstens hinsichtlich der Datenerhebung im Fall der Leber auf europäischer Ebene mit dem ELTR (European Liver Transplant Registry) auf freiwilliger Basis umgesetzt.

Damit das Register die genannten Aufgaben erfüllen kann, muss die regelmäßige Datenerhebung verbindlich sein. Sie bedarf deshalb einer gesetzlichen Grundlage. Zwar hat die privat organisierte, gemeinnützige „Stiftung Lebendspende"[331] beginnend ab dem 1.1.2004 nach Schweizer Vorbild erstmalig für Deutsch-

---

sen; alle Komplikationen beim Spender und deren Frequenz prospektiv zu erfassen; spätere Komplikationen beim Spender (z.B. Bluthochdruck, Mikroalbuminurie) frühzeitig zu erkennen, damit rechtzeitig interveniert werden kann; potenzielle Spender mit objektiven Daten der Schweiz zu orientieren und die Kommerzialisierung der Lebendspende zu verhindern. Die Transplantationszentren der Schweiz melden dem Register seit 1993 alle Nieren- Lebendspenden freiwillig. Ende 2000 waren 401 Personen im Register erfaßt. Im Lebend-Nieren-Spender-Register werden neben Angaben zur spendenden Person (Name, Adresse, Hausarzt) ausgewählte medizinische Informationen systematisch erfasst (z.B. Blutdruck, Kreatinin). Die erste Untersuchung vor der Spende wird vom Transplantationszentrum selbst durchgeführt. Vom zweiten Jahr an sind es dann in der Regel die Hausärzte, die die Untersuchung vornehmen. Das Lebend-Nieren-Spender-Register verschickt zum jeweiligen Zeitpunkt die nötigen Unterlagen samt Untersuchungsmaterial an die Nierenspender. Diese gehen mit dem Material zum Hausarzt der Wahl. Die Spender werden im ersten, dritten, fünften, siebten und zehnten Jahr nach der Spende und danach alle zwei Jahre untersucht. Die Laboruntersuchungen werden für die ganze Schweiz zentralisiert in Basel kostenlos durchgeführt. Falls bei Spendern unbemerkt ein gesundheitliches Problem auftritt (z.B. steigender Blutdruck oder Albuminurie) benachrichtigt die Registerleitung die spendende Person sowie den Hausarzt und rät zu einer Behandlung. Vgl. hierzu Thiel, 5 Jahre Schweizer Nierenlebendspende-Register (SNLR 1993-1998), Abstracts der 7. Schweizerischen Transplantationstagung, 29./30.01.1999, 33-34; ders., Organlebendspende in der Schweiz – ein Erfahrungsbericht, in: Becchi/Bondolfi/Kostka/Seelmann (Hg.), Organallokation. Ethische und rechtliche Fragen, 2004, 11-27 (19 ff.), sowie Enquete-Kommission Ethik und Recht der modernen Medizin, Zwischenbericht Organlebendspende, BT-Drs. 15/5050 v. 17.3.2005, 54 f.

[329] Vgl. Living Donor Organ Network (LDON), South-Eastern Organ Procurement Foundation (SEOPF), Presseerklärung vom Oktober 2000: Major New Initiative Will Track and Protect Health Status of Living Kidney Donors, http://www.seopf/press.htm; sowie hierzu Shelton, Group Will Track, Insure Live Organ Donors, American Medical News, 9.10.2000. Zu Großbritannien siehe Morris/Cranston, Use of Renal Transplants from Living Donors. Surgical Techniques Should be Fully Evaluated, British Medical Journal 318 (1999), 1553.

[330] Amsterdam Forum on the Care of the Live Kidney Donor, Report of the Meeting April 1-4, 2004, Transplantation 78 (2004), 491 (492).

[331] Siehe Stiftung Lebendspende, Die medizinischen und ethischen Aspekte der Lebendspende, http://www.stiftunglebendspende.de, 2004. Die Stiftung Lebendspende wurde im April 2002 als gemeinnützige Stiftung von der Deutschen Transplantationsgesellschaft gegründet. Das Kuratorium der Stiftung repräsentieren Frau Prof. Dr. med.

land ein freiwilliges „Lebend-Spender-Gesundheitsregister" (LSGR) ins Leben gerufen; mangels obligatorischer Meldung der Befunde durch alle Zentren sind die Daten des LSGR jedoch nicht lückenlos. (Bei der „Stiftung Lebendspende" werden die erfassten, in Deutschland zur Transplantation zugelassenen Lebendspender – bislang über 600 – in jährlichem Turnus angeschrieben und zur Vorsorgeuntersuchung in das zuständige Transplantationszentrum gebeten. Der Lebendspender wird dort eingehend untersucht. Die Untersuchungsergebnisse werden an das Register weitergeleitet und dort wissenschaftlich ausgewertet.)

Die Pflichten der Transplantationszentren zum jährlichen Bericht bestimmter gesetzlich definierter Fakten (§ 11 Abs. 1 Satz 1 Nr. 5 TPG) genügen diesem Erfordernis ausweislich der vorliegenden Daten nicht. Auch die Vorschrift des § 8 Abs. 3 Satz 1 TPG (derzufolge eine Lebendorgantransplantation erst durchgeführt werden darf, nachdem sich der Organspender und der Organempfänger zur Teilnahme an einer ärztlich empfohlenen Nachbetreuung bereit erklärt haben) ist hier nicht ausreichend.

Auch die Bundesregierung hält nunmehr die Einrichtung eines nationalen wie eines internationalen Registers für Lebendorganspenden aus Gründen der Verbesserung der medizinischen Nachbetreuung und als eine Grundlage für Maßnahmen zur Qualitätssicherung für sinnvoll.[332]

Die Enquete-Kommission Ethik und Recht der modernen Medizin[333] empfiehlt dem Deutschen Bundestag, durch gesetzliche Regelung ein zentrales bundesweites Lebendspenderegister unter fachärztlicher Leitung einzurichten und ein solches einer öffentlich-rechtlichen Stelle der Gesundheitsverwaltung oder einer Klinik anzugliedern. Zugleich sollen die Transplantationszentren gesetzlich verpflichtet werden, die grundlegenden Daten von Organspendern an das Register zu melden. Dies ist nachdrücklich zu begrüßen. Die Enquete-Kommission schlägt des weiteren vor, die Bundesärztekammer zu ermächtigen und zu beauftragen, Richtlinien zum Stand der medizinischen Wissenschaft bei der Nachbetreuung erlassen. Letzteres erscheint ungeachtet der erheblichen Kritik, die die bisherige Richtlinientätigkeit der Bundesärztekammer auf dem Gebiet der Transplantationsmedizin auf sich gezogen hat[334], als sinnvoll, um dem Umstand abzuhelfen, dass ein standardi-

---

Sperschneider, Jena und Univ.-Prof. Dr. med. Uwe Heemann, München, Leiter der Abteilung für Nephrologie am Klinikum rechts der Isar und Präsident der Deutschen Akademie für Transplantationsmedizin. Die Stiftung Lebendspende setzt sich für ein fundiertes Nachsorgeprogramm und einen umfassenden Versicherungsschutz für den Spender ein.

[332] BT-Drs. 15/4542 v. 16.12.2004, 32. Ebenso „Positionen zur Lebendorganspende" der Ständigen Kommission Organtransplantation der Bundesärztekammer v. 8.9.2003, 4, vorgelegt als Anh. zur Stellungnahme Schreiber zur Anhörung der Enquete-Kommission v. 1.3.2004, Kom.-Drs. 15/139; vgl. Stellungnahme Schreiber, Kom.-Drs. 15/139a.

[333] Enquete-Kommission Ethik und Recht der modernen Medizin, Zwischenbericht Organlebendspende, BT-Drs. 15/5050 v. 17.3.2005, 54 ff., 76.

[334] Vgl. zusammenfassend Schroth/König/Gutmann/Oduncu–Gutmann, TPG, 2005, § 16 Rn. 1 ff.

siertes Nachsorgeprogramm für Lebendspender in Deutschland bislang nicht existiert.[335] Die Meldung der Patientendaten an das einzurichtende Register könnte *de lege ferenda* mit bereits etablierten Verfahrensschritten verbunden werden.

---

[335] Stiftung Lebendspende, Die medizinischen und ethischen Aspekte der Lebendspende, http://www.stiftunglebendspende.de, 2004.

5. Verbesserung des Versicherungsschutzes für Lebendorganspender

Die Lebendspende eines Organs kann für den Spender auch finanzielle bzw. wirtschaftliche Nachteile mit sich bringen. Wie eine im Auftrag der Europäischen Gemeinschaft erstellte Untersuchung gezeigt hat, verfügten zum Zeitpunkt der Konzeption des deutschen Transplantationsgesetzes die wenigsten europäischen Staaten über Mechanismen und Institutionen, um das Ziel einer angemessenen Kompensation des Lebendorganspenders für erlittene oder drohende Nachteile und seine adäquate Versicherung gegen mögliche Spätfolgen der Organentnahme umzusetzen.[336] Leider stellt auch die Bundesrepublik hier keine Ausnahme dar. Dies hat nicht zuletzt nochmals die differenzierte und im wesentlichen zutreffende Analyse der Enquete-Kommission[337] bestätigt, die ihren Hinweis, der deutsche *status quo* werde regelmäßig zu negativ, verkürzt oder sogar falsch dargestellt[338], eindrucksvoll selbst widerlegt.

5.1. Gesetzliche Unfallversicherung und ihre Alternativen

5.1.1. Bestandsaufnahme

Mit § 23 TPG[339] wollte der Bundestag klarstellen, dass Lebendorganspender unter dem Schutz der Gesetzlichen Unfallversicherung stehen (sog. „unechte", letztlich aus Steuermitteln finanzierte Unfallversicherung für Tätigkeiten, die im Allgemeininteresse liegen). Der Unfallversicherungsschutz sollte das gesamte gesund-

---

[336] Vgl. EUROTOLD Project Management Group, Questioning Attitudes to Living Donor Transplantation. European Multicentre Study: Transplantation of Organs from Living Donors – Ethical and Legal dimensions, 1996, 81 ff., 101 ff. sowie Garwood-Gowers, To pay or Not to Pay: That is the Question. The Economic Rights of the Living Donor, in: Price/Akveld (Eds.), Living Organ Donation in the Nineties: European Medico-Legal Perspectives (EUROTOLD), 1996, 179-189; Halvorsen, Living donors – Social Welfare and Other Material Support, in: Price/Akveld (Eds.), a.a.O., 169-177.

[337] Enquete-Kommission Ethik und Recht der modernen Medizin, Zwischenbericht Organlebendspende, BT-Drs. 15/5050 v. 17.3.2005, 59 ff.

[338] Ebd., 59.

[339] § 23 TPG nahm nur eine redaktionelle Änderung des § 2 Abs. 1 Nr. 13 SGB VII aF vor (vgl. BT-Drs. 13/8017, 45 u. bereits § 539 Abs. 1 Nr. 10 RVO.

heitliche Risiko des Organspenders im Zusammenhang mit der Organspende absichern.

Die Norm ist jedoch handwerklich verfehlt.[340] Sie ordnet nur an, dass die Betroffenen zu dem kraft Gesetzes versicherten Personenkreis (§ 2 SGB VII) gehören. Gemäß § 7 Abs. 1 i.V.m. § 8 Abs. 1 SGB VII ist für einen Versicherungsfall jedoch ein „Unfall" („Arbeitsunfall") *infolge* der den Versicherungsschutz begründenden Tätigkeit Voraussetzung; „Unfälle" sind legaldefiniert als „zeitlich begrenzte, *von außen* auf den Körper einwirkende Ereignisse, die zu einem Gesundheitsschaden oder zum Tod führen" (§ 8 I Satz 2 SGB VII). Nach dieser Systematik stellt die Organspende als die den Versicherungsschutz tatbestandlich begründende Tätigkeit selbst keinen Unfall im Sinne des Gesetzes dar. Es ist deshalb zwar – wie die Enquete-Kommission zu Recht betont[341] – nicht mit der *Intention* des Gesetzgebers vereinbar, im Hinblick auf Wortlaut und Systematik der „missglückten Regelung des § 2 Abs. 1 Nr. 13 SGB VII i.V. m. §§ 7, 8 Abs. 1 Satz 1 SGB VII" (Enquete-Kommission[342]) jedoch an sich zwingend begründbar, wenn u.a. das Sozialgericht Freiburg/Breisgau[343] die Voraussetzungen eines Unfalls nur gegeben sieht, wenn für die eingetretene Komplikation beim Spender eine *weitere äußere Ursache* ersichtlich sei. Dies sei z.B. bei einer Wundheilungsstörung (ohne erkennbares Eindringen von Krankheitserregern oder einer erneuten traumatischen Verletzung des Operationsgebietes) nicht der Fall. *Deshalb wird ein großer Teil der mittel- und langfristig auftretenden Komplikationen von dem Versicherungsschutz des SGB VII nicht erfasst*. Die zahlreichen Versuche[344], diese gesetzgeberi-

---

[340] Vgl. zum Folgenden Schroth/König/Gutmann/Oduncu–Gutmann, TPG, 2005, § 8 Rn. 44 ff. und § 23 Rn. 1 ff.

[341] Enquete-Kommission Ethik und Recht der modernen Medizin, Zwischenbericht Organlebendspende, BT-Drs. 15/5050 v. 17.3.2005, 62.

[342] Ebd.

[343] Urteil v. 26. 6. 2001, S 9 U 3437/99, rkr., ihm folgend Kasseler Kommentar zum Sozialversicherungsrecht–Ricke, Stand 8/2004, § 2 SGB VII Rn. 71 und Schroth/König/Gutmann/Oduncu–Gutmann, TPG, 2005, § 23 Rn. 1.

[344] Vgl. nunmehr auch Enquete-Kommission Ethik und Recht der modernen Medizin, Zwischenbericht Organlebendspende, BT-Drs. 15/5050 v. 17.3.2005, 62 und bereits Nickel/Schmidt-Preisigke/Sengler, TPG, 2001, § 23 Rn. 7 ff. mit Verweis auf LSG NS, Urt. v. 19. 6. 1997 (vor Inkrafttreten des TPG), L 6 U 486/96; Bundesregierung, BT-Drs. 15/4542, 33; Höfling–Lang, TPG, 2003, § 23 Rn. 8; Höfling–Esser, TPG, 2003, § 8 Rn. 103; Lauterbach–Schwerdtfeger, Gesetzliche Unfallversicherung, SGB VII, Stand 8/2004, § 2 SGB VII Rn. 462; Kater/Leube–Leube, Gesetzliche Unfallversicherung, 1997, § 2 SGB VII Rn. 320; Erdmann, Die Leistungen 1999, 321, 322; Wolber, Die Sozialgerichtsbarkeit 1998, 147, 148 mit Verweis auf die „Absicht des Gesetzgebers", und wohl auch Kraushaar, Versicherungsrechtliche Aspekte und Absicherung der Lebendorganspende, in: Kirste (Hg.), Nierenlebendspende. Rechtsfrage und Versicherungsregelungen für Mediziner, 2000, 74 (76), jeweils m.w.N.; vgl. dort jeweils auch zum Umfang der dann abgedeckten Risiken. Zwischen Kranken- und Unfallversicherungsträgern besteht insbesondere Streit über die Frage des Versicherungsschutzes für mittelbare Schäden und Spätschäden infolge einer Lebendspende, vgl.

sche Fehlleistung zu überspielen und einen „Unfall" im Sinne des Gesetzes zu unterstellen, sobald ein in ursächlichem Zusammenhang mit der Organentnahme bzw. ihrer Vorbereitung stehender gesundheitlicher Schaden eintritt, der über die Beeinträchtigung des Spenders bei komplikationslosem Verlauf hinausgeht und nicht lediglich eine Verwirklichung des durch die Entnahme erhöhten allgemeinen Krankheitsrisikos des Spenders darstellt, sind verständlich, anhand des Gesetzes jedoch kaum zu begründen.

Hinzu kommt, dass der Unfallversicherungsschutz zugunsten des Organspenders nach der geltenden Rechtspraxis auch unabhängig von dem vorstehend Erläuterten erheblich eingeschränkt ist. So erstreckt er sich nach überwiegender Ansicht zwar auch auf solche Komplikationen, die sich erst bei späteren Erkrankungen als spezielle Aus- und Nachwirkungen der Organspende ergeben; hierbei soll aber der zeitliche Abstand zur Organentnahme eine entscheidende Rolle spielen.[345] Ob mittelbare Folgeschäden, die z.B. aus der Einnierigkeit des Nierenlebendspenders resultieren, vom Gesetzlichen Unfallversicherungsschutz erfaßt werden, ist völlig unklar und strittig.[346] Zudem ergeben sich bei der Klärung der Frage, ob eine erst später auftretende Krankheit, z. B. Bluthochdruck nach Nierenspende, auf die Organspende zurückzuführen ist, in aller Regel erhebliche Beweisprobleme, die den grundsätzlich bestehenden Unfallversicherungsschutz für Spätschäden und mittelbare Schäden weitgehend entwerten.[347] Ob schließlich Aufwendungen infolge von Komplikationen beim Spender, für die nach dem eben Ausgeführten kein Unfallversicherungsschutz besteht, nach gegenwärtigem Recht noch zu der dem Organempfänger von seiner Krankenversicherung zu gewährenden Krankenbehandlung gehören[348], ist zweifelhaft; dass alle mit der Organentnahme verbundenen Aufwendungen von der für den Empfänger zuständigen Krankenkasse zu tragen sind, ist höchstrichterlich nur für den Fall entschieden, dass der Eingriff komplikationslos verläuft.[349]

Daneben sind Abgrenzungsstreitigkeiten zwischen den Trägern der Kranken- und der Unfallversicherung zu Lasten der Spender vorprogrammiert und – ungeachtet der sozialrechtlich in § 16 Abs. 2 SGB I, §§ 102 ff. SGB X geregelten Pflichten des zuerst angegangenen Versicherungsträgers – schon gegenwärtig in

---

Grupp, Ärztliche Aufklärung über versicherungsrechtliche Fragen der Lebendspende, in: Kirste (Hg.), Nieren-Lebendspende, Band 2, 2001, 10, 13.

[345] Enquete-Kommission Ethik und Recht der modernen Medizin, Zwischenbericht Organlebendspende, BT-Drs. 15/5050 v. 17.3.2005, 62 m.w.N.

[346] Vgl. Kraushaar, Versicherungsrechtliche Aspekte und Absicherung der Lebendorganspende, in: Kirste (Hg.), Nierenlebendspende. Rechtsfrage und Versicherungsregelungen für Mediziner, 2000, 74 (76) und nunmehr Enquete-Kommission Ethik und Recht der modernen Medizin, Zwischenbericht Organlebendspende, BT-Drs. 15/5050 v. 17.3.2005, 63.

[347] Ebd. 62 f.

[348] So Kasseler Kommentar zum Sozialversicherungsrecht–Ricke, Stand 8/2004, § 2 SGB VII Rn. 71; SG Freiburg/Brsg., a.a.O.

[349] Vgl. Bundessozialgericht, BSGE 35, 102 und BSGE 79, 53.

der Praxis die Regel.³⁵⁰ All dies geht zu Lasten des Lebendspenders. Schließlich bestehen Versicherungslücken für den Fall vorzeitiger Arbeits-, Berufs- oder Erwerbsunfähigkeit des Spenders; eine Sicherung des wirtschaftlichen Niveaus des Spenders und seiner Familie leistet die Grundversorgung nach dem SGB VII (Gesetzliche Unfallversicherung) nicht. Insoweit ist mit einer erheblichen Verschlechterung der wirtschaftlichen Situation des betroffenen Organspenders und seiner Familie im Fall vorzeitiger Arbeits-, Berufs- oder Erwerbsunfähigkeit zu rechnen.

Die dargestellte Rechtsunsicherheit bezüglich des Umfangs des gesetzlichen Unfallversicherungsschutzes trägt zudem zu einer Überforderung des Arztes bei, der gemäß § 8 Abs. 2 Satz 4 TPG seinen Patienten über die versicherungsrechtliche Absicherung der möglichen, auch mittelbaren Folgen und Spätfolgen der beabsichtigten Organentnahme für die Gesundheit des Spenders aufklären muss³⁵¹, dies gegenwärtig aber nicht in seriöser Weise tun kann.

Der von der Deutschen Akademie für Transplantationsmedizin veranstaltete Internationale Kongreß über die Ethik der Organtransplantation in München, Dezember 2002, faßte diesbezüglich folgende Resolution:

> *Resolution 7:* "Living organ donors and their families must be adequately insured against the risk of death and disability caused by the act of donation."

Dieser Standard wird in der Bundesrepublik nicht erreicht.

5.1.2. Reaktionsmöglichkeiten

Es bieten sich zwei Reaktionsmöglichkeiten an:

(1) „Kleine Lösung". Der Gesetzgeber muss zumindest die Voraussetzungen des Unfallversicherungsschutzes des Lebendspenders im SGB VII klären, diesen Schutz auf alle Komplikationen infolge einer Organspende (vorzugsweise unter Einschluss von mittelbaren und Spätschäden) ausdehnen, unabhängig davon, ob ein „Unfall" im Sinne der Definition der §§ 7, 8 SGB VII vorliegt, sowie Beweislasterleichterungen zugunsten des Organspenders vorsehen.

Die Enquete-Kommission hat dieses Desiderat umgesetzt und fordert in diesem Sinn:

- Der Gesetzgeber sollte die Voraussetzungen des Unfallversicherungsschutzes im SGB VII dahingehend klarstellen, dass sich der Versicherungsschutz auf alle Komplikationen infolge einer Organspende erstreckt, unabhängig davon, ob ein „Unfall" im Sinne der Definition der §§ 7, 8 SGB VII gegeben ist oder nicht.³⁵²

---

³⁵⁰ Vgl. hierzu nunmehr auch Enquete-Kommission Ethik und Recht der modernen Medizin, Zwischenbericht Organlebendspende, BT-Drs. 15/5050 v. 17.3.2005, 65 f.
³⁵¹ Schroth/König/Gutmann/Oduncu–Gutmann, TPG, 2005, § 8 Rn. 44 f.
³⁵² Enquete-Kommission Ethik und Recht der modernen Medizin, Zwischenbericht Organlebendspende, BT-Drs. 15/5050 v. 17.3.2005, 77.

5.1. Gesetzliche Unfallversicherung und ihre Alternativen 93

- Es sollte gesetzlich geregelt werden, dass die gesetzliche Unfallversicherung unabhängig vom zeitlichen Abstand zwischen Organspende und Auftreten der Symptome einer Erkrankung bzw. Tod des Organspenders leistungspflichtig ist, es sei denn, es ist offenkundig, dass die Erkrankung oder der Tod des Organspenders nicht in zumindest mittelbarem Zusammenhang mit der Organspende steht (Beweislastumkehr) oder nicht auf ein erhöhtes Lebensrisiko infolge der Organspende zurückzuführen ist (Ausdehnung der Leistungspflicht auf Schäden infolge der spendebedingten Erhöhung des Erkrankungs- und Lebensrisikos). In der Tat läßt sich eine spezielle Regelung zur Beweiserleichterung für den Organspender aus der besonderen Schwierigkeit der Feststellung der Kausalität bei Spätschäden rechtfertigen.

Mit dieser Regelung wären zumindest die Konstruktionsfehler des Transplantationsgesetzes von 1997 behoben.

(2) Vorzugswürdig ist jedoch die „*Große Lösung*" (nach Schweizer Vorbild), denn es erscheint nicht angemessen, den in erheblichem Maß fremd- und allgemeinnützig handelnden Lebendorganspendern nur das beschriebene, nach Grund und Umfang beschränkte Leistungsspektrum der Gesetzlichen Unfallversicherung zukommen zu lassen.

Nach Art. 14 Schweizer TPG v. 8.10.2004[353] muss, wer einer lebenden Person Organe, Gewebe oder Zellen entnimmt, sicherstellen, dass diese Person gegen mögliche schwer wiegende Folgen der Entnahme *angemessen* versichert ist. Die Kosten dieser Versicherung hat der Versicherer[354] zu übernehmen, der ohne die Lebendspende die Kosten für die Behandlung der Krankheit der Empfängerin oder

---

[353] „Art. 14 Schweizer TPG: Aufwandersatz und Versicherungsschutz.
Wer einer lebenden Person Organe, Gewebe oder Zellen entnimmt, muss sicherstellen, dass diese Person gegen mögliche schwer wiegende Folgen der Entnahme angemessen versichert ist.
Der Versicherer, der ohne Lebendspende die Kosten für die Behandlung der Krankheit der Empfängerin oder des Empfängers zu tragen hätte, übernimmt:
a. die Kosten dieser Versicherung; b. eine angemessene Entschädigung für den Erwerbsausfall oder anderen Aufwand, welcher der spendenden Person im Zusammenhang mit der Entnahme entsteht.
Die Kostentragungspflicht nach Absatz 2 gilt auch dann, wenn die Entnahme oder Transplantation nicht vorgenommen werden kann. Ist der Versicherer der Empfängerin oder des Empfängers nicht bekannt, so trägt der Bund die Kosten.
Der Bundesrat legt insbesondere fest: a. gegen welche schwer wiegenden Folgen die Spenderin oder der Spender zu versichern ist; b. Inhalt und Umfang der Versicherung nach Absatz 1; c. welcher andere Aufwand nach Absatz 2 Buchstabe b zu ersetzen ist."

[354] Es ist nach der Information der Enquete-Kommission (Zwischenbericht Organlebendspende, BT-Drs. 15/5050 v. 17.3.2005, 67) davon auszugehen, dass die Schweizer Transplantationszentren die Versicherungen jeweils zugunsten aller möglichen Lebendorganspenden, die in dem Zentrum anfallen, abschließen werden. Damit wird vermieden, dass die Möglichkeit der Versicherung in jedem Einzelfall geprüft werden muss.

des Empfängers zu tragen hätte. Inhalt und Umfang dieser Pflichtversicherung werden durch den Schweizer Bundesrat festgelegt, die praktische Umsetzung dieser Vorgabe wird der Transplantationsmedizin überlassen.

Bei Ansätzen, die auf Angebote der privaten Versicherungswirtschaft setzen, ergeben sich diesbezüglich Probleme daraus, dass – insbesondere bei anderen Organen als der Niere – die vorhandene Datenbasis nicht dazu ausreicht, dass die Versicherungsgesellschaften eine Risikoabschätzung und eine daraus folgende Kalkulation der Versicherungsprämien speziell für die Versicherung spendebedingter Risiken vornehmen können.[355] Diese Fragen sind auch in der Schweiz noch nicht abschließend geklärt; eine Lösung steht hier angesichts der klaren Gesetzeslage jedoch zu erwarten.

Die Enquete-Kommission[356] schlägt deshalb nur vor, die Bundesregierung sollte mit den Spitzenverbänden der privaten und gesetzlichen Krankenversicherungen und der privaten Versicherungswirtschaft in Verhandlungen treten mit dem Ziel, zu erreichen, dass entsprechend den Regelungen in der Schweiz die Transplantationszentren sicherstellen können, dass der Organspender einschließlich der Personen, denen er unterhaltspflichtig ist, angemessen gegen das Risiko der Invalidität infolge der Organspende versichert ist und dass die Kosten für diese Versicherung von der Krankenversicherung des Organempfängers getragen werden. Diese Versicherung solle die finanziellen Nachteile des Organspenders und der von ihm zu unterhaltenden Personen im Falle der Invalidität durch die Organspende ausgleichen, soweit diese nicht von der Gesetzlichen Unfallversicherung abgedeckt werden.

Über diesen sinnvollen Vorschlag hinausgehend ist jedoch zu fragen,

- warum eine gesetzliche Regelung unmittelbar nach dem bestehenden Schweizer Vorbild, die in jeder Hinsicht angemessen und vorzugswürdig erscheint, in Deutschland nicht umsetzbar sein soll,
- und warum eine solche Regelung nur als ergänzend zur Gesetzlichen Unfallversicherung konzipiert werden soll und nicht sogar, unter Ausweitung der zu versichernden Risiken, an die Stelle der Leistungen nach dem SGB VII treten sollte.

Jedenfalls ein Modell, nach dem die Krankenversicherungsträger – ohne dass Prämien zu berechnen wären – Leistungen im Versicherungsfall (auch hinsichtlich einer unmittelbar oder mittelbar durch die Organspende bedingten Erwerbs- bzw. Berufsunfähigkeit oder im Falle des Todes des Spenders) unmittelbar durch einen eigenen *Fonds* bzw. *Pool* oder verbunden mit einem Ausgleich untereinander zu tragen hätten, wäre auch mit den Grundsätzen des deutschen Sozialversicherungsrechts kompatibel. Fragen der Finanzierung sind angesichts der enormen Kostenersparnis, die die Lebendorganspende für die Krankenkassen bedeutet,

---

[355] Enquete-Kommission Ethik und Recht der modernen Medizin, Zwischenbericht Organlebendspende, BT-Drs. 15/5050 v. 17.3.2005, 66.
[356] Ebd., 77.

– Schätzungen reichten für die Lebendnierenspende bisher von rund 150.000 € bis 300.000 €.[357] Nach Angaben der Bundeszentrale für gesundheitliche Aufklärung entstehen bei Dialysebehandlung im Jahr durchschnittlich Kosten von ca. 33.000 € sowie zusätzliche Behandlungskosten von 7.600 €. Bei Nierentransplantation ist mit einmaligen Kosten von ca. 46.000 € sowie jährlichen Behandlungskosten von ca. 10.000 € zu rechnen.[358] Wenn man nur von einer durchschnittlichen dialysefreien Funktionsdauer des Transplantats von 10 Jahren ausgeht, erspart eine Lebendorganspende der Krankenkasse in diesem Zeitraum derzeit demnach bis zu 260.000 €. Bei 405 Lebendnierenspenden im Jahr 2003 summierte sich dies allein für dieses Jahr auf 105,3 Mio. €. Legt man die 2874 Lebendnierenspenden in Deutschland von 1994 bis 2003 zugrunde, betrug die rechnerische Ersparnis in diesem Jahrzehnt **eine knappe Dreiviertel Milliarde Euro** –

diesbezüglich nicht von Interesse. Zu prüfen bleibt allerdings, inwieweit private Krankenversicherungen in solche Vorschriften einbezogen werden können.

Ergänzend wäre schließlich auch diesbezüglich an eine Beweislastumkehr zugunsten des Organspenders hinsichtlich der Kausalität der Organspende für den Schaden bzw. die Erkrankung zu denken. Demzufolge wäre von der Kausalität der Spende für den Schaden/die Erkrankung auszugehen, wenn nicht der Versicherer nach dem Stand der medizinischen Wissenschaft nachweisen kann, dass die Organspende als Ursache des Schadens, der zur Erwerbsunfähigkeit oder zum Tod geführt hat, ausgeschlossen ist.

5.2. Kosten, Verdienstausfall und Anschlussheilbehandlung des Lebendspenders

5.2.1. Der Status quo

Im Rahmen dieser Änderung sind auch einheitliche Regelungen für die Erstattung von *Kosten und Verdienstausfall* des Lebendspenders (Nettoverdienstausfallkosten für die Zeit der nach dem Eingriff regelmäßig gegebenen Arbeitsunfähigkeit in ihrer tatsächlichen Höhe einschließlich der Beiträge zur Weiterführung bzw. Überbrückung der Sozialversicherung des Spenders) durch die Krankenkasse des Organempfängers zu treffen.

Zwar ist sozialrechtlich geklärt, dass – jedenfalls soweit der Eingriff komplikationslos verläuft – alle mit der Organentnahme und ihrer Vorbereitung verbundenen Aufwendungen für die ambulante oder stationäre Behandlung des Organspen-

---

[357] Gutmann/Schroth Organlebendspende in Europa, 2002, 89 m.w.N.
[358] Enquete-Kommission Ethik und Recht der modernen Medizin, Zwischenbericht Organlebendspende, BT-Drs. 15/5050 v. 17.3.2005, 14.

ders (einschließlich seiner gegebenenfalls lebenslangen physischen und psychischen Nachbetreuung und -kontrolle[359]) zu der dem gesetzlich versicherten Organempfänger zu gewährenden Krankenbehandlung gehören und von dessen Krankenversicherung zu tragen sind.[360] Hierzu gehören unter anderem[361] auch Barleistungen für die Fahrtkosten des Spenders und seinen Verdienstausfall (ein Entgeltfortzahlungsanspruch nach § 3 EFZG besteht für die Zeit des Eingriffs und der Rekonvaleszenz des Spenders nicht[362]; sein Vergütungsanspruch nach §§ 611, 614 BGB entfällt). In der Praxis haben die Spitzenverbände der Krankenkassen insbesondere seit 2001 jedoch – *zu Unrecht*[363] – die Auffassung vertreten, dass mit Zah-

---

[359] Gemäß § 8 Abs. 3 Satz 1, § 10 Abs. 2 Nr. 5 TPG und § 115 a Abs. 2 Satz 7 i.V.m. Satz 4 SGB V.

[360] BSGE 35, 102; 79, 53 und SG Freiburg/Brsg, Urt. v. 26.6.2001, S 9 U 3437/99; Lauterbach–Schwerdtfeger, Gesetzliche Unfallversicherung. SGB VII, Stand 8/2004, Rn. 469 zu § 2 SGB VII; Nickel/Schmidt-Preisigke/Sengler, TPG, 2001, § 23 Rn. 2; Höfling–Esser, TPG, 2003, § 8 Rn. 103. Probleme treten hier auf, wenn der Empfänger verstorben ist.
Zu Problemen bei privaten Versicherungsverhältnissen siehe Enquete-Kommission Ethik und Recht der modernen Medizin, Zwischenbericht Organlebendspende, BT-Drs. 15/5050 v. 17.3.2005, 60 ff.

[361] Die Enquete-Kommission (Zwischenbericht Organlebendspende, BT-Drs. 15/5050 v. 17.3.2005, 59 f.) fasst diesbezüglich prägnant zusammen: „Daher müssen die Kosten der Durchführung der Organspende und der Behandlung des Organspenders einschließlich der zur Vorbereitung der Organentnahme erforderlichen ambulanten und stationären Maßnahmen von der gesetzlichen Krankenversicherung (GKV) des Empfängers ebenso getragen werden (auch wenn es nicht zur Organspende kommt) wie die Kosten der Untersuchung des Organspenders zur Feststellung, ob die medizinischen und sonstigen im Transplantationsgesetz geregelten Voraussetzungen einer Lebendspende gegeben sind, der Organentnahme und der Nachbehandlung nach der Organentnahme – einschließlich einer mit dem Spender vereinbarten somatischen oder psychischen Nachsorge. Auch die Kosten für die ärztlich empfohlene Nachbetreuung sind von der Krankenkasse des Organempfängers zu tragen, im Prinzip lebenslang. Die Leistungspflicht der Krankenkasse bleibt bestehen, solange der Organspender lebt. Als nachwirkende Leistungspflicht greift sie auch über den Tod des Organempfängers hinaus. Auch eventuelle Zuzahlungen, die üblicherweise die Krankenversicherten betreffen, wie Praxisgebühren und Zuzahlungen zu den Kosten des Krankenhausaufenthaltes, sind nicht vom Organspender, sondern stets von der Krankenversicherung des Organempfängers zu zahlen."

[362] Lauterbach–Schwerdtfeger, Gesetzliche Unfallversicherung. SGB VII, Stand 8/2004, Rn. § 2 SGB VII Rn. 469; BAGE 52, 313 (zu § 1 Abs. 1 Satz 1 LohnFG).

[363] Zum 1.1.2001 wurden im Verfahren gemäß §§ 15 ff. Bundespflegesatzverordnung neue Entgelte für die Leber- und Nierentransplantation vereinbart. Nach § 1 Abs. 4 dieser Vereinbarung heißt es, dass „„mit den Entgelten für Lebendspenden [...] alle mit der Organbeschaffung beim Organspender verbundenen Kosten abgegolten" sind. Seither argumentieren die Spitzenverbände der Krankenkassen, dass mit Zahlung der Fallkostenpauschale an die Transplantationszentren bzw. dem Sonderentgelt nach § 15 Abs. 1 Nr. 1 i.V. m. § 11 Abs. 1 BPflV alle Leistungen, die im Zusammenhang mit der

5.2. Kosten, Verdienstausfall und Anschlussheilbehandlung des Lebendspenders

lung der Fallpauschale bzw. des Sonderentgelts nach § 15 Abs. 1 Nr. 1 i.V.m. § 11 Abs. 1 BPflV an die Transplantationszentren auch die stationäre Aufnahme und die Behandlung des Spenders, seine Nachsorge sowie die Pflicht zum Ausgleich von Verdienstausfall und Fahrtkosten abgegolten sei. Den Spendern wurden diese Leistungen so regelmäßig verweigert; sie wurden an die Krankenhausträger verwiesen. Damit wurde die Rechtsprechung des Bundessozialgerichts in der Praxis weitgehend ausgehebelt. Davon, dass „inzwischen [...] geklärt [sei], dass die Verdienstausfallkosten unabhängig von der Fallkostenpauschale von der Krankenversicherung des Organempfängers zu erstatten sind"[364], kann in der Praxis bislang

---

Transplantation entstehen, also die Vorbereitung auf die Organspende, die stationäre Aufnahme und die Behandlung des Spenders sowie die Nachsorge, erfasst seien. Damit soll aus Sicht der Kostenträger auch die Pflicht zum Ausgleich von Verdienstausfall und Fahrtkosten erfüllt sein.

Diese Position ist aus folgenden Gründen nicht akzeptabel: Fahrtkosten und Verdienstausfall des Lebendorganspenders können aus rechtlichen Gründen mit den vereinbarten Fallpauschalen gar nicht abgedeckt sein. Nach § 1 der Bundespflegesatzverordnung, die die gesetzliche Grundage der genannten Entgeltvereinbarung darstellt, werden nach dieser Verordnung ausschließlich „die vollstationären und teilstationären Leistungen der Krankenhäuser" vergütet. Gemäß § 2 der Bundespflegesatzverordnung sind „Krankenhausleistungen nach § 1 Abs. 1 [...] insbesondere ärztliche Behandlung, Krankenpflege, Versorgung mit Arznei-, Heil- und Hilfsmitteln, die für die Versorgung im Krankenhaus notwendig sind, sowie Unterkunft und Verpflegung; sie umfassen allgemeine Krankenhausleistungen und Wahlleistungen. [...]". Gemäß § 15 der Verordnung vereinbaren die Spitzenverbände der Krankenkassen und der Verband der privaten Krankenversicherung gemeinsam mit der Deutschen Krankenhausgesellschaft (Vertragsparteien auf Bundesebene) [...] mit Wirkung für die Vertragsparteien nach § 17 die bundesweit geltenden Entgeltkataloge für Fallpauschalen und Sonderentgelte nach § 17 Abs. 2a des Krankenhausfinanzierungsgesetzes; diese Vorschrift normiert ebenfalls, dass Fallpauschalen und Sonderentgelte „für die Vergütung von allgemeinen Krankenhausleistungen" einzuführen sind. Schließlich legt auch § 17 der Verordnung fest, dass „die Vertragsparteien in der Pflegesatzvereinbarung das Budget und Art, Höhe und Laufzeit der tagesgleichen Pflegesätze" regeln; der Begriff der „Pflegesätze" wiederum ist in § 2 Nr. 4 des Krankenhausfinanzierungsgesetzes definiert als „die Entgelte der Benutzer oder ihrer Kostenträger für stationäre und teilstationäre Leistungen des Krankenhauses", auf diesen Begriff bezieht sich wiederum die in § 16 des Gesetzes enthaltene Ermächtigung für den Erlaß der Bundespflegesatzverordnung.

Aus all dem ergibt sich: Die Erstattung von Fahrtkosten und Verdienstausfall des Lebendorganspenders ist weder eine „vollstationäre oder teilstationäre Leistung der Krankenhäuser" noch eine sonstige „allgemeinen Krankenhausleistung". Die zwischen den Spitzenverbänden der Krankenkassen und der Deutschen Krankenhausgesellschaft getroffene Entgeltvereinbarung kann sich deshalb von Gesetzes wegen auf diese Kosten nicht erstrecken. Die Vertragsparteien wären rechtlich gar nicht befugt gewesen, hierüber eine wirksame Entgeltvereinbarung im Sinne der Bundespflegesatzverordnung zu treffen.

[364] Enquete-Kommission Ethik und Recht der modernen Medizin, Zwischenbericht Organlebendspende, BT-Drs. 15/5050 v. 17.3.2005, 61 mit Anm. 497.

keine Rede sein. Dieses Verhalten der Krankenkassen ist nicht nur rechtswidrig, sondern angesichts der enormen Kostenersparnis, die die Lebendspende einer Niere für die Krankenkasse bedeutet (siehe 5.1.2.) auch irrational. Hinzu kommt, dass in der Regel nicht, wie durch das Bundessozialgericht entschieden, grundsätzlich der gesamte Verdienstausfall, sondern nur ein durch die Beitragsbemessungsgrenze gedeckelter prozentualer Anteil bzw. ein Krankengeld erstattet werden. Nicht abgedeckt sind zudem die vom Organspender für diese Zeit zur Weiterführung bzw. Überbrückung seiner eigenen Sozialversicherungen zu zahlenden Versicherungsbeiträge und Arbeitgeberzuschüsse zu privaten Kranken-, Berufsunfähigkeits- und Rentenversicherungen. Zusätzliche Probleme treten bei Selbständigen auf.[365] Darüber hinaus haben sich die Gesetzlichen Krankenkassen auf die nicht sachgerechte Ansicht versteift, dass auch die Leistungen im Rahmen der gegebenenfalls lebenslangen Nachbetreuung des Lebendorganspenders mit der Fallpauschale abgegolten seien.[366] Die Selbstregulierungsmechanismen der Leistungsträger haben sich hier also insgesamt als überfordert erwiesen.

5.2.2. Notwendigkeit gesetzlicher Klarstellungen

Gefordert ist deshalb zumindest eine gesetzliche Klarstellung der Rechtslage. Insoweit sollte nach einem Vorschlag *Höflings*[367] vorrangig § 27 SGB V um eine Bestimmung ergänzt werden, die die bestehenden Unklarheiten beseitigt und regelt, dass der Organspender einen *eigenen* Anspruch auf Krankenbehandlung sowie auf einen (entsprechend dem Ausgeführten zu definierenden) angemessenen Ersatz seiner sonstigen Aufwendungen hat und dass diese Ansprüche ebenso wie Ansprüche nach dem SGB VII gegenüber der Krankenkasse des Organempfängers

---

[365] Vgl. Kraushaar, Versicherungsrechtliche Aspekte und Absicherung der Lebendorganspende, in: Kirste (Hg.), Nierenlebendspende. Rechtsfrage und Versicherungsregelungen für Mediziner, 2000, 74 (76).

[366] Vgl. Enquete-Kommission Ethik und Recht der modernen Medizin, Zwischenbericht Organlebendspende, BT-Drs. 15/5050 v. 17.3.2005, 61 mit Anm. 497.

[367] Höfling (Stellungnahme zur öffentlichen Anhörung „Organlebendspende" der Enquete-Kommission Ethik und Recht der modernen Medizin am 1.3.2004, Kom.-Drs. 15/143, 8) schlägt vor, § 27 SGB V um eine Bestimmung zu ergänzen (§ 27 Abs. 1 Satz 5 – 9 SGB V neu):
„Zur Krankenbehandlung gehören auch Transplantationen nach Maßgabe des Transplantationsgesetzes. Der Organspender hat Anspruch auf Krankenbehandlung sowie angemessenen Ersatz seiner sonstigen Aufwendungen. Die Ansprüche sind gegenüber der Krankenkasse des Organempfängers geltend zu machen; § 52 findet, soweit es um die Organentnahme geht, keine Anwendung. Hat der Organspender Ansprüche nach dem Siebten Buch, sind diese ebenfalls gegenüber der Krankenkasse des Organempfängers geltend zu machen. Die Spitzenverbände der Krankenkassen und die Verbände der Unfallversicherungsträger beschließen im Interesse einer einheitlichen Rechtsanwendung gemeinsam und einheitlich Richtlinien zur näheren Abgrenzung der Leistungen, die für den Organempfänger nach diesem und nach dem Siebten Buch erbracht werden."

geltend zu machen sind. Dasselbe gilt für die Kosten der *Nachsorge* und der *Nachuntersuchungen* des Lebendspenders. Ergänzend gefordert ist eine Regelung für den seltenen Fall, dass der Organempfänger weder gesetzlich noch privat krankenversichert ist.[368]

Der von der Deutschen Akademie für Transplantationsmedizin veranstaltete Internationale Kongreß über die Ethik der Organtransplantation in München, Dezember 2002, faßte diesbezüglich folgende Resolution:

> *Resolution 6:* "There should be no financial disincentives to living donors. All donors should be legally entitled to re-imbursement of those expenses incurred solely by the act of donation."

5.2.3. Vorschläge der Enquete-Kommission

Die Enquete-Kommission[369] empfiehlt deshalb in diesem Sinn zu Recht, künftig gesetzlich zu regeln, dass die gesetzliche Krankenversicherung des Organempfängers verpflichtet ist, alle finanziellen Nachteile des Organspenders im Zusammenhang mit der Organspende zu erstatten, einschließlich der Nettoverdienstausfallkosten in der tatsächlichen Höhe (wobei eine angemessene Deckelung für besonders hohe Einkommen möglich sein soll) sowie der vom Organspender für diese Zeit zur Weiterführung bzw. Überbrückung seiner eigenen Sozialversicherungen zu zahlenden Versicherungsbeiträge. Gleiches soll für Arbeitgeberzuschüsse zu privaten Kranken-, Berufsunfähigkeits- und Rentenversicherungen in angemessener Höhe gelten.

Zu unterstützen sind zugleich die weiteren Vorschläge der Enquete-Kommission,

- dass durch gesetzliche Regelung oder durch organisatorische Maßnahmen unter Einbeziehung der privaten Krankenversicherungen sicherzustellen ist, dass dem Organspender durch Abgrenzungsstreitigkeiten der Versicherungen untereinander keine Nachteile entstehen, und dass die zuerst vom Organspender in Anspruch genommene Versicherung rasch und unbürokratisch in Vorleistung geht und diese dann den Ausgleich mit dem letztlich zuständigen Kostenträger intern herbeiführt;[370] sowie

---

[368] Vgl. hierzu Enquete-Kommission Ethik und Recht der modernen Medizin, Zwischenbericht Organlebendspende, BT-Drs. 15/5050 v. 17.3.2005, 61; Höfling–Esser, TPG, 2003, § 8 Rn. 102; kritisch Höfling, Stellungnahme zur öffentlichen Anhörung „Organlebendspende" der Enquete-Kommission Ethik und Recht der modernen Medizin am 1.3.2004, Kom.-Drs. 15/143, 8; zu sozialhilferechtlichen Ansprüchen Sauer NDV 2000, 97.

[369] Enquete-Kommission Ethik und Recht der modernen Medizin, Zwischenbericht Organlebendspende, BT-Drs. 15/5050 v. 17.3.2005, 76 f.

[370] Ebd., 77. Sinnvoll wäre es in der Tat, die (private oder gesetzliche) Krankenkasse des Organspenders hier immer vorleisten und dann bei der Krankenversicherung des Organempfängers oder bei der Unfallversicherung bezüglich der Heilbehandlungskosten Rückgriff nehmen zu lassen, soweit diese leistungspflichtig sind. Deshalb sollte in

- dass durch eine gesetzliche Regelung oder durch organisatorische Maßnahmen sichergestellt wird, dass jeder potenzielle Organspender fachkundig und frühzeitig über seine Ansprüche auf Aufwendungsersatz und alle möglichen Versicherungsleistungen im Zusammenhang mit der Organspende beraten wird, auch unter Inanspruchnahme nichtärztlicher fachkompetenter Personen und über die in § 8 Abs. 2 Satz 2 TPG geregelte Aufklärung hinaus.[371]

5.2.4. Anschlussheilbehandlung

Ergänzend sollte klargestellt werden, dass Organlebendspender einen (zuzahlungsfreien) Anspruch auf Anschlussheilbehandlung haben. In der Praxis bestehen hier erhebliche Probleme; regelmäßig werden Spendern Rehabilitationsmaßnahmen in direktem Anschluss an ihren stationären Krankenhausaufenthalt verweigert.

---

der Tat eine gesetzliche Regelung geprüft werden, die auch den beteiligten privaten Leistungsträgern konkret auf Organspenden bezogen eine Vorleistungspflicht auferlegt, vgl. Enquete-Kommission Ethik und Recht der modernen Medizin, Zwischenbericht Organlebendspende, BT-Drs. 15/5050 v. 17.3.2005, 66.

[371] Enquete-Kommission Ethik und Recht der modernen Medizin, Zwischenbericht Organlebendspende, BT-Drs. 15/5050 v. 17.3.2005, 77.

6. Das Organhandelsverbot

6.1. Notwendigkeit des Organhandelsverbots

An der Notwendigkeit eines Organhandelsverbots kann kein Zweifel bestehen. Das Bestehen von organisiertem Organhandel und kommerziellem Organtourismus insbesondere, aber nicht ausschließlich, in Entwicklungs- und Schwellenländern ist nicht zu leugnen. Genannt werden heute vor allem Indien und Irak, Moldawien, die Türkei, Brasilien, Peru, Südafrika und Pakistan, die Volksrepublik China, daneben die Philippinen und Ägypten. Hierbei stammen die Käufer der Organe keineswegs nur aus den westlichen Industriestaaten, sondern ebenso aus dem arabischen, südostasiatischen oder südamerikanischen Raum sowie aus Israel. Aus dem europäischen Ausland wurden vereinzelte Fälle kommerzialisierter Lebendorgantransplantationen auch aus Großbritannien, Frankreich und Estland berichtet. Eine Untersuchung des Europarats fokussierte sich insbesondere auf Moldawien.[372] Berichten zufolge haben sich zumindest einige Dutzend deutsche Staatsangehörige Nieren aus Drittweltstaaten im Ausland übertragen lassen.[373] In der deutschen Rechtsprechung ist ein einschlägiger Fall dokumentiert.[374]

Umfassende empirische Untersuchungen und verläßliche Zahlen oder auch nur Schätzungen fehlen naturgemäß. Versucht man, sich aus den (methodisch nicht immer befriedigenden) Einzeldarstellungen und -berichten[375] sowie aus Erfah-

---

[372] Council of Europe (2003b) – Parliamentary Assembly, Trafficking in organs in Europe, Report Social, Health and Family Affairs Committee, Rapporteur: Mrs R.-G. Vermot-Mangold, Doc. 9822 v. 3.6.2003, http://assembly.coe.int/Documents/WorkingDocs/doc03/EDOC9822.htm.

[373] Nickel/Schmidt-Preisigke–Sengler, TPG, 2001, § 17 Rn. 1.

[374] Bundessozialgericht, Neue Juristische Wochenschrift 1997, 3114.

[375] Vgl. z.B. Daar, Money and Organ Procurement: Narratives from the Real World, in: Gutmann/Daar/Land/Sells (Eds.), Ethical, Legal And Social Issues in Organ Transplantation, 2004, 298-317; Scheper-Hughes, Keeping an Eye on the Global Traffic in Human Organs, Lancet 2003 (361), 1645-48; Friedlaender, The Right to Sell or Buy a Kidney: Are We Failing Our Patients? Lancet 2002 (359), 971-73; Madhav Goyal et al., Economic and Health Consequences of Selling a Kidney in India, Journal of the American Medical Association 288 (2002), 1589-1592; Finkel, This Little Kidney Went to Market, The New York Times Magazine, May 27, 2001; Rothman, The International Organ Traffic, The New York Review of Books 45 (26.3.1998), 14-17;

rungsberichten, wie sie etwa im Rahmen des von der Deutschen Akademie für Transplantationsmedizin veranstalteten Internationalen Kongresses über *Ethical, Legal and Social Issues in Organ Transplantation* im Dezember 2002 in München ausgetauscht wurden, ein Gesamtbild zu machen, so wird man davon ausgehen müssen, dass der internationale Organhandel im vergangenen Jahrzehnt deutlich zugenommen hat.[376]

In *Deutschland* sind bisher allerdings nur in beschränktem Maß Erscheinungen bedenklicher Kommerzialisierung aufgetreten. So hat es singuläre Aktivitäten (potenzieller) Organhändler gegeben, die jedoch offensichtlich im Vorfeld geblieben sind.[377] Soweit ersichtlich, kam es bislang nur zu zwei Verurteilungen.[378] Verstöße der deutschen Transplantationszentren gegen das zunächst im Transplantationsko-

---

Frishberg/Feinstein/Drukker, Living Unrelated (Commercial) Renal Transplantation in Children, Journal of the American Society of Nephrology 9 (1998), 1100-1103; Luman, Unrelated Living Donor Transplants in Estonia, Nephrology Dialysis Transplantation 13 (1998), 1636; Rothman/Rose/Awaya et al., The Bellagio Task Force Report on Transplantation, Bodily Integrity, and the International Traffic in Organs, Transplantation Proceedings 29 (1997), 2739-2745; Daul/Metz-Kurschel/Philipp, Kommerzielle Nierentransplantation in der „Dritten Welt", Deutsche Medizinische Wochenschrift 121 (1996), 1341-1344; Kreis, Worldwide organ Trafficking: Fact or Fiction?, in: Englert (Ed.), Organ and Tissue Transplantation in the European Union: Management of Difficulties and Health Risks Linked to Donors, 1995, 67-73; Daar/Sells, The Problems of Paid Organ Donation in India. Report on behalf of the Ethics Committee of the Transplantation Society to the President and Council of the Transplantation Society, 13th International Congress, Transplantation Society. San Francisco, 1990; Dorozynski, European Kidney Markets, British Medical Journal 299 (1989), 1182. Vgl. nunmehr auch Enquete-Kommission Ethik und Recht der modernen Medizin, Zwischenbericht Organlebendspende, BT-Drs. 15/5050 v. 17.3.2005, 68 f.

[376] Daar, Money and Organ Procurement: Narratives from the Real World, in: Gutmann/ Daar/Land/Sells (Eds.), Ethical, Legal And Social Issues In Organ Transplantation, 2004, 298; Daar, Paid Organ Donation and Organ Commerce – Continuing the Ethical Discourse, Transplantation Proceedings 35 (2003), 1207-09.

[377] Vgl. Schroth/König/Gutmann/Oduncu–König, TPG, 2005, vor §§ 17, 18 Rn. 3; König, Strafbarer Organhandel, 1999, 28 ff.; BT-Drs. 14/4655 15 f.; s. auch LG München I, Neue Juristische Wochenschrift 2002, 2655.

[378] AG Homburg vom 22.11.2001 [Versteigerung einer Niere im Internet]; sowie LG München I, Neue Juristische Wochenschrift 2002, 2655; vgl. Schroth/König/Gutmann/Oduncu–König, TPG, 2005, §§ 17, 18 Rn. 1. Die Bundesregierung (BT-Drs. 15/4542, 36) hat ausgeführt, dass dem Bundeskriminalamt seit 2001 insgesamt 56 Sachverhalte übermittelt worden seien, die im weiteren Sinne dem Deliktsfeld „Illegaler Organhandel" zuzurechnen sein könnten. In 22 der gemeldeten 56 Sachverhalte habe ein zumindest wahrscheinlicher Bezug zu Deutschland bestanden; allerdings hätten die jeweils eingeleiteten Ermittlungen in nur einem Fall zu einer Verurteilung nach dem Transplantationsgesetz geführt (s. LG München I, Neue Juristische Wochenschrift 2002, 2655 f.).

6.1. Notwendigkeit des Organhandelsverbots

dex[379] getroffene und dann im TPG normierte Verbot, keine gehandelten Organe zu übertragen, sind nicht bekannt geworden.[380] Der Einschätzung der Enquete-Kommission, derzufolge Organhandel „in Deutschland so gut wie keine Rolle spielt"[381], ist bislang zuzustimmen. Die Bundesregierung hält „durch die Transparenz der [im TPG geregelten] Abläufe jede Form des Organhandels" unter Beteiligung deutscher Transplantationszentren für „ausgeschlossen".[382]

Blickt man auf die internationale Ebene, so verbieten es nahezu alle Staaten, die im Bereich der Transplantation gesetzgeberisch tätig geworden sind, den menschlichen Körper und seine Bestandteile zum Gegenstand kommerzieller Transaktionen zu machen. Insoweit besteht ein breiter internationaler Konsens im Grundsätzlichen[383], der in den letzten Jahren unter anderem durch eine Empfehlung der Parlamentarischen Versammlung des Europarats aus dem Jahr 2003[384] und eine Resolution der Weltgesundheitsversammlung vom 22.05.2004[385] bekräftigt wurde. Art. 3 Buchst. a der UN-Konvention gegen grenzüberschreitende organisierte Kriminalität[386] bezeichnet die Anwerbung, Beförderung, Verbringung, Beherbergung oder den Empfang von Personen zum Zweck der Entnahme von Körperorganen als Form des Menschenhandels. Nach Art. II-2 II Buchst. c der Grundrechtscharta des Entwurfs eines Verfassungsvertrages für die EU[387] ist im Rahmen der Medizin und der Biologie das Verbot zu beachten, „den menschlichen Körper und Teile davon als solche zur Erzielung von Gewinnen zu nutzen"; die Norm übernimmt insoweit das Gewinnverbot des Art. 21 der (von Deutschland nicht ratifizierten) Biomedizin-Konvention des Europarats sowie der Art. 21, 22 des Zu-

---

[379] Arbeitsgemeinschaft der Transplantationszentren in der Bundesrepublik Deutschland e.V., Transplantationskodex, 1987; Deutsche Transplantationsgesellschaft (DTG), Transplantationskodex (überarbeitet), Medizinrecht 1995, 154 f.

[380] Schroth/König/Gutmann/Oduncu–König, TPG, 2005, vor §§ 17, 18 Rn. 3. Vgl. jedoch Keller, Organhandel: Operation Niere. Der illegale Handel mit Organen floriert, DIE ZEIT (Dossier) 50/2002.

[381] Enquete-Kommission Ethik und Recht der modernen Medizin, Zwischenbericht Organlebendspende, BT-Drs. 15/5050 v. 17.3.2005, 45.

[382] Antwort der Bundesregierung, BT-Drs. 15/4542 v. 16.12.2004, 4.

[383] Vgl. World Health Organisation, Human Organ Transplantation. A Report on Developments under the Auspices of World Health Organisation (1987-1991), 1992, sowie Fluss, Trade in Human Organs: National and International Responses, in: Englert (Ed.), Organ and tissue transplantation in the European Union: Management of Difficulties and Health Risks Linked to Donors, 1995, 74-85 sowie ders./Dickens/King, Legislation in Organ and Tissue Donation, in: Chapman/Deierhoi/Wight (Eds.), Organ and Tissue Donation for Transplantation, 1997, 95-119. Zur gesetzgeberischen Lage in Europa vgl. Gutmann/Schroth, Organlebendspende in Europa. Rechtliche Regelungsmodelle, ethische Diskussion und praktische Dynamik, 2002, 83 ff.

[384] Council of Europe – Parliamentary Assembly, Trafficking in organs in Europe, Recommendation 1611, 2003, http://assembly.coe.int/Documents/AdoptedText/ta03/EREC1611.htm.

[385] WHA 57.18.

[386] Convention against Transnational Organized Crime (A/RES/55/25).

[387] ABl. C 169/4.

satzprotokolls zur Organtransplantation.[388] Auch die Europäische Union verschließt sich damit der wachsenden Zahl von Stimmen aus den Wirtschaftswissenschaften, der medizinischen Ethik und der Rechtsphilosophie, die teils abwägend, teils nachdrücklich für verschiedene Formen einer staatlich kontrollierten oder sogar staatlich organisierten Kommerzialisierung der Organspende (insbesondere für Ankaufsmodelle) eintreten[389] und hierbei die Frage aufwerfen, „ob das Verbot

---

[388] Council of Europe, Convention for the Protection of Human Rights and Dignity of the Human Being with Regard to the Application of Biology and Medicine: Convention on Human Rights and Biomedicine (ETS No. 164), 1997; Additional Protocol to the Convention on Human Rights and Biomedicine Concerning Transplantation of Organs and Tissues of Human Origin, ETS No. 186, 2002. Vgl. hierzu, zu Recht teilweise kritisch, König, Biomedizinkonvention des Europarats, EU und deutsches Organhandelsverbot, Medizinrecht 23 (2005), 22-25.

[389] Brams, Transplantable Human Organs: Should their Sale be Authorized by State Statutes?, American Journal of Law & Medicine 3 (1977), 183-196; Mavrodes, The Morality of Selling Human Organs, in: Basson (Ed.), Ethics, Humanism and Medicine, 1980, 133-139; Annas, Life, Liberty and the Pursuit of Organ Sales, Hastings Center Report 14 (1984), 22-23; Peters, Marketing Organs for Transplantation, Dialysis & Transplantation 13 (1984), 40-42; Schwindt/Vining, Proposal for a Future Delivery Market for Transplant Organs, Journal of Health Politics, Policy and Law 11 (1986), 485-500; Engelhardt, The Foundations of Bioethics, 1986; Andrews, My Body, My Property, Hastings Center Report 16 (1986), 28-38; dies., The Body as Property: Some Philosophical Reflections – A Response to J.F. Childress, Transplantation Proceedings 24 (1992), 2149-2151; Hansmann, The Economics and Ethics of Markets for Human Organs, in: Blumstein/Sloan (Eds.), Organ Transplantation Policy: Issues and Prospects, 1989, 57-85; Harvey, Paying Organ Donors, Journal of Medical Ethics 16 (1990), 117-119; Brecher, The Kidney Trade: or, the Customer is Always Wrong, Journal of Medical Ethics 16 (1990), 120-123; ders., Buying Human Kidneys: Autonomy, Commodity and Power, in: Journal of Medical Ethics 17 (1991), 99; Buttle, Prostitutes, Workers and Kidneys: Brecher on the Kidney Trade, in: Journal of Medical Ethics 17 (1991), 97-98; Radcliffe Richards, From Him That Hath Not, in: Land/Dossetor (Eds.), Organ Replacement Therapy: Ethics, Justice and Commerce, Berlin/Heidelberg/New York 1991, 191-196; Blumstein, The Case for Commerce in Organ Transplantation, Transplantation Proceedings 24 (1992), 190-2197; Gutmann, Rechtsphilosophische Aspekte der Lebendspende von Organen, Zeitschrift für Transplantationsmedizin 5 (1993), 75-87; Erin/Harris, A Monopsonistic Market, or: How to Buy and Sell Human Organs, Tissues and Cells Ethically, in: Robinson (Ed.), Life and Death Under High Technology Medicine, Manchester 1994, 134-153; Hylton, The Law and Ethics of Organ Sales, in: Byrd/Hruschka/Joerden (Hg.), Jahrbuch für Recht und Ethik/Annual Review of Law and Ethics, 1996, 115-136; Marshall/Thomasma/Daar, Marketing Human Organs: The Autonomy Paradox, Theoretical Medicine and Bioethics 17 (1996), 1-18; Daar/Gutmann/Land, Reimbursement, 'Rewarded Gifting', Financial Incentives and Commercialism in Living Organ Donation, in: Collins/Dubernard/Persijn/Land (Eds.), Procurement and Preservation of Vascularized Organs, 1997, 301-316; Schroeder, Gegen die Spendenlösung bei der Organgabe, Zeitschrift für Rechtspolitik 1997, 265-267; Manga, A Commercial Market for Organs? Why Not, Bioethics 1 (1987), 321-338; Radcliffe Richards/Daar/Guttmann/Hoffenberg/Kennedy/

der Kommerzialisierung schwerer wiegt als die Chance, über mehr Aufkommen von Organen Menschen zu retten."[390]

6.2. Probleme der §§ 17, 18 TPG

Der grundsätzliche internationale Konsens ändert jedoch nichts an den Schwierigkeiten, die die Aufgabe einer dogmatisch fundierten und zielgenauen gesetzgeberischen Umsetzung des Organhandelsverbots aufwirft. In der Rechtswissenschaft besteht weitestgehend Einigkeit darüber, dass der deutsche Gesetzgeber diese Aufgabe 1997 nicht zufriedenstellend gelöst hat.[391]

> Lock/Sells/Tilney (for the International Forum for Transplant Ethics), The Case for Allowing Kidney Sales, The Lancet 351 (1998), 1950-1952; Hebborn, Möglichkeiten und Grenzen eines Marktes für Organtransplantate. Eine konstitutionenökonomische Analyse der Eigenkommerzialisierung menschlicher Organe zum Zwecke der Transplantation, 1998; Adams/Barnett/Kaserman, Markets for Organs: The Question of Supply, Contemporary Economic Policy 17 (1999), 147-155; Hou, Expanding the Kidney Donor Pool: Ethical and Medical Considerations, Kidney International 58 (2000), 1820-1836; Friedlaender, The Right to Sell or Buy A Kidney: Are We Failing Our Patients?, The Lancet 359 (2002), 971 ff.; Harris/Erin, An Ethically Defensible Market in Organs, BMJ 325 (2002), 114 f.; Schutzeichel, Geschenk oder Ware? Das begehrte Gut Organ. Nierentransplantation in einem hochregulierten Markt, 2002; Breyer, Möglichkeiten und Grenzen des Marktes im Gesundheitswesen. Das Transplantationsgesetz aus ökonomischer Sicht, Zeitschrift für medizinische Ethik 48 (2002), 111-123; Quante, Auf zum Body-Shop? Einwände gegen die Legalisierung des Handels mit menschlichen Organen, in: Bondolfi/Kostka/Seelmann (Hg.), Hirntod und Organspende, 2003, 181 ff.; Oberender/Rudolf, Das belohnte Geschenk – Monetäre Anreize auf dem Markt für Organtransplantate, Universität Bayreuth, Rechts- und Wirtschaftswissenschaftliche Fakultät, Wirtschaftswissenschaftliche Diskussionspapiere. Diskussionspapier 12–03, Oktober 2003, http://www.uni-bayreuth.de/departments/rw/lehrstuehle/vwl3/Workingpapers/WP_12-03.pdf; Aumann/Gaertner, Die Organknappheit. Ein Plädoyer für eine Marktlösung, Ethik in der Medizin 16 (2004), 105-111; Illies/Weber, Organhandel versus Reziprozitätsmodell. Eine ethische Abwägung, Deutsche Medizinische Wochenschrift 129 (2004), 271–275; Mona, Rechtsphilosophische Analyse der Entgeltlichkeit und Vertragsfreiheit in der Nierenspende – Verwerflicher Organhandel oder legitimes Anreizinstrument?, Archiv für Rechts- und Sozialphilosophie 90 (2004), 355-390; Matas, The Case for Living Kidney Sales: Rationale, Objections, and Concerns, American Journal of Transplantation 4 (2004), 2007-2017.

[390] Van den Daele, Wortbeitrag auf der Sitzung des Nationalen Ethikrats am 23.9.2004, Wortprotokoll, 5; http://www.ethikrat.org/sitzungen/pdf/Wortprotokoll_2004-09-23.pdf.
[391] Vgl. zum Folgenden, jeweils m.w.N., Schroth, Die strafrechtlichen Tatbestände des Transplantationsgesetzes, Juristenzeitung 1997, 1149 ff.; ders., Die strafrechtlichen Grenzen der Lebendspende, in: Roxin/Schroth (Hg.), Medizinstrafrecht, 2000, 245 ff.; ders., Das strafbewehrte Organhandelsverbot des Transplantationsgesetzes. Ein internationales Problem und seine deutsche Lösung, in: Gutmann/Schneewind/Schroth/

Das Transplantationsgesetz verbietet es in § 17, mit Organen, die einer Heilbehandlung zu dienen bestimmt sind, Handel zu treiben. § 18 TPG bedroht denjenigen mit Strafe, der dieses Verbot verletzt. 18 Abs. 1 i.V.m § 17 Abs. 2 TPG verbietet strafbewehrt, ein Organ zu entnehmen oder zu übertragen, das Gegenstand verbotenen Handeltreibens war. Wer sich als Organempfänger ein Organ, das Gegenstand verbotenen Handeltreibens war, übertragen lässt, wird schließlich von § 18 Abs. 1 i.V.m. § 17 Abs. 2 TPG mit Strafe bedroht. Bei Organspendern und Organempfängern, die gegen das Organhandelsverbot verstoßen, kann nach § 18 Abs. 4 TPG das Gericht von einer Strafe absehen oder diese nach seinem Ermessen mildern. Der gewerbsmäßige Organhandel wird in § 18 Abs. 2 TPG als Verbrechen eingestuft. Dieser Tatbestand sieht eine Mindeststrafe von einem Jahr vor.

Die gegenwärtige Fassung der Norm, die sich mit dem Begriff des „Handeltreibens" terminologisch ausdrücklich an das Betäubungsmittelstrafrecht (§ 29 BtMG) anlehnt, stellt weit mehr unter Strafe als sinnvollerweise beabsichtigt sein kann. Unter Handeltreiben in diesem Sinn sind alle eigennützigen Bemühungen zu verstehen, die darauf gerichtet sind, den Umsatz von Organen zu ermöglichen oder zu fördern, selbst wenn es sich nur um eine einmalige oder vermittelnde Tätigkeit handelt.[392] Diese zwischen dem Betäubungsmittelstrafrecht und dem Recht der Organtransplantation gezogene Parallele ist schon deshalb problematisch,

> „weil beide Rechtsgebiete wenig Berührungspunkte miteinander haben; könnten doch die ‚Handelsobjekte' kaum unterschiedlicher sein: Dort ein Gift, das Leben zerstört, und hier ein Organ, das Leben retten kann" (Bundessozialgericht).[393]

Die Folge dieser Begrifflichkeit

> „ist ein konturenloser Tatbestand, der bei gegenüber dem BtMG grundverschiedener Ausgangssituation (Heil bringendes statt gefährliches Handelsobjekt, keine „Organkartelle", keine unerschöpfliche „Organressource Mensch", kein vergleichbar großes Potenzial an Abnehmern, notwendige Zwischenschaltung des Arztes) ein breites Spektrum nicht strafwürdiger und sogar ethisch hoch stehender Verhaltensweisen umfasst."[394]

Schmidt/Elsässer/Land/Hillebrand, Grundlagen einer gerechten Organverteilung – Medizin, Psychologie, Recht, Ethik und Soziologie, 2002, 115; König, Strafbarer Organhandel, 1999; ders., Das strafbewehrte Verbot des Organhandels, in: Roxin/Schroth (Hg.), Medizinstrafrecht, 265 ff.; ders., Kommentierung zu §§ 17, 18 TPG in Schroth/König/Gutmann/Oduncu, TPG, 2005.

[392] Schroth/König/Gutmann/Oduncu–König, TPG, 2005, §§ 17,18 Rn. 3.
[393] Bundessozialgericht, Juristenzeitung 2004, 464.
[394] Schroth/König/Gutmann/Oduncu–König, TPG, 2005, §§ 17, 18 Rn. 3, 16.

6.2. Probleme der §§ 17, 18 TPG

Die vielgestaltigen Schutzgüter, die der Gesetzgeber mit dem Verbot des Organhandels verfolgt (Schutz der Menschenwürde, des Pietätsgefühl der Allgemeinheit sowie der Integrität des Transplantationswesens; Verhinderung der Ausnutzung bzw. der wucherischen Ausbeutung der gesundheitlichen Notlage lebensgefährlich Erkrankter sowie der Selbstkorrumpierung von Menschen dadurch, dass diese dem Anreiz ausgesetzt werden, ihre Gesundheit um wirtschaftlicher Vorteile willen zu beeinträchtigen) können die *gegenwärtige Fassung* der §§ 17, 18 TPG nicht rechtfertigen.[395]

Das Landessozialgericht Nordrhein-Westfalen hat hierzu treffend ausgeführt:

„Der Gesetzgeber war von einem widersprüchlichen Willen getragen [...] Die Begründung des Entwurfs zu § 16 TPG belegt, dass der Gesetzgeber mit §§ 17, 18 TPG die kommerzialisierte Organvergabe ausschließen wollte [...]. Gleichwohl hat er an den Begriff des Handeltreibens im Sinn des BtMG angeknüpft, das eine völlig andere Zielrichtung verfolgt. [...] Die Gesetzesbegründung legt damit die Annahme nahe, dass der Gesetzgeber zwar auf den betäubungsmittelrechtlichen Begriff des ‚Handeltreibens' zurückgreifen wollte, dessen weiten Inhalt jedoch nicht vollends erkannt hat [...]."[396]

Der gegenwärtige, zu weit geratene Tatbestand des Organhandelsverbots in §§ 17, 18 TPG erfaßt seinem Wortlaut nach grundsätzlich auch eine Absicherung von Gesundheitsrisiken des Organspenders, eine Absicherung seines Ehepartners bzw. seiner Kinder im Rahmen privater Risikovorsorge, angemessene (symbolische) Dankbarkeitsgesten und selbst die Überkreuz-Spende.

Diese Phänomene können überwiegend auch über eine teleologische Reduktion des § 17 TPG aus der Strafbarkeit herausgenommen werden, da sie nicht den Schutzzweck beeinträchtigen, der dem Organhandelsverbot zugrunde liegt. So ist weitgehend anerkannt, dass der Abschluß einer Erwerbs- bzw. Berufsunfähigkeits- oder Risikolebensversicherung für den Fall eines spendebedingten Schadens des Organspenders durch den Organempfänger bei der gebotenen teleologischen Reduktion des § 18 TPG auch dann nicht gegen das Organhandelsverbot verstößt, wenn dies für den Spender eine materielle Besserstellung bedeutet.[397] Auch ist mittlerweile, im Anschluß an Vorarbeiten aus der Rechtswissenschaft, sozialgerichtlich geklärt, dass die Überkreuzlebendnierenspende zwischen zwei Ehepaaren als solche grundsätzlich keinen verbotenen Organhandel im Sinne des § 17 TPG darstellt, da bei sachgerechter Interpretation der Anwendungsbereich des Begriffs „Handeltreiben" in § 17 TPG entsprechend eingeschränkt werden müsse.[398]

---

[395] Schroth/König/Gutmann/Oduncu–König, TPG, 2005, vor §§ 17, 18 TPG Rn. 17 ff.; Schroth, Das strafbewehrte Organhandelsverbot des Transplantationsgesetzes, a.a.O., 119 ff.; ders., Das Organhandelsverbot, Festschrift für Claus Roxin, 2001, 869 ff.

[396] 10. Senat, Urteil vom 31. Januar 2001, Az: L 10 VS 28/00, NWVBl 2001, 401 = Medizinrecht 2003, 469.

[397] Schroth/König/Gutmann/Oduncu–König, TPG, 2005, §§ 17,18 Rn. 27.

[398] Bundessozialgericht, Juristenzeitung 2004, 464; vgl. bereits LSG NW, NWVBl 2001, 401 = Medizinrecht 2003, 469, im Anschluß insbesondere an Schroth.

Der Gesetzgeber sollte jedoch Klarheit schaffen. Die diskutierten und vorgenommenen „teleologischen Reduktionen" sind zwar sachlich geboten, jedoch ein „methodisch wie systematisch zweifelhafter Ausweg."[399] Dass die im Tatbestand des § 18 TPG umschriebene Unrechtshandlung mit dem Begriff des „Handeltreibens" bei weitem zu extensiv bestimmt ist, ist ein *strukturelles* Problem, das der rechtsstaatliche Gesetzgeber selbst beseitigen muss und schon im Hinblick auf das verfassungsrechtliche Prinzip der Gewaltenteilung nicht der fallweisen Korrektur durch die Rechtsanwender überlassen darf. Im übrigen haben die bisherigen Versuche einer solchen teleologischen Reduktion zahlreiche Zweifelsfragen offengelassen. Die bestehende, erhebliche Rechtsunsicherheit ist schließlich auch im Hinblick darauf nicht hinzunehmen, dass die heikle Aufgabe einer rechtlich angemessenen, teleologisch reduzierenden Auslegung des Organhandelsparagraphen anhand des je konkreten Falles in der Praxis gleichsam „in erster Instanz" von den Lebendspendekommissionen gemäß § 8 Abs. 3 TPG zu erfüllen ist und diese hiermit grundsätzlich überfordert werden.[400]

Insoweit besteht Bedarf nach einer Novellierung, die den Inhalt des Verbotes des Organhandels erstens so bestimmt, dass seine Adressaten anhand der gesetzlichen Regelung voraussehen können, ob ein Verhalten strafbar ist oder nicht, und die zweitens Konstellationen, die, wie die Überkreuz-Spende, private Risikovorsorge oder angemessene Dankbarkeitsgesten etc., keinesfalls strafwürdig sind, eindeutig von dem Anwendungsbereich der Norm ausnimmt.

Der Empfehlung der Enquete-Kommission an den Deutschen Bundestag, „den Handel mit Organen weiterhin zu verbieten und unter Strafe zu stellen"[401], ist deshalb zwar im Ergebnis zuzustimmen; die eigentliche Problemdimension ist mit dieser oberflächlichen Aussage jedoch noch gar nicht erreicht.

6.3. Neukonzeption des Organhandelsverbots und weiterer strafrechtlicher Vorschriften

Insgesamt scheint es hinsichtlich der Probleme, die bisher in der Begründung und Anwendung der §§ 17, 18 TPG aufgetreten sind, sinnvoll, das Organhandelsverbot neu und zielgenauer zu konzipieren und gegebenenfalls durch weitere strafrechtliche Vorschriften zu ergänzen. Die folgenden, knapp begründeten Ausführungen (6.3.1. bis 6.3.3.) geben im wesentlichen eine Stellungnahme wieder, die *Prof. Dr. U. Schroth* (Universität München) am 29.10.2004 der Deutschen Akademie für

---

[399] So das Sondervotum von Prof. Dr. Reinhard Merkel zum Zwischenbericht Organlebendspende der Enquete-Kommission Ethik und Recht der modernen Medizin, BT-Drs. 15/5050 v. 17.3.2005, 86 ff. (87).
[400] Schroth/König/Gutmann/Oduncu–Gutmann, TPG, 2005, § 8 Rn. 58.
[401] Enquete-Kommission Ethik und Recht der modernen Medizin, Zwischenbericht Organlebendspende, BT-Drs. 15/5050 v. 17.3.2005, 77.

Transplantationsmedizin vorgelegt hat. Diese Stellungnahme geht ihrerseits auf Arbeiten von *Schroth* und *König*[402] zum Thema zurück.

6.3.1. Vorschlag einer Neufassung des Organhandelsverbotes (nach Schroth/König)

> § X Abs. 1. Wer mit Organen aus verwerflichem Eigennutz Handel treibt, wird mit ... bestraft.
>
> § X Abs. 2. Ein Handeltreiben im Sinne dieses Gesetzes ist jedes Fördern des tatsächlichen Umsatzes von Organen, um sich oder einen Dritten zu bereichern.
>
> § X Abs. 3. Das Verbot des Organhandels gilt nicht für die Annahme eines Entgelts für die Heilbehandlung, sowie für die Annahme eines Entgelts für die zur Erreichung des Ziels der Heilbehandlung erforderlichen Maßnahmen (Entnahme des Organs, Konservierung, etc.). Es gilt außerdem nicht für den Ersatz des Verdienstausfalls und der Fahrtkosten des Spenders. Es gilt schließlich nicht für die angemessene Absicherung einer eventuellen Berufsunfähigkeit des Spenders sowie eine Absicherung derjenigen seiner Angehörigen, denen er unterhaltsverpflichtet ist, durch eine Risikoversicherung.
>
> § X Abs. 4. Der Versuch ist strafbar.
>
> § X Abs. 5. Wegen Organhandels werden der Organspender und der Organempfänger nicht bestraft.

Dieser Entwurf einer Neufassung des Organhandelsverbotes definiert den Begriff des Handeltreibens erfolgsorientiert. Dies stellt klar, dass nur der tatsächliche Umsatz von Organen als vollendeter Handel angesehen werden kann. Der Begriff der Förderung des tatsächlichen Umsatzes lässt sich hinreichend konkretisieren, da er (im Rahmen der Beihilfebestrafung) im Strafrechtssystem eingeführt ist.

---

[402] Vgl. zum Folgenden inbesondere Schroth, Die strafrechtlichen Tatbestände des Transplantationsgesetzes, Juristenzeitung 1997, 1149 ff.; ders., Die strafrechtlichen Grenzen der Lebendspende, in: Roxin/Schroth (Hg.), Medizinstrafrecht, 2000, 245ff.; ders., Das Organhandelsverbot. Legitimität und Inhalt einer paternalistischen Strafrechtsnorm, in: Schünemann/Achenbach et al. (Hg.), Festschrift für Claus Roxin zum 70. Geburtstag, Berlin/New York 2001, 869-890; ders., Das strafbewehrte Organhandelsverbot des Transplantationsgesetzes. Ein internationales Problem und seine deutsche Lösung, in: Gutmann/Schneewind/Schroth/Schmidt/Elsässer/Land/Hillebrand, Grundlagen einer gerechten Organverteilung – Medizin, Psychologie, Recht, Ethik und Soziologie, 2002, 115-141; König, Strafbarer Organhandel, 1999; ders., Das strafbewehrte Verbot des Organhandels, in: Roxin/Schroth (Hg.), Medizinstrafrecht, ²2001, 291-313; ders., Biomedizinkonvention des Europarats, EU und deutsches Organhandelsverbot, Medizinrecht 23 (2005), 22-25, jeweils auch mit Nachweisen zur weiteren Literatur.

Dadurch, dass nur Handlungen, die von Bereicherungsabsicht getragen sind, als Organhandel anzusehen sind, ist klargestellt, dass die Überkreuz-Lebendspende, auch im Poolmodell, nicht unter den Organhandelstatbestand fällt.

Obwohl Eigennutz ein eingeführter Begriff des Strafrechts ist, ist dem vorgeschlagenen Tatbestandsmerkmal des verwerflichen Eigennutzes eine gewisse Unbestimmtheit zueigen. Da aber nicht jede finanzielle Erwägung, die bei der Organspende eine Rolle spielt, strafbares Unrecht begründen kann, ist eine derartige Einschränkung unverzichtbar. So würde die Erklärung einer Krankenkasse, dem Organspender eine billige Entschädigung für die erlittenen Schmerzen zu leisten, kein kriminelles Unrecht begründen. Eine gewisse, begrenzte Kommerzialisierung des Körpers ist durch die im Zivilrecht verankerten Schmerzensgeldvorschriften bereits vom Gesetzgeber anerkannt und gewollt. So ist es geltendes Recht, dass ein in seiner Körperintegrität Verletzter eine billige Entschädigung in Geld fordern kann (§ 253 Abs. 2 BGB). Vor diesem Hintergrund erscheint es völlig unangemessen, derartige Entschädigungen für körperliche Beeinträchtigungen, die von Krankenkassen angeboten werden, als *strafwürdiges* Unrecht zu pönalisieren. Ausdrücklich sei betont, dass diese Klarstellung keine Empfehlung an den Gesetzgeber beinhaltet, die Krankenkassen zu derlei zu verpflichten oder eine solche Leistung anderweitig zu fördern. Die Frage, ob eine Schmerzensgeldleistung durch die Krankenkassen als sinnvoll erscheint oder nicht, bedarf einer weiteren diskursiven Klärung. Strafwürdiges Unrecht wird dadurch aber jedenfalls nicht begründet.

Des weiteren sollte das Entgelt für die Heilbehandlung als solche aus dem Bereich verbotenen Handelns herausgenommen werden. Nach dem derzeitigen Organhandelsverbot ist im Zusammenhang mit der Organentnahme und -übertragung einschließlich deren Vorbereitung mit Blick auf die berufsmäßig beteiligten Personen nur die Gewährung eines angemessenen Entgelts nicht strafbar (§ 17 Abs. 1 Satz 2 Nr. 1 TPG). Dies bedeutet umgekehrt, dass unangemessene Geldforderungen des Arztes als Verstoß gegen das Organhandelsverbot angesehen werden. Dies ist falsch, da hiermit das Organhandelsverbot zu einem Delikt der Preistreiberei mutiert, das es im deutschen Strafrecht auch sonst nicht gibt.

Mit dem genannten Vorschlag zur Neufassung des Organhandelsverbots wäre zudem klargestellt, dass auch der Ersatz von Verdienstausfall und/oder Reisekosten keinen Organhandel darstellt. Auch wäre es, ohne sich strafbar zu machen, möglich, den Spender gegen eine eventuelle Berufsunfähigkeit zu versichern sowie die Angehörigen des Spenders, denen er unterhaltsverpflichtet ist, abzusichern.

Da das Organhandelsverbot erfolgsorientiert formuliert ist, erscheint eine Versuchsstrafbarkeit sinnvoll. Es fallen darunter aber nur Handlungen, die als Anfang der Ausführung der Tat angesehen werden können. Es besteht kein Grund, reine Vorbereitungshandlungen strafbar sein zu lassen.

Wie auch immer man das Rechtsgut des Organhandelsverbots[403] versteht, so sind Organspender und Organempfänger doch immer Geschützte dieses Verbotes. Insoweit muss jedoch das – in der strafrechtlichen Teilnahmedogmatik anerkannte – Prinzip gelten, dass derjenige, der über eine Vorschrift geschützt ist, nicht nach

---

[403] Vgl. Schroth, Das Organhandelsverbot, Festschrift für Claus Roxin, 2001, 869 ff.

dieser bestraft werden kann. Beispielsweise kann, wer zu seiner eigenen Tötung anstiftet, nicht als Anstifter bestraft werden, wenn die Tötung auf Verlangen misslingt. Organspender und Organempfänger erscheinen deshalb nur dann strafwürdig, wenn sie den jeweilig anderen bewuchern bzw. nötigen (hierzu sogleich). Erst dann verwirklichen sie eigenständiges, kriminelles Unrecht. Mit dieser Änderung würde zugleich der wegen seiner Kollision mit dem Bestimmtheitsgrundsatz (Art. 103 Abs. 2 GG; § 1 StGB) problematische § 18 Abs. 4 TPG (Möglichkeit des Absehens von Strafe) entfallen.

Auch das Sondervotum des Sachverständigen *Prof. Dr. Merkel* zum Zwischenbericht der Enquete-Kommission empfiehlt dem Gesetzgeber in diesem Sinn, den Begriff des „Handeltreibens" in den §§ 17 und 18 TPG zu präzisieren, von seiner verfehlten Orientierung am „Handeltreiben" mit Betäubungsmitteln (§ 29 BtMG) zu befreien und in rechtsstaatlich gebotener Weise erheblich enger zu bestimmen als es das gegenwärtige Recht tut. Das Votum empfiehlt darüber hinaus ebenfalls, Organspender und Organempfänger von der Strafdrohung wegen Handeltreibens auszunehmen, also die Reichweite des § 18 Abs. 1 TPG entsprechend zu beschränken, sowie § 18 Abs. 4 TPG (Möglichkeit des Absehens von Strafe) ersatzlos zu streichen.[404] Das Sondervotum hat sich diesbezüglich dem oben ausgeführten Formulierungsvorschlag *Schroths* angeschlossen.

6.3.2. Vorschlag zur Einführung des Tatbestandes des Organwuchers

Soweit mit dem Verbot des Organhandels die Ausnutzung von gesundheitlichen Notlagen von potentiellen Empfängern und wirtschaftlichen Notlagen von potentiellen Spendern unterbunden werden soll, erfordert dieser Zweck eine andere Strafrechtsnorm als die §§ 17, 18 TPG, nämlich eine, die die Struktur des Wucherverbots hat. Der Unrechtsgehalt des Wuchers liegt darin, dass ein Täter eine individuelle Schwächesituation eines Opfers materiell dazu ausnutzt, für seine eigene Leistung eine deren Wert übersteigende Gegenleistung zu gewinnen.[405] Die Einführung eines Wuchertatbestandes ist auch deshalb sinnvoll, weil die Autonomie von Organempfänger und Organspender durch die Ausnutzung von Notlagen beeinträchtigt werden kann. Der Tatbestand könnte folgendermaßen lauten (nach *König*[406] und *Schroth*):

§ Z [Organwucher], Abs. 1. Wer einen anderen unter Ausbeutung einer Zwangslage dazu bestimmt, sich ein *nicht regenerierungsfähi-*

---

[404] Sondervotum von Prof. Dr. Reinhard Merkel zum Zwischenbericht Organlebendspende der Enquete-Kommission Ethik und Recht der modernen Medizin, BT-Drs. 15/5050 v. 17.3.2005, 86 ff.
[405] Schroth, Das strafbewehrte Organhandelsverbot des Transplantationsgesetzes, a.a.O., 121.
[406] König, Strafbarer Organhandel, 1999, 249.

ges[407] Organ entnehmen zu lassen, oder wer einer solchen Handlung durch seine Vermittlung Vorschub leistet, wird mit ... bestraft.

Abs. 2. Ebenso wird bestraft, wer einen anderen unter Ausbeutung einer gesundheitlichen Notlage dazu bestimmt, ihm oder einem Dritten für ein Organ einen Vorteil zu versprechen oder zu gewähren, oder wer einer solchen Handlung durch seine Vermittlung Vorschub leistet.

Abs. 3. Der Versuch ist strafbar.

Abs. 4. Wer die Tat gewerbsmäßig oder als Mitglied einer Bande begeht, die sich zur fortgesetzten Begehung solcher Taten zusammengeschlossen hat, wird mit ... bestraft.

6.3.3. Vorschlag zur Einführung eines besonders schweren Falls der Nötigung

Da die Freiwilligkeit der Organspende der zentrale Grund für die Legitimation der Lebendspende ist, bedarf sie zusätzlicher Absicherung durch das Strafrecht. Deutlich hervorgehoben werden müsste hierbei, dass eine Nötigung zu einer Organspende gravierendes Unrecht darstellt. Dies könnte über die Erweiterung der Strafzumessungsregel des Nötigungstatbestandes des § 240 Abs. 4 StGB erreicht werden. Der Gesetzgeber hat nach dem Zweiten Fristenlösungs-Urteil des Bundesverfassungsgerichts[408] eine Strafzumessungsregel zum Nötigungstatbestand eingeführt, die die Nötigung zum Schwangerschaftsabbruch unter besondere Strafe stellt. Eine derartige besondere Sanktionierung ist auch für Nötigungen im Zusammenhang mit der Organspende sinnvoll. *König* hat hierzu, gefolgt von *Schroth*, vorgeschlagen, als Strafzumessungsregel, die eine hervorgehobene Sanktionierung erlaubt, einzuführen:[409]

§ Y [Nötigung, besonders schwerer Fall]. Wer einen anderen dazu nötigt, sich ein Organ entnehmen zu lassen oder einen anderen nötigt, ihm oder einem Dritten für die Hingabe eines Organs einen Vorteil zu versprechen oder zu gewähren, wird bestraft mit ...

---

[407] Im Hinblick darauf, dass die Leber ist ein regenerierbares Organ ist (siehe oben, 1.2.3.), der Tatbestand nach seinem Sinn und Zweck jedoch auch die Entnahme eines Lebersegments erfassen muss, wäre bei der Formulierung des Abs. 1 eine entsprechende Klarstellung angebracht, etwa durch eine Anfügung von „oder einen Leberteil" [T.G.].
[408] BVerfGE 88, 203, 296ff.
[409] König, Strafbarer Organhandel, 1999, 250.

7. Die Regeln zur Organverteilung

7.1. Die Dimensionen des Problems

7.1.1. Der Kontext

Die Verteilung postmortal gewonnener Organe bildet einen Ausschnitt des Problems der Verteilung dauerhaft knapper medizinischer Güter.[410] Die Allokationsfrage stellt sich hier, auf der Ebene der Patientenauswahl (Mikroallokation), in einer nahezu reinen, von gesundheits-, sozial- und finanzpolitischen Rahmenüberlegungen unbeeinflussten Form: Nach welchen Prinzipien soll der Staat Lebenschancen an Bürger zuteilen (lassen), die an Leben oder Gesundheit bedroht sind, wenn nicht allen von ihnen geholfen werden kann? Wer muss weiter leiden? Wer soll sterben, wenn nicht alle leben können?

Dieses Problem hat eine seit geraumer Zeit intensiv diskutierte ethische Dimension[411] und wirft zugleich einige für das Verständnis der Rechtsordnung grundlegende verfassungsrechtliche Fragen auf. Die deutsche Rechtswissenschaft hat sich des Themas erst seit kurzem angenommen. Im Gesetzgebungsverfahren wurde es nur am Rande thematisiert[412]; eine angemessene Diskussion hat es seinerzeit nicht erfahren.

---

[410] Vgl. hierzu aus der Fülle der Literatur z.B. Gutmann/Schmidt (Hg.), Rationierung und Allokation im Gesundheitswesen, 2002, m.w.N.; Feuerstein/Kuhlmann (Hg.), Rationierung im Gesundheitswesen, 1998.

[411] Vgl., jeweils mit umfänglichen Nachweisen der Diskussion, Sitter-Liver, Gerechte Organallokation. Zur Verteilung knapper Güter in der Transplantationsmedizin, Fribourg 2003; Gutmann/Land, Ethische und rechtliche Fragen der Organverteilung: Der Stand der Debatte, in: Seelmann/Brudermüller (Hg.), Organtransplantation, 2000, 87-137 und Veatch, Transplantation Ethics, 2000, 277-411. Aus der neuesten Diskussion siehe u.a. Veatch, Justice, Utility and Organ Allocation, in: Gutmann/Daar/Land/Sells (Eds.), Ethical, Legal, and Social Issues in Organ Transplantation, 2004, 57-67 sowie Brock, The Misplaced Role of Urgency in Allocation of Persistently Scarce Life-Saving Organs, in: Gutmann/Daar/Land/Sells (Eds.), Ethical, Legal, and Social Issues in Organ Transplantation, 2004, 41-48.

[412] Vgl. jedoch die Stellungnahmen von Gutmann, Höfling, Holznagel und Schmidt anlässlich der Anhörung am 09.10.1996 vor dem Ausschuss für Gesundheit des Deutschen Bundestags, Aussch.-Drs. 591-, 599-, 601- u. 602/13.

Die Allokationsfrage wird ihre Bedeutung behalten. Die Schere zwischen Angebot und Nachfrage an Transplantaten öffnet sich in Deutschland, wie in den meisten anderen westlichen Staaten, ständig weiter. Während die Zahl verfügbarer Organe stagniert, steigt die Zahl der Patienten auf den Wartelisten, denen mit einem Transplantat geholfen werden könnte. Ende 2003 befanden sich 9.479 deutsche Patienten auf der Warteliste für eine Nierentransplantation; dem standen 2.111 Transplantationen gegenüber (Leber: 1.266/772; Herz 473/374; Lunge 397/192).[413] Die sich intensivierende Knappheit postmortal gespendeter Organe führt zu längeren Wartezeiten (die im Fall der Niere schon 1999 im Durchschnitt 6 Jahre betrugen[414]), einem Mehr an irreversiblen gesundheitlichen Schäden bei den wartenden Patienten und einer höheren Zahl von Todesfällen auf den Wartelisten insbesondere für Herz und Leber. Zugleich muss eine immer größere Zahl von Patienten von den Wartelisten genommen werden, weil ihr Gesundheitszustand keine Transplantation mehr zulässt. Diese Entwicklungen werden weder durch den zunehmenden Anteil von Lebendspenden am Organaufkommen noch durch die immer stärkere Heranziehung von Organen „minderer Qualität"[415] ausgeglichen. Hinzu kommt, dass die gegenwärtigen Wartelisten nur einen Teil der Patienten aufführen, denen mit einer Transplantation geholfen werden könnte. Der aus dem Umkreis der Enquete-Kommission vorgebrachte Vorschlag, das Problem dadurch zu entschärfen, dass man es verschweigt und den betroffenen Patienten rät, sich besser mit der Endlichkeit ihres Leibes abzufinden[416], dürfte dem Problem nicht angemessen sein.

---

[413] Angaben der Stiftung Eurotransplant, ET Annual Report 2003.
[414] Vgl. BT-Drs. 14/4655, 6.
[415] Gutmann, Allocation and Transplantation of 'Marginal Donor' Organs, in: Gutmann/Daar/Land/Sells (Eds.), Ethical, Legal, and Social Issues in Organ Transplantation, 2004, 49.
[416] „Der ‚Organmangel' wird operationell zum Fetisch erhoben und als normative Festlegung eingesetzt, die die Organnachfrage definiert und zum Orientierungspunkt für die Expansion des Transplantationssystems gerät. Dieses verfügt dann nur noch über einen illusionären Sättigungspunkt, der dem Wachstum keine Grenzen mehr setzt. Damit wird Organverpflanzung zum alternativlos prioritären Therapieprinzip, dessen Umsetzung nur noch konsequentialistisch angestrebt werden kann. Transplantationsmedizin verleugnet die Endlichkeit des Menschen [...]. So lange der Mensch sterblich ist, wird es immer ein endgültig versagendes Organ geben, dessen Ersatz nicht mehr möglich ist. Mit einer imperativen Rhetorik (‚Tod auf der Warteliste') schadet sich das System selbst" – so Geisler, Organlebendspende. Routine – Tabubrüche – Systemtragik, Universitas 59 (702), 2004, 1214–1225, hier zitiert nach http://www.linus-geisler.de/art2004/200412universitas-organlebendspende.html. Die Position Geislers bietet ein Beispiel dafür, wie das Leiden und Sterben von Menschen, denen medizinisch geholfen werden könnte, nur noch als lästiger Störfaktor für das Ziel einer Kritik des gegenwärtigen „Medizinsystems" wahrgenommen wird. Die „boomende Branche" des „Transplantationssystems" (Geisler) ließe sich in der Tat weit besser denunzieren, wenn da nicht die Patienten wären, für die „das System" die Chance des Weiterlebens und einer wenigstens begrenzten Wiederherstellung der Gesundheit bedeutet und für die der Organmangel deshalb nicht nur eine „Metapher" (Geisler) darstellt.

7.1.2. Der grundlegende Konstruktionsfehler des § 12 TPG

Die Frage, welchem Patienten ein Organ zugeteilt werden und wer – vorläufig oder endgültig – leer ausgehen soll, kann nicht vorrangig oder gar allein mit medizinischem Wissen beantwortet werden; sie zwingt vielmehr unausweichlich zu *normativen Wertungen*.

In der internationalen ethischen und rechtlichen Diskussion besteht Konsens darüber, dass es keinen Katalog gleichsam neutraler, rein „medizinischer" Auswahlkriterien geben kann, mit deren Hilfe man es vermeiden könnte, bei der Festlegung von Regeln zur Auswahl von Patienten und zur Allokation von Organen ethische und rechtliche Urteile treffen zu müssen.[417] Es bestehen einige wenige

---

[417] Vgl. Brock, Ethical Issues in Recipient Selection for Organ Transplantation, in: Mathieu (Ed.), Organ Substitution Technology. Ethical, Legal and Public Policy Issues, 1988, 86-99; ders., The Misplaced Role of Urgency in Allocation of Persistently Scarce Life-Saving Organs, in: Gutmann/Daar/Land/Sells (Eds.), Ethical, Legal, and Social Issues in Organ Transplantation, 2004, 41-48; Childress, Fairness in the Allocation and Delivery of Health Care: the Case of Organ Transplantation, in: Kogan (Ed.), A Time to Be Born and A Time to Die. The Ethics of Choice, 1991; 205-216; Veatch, Equality, Justice, and Rightness in Allocating Health Care: A Response to James Childress, in: Kogan (Ed.) ebd., 205-216; ders., Justice, Utility and Organ Allocation, in: Gutmann/Daar/Land/Sells (Eds.), Ethical, Legal, and Social Issues in Organ Transplantation, 2004, 57-67; Daniels, Rationing Fairly: Programmatic Considerations, Bioethics 7 (1993), 224-233; United Network for Organ Sharing Ethics Committee, General Principles for Allocating Human Organs and Tissues, Transplantation Proceedings 24 (1992), 2227-2235; United Network on Organ Sharing, Statement of Principles and objectives of Equitable Organ Allocation, 1997, Internet document, http://204.127.237.11/equitabl.htm; Kamm, The Choice between People: Commonsense Morality and Doctors' Choices, Bioethics 1 (1987), 255-271; dies., Morality, Mortality I. Death and Whom to Save from It, 1993; dies., Nonconsequentialism, in: The Blackwell Guide to Ethical Theory, hg. v. Hugh La Follette, 2000, 205-226; Kilner, Who Lives? Who Dies? Ethical Criteria in Patient Selection, 1990; Langford, Who Should Get the Kidney Machine?, Journal of Medical Ethics 18 (1992), 12-17; Smart, Fault and the Allocation of Spare Organs, Journal of Medical Ethics 20 (1994), 26-30; Schmidt, Veralltäglichung der Triage, Zeitschrift für Soziologie 25 (1996), 419-437; Gutmann/Land, The Ethics of Organ Allocation: The State of Debate, Transplantation Reviews 11 (1997), 191-207; Lachmann/Meuter, Medizinische Gerechtigkeit. Patientenauswahl in der Transplantationsmedizin, 1997; Gutmann/Land, Ethische und rechtliche Fragen der Organverteilung: Der Stand der Debatte, in: Seelmann/Brudermüller (Hg.), Organtransplantation, 2000, 87-137; Ach/Wiesing, Ethische Aspekte des Organmangels und der Organverteilung, in: Seelmann/Brudermüller (Hg.), Organtransplantation, 2000, 139-14; Lübbe, Veralltäglichung der Triage?, Ethik in der Medizin 13 (2001), 148-160; Sellmair/Vossenkuhl, Moralische Ansprüche von Patienten und die Allokation von Spenderorganen, in: Oduncu/Schroth/Vossenkuhl (Hg.) Organtransplantation – Organgewinnung, Verteilung und Perspektiven, 2003, 131-145; Sitter-Liver, Gerechte Organallokation. Zur Verteilung knapper Güter in der Transplantationsmedizin, Fribourg 2003.

medizinische Ausschlusskriterien dafür, welcher Patient für ein gegebenes Spenderorgan als Empfänger in Frage kommt, wie z.B. die erforderliche Größe des Organs, die Blutgruppe des Patienten, oder ein negatives „cross-match" bei Nierentransplantationen etc. Jenseits dieser – im Rahmen des medizinischen Fortschritts zunehmend in den Hintergrund tretenden – Kriterien ist die Frage, wie das knappe Gut Organe an die Vielzahl geeigneter Patienten verteilt werden soll, im Kern nicht medizinisch-technischer, sondern normativer Natur.

> „Die These, die Verteilung erfolge nach medizinischen Kriterien, ist [...] falsch: Die Zuteilung geschieht nach ethischen Prinzipien. [...] Der Modus der Verteilung selbst basiert auf Wertentscheidungen"

– so zutreffend der Schweizer Bundesrat in seiner Botschaft zum Transplantationsgesetz.[418]

Zur Diskussion steht also nicht, *ob* normative Prinzipien die Organverteilung determinieren – dies steht in der internationalen medizinethischen und -rechtlichen Diskussion seit langem außer Frage –, sondern *welche* der konkurrierenden Prinzipien dies, gerade nach den Vorgaben des Grundgesetzes, vorrangig sein sollen und *wer in welchen Verfahren* über das relative Gewicht dieser Prinzipien zu entscheiden hat.

Der **grundlegende Konstruktionsfehler des § 12 TPG** liegt darin, dass der deutsche Gesetzgeber 1997 den Versuch unternommen hat, diese Einsicht zu überspielen. Die Formulierung des § 12 Abs. 3 Satz 1 TPG, demzufolge die Organe „nach Regeln, die dem Stand der Erkenntnisse der medizinischen Wissenschaft entsprechen, insbesondere nach Erfolgsaussicht und Dringlichkeit für geeignete Patienten" zu vermitteln seien, gibt vor, dass die Organallokation eine medizinische Fragestellung sei und es hier deshalb nichts Wesentliches zu entscheiden gäbe. Der Gesetzgeber hat sich hierdurch seiner Verantwortung entzogen, die normativen Kriterien, nach denen Lebenschancen an schwerkranke Bürger zugeteilt werden sollen, selbst festzulegen und hat stattdessen ein Geflecht von Beteiligten geschaffen, in dem nur noch schwer auszumachen ist, wer die Verteilungsentscheidungen – die regelmäßig solche über Leben und Tod der betroffenen Patienten sind – eigentlich steuert. Auf der Grundlage dieser verfehlten Weichenstellung war eine rationale und angemessene Regelung der Organallokation im TPG von vornherein unmöglich. Dies hat dazu geführt, dass die Vorgaben des Gesetzes für die Vermittlung von Organen weder im Hinblick auf das Prinzip des Parlamentsvorbehalts noch auf den Bestimmtheitsgrundsatz dem Grundgesetz entsprechen

---

Der von der Deutschen Akademie für Transplantationsmedizin veranstaltete Internationale Kongreß über die Ethik der Organtransplantation in München, Dezember 2002, fasste folgende Doppelresolution: „Resolution 10: Organ allocation policies should aim at giving equal concern and respect to all potential recipients"; „Resolution 11: In organ allocation, equity and justice are as important as seeking maximum utility", abgedruckt in: Gutmann/Daar/Land/Sells (Eds.), Ethical, Legal and Social Issues in Organ Transplantation, 2004, 547 ff.

[418] 2001, 83.

(7.2.2. ff.). Im Prozess ihrer konkretisierenden Umsetzung hat die verfehlte Grundentscheidung des Gesetzgebers darüber hinaus ein Bündel von rechtlichen Folgeproblemen nach sich gezogen: (1) Die faktische Übertragung von Hoheitsrechten auf die Vermittlungsstelle, die niederländische Stiftung Eurotransplant, ist ohne eine adäquate Rechtsgrundlage erfolgt; dem Vermittlungssystem fehlt damit eine verfassungsrechtliche Basis (siehe 8.). (2) Den Patienten ist es trotz der besonderen Bedeutung ihrer zur Disposition des Allokationssystems gestellten Rechtsgüter de facto nicht möglich, Allokationsregeln gerichtlich überprüfen zu lassen. Dies ist im Hinblick auf die Rechtsschutzgarantien des Grundgesetzes nicht hinnehmbar (7.3.). (3) Die von der Bundesärztekammer nach § 16 Abs. 1 Satz 1 Nr. 2 und 5 TPG erlassenen Richtlinien zu dem in § 12 Abs. 3 Satz 1 TPG in Bezug genommenen „Stand der Erkenntnisse der medizinischen Wissenschaft" sind verfassungsrechtlich nicht legitimiert (7.2.3.3.). (4) Nach dem Wortlaut des § 12 Abs. 3 TPG sind an sich einige Verteilungsfaktoren ausgeschlossen, die in der Praxis sowohl im Eurotransplant-Verbund als auch im internationalen Vergleich normativ unangefochten sind und die auch der Gesetzgeber offenbar nicht in Frage stellen wollte (7.2.4.). (5) Schließlich hat die verfehlte Vorentscheidung dafür, genuine Rechtsfragen als medizinische auszugeben, dazu geführt, dass eine Diskussion darüber weitestgehend unterblieben ist, welche materiellrechtlichen Vorgaben für die Verteilung von Lebenschancen aus dem Grundgesetz abzuleiten sind (7.4.).

7.2. Die Verteilungskriterien (§ 12 Abs. 3 Satz 1 TPG)

7.2.1. Unzureichende Vorgaben des Gesetzgebers

Das zentrale Problem der Allokationsordnung des TPG liegt in den widersprüchlichen und unzureichenden Vorgaben, die der Gesetzgeber in § 12 Abs. 3 Satz 1 TPG für die Art der zulässigen Verteilungsregeln und für das Verhältnis der strukturell konkurrierenden Kriterien zueinander getroffen hat.[419]

Gemäß § 12 Abs. 3 Satz 1 TPG sind die vermittlungspflichtigen Organe „nach Regeln, die dem Stand der Erkenntnisse der medizinischen Wissenschaft entsprechen, insbesondere nach Erfolgsaussicht und Dringlichkeit" zu vermitteln. Die Entwurfsbegründung versteht hierunter, dass die Vermittlung „nach medizinisch

---

[419] Vgl. zum Folgenden näher Schroth/König/Gutmann/Oduncu–Gutmann, TPG, 2005, § 12 Rn. 20; Gutmann/Fateh-Moghadam, Rechtsfragen der Organverteilung I. Das Transplantationsgesetz, die ‚Richtlinien' der BÄK und die Empfehlungen der Deutschen Gesellschaft für Medizinrecht, in: Gutmann/Schneewind/Schroth/Schmidt/Elsässer/Land/Hillebrand, Grundlagen einer gerechten Organverteilung – Medizin, Psychologie, Recht, Ethik und Soziologie, 2002, 37 ff.; dies., Rechtsfragen der Organverteilung, Neue Juristische Wochenschrift 2002, 3365; Sternberg-Lieben, Rationierung im Gesundheitswesen – Gedanken aus (straf-) rechtlicher Sicht, in: FS U. Weber, 2004, 69, 73 f.

begründeten Regeln"[420] vorzunehmen sei. Dies ist nicht möglich.[421] Medizin als „Wissenschaft" beschreibt das Sein ihres Gegenstandsbereichs, nicht die Dimension des Sollens. Sie trägt als solche die ethische und rechtliche Lösung ihrer Folgeprobleme nicht in sich. Insbesondere können sich die „Erkenntnisse der medizinischen Wissenschaft", von denen das Gesetz spricht, nur auf empirisch-naturwissenschaftliche, jedenfalls aber nichtnormative Daten, Hypothesen und Theorien beziehen. Dem Stand der Erkenntnisse der medizinischen Wissenschaft können folglich allein solche Regeln „entsprechen", die sich selbst allein auf der deskriptiv-faktischen Ebene der Medizin bewegen. Mit diesen allein *kann* das Verteilungsproblem jedoch nicht gelöst werden.

Die Medizin kann angeben, wann eine Transplantation bei einem Patienten „dringlich" ist (wenn man ihr vorgibt, was darunter aus normativen Gründen zu verstehen sein soll – etwa die Abwendung der unmittelbaren Gefahr des Todes); auch kann sie statistisch begründete Prognosen über die Erfolgsaussicht von Organübertragungen abgeben (wenn man sich darüber einig ist, worin dieser „Erfolg" bestehen und wie er gemessen werden soll). Nicht aber kann sie als Medizin entscheiden, wie die die Struktur des Allokationsproblems bestimmenden Zielkonflikte und Abwägungsprobleme bei der Umsetzung der konkurrierenden Größen Erfolgsaussicht und Dringlichkeit zu lösen sind. Auswahlentscheidungen zwischen Patienten sprengen ihr Paradigma: Medizinische Gründe, eine Heilung oder eine Verlängerung des Lebens, die möglich ist, *nicht* zu versuchen, gibt es nicht.[422] Die von der Entwurfsbegründung als Teil der Vermittlungsregeln angesprochenen, für die Allokationsfrage entscheidenden „Kriterien, nach denen im Konfliktfall Dringlichkeit und Erfolgsaussicht gegeneinander abzuwägen sind"[423], sind notwendigerweise *normativer* Natur und keine Erkenntnisse der medizinischen Wissenschaft. Die eminent grundrechtsrelevante Frage, ob der Patient, der unmittelbar vom Tode bedroht ist, aber bereits zu krank ist, um (prognostisch) noch langfristige Erfolgsaussichten zu haben, dem elektiven, weniger dringlichen Patienten mit besserer Erfolgsprognose vorgezogen werden soll, *kann* nicht mit den Mitteln der Medizin beantwortet werden. Die vom Gesetzgeber in § 12 Abs. 3 Satz 1 TPG gewählte Formulierung ist damit bereits nach ihrem Wortlaut und ihrem objektiven Sinn ungeeignet, Regeln für die Allokation von Organen auch nur in Ansätzen zu determinieren; sie basiert vielmehr auf einem Kategorienfehler.

7.2.2. Verstoß gegen das Bestimmtheitsgebot

§ 12 Abs. 3 Satz 1 TPG genügt angesichts seiner inhärent aporetischen Natur nicht dem rechtsstaatlichen Bestimmtheitsgebot, nach dem der Gesetzgeber seinen

---

[420] Entwurfsbegründung, BT-Drs. 13/4355, 26, zu § 11 Abs. 3 Satz 1 E-TPG.
[421] Vgl. oben 7.1.2. und Höfling–Höfling, TPG, 2003, § 12 Rn. 25.
[422] Luhmann, Medizin und Gesellschaftstheorie, Medizin, Mensch, Gesellschaft 8 (1983), 168, 170; Schmidt, Zu einigen ungelösten Problemen der Organallokation, Transplantationsmedizin 8 (1996), 39, 41.
[423] Entwurfsbegründung, BT-Drs. 13/4355, 26, zu § 11 Abs. 3 E-TPG.

Grundgedanken, das Ziel seines gesetzgeberischen Wollens, vollkommen deutlich machen und Normen so bestimmt abfassen muss, wie dies nach der Eigenart der zu ordnenden Lebenssachverhalte und mit Rücksicht auf den Normzweck möglich ist.[424] Dies gilt insbesondere, wenn eine Norm – wie dies bei § 12 Abs. 3 Satz 1 TPG der Fall ist – Grundrechtsbeeinträchtigungen von erhöhter Intensität erlaubt.[425] Der Bestimmtheitsgrundsatz verwehrt dem Gesetzgeber, „sich aus Bequemlichkeit oder Scheu vor politischen Auseinandersetzungen auf Formelkompromisse zurückzuziehen".[426] Die Unbestimmtheit des § 12 Abs. 3 Satz 1 TPG[427] ist wegen des ihm zugrundeliegenden Kategorienfehlers eine endgültige und kann nicht mit Mitteln der juristischen Auslegung im Prozess der Rechtsanwendung bewältigt werden.[428]

7.2.3. Verstoß gegen den Parlamentsvorbehalt

7.2.3.1. Wesentlichkeitstheorie

§ 12 Abs. 3 Satz 1 TPG genügt auch nicht dem rechtsstaatlichen Grundsatz des Vorbehalts des Gesetzes in der spezifischen Ausprägung, die er durch die „Wesentlichkeitsrechtsprechung" des Bundesverfassungsgerichts erfahren hat. Nach dieser ist das Parlament verpflichtet, die für die Grundrechtsverwirklichung maßgeblichen Regelungen, soweit diese staatlicher Normierung zugänglich ist, im wesentlichen selbst und durch Gesetz zu treffen.[429]

Das Bundesverfassungsgericht hat insbesondere in seinen „Numerus-Clausus"-Entscheidungen[430] hinsichtlich des Parlamentsvorbehalts ausgeführt, dass bei einer Regelung, die in den Grundrechtsbereich eingreift „und sich hier als Zuteilung von Lebenschancen auswirken kann", der Gesetzgeber die grundlegenden Entscheidungen selbst verantworten muss. Diese Anforderungen müssen wegen der Bedeutung der betroffenen Rechtsgüter und besonderen Intensität der Grundrechts-

---

[424] BVerfGE 17, 306, 314; 49, 168, 181; 59, 104, 114; 83, 130, 145; 93, 213, 238; zusammenfassend Papier/Möller, Das Bestimmtheitsgebot und seine Durchsetzung, AöR 122 (1997), 177.
[425] BVerfGE 83, 130, 145.
[426] Papier/Möller, Das Bestimmtheitsgebot und seine Durchsetzung, AöR 122 (1997), 177 (200).
[427] Gutmann/Fateh-Moghadam, Rechtsfragen der Organverteilung I, a.a.O.; dies., Rechtsfragen der Organverteilung, Neue Juristische Wochenschrift 2002, 3365; Sternberg-Lieben, Rationierung im Gesundheitswesen – Gedanken aus (straf-) rechtlicher Sicht, in: FS U. Weber, 2004, 69, 73.
[428] Vgl. hierzu allgemein BVerfGE 17, 67, 82; 83, 130, 145; 89, 69, 84; Papier/Möller, AöR 122 (1997), 189.
[429] BVerfGE 33, 125, 158 u. 303, 337; 34, 52, 60 u. 165, 192 f.; 40, 237, 249; 45, 400, 417; 47, 46, 78 f.; 49, 89, 126 ff.; 57, 295, 327; 61, 260, 275; 76, 1, 74 f.; 83, 130, 142, 152.
[430] BVerfGE 33, 303, 345 f.; 45, 393, 399.

betroffenheit[431] *erst recht* für die Frage der Organverteilung gelten.[432] Ihre Regelung wirkt sich im Wortsinne als „Zuteilung von Lebenschancen" aus und besitzt unmittelbare Relevanz für die Patientengrundrechte aus Art. 2 Abs. 2 Satz 1 GG i.V.m. Art. 1 Abs. 1 GG und Art. 3 Abs. 1 GG, die sich zu einem derivativen Teilhabeanspruch der bedürftigen Patienten an den vorhandenen Transplantationskapazitäten verdichten (vgl. 7.4.). Der Gesetzgeber hätte deshalb mindestens über die *Art* der anzuwendenden Auswahlkriterien und deren *Rangverhältnis* untereinander sowie über die wesentlichen Grundzüge des *Verfahrens* zur weiteren Konkretisierung und Operationalisierung dieser Vorgaben selbst und abschließend entscheiden müssen. Dies hat er nicht getan.

7.2.3.2. Zielkonflikt zwischen den genannten Kriterien

Die Formulierung des § 12 Abs. 3 Satz 1 genügt auch deshalb nicht den Anforderungen des Parlamentsvorbehalts, weil die beiden genannten Kriterien „Dringlichkeit" einerseits und „Erfolgsaussicht" andererseits Ziele darstellen, die sich im Bereich der Organallokation *strukturell widersprechen*. Insbesondere bei der Niere und der Leber – bei der mit der Gewichtung der konfligierenden Hauptkriterien des § 12 Abs. 3 Satz 1 TPG unmittelbar das Urteil über Leben und Tod bestimmter Patientengruppen verbunden ist – gelten Transplantationen bei denjenigen Patienten, bei denen im Hinblick auf Lebenserwartung bzw. Sterbewahrscheinlichkeit der Eingriff am dringlichsten wäre, regelmäßig als mittel- und langfristig nur vermindert erfolgsträchtig.[433] Der Zielkonflikt zwischen Erfolgsaussicht (in der Regel verstanden als Ziel einer Maximierung des aggregierten Transplantationserfolgs im Patientenkollektiv) und Dringlichkeit (Größe und Unmittelbarkeit der Gefahr für die Rechtsgüter des individuellen Patienten aus Art. 2 Abs. 2 Satz 1

---

431 Hierzu grundsätzlich BVerfGE 98, 218, 252 f.; v. Mangoldt/Klein/Starck–Sommerauer, Grundgesetz, ⁴2000, Art. 20 Rn. 269.
432 Vgl. Höfling, Stellungnahme zur Anhörung des Ausschusses für Gesundheit des Deutschen Bundestags zum Transplantationsgesetz am 9.10.1996, Aussch-Drs. 599/13, 3; ders., Primär- und Sekundärrechtsschutz im öffentlichen Recht, VVDStRL (Veröffentlichungen der Vereinigung der Deutschen Staatsrechtslehrer) 61, 2002, 260, 289 f. Die Vergleichbarkeit der Numerus Clausus-Problematik mit dem Problem des Zugangs zu medizinischer Versorgung betonen bereits Schwabe, Neue Juristische Wochenschrift 1969, 2274; Däubler, Neue Juristische Wochenschrift 1972, 1108; Kübler, Verfassungsrechtliche Aspekte der Organentnahme zu Transplantationszwecken, 1977; Künschner, Wirtschaftlicher Behandlungsverzicht und Patientenauswahl, 1992, 269; Höfling, Stellungnahme zum Entwurf eines Transplantationsgesetzes, Deutscher Bundestag, Ausschuß für Gesundheit, Anhörung am 9.10.1996, Aussch-Drs. 599/13, 4 ff.; Gutmann/Fateh-Moghadam, Rechtsfragen der Organverteilung I, a.a.O., 38 ff. sowie Sternberg-Lieben, Rationierung im Gesundheitswesen – Gedanken aus (straf-)rechtlicher Sicht, in: FS U. Weber, 2004, 69, 77; für die Schweizer Rechtslage ebenso Schott, Patientenauswahl und Organallokation, 2001, 141 mit Fn. 572.
433 Vgl. näher Gutmann/Fateh-Moghadam, Rechtsfragen der Organverteilung I, a.a.O., 46 ff.

GG) stellt das normative Grundproblem der Organallokation schlechthin dar.[434] Mit den vom Gesetz in Bezug genommenen „Erkenntnissen der medizinischen Wissenschaft" sind das Erfolgsaussichts- und das Dringlichkeitskriterium je für sich gleichermaßen zu erklären; eine *medizinisch* begründete Entscheidung oder Abwägung zwischen ihnen ist jedoch unmöglich.

Das Transplantationsgesetz wird den Anforderungen des Parlamentsvorbehalts auch deshalb nicht gerecht, weil es keinerlei Anhaltspunkte für die Gewichtung der zulässigen, sich aber regelmäßig widersprechenden Kriterien, insbesondere von Erfolgsaussicht und Dringlichkeit enthält. Die vom Bundesverfassungsgericht in der „Numerus-Clausus"-Entscheidung für maßgeblich erachtete Festlegung eines „in seiner Tendenz hinreichend deutlichen und begrenzten Programms" für das Verhältnis von Zuteilungskriterien zueinander[435] ist nicht einmal ansatzweise erkennbar.

Der Heranziehung des Prinzips des Parlamentsvorbehalts kann auch nicht entgegengehalten werden, dass es sich bei der Organzuteilung nicht um „staatliche Leistungen" im engeren Sinne und um „keine zwingende Staatsaufgabe" handele.[436] Die §§ 9 ff. TPG behandeln postmortal gespendete Organe als Ressource, die nur nach Maßgabe spezifischer öffentlich-rechtlicher Verteilungsregeln zugeteilt werden darf, und schließen eine private Organvermittlung aus. *Wenn* sich aber der Gesetzgeber dergestalt zur Etablierung von normativen Verteilungsregeln in einem grundrechtsrelevanten Bereich entscheidet, *dann* unterliegt er auch den öffentlich-rechtlichen Bindungen rechtsstaatlichen Handelns, namentlich dem Vorbehalt des Gesetzes.[437] Der vom Gesetzgeber in Bezug genommene „Subsidiaritätsgrundsatz"[438] verfängt insoweit nicht.

Im Fall des § 12 Abs. 3 Satz 1 TPG greift auch nicht der Grundsatz ein, dass dann, wenn die geregelte Materie besonders schnellen Änderungen unterliegt, das Gebot des dynamischen Grundrechtsschutzes den Verweis auf unbestimmte Rechtsbegriffe, etwa den „Stand der Wissenschaft und Technik", gebieten kann.[439] Der Gesetzgeber hat hier „der Medizin" keineswegs nur noch eine fortzuschreibende Definition bestimmter Elemente der deskriptiven Grundlagen von legislativ

---

[434] Veatch, Justice, Utility and Organ Allocation, in: Gutmann/Daar/Land/Sells (Eds.), Ethical, Legal, and Social Issues in Organ Transplantation, 2004, 57-67; Gutmann/Land, Ethische und rechtliche Fragen der Organverteilung: Der Stand der Debatte, in: Seelmann/Brudermüller (Hg.), Organtransplantation, 2000, 87-137, 91 ff. mit umfassenden Nachweisen. Vgl. nun auch Sitter-Liver, Gerechte Organallokation. Zur Verteilung knapper Güter in der Transplantationsmedizin, 2003, 149.

[435] BVerfGE 33, 303, 345 f, 351.

[436] So Entwurfsbegründung, BT-Drs. 13/4355, 14 und Nickel/Schmidt-Preisigke/Sengler, TPG, 2001, § 12 Rn. 1.

[437] Vgl. hierzu allg. Badura, Verteilungsordnung und Zuteilungsverfahren bei der Bewirtschaftung knapper Güter durch die Verwaltung, in: FS Friauf, 1996, 529 ff.; Trute, Die Verwaltung und das Verwaltungsrecht zwischen Selbstregulierung und staatlicher Steuerung, DVBl. 1996, 950, 956 f.; Sachs–Osterloh, Grundgesetz, ²2004, Art. 3 Rn. 53.

[438] Entwurfsbegründung, BT-Drs. 13/4355, 14.

[439] Vgl. BVerfGE 49, 89, 137.

getroffenen normativen Festlegungen überantwortet. Im Fall des § 12 Abs. 3 Satz 1 i.V.m. Abs. 4 Satz 2 Nr. 3 und § 16 Abs. 1 Satz 1 Nr. 5 TPG geht es zudem gerade *nicht* darum, durch einen solchen dynamischen Verweis den Schutzzweck eines Gesetzes im Interesse aller betroffenen Grundrechtsträger „jeweils bestmöglich zu verwirklichen"[440]; vielmehr lässt die in § 12 Abs. 3 Satz 1 TPG gewählte Formulierung bereits die vom Gesetzgeber zu leistende Abwägung zwischen konkurrierenden Schutzzwecken und die noch fundamentalere Frage, welcher Bürger überhaupt in den Genuss der zuzuteilenden Grundrechtschancen kommen soll und welcher *nicht*, im unklaren.

Schließlich ist auch die Überlegung verfehlt, die Anforderungen des Parlamentsvorbehalts würden im Bereich der Organallokation deshalb nicht greifen, weil dieser durch § 12 Abs. 4 Satz 2 Nr. 3 u. § 16 Abs. 1 Satz 1 Nr. 5 TPG der Bundesärztekammer und damit gleichsam berufständischer Regelungsmacht unterstellt worden sei. Die Errichtung einer Verteilungsordnung für Organe sprengt in jedem Fall die zulässigen Grenzen autonomer Selbstverwaltung oder einer Regelungsermächtigung für Berufsverbände. Die Organverteilung ist nicht Selbst-, „sondern Fremdverwaltung"[441]. Der Gesetzgeber muss Regelungen, die den Kreis eigener Angelegenheiten des ermächtigten Verbandes überschreiten, selbst treffen. Dies ist insbesondere der Fall, wenn die betreffende Regelung schutzwürdige Interessen Außenstehender betrifft oder in deren verfassungsmäßig verbürgte Rechte eingreift[442] bzw. wenn Verteilungsmechanismen von Grundrechtsausübungsvoraussetzungen etabliert werden.[443] Aus diesem Grund kann auch die Formel von der „regulierten Selbstregulierung" nicht über die Hürde des Parlamentsvorbehalts hinweghelfen. Der Gesetzgeber durfte es gerade *nicht* den betroffenen Verbänden überlassen, „das Vermittlungsproblem nach ihren Vorstellungen [...] zu bewältigen".[444,445]

---

[440] Ebd.

[441] Haverkate, Verantwortung für Gesundheit als Verfassungsproblem, in: Häfner (Hg.), Gesundheit – unser höchstes Gut?, 1999, 119 (126); Höfling–Höfling, TPG, § 12 Rn. 3.

[442] BVerfGE 33, 125, 160 und BVerfGE 33, 303, 346.

[443] Vgl. Trute, Die Verwaltung und das Verwaltungsrecht zwischen Selbstregulierung und staatlicher Steuerung, DVBl. 1996, 950, 957.

[444] So aber Holznagel, Die Vermittlung von Spenderorganen nach dem geplanten Transplantationsgesetz, DVBl. 1997, 393 (393, 396, 398 f. mit Fn. 75). Auch der Umstand, dass § 12 Abs. 4 Satz 2 Nr. 3 TPG die nähere Festlegung von Organallokationsregeln auch durch den einem ministeriellen Genehmigungsvorbehalt unterworfenen Vermittlungsstellenvertrag vorsieht, ändert nichts an dem dargelegten Verstoß gegen den Grundsatz des Parlamentsvorbehalts. Die Wesentlichkeitsrechtsprechung stellt Anforderungen an den Gesetzgeber, so dass auch eine Kontrolle durch Fachministerien (für die diese im vorliegenden Fall ohnehin nicht über Kriterien verfügen würden) die demokratische Legitimation nicht ersetzen kann (verfehlt Conrads, Rechtliche Aspekte der Richtlinienfeststellung, in: Dierks/Neuhaus/Wienke, Hg., Die Allokation von Spenderorganen, 1999, 35 ff., 41).

[445] Auch eine staatliche Kontrolle über die in die Organallokation eingebundenen, teilweise privaten Verantwortungs- und Entscheidungsträger fehlt in Deutschland weitge-

7.2. Die Verteilungskriterien (§ 12 Abs. 3 Satz 1 TPG)

Der rechtsvergleichende Blick auf das Schweizer Transplantationsgesetz vom 8.10.2004 zeigt, dass wesentlich genauere gesetzliche Vorgaben möglich sind und nicht mit negativen Nebenfolgen für Funktionalität und Flexibilität der Regelung verbunden sein müssen. Auf der Grundlage des Art. 119a Satz 2 der Schweizer Bundesverfassung (!), demzufolge der Bund Kriterien für eine gerechte Zuteilung von Organen festlegt, enthält das Schweizerische TPG in Art. 17 (zusammen mit Art. 8 Abs. 2 der Bundesverfassung der Schweiz) nicht nur eine Aufzählung konkreter Diskriminierungsverbote, sondern in Art. 18 auch eine genauere Definition maßgeblicher Vergabekriterien. (Noch überzeugender war diesbezüglich der Entwurf des Schweizer Bundesrates vom 12.11.2001, der einen abschließenden Katalog zulässiger Kriterien enthielt, und der noch präzisere Vorentwurf vom Dezember 1999, Art. 23 und 24 Schw E-TPG). Art. 18 Abs. 2 des Schweizer Gesetzes schreibt vor, dass bei der Zuteilung anzustreben ist, dass Patientinnen und Patienten, die aufgrund ihrer physiologischen Eigenschaften mit sehr langen Wartezeiten rechnen müssen, mit gleicher Wahrscheinlichkeit ein Organ zugeteilt erhalten wie Patientinnen und Patienten ohne diese Eigenschaften. Art. 18 Abs. 3 normiert, dass – eben weil dies als eine normative Entscheidung erkannt wurde – der Bundesrat diese Verteilungskriterien gewichtet und festlegt, in welcher Reihenfolge sie anzuwenden sind. Nach Art. 19 des Schweizerischen TPG werden Organe nach einem vom Bundesrat geregelten Zuteilungsverfahren von einer unter staatlicher Kontrolle stehenden Nationalen Zuteilungsstelle alloziert.[446] Diese Regelung kann als Modell für die Mindestanforderungen an die Dichte einer gesetzlichen Verteilungsordnung für das Transplantationswesen dienen.

---

hend. Mit Blick auf die Bedeutung und die Schutzbedürftigkeit der Rechtsgüter der betroffenen Patienten aus Art. 2 Abs. 2 Satz 1 GG kommt der Frage eines solchen effektiven Kontrollregimes gegenüber den in die Organallokation eingebundenen, teilweise privaten Verantwortungs- und Entscheidungsträgern besondere Bedeutung zu (Holznagel, Die Vermittlung von Spenderorganen nach dem geplanten Transplantationsgesetz, DVBl. 1997, 393, 397; Höfling–Höfling, TPG, 2003, § 12 Rn. 40, 46 ff). Diesbezüglich fällt auf, dass sowohl die gemäß § 12 Abs. 5 Satz 3 TPG gebildete Überwachungskommission als auch die gem. § 12 Abs. 4 Satz 2 Nr. 4 TPG gebildete Prüfungskommission nur von den an ihnen beteiligten Organisationen gesteuert werden; diese können insoweit „kontrolliert kontrollieren" lassen (Conrads, Rechtliche Grundsätze der Organallokation, 2000, 205). Es ist anzunehmen, dass die Befunde der Kommissionen im Zweifel nicht einer rechtlichen Überprüfung, sondern internem Interessenausgleich zugeführt werden. Hier realisiert sich die für Modelle der Abschiebung staatlicher Verantwortungsbereiche in das Zwischenreich eines privatrechtlich agierenden Korporatismus typische Gefahr einer Arkanpraxis (vgl. hierzu grundsätzlich Trute, Die Verwaltung und das Verwaltungsrecht zwischen Selbstregulierung und staatlicher Steuerung, DVBl. 96, 950, 957; Höfling, Primär- und Sekundärrechtsschutz im öffentlichen Recht, VVDStRL 61, 2002, 260, 289; im Anschluß hieran Schroth/König/Gutmann/Oduncu–Gutmann, TPG, 2005, § 12 Rn. 60).

[446] Vgl. zum Ganzen Monnier, Das alte und neue Modell der Organallokation in der Schweiz, in: Becchi/Bondolfi/Kostka/Seelmann (Hg.), Organallokation. Ethische und rechtliche Fragen, Basel 2004, 39-47.

7.2.3.3. Die Richtliniengebung nach § 16 TPG

Aus den genannten Gründen kann die mit § 16 Abs. 1 Satz 1 Nr. 2 und 5 TPG erfolgte Ermächtigung der Bundesärztekammer zur exekutiven Rechtssetzung durch „Richtlinien" nicht auf rechtmäßige Weise erfolgt sein.[447] Denn weil der Gesetzgeber in § 12 Abs. 3 Satz 1 TPG wegen des angesprochenen Kategorienfehlers der Norm – unter Verstoß gegen den Vorbehalt des Gesetzes – kaum Substantielles geregelt und insbesondere keinerlei Anhaltspunkte für die Gewichtung der sich strukturell widersprechenden Kriterien Erfolgsaussicht und Dringlichkeit gegeben hat, fällt der Bundesärztekammer faktisch ein erheblicher eigener – notwendigerweise *normativer* – Entscheidungsspielraum zu, hinsichtlich dessen die für § 16 TPG gewählte Begrifflichkeit „Feststellung von Erkenntnissen" verschleiernd und irreführend ist.[448] Deshalb ist es verfehlt, die Richtlinientätigkeit der Bundesärztekammer nur als die Schaffung „normkonkretisierender Verwaltungsvorschriften" über „Tatsachenfragen", für die kein normativer Bewertungsspielraum in Anspruch genommen werden müsse[449], oder gar nur als verfassungsrechtlich unproblematische Erstellung „antizipierter Sachverständigengutachten" in Form einer empirisch-deskriptiven Konkretisierung des unbestimmten Rechtsbegriffs „Stand der Erkenntnisse der medizinischen Wissenschaft"[450] verstehen zu wollen. *Im Ergebnis tritt die Bundesärztekammer gegenwärtig bei der Festlegung der enorm grundrechtsrelevanten Verteilungsregeln weitestgehend an die Stelle des Gesetzgebers.* Der Richtlinientätigkeit der Bundesärztekammer fehlt es jedoch prinzipiell – unabhängig von der an diesen „Richtlinien" zu übenden inhaltlichen Kritik[451] –

---

[447] Siehe Schroth/König/Gutmann/Oduncu–Gutmann, TPG, 2005, § 12 Rn. 22 ff. und § 16 Rn. 5 ff.; Höfling–Höfling, TPG, 2003, § 16 Rn. 16 ff.; Gutmann/Fateh-Moghadam, Rechtsfragen der Organverteilung, Neue Juristische Wochenschrift 2002, 3365 und Taupitz, Richtlinien in der Transplantationsmedizin, Neue Juristische Wochenschrift 2003, 1145.

[448] Schmidt-Aßmann, Grundrechtspositionen und Legitimationsfragen im öffentlichen Gesundheitswesen, 2001, 103; Taupitz, Richtlinien in der Transplantationsmedizin, Neue Juristische Wochenschrift 2003, 1145, 1149; Sternberg-Lieben, Rationierung im Gesundheitswesen – Gedanken aus (straf-) rechtlicher Sicht, in: FS U. Weber, 2004, 69, 77.

[449] Junghanns, Verteilungsgerechtigkeit in der Transplantationsmedizin, 2001, 182 ff., 206 f.

[450] Nickel/Schmidt-Preisigke/Sengler, TPG, 2001, § 16 Rn. 20. Möglich ist es hingegen, mit Taupitz (Neue Juristische Wochenschrift 2003, 1145) davon auszugehen, dass es sich bei den Richtlinien um eine Art antizipierter Sachverständigengutachten handele, auf die das TPG „normkonkretisierend" verweise, wenn man – mit dem Autor – zugleich den Schluss zieht, dass die von der BÄK unter Inanspruchnahme erheblicher Entscheidungsspielräume in besonders grundrechtssensiblen Bereichen erlassenen Richtlinien „wie Rechtsnormen wirken" und deshalb vergleichbaren Anforderungen an inhaltliche, personelle und prozedurale Vorgaben durch den Gesetzgeber zu unterwerfen sind (ebd. 1149 f).

[451] Vgl. zusammenfassend Gutmann/Fateh-Moghadam, Rechtsfragen der Organverteilung III: Normative Einzelprobleme der gegenwärtigen Regelung der Organverteilung, in:

an demokratischer Legitimation.[452] Auch insoweit hätte der Gesetzgeber nicht nur die wesentlichen materiellen Festlegungen selbst treffen müssen, es hätte auch die Ausgestaltung des Erlassverfahrens dieser Richtlinien, die Entscheidungsweise sowie die Zusammensetzung der feststellenden Gremien bzw. die Rekrutierung der in ihnen tätigen Personen gesetzlicher Normierung bedurft.[453] Zu der vom Gesetzgeber im Wesentlichen selbst zu regelnden Materie zählt sowohl unter dem Gesichtspunkt des Parlamentsvorbehalts (vgl. oben) als auch unter dem des prozeduralen Grundrechtsschutzes die Ausgestaltung eines geeigneten Verfahrens, in welchem die Grenzen konkurrierender Grundrechte konkretisierend abgesteckt werden.[454] So ist der Analyse *Höflings* zuzustimmen, dass die Vorschrift des § 16 TPG „in ihrer rechtstechnischen Ausgestaltung, in ihrer verfassungsrechtlichen Problemdimension und in ihrer grundsätzlich verfehlten inhaltlichen Ausrichtung zu den fragwürdigsten des ganzen Regelwerks" zählt.[455] Für die geltende Rechtslage bleibt mit *Schmidt-Aßmann* zusammenfassend festzuhalten, dass eine Kompensation der ungenügenden sachlich-inhaltlichen Legitimation der Richtliniengebung wegen der zusätzlichen Mängel der personellen Legitimation der Bundesärztekammer „de lege lata nicht zu erreichen" ist; **der Gesetzgeber hat „angesichts der weitreichenden Bedeutung der Richtlinien [...] den verfassungsrechtlichen Rahmen überschritten."**[456]

7.2.4. Sonstige Ungeeignetheit der Formulierung

Wäre nach der Prämisse des Gesetzgebers die Organverteilung allein „nach medizinisch begründeten"[457] bzw. nach „wissenschaftlich begründeten medizinischen Verteilungsregeln"[458] vorzunehmen und wären dabei tatsächlich nur Kriterien

---

Gutmann/Schneewind/Schroth/Schmidt/Elsässer/Land/Hillebrand, Grundlagen einer gerechten Organverteilung – Medizin, Psychologie, Recht, Ethik und Soziologie, 2002, 106 ff. und Schroth/König/Gutmann/Oduncu–Gutmann, TPG, 2005, § 16 Rn. 13 ff., 20 ff.

[452] Höfling–Höfling, TPG, 2003, § 16 Rn. 17; Schmidt-Aßmann, Grundrechtspositionen und Legitimationsfragen im öffentlichen Gesundheitswesen, 2001, 103.
[453] Höfling–Höfling, TPG, 2003, § 16 Rn. 20 f.; Schmidt-Aßmann, Grundrechtspositionen, 104 f.; Taupitz Neue Juristische Wochenschrift 2003, 1145, 1150; Schroth/König/Gutmann/Oduncu–Gutmann, TPG, 2005, § 18 Rn. 29; vgl. auch Holznagel, Die Vermittlung von Spenderorganen nach dem geplanten Transplantationsgesetz, DVBl. 1997, 393, 400.
[454] Vgl. BVerfGE 83, 130, 152 sowie 51, 324; 53, 30, 65 und 65, 76, 94.
[455] Höfling–Höfling, TPG, 2003, § 16 Rn. 1; in Bezug auf § 16 Abs. 1 Satz 1 Nr. 2 und 5 TPG vgl. bereits Gutmann/Fateh-Moghadam, Rechtsfragen der Organverteilung, Neue Juristische Wochenschrift 2002, 3365, 3369 ff.
[456] Schmidt-Aßmann, Grundrechtspositionen und Legitimationsfragen im öffentlichen Gesundheitswesen, 2001, 105 f.
[457] Entwurfsbegründung, BT-Drs. 13/4355, 26.
[458] Nickel/Schmidt-Preisigke/Sengler, TPG, 2001, § 12 Rn. 9; Miserok/Sasse/Krüger, TPG, Einf. 2.1.2.1.

heranzuziehen, „die unter medizinischen Gesichtspunkten für die Dringlichkeit der Transplantation und ihren Erfolg von Bedeutung sind"[459], dann wären von Gesetzes wegen schließlich einige Verteilungsfaktoren ausgeschlossen, die in der Praxis angewendet werden, die sowohl im Eurotransplant-Verbund als auch im internationalen Vergleich normativ unangefochten sind und die auch der Gesetzgeber erkennbar nicht in Frage stellen wollte.

a)
Dies gilt für das praktizierte, vom deutschen Gesetzgeber vorausgesetzte[460] und von Eurotransplant-Partnerstaaten teils rechtlich geforderte[461], schlechthin außermedizinische Kriterium *nationaler Austauschbilanzen* im Eurotransplant-Verbund (d.h. die relative Bevorzugung von Patienten in Eurotransplant-Staaten, die im Verhältnis mehr Organe gewinnen und abgeben als die Bundesrepublik).

b)
Aber auch der Bonusfaktor *Wartezeit* ist *als solcher* nur außermedizinisch, nämlich als Ausdruck seines Gerechtigkeitsgehalts zu begründen. Ihn, wie dies die Richtlinien der Bundesärztekammer gem. § 16 Abs. 1 Satz 1 Nr. 5 TPG tun[462], als Indikator für wachsende medizinische *Dringlichkeit* auszugeben, ist insbesondere bei der Niere, bei der die Wartezeit besonders ins Gewicht fallen soll, angesichts der extremem Verschiedenheit der Dialysepatienten im Hinblick auf ihren Leidensdruck und die Entwicklungsdynamik ihrer Grunderkrankungen ein als solches erkennbares Verlegenheitsargument. Das formale, gegenüber individueller Dringlichkeit weitestgehend indifferente Wartezeitkriterium kommt bei der Nierenallokation vielmehr gerade *anstelle* materialer Dringlichkeitsaspekte[463] zum Tragen. Unter medizinischen Gesichtspunkten wäre Wartezeit allenfalls als *negativer* Faktor, nämlich für die Erfolgsaussicht einer Transplantation, zu begreifen, denn mit zunehmender Dauer der Dialysebehandlung nimmt die Langzeitfunktion des schließlich transplantierten Organs sehr stark ab.[464]

---

[459] Entwurfsbegründung, BT-Drs. 13/4355, 26.
[460] Entwurfsbegründung, BT-Drs. 13/4355, 1 u. 26.
[461] Art. 7 des Belg. Königl. Dekrets v. 24.11.1997, Moniteur belge v. 23.12.1997, Nr. 243, 34527.
[462] Siehe die Richtlinien zur Organtransplantation [gemäß § 16 Abs. 1 Nr. 2 und 5 TPG], Banz. Nr. 131a v. 15.7.2000, 19 ff. sowie DÄBl. 97 (2000), A-396 ff. mit diversen Fortschreibungen sowie Neubekanntmachung vom 28.2.2003 mit laufenden Fortschreibungen, zur Organverteilung, jeweils unter I.7.
[463] Vgl. hierzu Schneewind/Schmid, Zur „Dringlichkeit" der Nierentransplantation bei Dialysepatienten. Ergebnisse einer psychologisch-medizinischen Untersuchung, in: Gutmann et al., Grundlagen einer gerechten Organverteilung – Medizin, Psychologie, Recht, Ethik und Soziologie, 2002, 219 ff.
[464] Meier-Kriesche/Kaplan, Waiting Time on Dialysis as the Strongest Modifiable Risk Factor for Renal Transplant Outcomes, A Paired Donor Kidney Analysis, Transplantation 74 (2002), 1377-1381; Mange/Joffe/Feldman, Effect of the Use or Nonuse of Long-Term Dialysis on the Subsequent Survival of Renal Transplants from Living Donors, New England Journal of Medicine 344 (2001), 726 ff.; Frei, Stellungnahme

7.2. Die Verteilungskriterien (§ 12 Abs. 3 Satz 1 TPG)

c)

Darüber hinaus müsste auf dieser Grundlage auch die ebenfalls praktizierte und in den Richtlinien der Bundesärztekammer gemäß § 16 Abs. 1 Satz 1 Nr. 5 TPG sowie in den Eurotransplant-Anwendungsregeln vorgesehene[465] relative Bevorzugung von Personen, die entweder hochimmunisiert sind oder aus anderen Gründen statistisch schlechte Chancen besitzen, ein geeignetes Transplantat zu erhalten, als zulässiges Kriterium ausscheiden. Dafür, solche Patienten gegenüber Mitbewerbern mit guten oder durchschnittlichen Allokationschancen, aber im konkreten Fall höherer Erfolgsaussicht *vorzuziehen*, sprechen zwar rechtliche[466] und ethische Überlegungen, aber keine „Erkenntnisse der medizinischen Wissenschaft".

d)

§ 12 Abs 3 TPG steht auch der Forderung entgegen, Organlebendspender in Zukunft bei der Vergabe von Organen nach postmortaler Spende zu bevorzugen.

Es handelt sich hierbei nicht um eine rein akademische Diskussion: Auf den US-amerikanischen Wartelisten hat eine Untersuchung im Jahr 2002 immerhin 56 frühere Lebendorganspender identifiziert.[467]

Auch gegen eine solche relative (d.h. keine absolute, lexikalische) allokative Bevorzugung von Lebendorganspendern wird in normativer Hinsicht z. T. eingewandt, dass diese gegen das Verbot der Differenzierung nach sozialem Verhalten verstoße sowie dass sie auf Kosten anderer Patienten erfolge und aus deren Sicht eine unzulässige Diskriminierung darstelle. Deshalb müsse – von Dringlichkeitserwägungen abgesehen – ein relativer Vorrang von ehemaligen Lebendspendern bei der Verteilung von Organen Verstorbener ausscheiden.[468]

Eine Bevorzugung ehemaliger Lebendspender[469] bei der Organallokation wird in der ethischen Diskussion indessen überwiegend positiv beurteilt. Sie kann ihre

---

zur öffentlichen Anhörung „Organlebendspende" der Enquete-Kommission Ethik und Recht der modernen Medizin am 1.3.2004, Kom.-Drs. 15/141, 1.

[465] Vgl. die Richtlinien der Bundesärztekammer zur Organverteilung, a.a.O., jeweils unter I.7., inbesondere die Richtlinie Niere, 1.3. und 1.6. sowie Eurotransplant Manual 4.2.2.2. und 4.2.6 für die Niere.

[466] Vgl. etwa Junghanns, Verteilungsgerechtigkeit in der Transplantationsmedizin, 2001, 60 ff. und Art. 18 Abs. 2 des Schweizerischen TPG.

[467] Ellison/McBride et al., Living Kidney Donors in Need of Kidney Transplants: A Report From the Organ Procurement and Transplantation Network, Transplantation 74 (2002), 1349 ff.

[468] Gutmann/Fateh-Moghadam, Rechtsfragen der Organverteilung II: Verfassungsrechtliche Vorgaben für die Allokation knapper medizinischer Güter am Beispiel der Organallokation, in: Gutmann et al., Grundlagen einer gerechten Organverteilung – Medizin, Psychologie, Recht, Ethik und Soziologie, 2002, 59-104, hier 88 f. Vgl. nunmehr in diesem Sinn das Sondervotum von Dr. Carola Reimann innerhalb der Mehrheit der Enquete-Kommission, siehe Enquete-Kommission Ethik und Recht der modernen Medizin, Zwischenbericht Organlebendspende, BT-Drs. 15/5050 v. 17.3.2005, 76 Anm. 611.

[469] Wo es um elementare Lebens- und Gesundheitschancen eines Menschen geht, sind bei konsequenter Betrachtung sämtliche persönlichkeits- und verhaltensbezogenen Krite-

Rechtfertigung unter dem Aspekt der Fairness sowie in dem Gedanken finden, dass bereichsspezifischer „Verdienst" – der Vorteil, der aus der Lebendspende für die gesamte Gruppe der auf ein bestimmtes Organ wartenden Patienten resultiert – belohnt werden darf und somit prima facie verteilungsrelevant zu sein hat: Der Lebendspender erbringe eine besondere Leistung im Transplantationssystem; es sei daher gerechtfertigt, ihm innerhalb des Transplantationssystems einen Vorteil einzuräumen. Schließlich befinde sich mit jeder Lebendspende ein Organ mehr im „Gesamtpool" zur Verfügung stehender Organe und werde die Warteliste für postmortale Organe entlastet.[470] Ein im Auftrag des Schweizerischen Bundesamts für Gesundheit erstelltes Gutachten zur gerechten Organallokation spricht sich aus diesen Gründen dafür aus, eine erfolgte Lebendspende als ein positiv ins Gewicht fallendes Allokationskriterium zu beachten.[471] Das Vergeben von allokativen Bo-

---

rien als solche unzulässig – die Verteilung hat in diesem Sinne ohne Ansehen der Person zu erfolgen. Dies scheint konsequenterweise auch auszuschließen, dass Personen, die die postmortale Spende eigener Organen ablehnen, bei der Allokation benachteiligt werden. Damit sind insbesondere die auf der Verteilungsebene angesiedelten „Solidarmodelle" (Gubernatis/Kliemt, Solidarität und Rationierung in der Transplantationsmedizin, Transplantationsmedizin 11, 1999, 4 ff.) bzw. Club- oder Reziprozitätsmodelle (Breyer/Kliemt, Solidargemeinschaft der Organspender: Private oder öffentliche Organisation?, in: Oberender, Hg., Transplantationsmedizin. Ökonomische, ethische, rechtliche und medizinische Aspekte, 1995, 135-160; Kliemt, Gerechtigkeitskriterien in der Transplantationsmedizin – eine ordoliberale Perspektive, in: Nagel/Fuchs, Hg., Soziale Gerechtigkeit im Gesundheitswesen. Ökonomische, ethische, rechtliche Fragen am Beispiel der Transplantationsmedizin, 1993, 262-276; ders., Wem gehören die Organe, in: Ach/Quante, Hg., Hirntod und Organverpflanzung, 1997, 271-287; ders., Gesundheitsökonomische Betrachtungen zur Organallokation, in: Becchi/Bondolfi/Kostka/Seelmann, Hg., Organallokation. Ethische und rechtliche Fragen, 2004, 229-242) oder „Motivationslösungen" (Kühn, Die Motivationslösung, 1998) bzw. „Vorsorgelösungen" (Blankart/Kirchner/Thiel, Transplantationsgesetz. Eine kritische Analyse aus rechtlicher, ökonomischer und ethischer Sicht, 2002; vgl. zu empirischen Fragen Spital, Should People who Commit Themselves to Organ Donation be Granted Preferred Status to Receive Organ Transplants? Clinical Transplantation 19, 2005, 269) bereits von Verfassungs wegen unzulässig, vgl. Gutmann/Fateh-Moghadam, Rechtsfragen der Organverteilung II, a.a.O., 87 und Schott, Patientenauswahl und Organallokation, 349 ff.; a.A. u.a. Schmidt-Aßmann, Grundrechtspositionen und Legitimationsfragen im öffentlichen Gesundheitswesen, 2001, 22 f. und Kollhosser, Persönlichkeitsrecht und Organtransplantation, in: Erichsen/Kollhosser/Welp (Hg.), Recht der Persönlichkeit, 1996, 147. Zu einer differenzierten ethischen Analyse siehe nunmehr Sitter-Liver, Gerechte Organallokation. Zur Verteilung knapper Güter in der Transplantationsmedizin, 2003, 54 ff, 145 f. m.w.N.

[470] Enquete-Kommission Ethik und Recht der modernen Medizin, Zwischenbericht Organlebendspende, BT-Drs. 15/5050 v. 17.3.2005, 58, 76.

[471] Sitter, Gerechte Organallokation. Zur Verteilung knapper Güter in der Transplantationsmedizin, 2003, 90 ff., 151.

nuspunkten für Lebendspender wird z.B. in den USA seit längerem praktiziert[472] und in der neueren Diskussion teils vehement gefordert.

Die Enquete-Kommission Ethik und Recht der modernen Medizin empfiehlt in ihrem Zwischenbericht „Organlebendspende" dem Deutschen Bundestag nunmehr, durch eine gesetzliche Regelung sicherzustellen, dass ehemalige Lebendspender bei der Organallokation durch Vergabe von Bonuspunkten bevorzugt werden, wenn sie selbst durch Krankheit eine Transplantation benötigen und es sich um den Typus des gespendeten Organs handelt. Dabei sollte eine erfolgte Lebendspende nur ein Kriterium zur Platzierung auf der Warteliste neben anderen Kriterien sein.[473]

Diese Forderung erscheint begrüßenswert. Eine Bevorzugung ehemaliger Lebendspender bei der Organallokation ist jedoch ebenfalls kein medizinisch begründbares Kriterium (und hat weder etwas mit der Erfolgsaussicht noch mit der Dringlichkeit der Transplantation zu tun). Der Vorschlag der Enquete-Kommission erfordert deshalb, wie diese selbst sieht, eine Änderung des geltenden § 12 Abs. 3 TPG. Eine solche Änderung ist – wie gezeigt – jedoch nur im Rahmen der völligen Überarbeitung der zentralen Aussage dieser Norm sinnvoll.

7.3. Das Problem des Rechtsschutzes

Das unübersichtliche und von den beteiligten Akteuren nicht durchgängig beachtete Regelungsgeflecht des transplantationsgesetzlichen Allokationssystems[474] (Bundesärztekammer; Vertragspartner nach § 12 TPG; Stiftung Eurotransplant) erschwert die Beantwortung der Frage, wer nach dem geltenden Transplantationsgesetz die eminent grundrechtserheblichen Verteilungskriterien festlegen soll, nachdem sich der Gesetzgeber unter Verstoß gegen die Verfassung der Aufgabe entzogen hat, das Wesentliche selbst zu regeln. Eine solche Verantwortungsfragmentierung[475] ist im Hinblick auf das Rechtsstaatsprinzip bereits als solche problematisch.

Eine im Hinblick auf die Rechtsschutzgarantien der Verfassung – d.h. Art. 19 Abs. 4 GG bzw. den aus Art. 2 Abs. 1 GG und dem Rechtsstaatsprinzip folgenden Justizgewährungsanspruch[476] – nicht hinnehmbare Folge des die Organallokation

---

[472] Sie gilt dort für die gegenüber lokaler Organverteilung subsidiäre Allokation auf nationaler Ebene, vgl. UNOS Policy for the Allocation Of Cadaveric Kidneys (unter http://www.unos.org), sub. 3.5.9.6.

[473] Enquete-Kommission Ethik und Recht der modernen Medizin, Zwischenbericht Organlebendspende, BT-Drs. 15/5050 v. 17.3.2005, 76.

[474] Vgl. zusammenfassend und m.w.N. Schroth/König/Gutmann/Oduncu–Gutmann, TPG, 2005, § 12 Rn. 30 ff.

[475] Höfling–Höfling, TPG, 2003, vgl. allg. Trute, Die Verwaltung und das Verwaltungsrecht zwischen Selbstregulierung und staatlicher Steuerung, DVBl. 1996, 950, 956.

[476] Maunz/Dürig–Schmidt-Aßmann, Grundgesetz, Art. 19 Abs. 4 Rn. 16 ff.; Sachs–Sachs, Grundgesetz, ²2003, Art. 20 Rn. 162; Lang, Knappheitsentscheidungen im Sozialrecht

betreffenden Regelungsgewirrs liegt des weiteren darin, dass es den Patienten trotz der erheblichen Grundrechtsrelevanz der Verteilungsfrage und der besonderen Bedeutung der zur Disposition des Allokationssystems gestellten Rechtsgüter aus Art. 2 Abs. 2 Satz 1 GG – insbesondere des Lebens[477] – nahezu unmöglich gemacht wird, Rechtsschutz zu suchen. Dies ist ein wesentlicher Aspekt der für das gesamte Transplantationsgesetz charakteristischen Tendenz, den betroffenen Patienten die Möglichkeit, den Umgang mit ihren Grundrechten gerichtlich überprüfen zu lassen, rechtlich und/oder faktisch zu nehmen oder zu erschweren und das Transplantationswesen als weißen Fleck auf der Karte justizieller Rechtsstaatlichkeit zu begreifen (vgl. auch oben, 2.2.10).

Hierbei steht außer Frage, dass verwaltungsrechtliche Konkurrentenklagen in bezug auf eine konkrete Vermittlungsentscheidung wegen der kurzen Organüberlebenszeiten sinnlos sind[478] – um ein konkretes Organ kann nicht gestritten werden. Mit dieser Feststellung ist die Frage des Rechtsschutzes jedoch nicht erledigt. Gerade *weil* die konkreten Verteilungsentscheidungen Eurotransplants praktisch nicht angegriffen werden können, muss sichergestellt werden und effektiv *gerichtlich kontrollierbar* sein, dass bzw. ob die programmierenden Entscheidungen der vorhergehenden Phasen mit dem geltenden Recht übereinstimmen.[479] Zudem spricht nichts gegen Möglichkeit und Notwendigkeit nachträglichen Rechtsschutzes (verwaltungsrechtliche Fortsetzungsfeststellungsklage; zivilrechtliche Klage auf Feststellung oder auf Schadensersatz) auch gegen bereits erfolgte konkrete Vermittlungsentscheidungen, da sich eine fehlerhafte, nicht an den durch Gesetz und Verfassung vorgegebenen Kriterien ausgerichtete Organzuteilung bei den zu Unrecht übergangenen Patienten als Grundrechtseingriff darstellt.[480] Es ist schlechthin nicht möglich, in einem Rechtsstaat eine so existentielle Frage wie die Verteilung von Lebenschancen im Rahmen der Organallokation der Judikative vollständig zu entziehen.

Wogegen der Patient zu klagen hätte (die Festlegung der Verteilungsregeln im Vermittlungsstellen-Vertrag gem. § 12 Abs. 4 Satz 2 Nr. 3 TPG? Die „Richtlinien" der Bundesärztekammer nach § 16 Abs. 1 Satz 1 Nr. 5 TPG? Die von Eurotransplant aufgestellten „Anwendungsregelungen für die Organvermittlung" bzw. ihre Ausnahmeregelungen? Die konkrete Vermittlungsentscheidung?), ist auf der Grundlage des geltenden Transplantationsgesetzes jedoch völlig unklar. Das Gebot der Effektivität des Rechtsschutzes untersagt es, den Rechtsuchenden mit sol-

---

– Zum Rechtsschutzdefizit gegenüber transplantationsrechtlichen Verteilungsentscheidungen, Vierteljahresschrift für Sozialrecht 2002, 21, 26 ff.

[477] Vgl. BVerfGE 39, 1, 42; 88, 203, 255.

[478] Holznagel, Die Vermittlung von Spenderorganen nach dem geplanten Transplantationsgesetz, DVBl. 1997, 393; Baltzer, Transplantationsgesetz und Rechtsschutz, Die Sozialgerichtsbarkeit 1998, 437, 438; Nickel/Schmidt-Preisigke/Sengler, TPG, 2001, § 12 Rn. 1.

[479] Schmidt-Aßmann, Grundrechtspositionen und Legitimationsfragen im öffentlichen Gesundheitswesen, 2001, 113.

[480] Lilie, Wartelistenbetreuung nach dem Transplantationsgesetz, in: Festschrift für Erwin Deutsch, 1999, 643, 663; Gutmann/Fateh-Moghadam, Rechtsfragen II, a.a.O.

chen Schwierigkeiten zu konfrontieren. Das allokationsrechtliche (Nicht-) Regelungsmodell des TPG verfehlt so die Mindestbedingungen, die das Bundesverfassungsgericht[481] aus dem Gebot der Rechtswegklarheit abgeleitet hat.[482] Hierin liegt ein weiterer Grund dafür, § 12 TPG grundlegend zu reformieren.

Das Gesetz schweigt ebenfalls zu den Möglichkeiten von Patienten, gegen die Ablehnung ihrer Aufnahme in die Warteliste Rechtsschutz zu suchen; ein diesbezüglicher Änderungsbedarf wird seitens der Bundesregierung nicht gesehen.[483] Das verfassungsrechtliche Gebot der Rechtswegklarheit fordert jedoch, den einzuschlagenden Rechtsweg durch eine klare Zuweisung zu regeln.[484]

7.4. Materielle Vorgaben des Verfassungsrechts für die Allokation von Organen

Die verfehlte Vorentscheidung des Gesetzgebers von 1997 dafür, genuine Rechtsfragen als medizinische auszugeben, hat dazu geführt, dass eine Diskussion darüber weitestgehend unterblieben ist, welche materiellrechtlichen Vorgaben für die Verteilung von Lebenschancen aus dem Grundgesetz abzuleiten sind.

Diese Diskussion ist in der Rechtswissenschaft keineswegs abgeschlossen. Der gegenwärtige Diskussionsstand deutet jedoch darauf hin, dass eine Anwendung der maßgeblichen grundrechtsdogmatischen Prinzipien ganz erhebliche Korrekturen an der gegenwärtigen Allokationspraxis nach sich ziehen müßte. Es erscheint deshalb unverzichtbar, sich im Rahmen einer Novellierung des Transplantationsgesetzes nicht zuletzt dieser verfassungsrechtlichen Dimension zu vergewissern.

Hierbei ist klar, dass das Problem der Allokation dauerhaft knapper medizinischer Ressourcen nicht *befriedigend* gelöst werden kann. Das Verteilungsproblem wird den Charakter einer „tragischen Entscheidung"[485] behalten. Solange Knappheit herrscht, stellt jede Auswahl notwendigerweise eine „Ungleichbehandlung prinzipiell Gleichberechtigter" (Bundesverfassungsgericht[486]) in der Verteilung

---

[481] BVerfGE 57, 9, 21; 87, 48, 65; vgl. Maunz/Dürig–Schmidt-Aßmann, Grundgesetz, Art. 19 Abs. 4 Rn. 230 ff.; Dreier–Schultze-Fielitz, Grundgesetz, ²2004, Art. 19 Abs. 4 Rn. 84 ff., 91.
[482] Höfling, Primär- und Sekundärrechtsschutz im öffentlichen Recht, VVDStRL 61, 2002, 260, 289 f.; Höfling–Höfling, TPG, 2003, § 12 Rn. 60; Lang, Knappheitsentscheidungen im Sozialrecht – Zum Rechtsschutzdefizit gegenüber transplantationsrechtlichen Verteilungsentscheidungen, Vierteljahresschrift für Sozialrecht 2002, 21, 30 ff, 39; Schroth/König/Gutmann/Oduncu–Gutmann, TPG, 2005, § 12 Rn. 40.
[483] BT-Drs. 15/4542, 29.
[484] Siehe Schroth/König/Gutmann/Oduncu–Gutmann, TPG, 2005, § 10 Rn. 13 ff. m.w.N. und insbesondere die differenzierte Analyse von Lang, Vierteljahresschrift für Sozialrecht 2002, 21, 33 ff. und Höfling–Lang, TPG, 2003, § 10 Rn. 74 ff, 102 ff.
[485] Vgl. Barry, Tragic Choices, in: ders., Liberty and Justice. Essays in Political Theory 2, 1991, 142-158; Calabresi/Bobbitt, Tragic Choices, 1978.
[486] Bundesverfassungsgericht, Neue Juristische Wochenschrift 1977, 569, 570.

von Lebens- und Gesundheitschancen dar. Aber gerade weil „eine solche Ungleichbehandlung in einer freiheitlichen, am Gerechtigkeitsgedanken orientierten Rechtsordnung schwer erträglich ist" (ebd.), bestehen verfassungsrechtlich erhöhte Anforderungen an ihre Legitimation.

Auf der Grundlage der Ergebnisse einer Verfassungsinterpretation, die im Rahmen einer von der Deutschen Forschungsgemeinschaft gefördeten Untersuchung zu den verfassungsrechtlichen Vorgaben für die Allokation knapper medizinischer Güter am Beispiel der Organallokation entwickelt wurde[487], stünde es *nicht* im Ermessen des Gesetzgebers, bei der Zuteilung dauerhaft knapper, lebensnotwendiger medizinischer Güter an bereits individualisierte Patienten das Kriterium der (aggregativen) Erfolgsaussicht in den Vordergrund zu stellen und damit utilitaristischen Regeln zu folgen. Angesichts einer Allokationsrealität, die in starkem, wenngleich nicht immer offengelegten Maß von solchen (gesundheits-) utilitaristischen Überlegungen geprägt ist[488], würde sich dem Gesetzgeber vielmehr die Aufgabe stellen, das Prinzip der Lebenswertindifferenz des Grundrechts auf Leben und körperliche Unversehrtheit, d.h. den *egalitären* Schutz der Lebens- und Gesundheitsinteressen jedes einzelnen Grundrechtsträgers in der Verteilungspraxis umzusetzen. Dies würde eine erhebliche Änderung der gegenwärtig geltenden Verteilungsregeln erfordern.

Insoweit ist davon auszugehen, dass zwar kein originärer Leistungsanspruch eines Kranken auf Zuteilung eines Organs („kein Recht auf ein Organ"[489]) besteht; dass jedoch allen geeigneten Patienten ein derivativer Teilhabeanspruch[490] an den vorhandenen Transplantationskapazitäten aus Art. 2 Abs. 2 Satz 1 GG i.V.m. Art. 3 Abs. 1 GG zukommt.[491]

Prinzipiell gleichberechtigte[492] Inhaber dieses Anspruchs sind alle Patienten, bei denen eine Transplantation medizinisch indiziert ist, d.h. unabhängig von interpersonellen Nutzenvergleichen die Therapie der Wahl wäre; im übrigen ist dieses

---

[487] Vgl. näher Gutmann/Fateh-Moghadam, Rechtsfragen der Organverteilung II: Verfassungsrechtliche Vorgaben für die Allokation knapper medizinischer Güter am Beispiel der Organallokation, in: Gutmann/Schneewind/Schroth/Schmidt/Elsässer/Land/Hillebrand, Grundlagen einer gerechten Organverteilung – Medizin, Psychologie, Recht, Ethik und Soziologie, 2002, 59 ff.

[488] Vgl. Gutmann/Fateh-Moghadam, Rechtsfragen der Organverteilung II, a.a.O. und Rechtsfragen der Organverteilung III: Normative Einzelprobleme der gegenwärtigen Regelung der Organverteilung, in: Gutmann/Schneewind/Schroth/Schmidt/Elsässer/Land/Hillebrand, Grundlagen einer gerechten Organverteilung – Medizin, Psychologie, Recht, Ethik und Soziologie, 2002, 105 ff.

[489] Nickel/Schmidt-Preisigke/Sengler, TPG, 2001, § 12 Rn. 1.

[490] Vgl. allg. Murswiek, in: Isensee/Kirchhof (Hg.), Handbuch des Staatsrechts der Bundesrepublik Deutschland, Band V, 1992, § 112 Rn. 68 ff.; Alexy, Theorie der Grundrechte, 1996, 395 ff., Sachs–Osterloh, Grundgesetz, ²2003, Art. 3 Rn. 53 f.; BVerfG 33, 303; 45, 393; Bundesverfassungsgericht, Neue Juristische Wochenschrift 1977, 569.

[491] Vgl. Gutmann/Fateh-Moghadam, Rechtsfragen der Organverteilung I, a.a.O., 68 ff.; Dreier–Schulze-Fielitz, Grundgesetz, ²2004, Art. 2 Abs. 2 GG Rn. 96 mit Anm. 382.

[492] BVerfGE 33, 303, 332.

7.4. Materielle Vorgaben des Verfassungsrechts für die Allokation von Organen 133

Teilhaberecht voraussetzungslos. Hieraus folgt zunächst ein Recht des Patienten darauf, überhaupt am Verteilungsverfahren teilzunehmen, also Zugang zur Warteliste zu haben.[493] Die prinzipielle Gleichberechtigung aller Patienten und ihr Anspruch auf die individuelle Zumutbarkeit der festzulegenden Auswahlkriterien sowie auf grundrechtsspezifische Chancengleichheit und -gerechtigkeit[494] stellen Grundsätze eines Verteilungssystems dar, das in seiner Grundstruktur nicht-, ja eigentlich anti-utilitaristisch ist.[495] Für die Zuteilung knapper medizinischer Ressourcen stellt die Grundrechtsordnung mit anderen Worten den egalitären Schutz der Lebens- und Gesundheitsinteressen jedes einzelnen Patienten über die Maximierung dieser Interessen in Summe. Insbesondere die staatliche Schutzpflicht für das Leben ist in unverrechenbarer Weise auf das je *einzelne* Leben[496] und nicht auf das Aggregatsrecht eines Patientenkollektivs bezogen. Hierbei ist zu sehen, dass das Grundrecht auf Leben und körperliche Unversehrtheit aus Art. 2 Abs. 2 Satz 1 GG in besonderem Maße egalitär ist: „Jedes menschliche Leben" ist, wie das Bundesverfassungsgericht ausgeführt hat, „als solches gleich wertvoll und kann deshalb keiner irgendwie gearteten unterschiedlichen Bewertung oder gar zahlenmäßigen Abwägung unterworfen werden".[497] Die „Lebenswertindifferenz" (Lübbe) dieses Grundrechts untersagt es also, zwischen mehr und weniger „lebenswertem" Leben zu differenzieren bzw. die Leben der Grundrechtsträger für allokative Zwecke nach ihrer sozialen Funktionsfähigkeit, ihrer medizinischen oder sonstigen Qualität oder ihrer mutmaßlichen Dauer zu unterscheiden. Schöpft man den Gehalt dieses Grundsatzes aus, so stellt er Verteilungsmodelle, die primär an der Maximierung des aggregierten Gesamtnutzens des Patientenkollektivs orientiert sind, grundsätzlich in Frage. Bei der Zuteilung von Lebens- und existentiellen Gesundheitschancen durch den Staat oder durch von ihm legitimierte Institutionen haben deshalb Überlegungen zur Länge oder Qualität des Lebens der konkurrie-

---

[493] Näher Schroth/König/Gutmann/Oduncu–Gutmann, TPG, 2005, § 10 Rn. 10; § 16 Rn. 13. Hieran scheitert der „Vorschlag, begrenzte Wartelisten zu führen, auf die nur Patienten aufgenommen werden, für die eine konkrete Transplantationsmöglichkeit besteht", den Nagel (Schmerz und Leid auf Wartelisten, Ethik in der Medizin 12, 2000, 227 ff.) und Geisler (Organlebendspende. Routine – Tabubrüche – Systemtragik, Universitas 59, 702, 2004, 1214–1225, hier zitiert nach http://www.linus-geisler.de/art2004/200412universitas-organlebendspende.html) machen. Nach welchen Kriterien sollte auch ein solcher Ausschluß von bedürftigen Grundrechtsträgern bereits „vor dem Tor des Gesetzes" vor sich gehen? Vgl. hierzu auch Sitter-Liver, Gerechte Organallokation. Zur Verteilung knapper Güter in der Transplantationsmedizin, 2003, 148.

[494] Gutmann/Fateh-Moghadam, Rechtsfragen der Organverteilung II: Verfassungsrechtliche Vorgaben für die Allokation knapper medizinischer Güter am Beispiel der Organallokation, in: Gutmann/Schneewind/Schroth/Schmidt/Elsässer/Land/Hillebrand, Grundlagen einer gerechten Organverteilung – Medizin, Psychologie, Recht, Ethik und Soziologie, 2002, 59 ff.

[495] Gutmann, Gleichheit vor der Rationierung, in: Gutmann/Schmidt (Hg.), Rationierung und Allokation im Gesundheitswesen, 2002, 179 ff.; Gutmann/Fateh-Moghadam, Rechtsfragen der Organallokation II, a.a.O., 73 ff.

[496] BVerfGE 88, 203, Leitsatz 2, 252; vgl. BVerfGE 39, 1, 59.

[497] BVerfGE 39, 1, 59.

renden Patienten – jedenfalls diesseits einer Minimalnutzenschwelle – prima facie irrelevant zu sein. Hieraus ergibt sich, *dass die vom Gesetzgeber in § 12 Abs. 3 Satz 1 TPG nebeneinander gestellten Kriterien Dringlichkeit und Erfolgsaussicht von Verfassungs wegen nicht gleichwertig sind.* Die Erfolgsaussicht der Transplantation ist vielmehr ein Kriterium, das der Bedürftigkeit des Patienten bzw. der Dringlichkeit des Eingriffs nachgeordnet ist und wenigstens dann, wenn es bei den Betroffenen um die Rettung des Lebens oder die Verhinderung eines schwerwiegenden Gesundheitsschadens geht, nur subsidiäre Bedeutung haben kann.

Als Allokationskriterium verfassungsrechtlich geboten[498] ist in dieser Perspektive deshalb vor allem die individuelle Bedürftigkeit der Wartelistenpatienten. Diese muss zunächst als zeitliche (Hoch-) Dringlichkeit im Hinblick auf die Nähe unmittelbarer Lebensgefahr bei ausbleibendem Organersatz verstanden werden.[499] Dieses Prinzip zwingt dazu, den aktuell bedürftigeren Patienten auch dann vorrangig zu berücksichtigen, wenn das Organ (insbesondere Leber und Herz) bei einem anderen, aktuell weniger bedrohten Patienten einen länger anhaltenden Transplantationserfolg versprechen würde. Eine solche verfassungsrechtliche Herleitung des Dringlichkeitskriteriums würde im Falle seiner Umsetzung insbesondere auf dem Gebiet der Lebertransplantation zu erheblichen Einbußen bei den „Erfolgsraten" dieser Therapie führen.[500] An der Notwendigkeit einer weiteren Diskussion dieser Problematik im Rahmen einer Novellierung des Transplantationsgesetzes kann deshalb kein Zweifel bestehen.

---

[498] Daneben sind – über die speziellen Diskriminierungsverbote des Art. 3 Abs. 3 GG hinaus, die auch eine Behinderung des Patienten erfassen – nach dem Grundsatz der Lebenswertindifferenz auch die soziale Stellung, die wirtschaftlichen Verhältnisse, das soziale Verhalten oder gar der „soziale Wert" eligibler Patienten als Allokationskriterien gesperrt. Gleiches scheint für das Alter der Betroffenen zu gelten. Für den Bereich der Mikroallokation knapper medizinischer Ressourcen, d.h. für die Verteilung von Lebenschancen an bereits individualisierbare Patienten, wäre damit der intensiver werdenden Diskussion um eine Altersrationierung (zusammenfassend Breyer/Schultheiss, „Alter" als Kriterium bei der Rationierung von Gesundheitsleistungen – eine ethisch-ökonomische Analyse, in: Gutmann/Schmidt, Hg., Rationierung und Allokation im Gesundheitswesen, 2002, 121 ff.) von Verfassungs wegen der Boden entzogen.

[499] Als individuelle Bedürftigkeit verstandene Dringlichkeit muss schließlich auch berücksichtigen, welche Folgen der weitere Verbleib auf der Warteliste für die Patienten hat. Insoweit sind bestimmte Patientengruppen (v.a. Kinder und Diabetiker), bei denen weiteres Zuwarten oder die Fortsetzung der Hämodialyse mit einer drastischen Reduzierung ihrer Gesundheits- und Entwicklungschancen oder Lebenserwartung verbunden ist, vorrangig zu berücksichtigen. Die Anerkennung des verfassungsrechtlichen Anspruchs auf chancengleichen Zugang zur Organersatztherapie verlangt schließlich nach ausgleichenden Maßnahmen bei Patienten mit seltenen Blutgruppen oder Gewebezusammensetzungen und bei hochimmunisierten Patienten, die allesamt statistisch stark verminderte Chancen haben, ein passendes Organ zu finden; vgl. näher Gutmann/Fateh-Moghadam, Rechtsfragen der Organverteilung II, a.a.O.

[500] Vgl. etwa Brock, The Misplaced Role of Urgency in Allocation of Persistently Scarce Life-Saving Organs, in: Gutmann/Daar/Land/Sells (Eds.), Ethical, Legal, and Social Issues in Organ Transplantation, 2004, 41-48.

7.4. Materielle Vorgaben des Verfassungsrechts für die Allokation von Organen

Ergänzend ist darauf hinzuweisen, dass zwei normative Entscheidungen des Gesetzgebers auf dem Gebiet der Organallokation – die Grundsätze der patientenorientierten Vermittlung und der einheitlichen Warteliste – nachdrücklich zu begrüßen sind: Gemäß § 12 Abs. 3 Satz 1 TPG sind die Organe von der Vermittlungsstelle „für geeignete Patienten" zu vermitteln. Hiermit wird der *Grundsatz einer streng patientenorientierten*[501] *Allokation* formuliert und der vor Inkrafttreten des Gesetzes üblichen Verteilungspolitik eine Absage erteilt, in der die Zuteilung von Organen an Transplantationszentren im Vordergrund stand.[502] Die namentlich hinsichtlich der Vermittlung von Lebern nur zögerlich umgesetzte Vorschrift schließt damit die – früher kaum kontrollierbaren[503] – Entscheidungsspielräume des übertragenden Arztes dahingehend, welchem der Patienten auf der lokalen Warteliste das Organ zugutekommen soll, aus. Gegenüber patientenorientierten Kriterien sollen allokative Eigeninteressen der beteiligten Ärzte und Krankenhäuser kategoriell nachrangig sein. Darüber hinaus legt § 12 Abs. 3 Satz 2 TPG fest, dass die organspezifischen Wartelisten der deutschen Transplantationszentren bei der Vermittlungsstelle „als eine *einheitliche Warteliste* zu behandeln" sind. Diese Vorschrift stellt eine entscheidende Voraussetzung für die formale Gleichbehandlung der Patienten dar. Damit hat das Gesetz insbesondere dem früher üblichen „Lokalbonus" bzw. teilweisen „Selbstbehalt" entnommener Organe als Mittel des Interessenausgleichs zwischen den Transplantationszentren eine Absage erteilt.[504] Diese Praxis war unter dem Gesichtspunkt der Chancengleichheit der Patienten auch insoweit nicht zu rechtfertigen, als die Zahl der einem Zentrum zugeteilten Organe an die lokale Entnahmefrequenz gekoppelt wurde, um so als Motivationsfaktor zur Organgewinnung zu dienen.[505]

---

[501] Zum Begriff siehe Gutmann/Land, Ethische und rechtliche Fragen der Organverteilung: Der Stand der Debatte, in: Seelmann/Brudermüller (Hg.), Organtransplantation, 2000, 87-137 (108 ff.; Erstfassung in: Albert/Schmidt, Hg., Praxis der Nierentransplantation IV, 1997, 92-142); Sitter-Liver, Gerechte Organallokation. Zur Verteilung knapper Güter in der Transplantationsmedizin, 2003, 37, 143.

[502] Höfling–Höfling, TPG, 2003, § 12 Rn. 31 und Nickel/Schmidt-Preisigke/Sengler, TPG, 2001, § 12 Rn. 11, jeweils zu § 12 Abs. 3 Satz 2 TPG.

[503] Schmidt, Politik der Organverteilung, 1996.

[504] Gutmann/Land, Ethische und rechtliche Fragen der Organverteilung: Der Stand der Debatte, in: Seelmann/Brudermüller (Hg.), Organtransplantation, 2000, 87-137, 108 ff.; Nickel/Schmidt-Preisigke/Sengler, TPG, 2001, § 12 Rn. 11.

[505] Gutmann/Land, Ethische und rechtliche Fragen der Organverteilung: Der Stand der Debatte, in: Seelmann/Brudermüller (Hg.), Organtransplantation, 2000, 87-137, 109. Zu Versuchen der Bundesärztekammer zur Wiedereinführung des „Regionalfaktors" *contra legem* siehe Schroth/König/Gutmann/Oduncu–Gutmann, TPG, 2005, § 16 Rn. 23. Zum Verstoß des „Eurotransplant Senior Program" (ESP) gegen das TPG siehe Schroth/König/Gutmann/Oduncu–Gutmann, TPG, 2005, § 12 Rn. 37.

8. Rechtliche Probleme der Beauftragung der Stiftung Eurotransplant

8.1. Die Grundentscheidung des Gesetzgebers

In § 12 Abs. 1 Satz 1 TPG hat der Gesetzgeber die Grundentscheidung getroffen, dass die Vermittlungsstelle nicht (wie in anderen Ländern, z.B. in Frankreich das *Etablissement français des greffes*[506] oder in der Schweiz die *Nationale Zuteilungsstelle*[507]) als öffentlich-rechtliche Körperschaft unter unmittelbarer und umfassender Staatsaufsicht organisiert werden soll, sondern auf privatrechtlichem Weg[508] durch die Spitzenverbände der Krankenkassen gemeinsam, die Bundesärztekammer und die Deutsche Krankenhausgesellschaft oder die Bundesverbände der Krankenhausträger errichtet bzw. beauftragt wird. § 12 Abs. 4 und 5 TPG treffen weitere Vorgaben für den hierzu erforderlichen Vertrag.

Mit Vertrag vom 20.4.2000 wurde die Stichting Eurotransplant International Foundation, kurz Eurotransplant, eine private gemeinnützige Stiftung niederländischen Rechts mit Sitz in Leiden, Niederlande, als Vermittlungsstelle im Sinne des § 12 Abs. 1 TPG beauftragt, nachdem die Vorschriften des § 12 Abs. 1 und 2 TPG bereits mit Blick auf Eurotransplant konzipiert worden waren. Die 1967 im Rahmen ärztlicher Selbstorganisation gegründete Einrichtung war bereits ohne formale Rechtsgrundlage nahezu drei Jahrzehnte mit der Vermittlung zunächst von Nieren, dann auch von anderen Organen für die Transplantationszentren Belgiens, Deutschlands, der Niederlande, Luxemburgs und Österreichs, seit 1.1.2000 auch Sloweniens, betraut.

8.2. Verfassungsrechtliche Problematik

Obgleich der Gesetzgeber die Frage, wer die Kriterien zur Vergabe des knappen, lebens- und gesundheitswichtigen Guts „Organe" festzulegen hat, nicht eindeutig

---

[506] Art. 56 des Gesetzes 94-43 v. 18.1.1994, J.O n° 15 v. 19.1.1994, 960.
[507] § 19 Schweizer TPG v. 8.10.2004.
[508] Entwurfsbegründung, BT-Drs. 13/4355, 26, zu § 11 Abs. 4 Satz 1 E-TPG.

geregelt hat[509], steht doch außer Frage, dass die Vermittlungsstelle auf die Organzuteilung erheblichen, wenn nicht entscheidenden Einfluss hat. Sie erstellt die Allokationsregeln, gewichtet die Verteilungskriterien und trifft die Vermittlungsentscheidungen im Einzelfall. Ihre Tätigkeit ist nicht bloß technischer Vollzug gesetzlicher oder medizinisch-sachgesetzlicher Vorgaben, sie ist keine „externe Hilfsstelle".[510] Die niederländische Stiftung Eurotransplant teilt im Rahmen der von ihr gesteuerten Empfängerauswahl kraft eigener Wertungsspielräume und Entscheidungsmacht bestimmten Patienten Lebenschancen von regelmäßig existentieller Bedeutung zu und setzt andere potentielle Organempfänger zurück. Soweit sie sich hierbei rechnergestützter Allokationsalgorithmen bedient, sind diese nur Ausdruck und Operationalisierung vorab getroffener Wertungen.

Eurotransplant bestimmt damit unmittelbar über die Verwirklichung bzw. Nichtverwirklichung der Grundrechte aus Art. 2 Abs. 2 Satz 1 GG der in Deutschland gemeldeten Patienten. Der Stiftung wurden damit genuin staatliche Regelungsaufgaben übertragen. Ihre Tätigkeit wäre damit, „wäre sie eine Stelle deutschen Rechts – als Ausübung öffentlicher Gewalt einzustufen"[511]. Weil diese Tätigkeit dergestalt in den staatlichen Herrschaftsbereich durchgreift und unmittelbar die Grundrechtsberechtigten in Deutschland betrifft, übt Eurotransplant Hoheitsrechte aus.[512] Der im internationalen Vergleich nur vom deutschen Gesetzgeber gebrauchte euphemistische Begriff der „Vermittlung" von Organen durch die „Vermittlungsstelle" ist geeignet, die Natur der von Eurotransplant zu treffenden mangelverwaltenden Entscheidungen zu verschleiern.

Eurotransplant als private gemeinnützige Stiftung niederländischen Rechts ist jedoch weder dem deutschen öffentlichen Recht unterworfen noch eine zwischenstaatliche Einrichtung im Sinne des Art. 24 Abs. 1 GG, der durch Bundesgesetz Hoheitsrechte übertragen werden könnten. Zwischenstaatliche Einrichtungen in diesem Sinn sind nur durch völkerrechtlichen Vertrag gegründete Organe oder Organisationen, nicht aber Körperschaften, die einem Staat eingegliedert sind oder gar von Privaten geschaffene Einrichtungen.[513] Schon weil es an einer entsprechenden völkerrechtlichen Regelung fehlt, **„besitzt die Vermittlungsstelle und**

---

[509] Vgl. Schroth/König/Gutmann/Oduncu–Gutmann, TPG, 2005, § 12 Rn. 30 ff.
[510] Unzutreffend Lilie, Wartelistenbetreuung nach dem Transplantationsgesetz, in: Festschrift für Erwin Deutsch, 1999, 643, 664.
[511] Schmidt-Aßmann, Rechtsschutzfragen des Transplantationsgesetzes, NVwZ 2001, Sonderheft für H. Weber, 59, 60; ders., Grundrechtspositionen und Legitimationsfragen im öffentlichen Gesundheitswesen, 2001, 106; Höfling–Höfling, TPG, 2003, § 12 Rn. 14; Schroth/König/Gutmann/Oduncu–Gutmann, TPG, 2005, § 12 Rn. 10; im Ergebnis ebenso Deutsch, Das Transplantationsgesetz vom 5.11.1997, Neue Juristische Wochenschrift 1998, 777, 780.
[512] Schmidt-Aßmann, Grundrechtspositionen und Legitimationsfragen a.a.O., 107; Höfling–Höfling, TPG, 2003, § 12 Rn. 15; Schroth/König/Gutmann/Oduncu–Gutmann, TPG, 2005, § 12 Rn. 10; vgl. allgemein Maunz/Dürig–Randelzhofer, Grundgesetz, Art. 24 Abs. 1 Rn. 30; Sachs–Streinz, Grundgesetz, ²2003, Art. 24 Rn. 12 f. m.w.N.
[513] Sachs–Streinz, Grundgesetz, ²2003, Art. 24 Rn. 12 f.; Maunz/Dürig–Randelzhofer, Grundgesetz, Art. 24 Abs. 1 Rn. 44 ff., 52; Höfling–Höfling, TPG, 2003, § 12 Rn. 15.

8.2. Verfassungsrechtliche Problematik

damit das gesamte Vermittlungssystem des Transplantationsgesetzes derzeit keine hinreichende verfassungsrechtliche Basis".[514] Sie steht außerhalb der grundgesetzlich vorgegebenen Legitimationsstrukturen.

Hinzu kommt: Der Gesetzgeber hat mit seiner „verkappten" Übertragung von Hoheitsrechten auf eine im Ausland ansässige Vermittlungsstelle eine erhebliche Unsicherheit über Rechtswegfragen erzeugt und insofern nach überwiegender Ansicht das verfassungsrechtliche Gebot der Rechtswegklarheit und seine Justizgewährungspflicht missachtet.[515] Der Umstand, dass der Gesetzgeber es – ohne hinreichende verfassungsrechtliche Basis – vermittels § 12 Abs. 2 TPG ermöglicht und intendiert hat, dass die niederländische Stiftung Eurotransplant die Aufgaben der Vermittlungsstelle wahrnimmt, führt dazu, dass die Vermittlungsentscheidungen und „Anwendungsregelungen für die Organvermittlung" nicht nach deutschem öffentlichem Recht beurteilt werden können. Dennoch teilt die Stiftung Eurotransplant aufgrund der ihr im Rahmen der Regelungen des TPG überlassenen Wertungsspielräume und Entscheidungsmacht bestimmten Patienten Lebenschancen von existentieller Bedeutung zu, setzt andere potentielle Organempfänger zurück und übt damit, wie dargelegt, Hoheitsrechte aus. Die verfassungsrechtlich verbürgte *Justizgewährungspflicht* verwehrt es dem deutschen Staat jedoch, nicht-deutschen Stellen die Möglichkeiten von Rechtsbeeinträchtigungen zu eröffnen, die sich in Deutschland niederschlagen, ohne für einen ausreichenden Gerichtsschutz zu sorgen.[516] Auch wenn das Transplantationsgesetz den Rechtsschutz vor niederländischen Gerichten nicht ausschließt, so hat es doch nahezu systematisch Unsicherheiten über den Ort, den Weg, den Gegenstand und die Modalitäten der zu suchenden gerichtlichen Hilfe geschaffen. Auch dies steht in Konflikt mit dem verfassungsrechtlichen Gebot der Rechtswegklarheit und der staatlichen Justizgewährungspflicht; die „verkappte" Übertragung von Hoheitsrechten auf Eurotransplant ist auch aus diesem Grund nicht mit dem Grundgesetz vereinbar.[517]

---

[514] Höfling–Höfling, TPG, 2003, § 12 Rn. 15; Schmidt-Aßmann, Grundrechtspositionen und Legitimationsfragen im öffentlichen Gesundheitswesen, 2001, 108; Schroth/König/Gutmann/Oduncu–Gutmann, TPG, 2005, § 12 Rn. 11; grundsätzlich auch Lilie, Wartelistenbetreuung nach dem Transplantationsgesetz, in: Festschrift für Erwin Deutsch, 1999, 643, 663.

[515] Schmidt-Aßmann, Rechtsschutzfragen des Transplantationsgesetzes, NVwZ 2001, Sonderheft für H. Weber, 59, 61; ders., Grundrechtspositionen und Legitimationsfragen im öffentlichen Gesundheitswesen, 2001, 106 ff., 112 f.; Schroth/König/Gutmann/Oduncu–Gutmann, TPG, 2005, § 12 Rn. 12 u. 40.

[516] Vgl. BVerfGE 58, 1, 40 f.; 59, 63, 81; 89, 155, 174; Schmidt-Aßmann, Rechtsschutzfragen des Transplantationsgesetzes, NVwZ 2001, Sonderheft für H. Weber, 59, 61; ders., Grundrechtspositionen und Legitimationsfragen im öffentlichen Gesundheitswesen, 2001, 112 f.; Höfling–Höfling, TPG, 2003, § 12 Rn. 60.

[517] Schmidt-Aßmann, Rechtsschutzfragen des Transplantationsgesetzes, NVwZ 2001, Sonderheft für H. Weber, 59, 61; ders., Grundrechtspositionen und Legitimationsfragen im öffentlichen Gesundheitswesen, 2001, 113; Höfling–Höfling, TPG, 2003, § 12 Rn. 60; Höfling–Lang, § 10 Rn. 154 ff.; vgl. Lang, Knappheitsentscheidungen im Sozialrecht – Zum Rechtsschutzdefizit gegenüber transplantationsrechtlichen Vertei-

Insoweit besteht dringender Anlass zu gesetzgeberischem Handeln.

Hier sind primär zwei Lösungen denkbar, zwischen denen zu entscheiden nicht zuletzt eine Frage politischer Opportunität darstellt, die nicht Gegenstand dieser Untersuchung sein kann:

Der Gesetzgeber sollte *entweder* die rechtlichen und völkerrechtlichen Voraussetzungen für den gegenwärtigen transnationalen Organvermittlungsverbund und die Stiftung Eurotransplant als Vermittlungsstelle schaffen, *oder* prüfen, ob – angesichts der Probleme, die die gegenwärtige Beauftragung der Stiftung Eurotransplant als Vermittlungsstelle in verfassungsrechtlicher und völkerrechtlicher Hinsicht, aber auch mit Blick auf Fragen der Aufsicht und des Rechtsschutzes aufwirft – nicht zu dem ursprünglich überlegten[518] Konzept einer international kooperierenden, aber *nationalen* Vermittlungsstelle zurückgekehrt werden sollte.

---

lungsentscheidungen, Vierteljahresschrift für Sozialrecht 2002, 21, 31 u. 41 f. und nunmehr auch Schroth/König/Gutmann/Oduncu–Gutmann, TPG, 2005, § 12 Rn. 40. Bei letzterem wird der Schluss gezogen, diese rechtsstaatliche Problematik spreche im Ergebnis dafür, die Organallokation *de lege ferenda* nach dem Vorbild Frankreichs und der Schweiz einer öffentlich-rechtlichen Körperschaft unter unmittelbarer Staatsaufsicht zu übertragen.

[518] Entwurfsbegründung, BT-Drs. 13/4355, 25.

9. Ungenügen der Lösung im Bereich der postmortalen Spende

9.1. Problemkontext

Es bedarf keiner Erläuterung, dass die postmortale Organspende in Deutschland (bei enormen regionalen Unterschieden) hinter dem zurückbleibt, was in anderen europäischen Ländern möglich ist. Im Jahr 2003 haben – bei erneut rückläufigem Trend im Jahr 2004[519] – bundesweit durchschnittlich 13,78 Personen pro eine Million Einwohner nach dem Tod ihre Organe zur Verfügung gestellt, während es in Belgien und Österreich, zwei Partnerländern der Stiftung Eurotransplant, 23,29 bzw. 24,37 Organspender pro eine Million Einwohner (pmp) waren.[520] Spanien wies sogar 33,8 (2004: 34,6[521]) Spender pmp auf; für Frankreich und die USA wurden 18,3 bzw. 22,1 Spender pmp festgehalten. Man wird die Geschichte der deutschen Gesetzgebung zum Transplantationswesen im letzten Jahrzehnt auch als die Geschichte der Enttäuschung illusionärer Hoffnungen lesen können. So läßt sich in der Tat mit einer Fraktion der Abgeordneten des Deutschen Bundestags „feststellen, dass das Transplantationsgesetz zu keiner nennenswerten Steigerung der Organspenden geführt hat" und es weiterhin ein „alarmierender Zustand [ist], dass durchschnittlich bereits 30 Prozent der Patienten auf den Wartelisten sterben, weil sie aufgrund des Mangels an Spenderorganen keine Transplantation bekommen können, durch die ihr Leben gerettet werden könnte."[522] Das Gewicht, das Leben und Gesundheit der betroffenen Patienten in jeder ethischen und rechtlichen Abwägung zukommt, zwingt den Gesetzgeber dazu, ernsthafte Anstrengungen zu

---

[519] Im Jahr 2004 haben nach Angaben der DSO 1.081 Menschen (2003: 1.140) insgesamt 3.508 Organe (2003: 3.496) nach ihrem Tod gespendet. Dies entspricht 13 Organspendern pro eine Million Einwohner.

[520] Council of Europe, Newsletter Transplant 9 (2004) Nr. 1, International Figures on Organ Donation and Transplantation – 2003, http://www.coe.int/T/E/Social_Cohesion/Health, 18.

[521] Angaben des Spanischen Gesundheitsministeriums, http://www.msc.es/Diseno/informacionProfesional/profesional_trasplantes.htm.

[522] Große Anfrage der Abgeordneten Julia Klöckner, Thomas Rachel, Andreas Storm, weiterer Abgeordneter und der Fraktion der CDU/CSU zum Thema Förderung der Organspende, BT-Drs. 15/2707, 1 f.

unternehmen, um den institutionellen Rahmen möglicher Hilfe auszuschöpfen. Der Staat des Grundgesetzes darf Patienten nicht sterben oder leiden lassen, denen durch rechtlich und ethisch zu rechtfertigende Maßnahmen geholfen werden könnte. Die Verfolgung dieses Ziels als „missionarischen Organbeschaffungseifer"[523] zu denunzieren, zeugt von moralischer Verirrung.

9.2. Finanzielle und organisatorische Rahmenbedingungen

Die Bedeutung der finanziellen und organisatorischen Rahmenbedingungen der Organspende macht in plastischer Weise das spanische Beispiel deutlich. In Spanien, dem einzigen Land weltweit mit stetig zunehmenden postmortalen Spenderzahlen über einen Zeitraum von 10 Jahren (es gab dort eine Entwicklung von 14 Spendern pmp im Jahr 1989 auf 33,6 Spender pmp 1999), führen die Verantwortlichen diesen Erfolg auf ihre auf nationaler Ebene strategisch angelegten Bemühungen zurück, potentielle Organspender unter verstorbenen Personen in den Krankenhäusern proaktiv aufzufinden, zu melden und soweit möglich, zu tatsächlichen Organspendern werden zu lassen. Die wesentlichen Aspekte des spanischen Modells liegen demnach (1.) im zentral, d.h. sowohl auf nationaler wie auf regionaler und lokaler Ebene vernetzten Einsatz speziell ausgebildeter, teilweise[524] *staatlicher* (d.h. durch die Gesundheitsbehörden eingesetzter und entlohnter) ärztlicher Transplantationskoordinatoren sowohl an allen großen Kliniken wie auch den kleineren Krankenhäusern (1999: 139 Teams aus Ärzten und Pflegepersonal), die (gut) dafür bezahlt werden, dass sie – als ihre Hauptaufgabe – potentielle Organspender unter verstorbenen Patienten identifizieren sowie die nach der Hirntodfeststellung erforderlichen intensivmedizinischen und chirurgischen Maßnahmen koordinieren, (2.) in einer ausreichenden, ja großzügigen Kostenerstattung für die Entnahmekrankenhäuser, und daneben (3.) in einem kompetenten, psychosozial geschulten Umgang mit den Angehörigen sowie (4.) in der Aufrechterhaltung einer positiven „Organspendekultur", die durch eine sehr aktive Presse- und Öffentlichkeitsarbeit unterstützt wird. Die zentrale Koordination des Programms unterliegt, ungeachtet der föderalen Struktur Spaniens, einer Nationalen Transplan-

---

[523] So Geisler, Organlebendspende. Routine – Tabubrüche – Systemtragik, Universitas 59 (702), 2004, 1214–1225, hier zitiert nach http://www.linus-geisler.de/art2004/200412universitas-organlebendspende.html; dort im letzten Absatz.

[524] Die Koordinatoren auf der dritten (lokalen) Ebene werden von der Krankenhausleitung eingestellt und bezahlt und berichten unmittelbar an diese; sie sind gleichzeitig funktional mit der regionalen und nationalen Koordinationsebene verbunden. In den lokalen Krankenhäusern wird das Amt des Transplantationskoordinators regelmäßig als Teilzeitbeschäftigung ausgeübt, vgl. Matesanz, Factors that Influence the Development of an Organ Donation Program, Transplantation Proceedings 36 (2004), 739–741 (737) und Matesanz/Miranda, A Decade of Continuous Improvement in Cadaveric Organ Donation: The Spanish Model, Journal of Nephrology 15 (2002), 22–28.

9.2. Finanzielle und organisatorische Rahmenbedingungen

tationsorganisation (Organización Nacional de Trasplantes), die unmittelbar dem Spanischen Gesundheitsministerium angegliedert ist.[525] Den gesetzlichen Rahmenbedingungen für die Zustimmung der Spender (einer in der Praxis erheblich modifizierten, eine starke Rolle der Angehörigen respektierenden Widerspruchslösung) wird keine entscheidende Rolle für die Zunahme der Organspenden seit 1989 zugeschrieben; sie werden jedoch auch nicht als Hemmnis empfunden.[526] Das zum Export empfohlene[527] spanische Vorbild definiert, was unter der „Professionalisierung der Organspende" zu verstehen ist, deren Stand in Deutschland jüngst eine Große Anfrage aus der Mitte des Bundestags galt.[528] Die Erfolge des spanischen Modells, das 1989 von einem bundesdeutschen Niveau ausging und seither eine stabil bleibende Steigerung auf nahezu 250 Prozent dieses Ausgangsniveaus erreicht hat, stehen außer Frage (siehe Graphik).

Der Umstand, daß die Krankenhausstruktur in Deutschland zergliederter ist als in Spanien und es hier weit mehr Krankenhäuser mit Intensivstationen gibt als

---

[525] Matesanz/Miranda, A Decade of Continuous Improvement in Cadaveric Organ Donation: The Spanish Model, Journal of Nephrology 15 (2002), 22–28. Siehe auch Matesanz/Miranda, Expanding the Organ Donor Pool: The Spanish Model [Letter], Kidney International 59 (2001), 1594 ("The 'Spanish Model' results from the efforts of many to overcome obstacles such as untrained or under trained staff, unidentified donors, and the reluctance to approach grieving family members"); Matesanz, Factors that Influence the Development of an Organ Donation Program, Transplantation Proceedings 36 (2004), 739-41; Miranda/Fernandez Lucas et al., Organ Donation in Spain, Nephrology Dialysis Transplantion (14) 1999, Suppl. 3, 15-21; Matesanz/Miranda (Eds.), Coordinación y Trasplantes. El Modelo Español, Madrid 1995; Matesanz/Miranda/ Felipe, Organ Procurement and Renal Transplants in Spain: The Impact of Transplant Coordination, Nephrology Dialysis Transplantation 9 (1994), 475-478; daneben Nett/ Stüssi/Weber/Seebach, Transplantationsmedizin: Strategien gegen den Organmangel, Schweizer Medizinisches Forum Nr. 24 (2003), 559-568 (561). Siehe auch die Informationen der *Organización Nacional de Trasplantes* unter http://donacion.organos.ua.es/ont/introduc.htm.

[526] Matesanz/Miranda, A Decade of Continuous Improvement in Cadaveric Organ Donation, a.a.O.

[527] Matesanz, Factors that Influence the Development of an Organ Donation Program, Transplantation Proceedings 36 (2004), 739-741 (739 ff.); ders., Factors Influencing the Adaptation of The Spanish Model of Organ Donation, Transplant International 16 (2003), 736-741. Die Implementierung des Modells in Teilen Australiens und der Toskana führte dort jeweils zu einer Verdopplung des Spenderaufkommens, vgl. ebd. und Matesanz/Miranda, A Decade of Continuous Improvement in Cadaveric Organ Donation, a.a.O.

[528] Große Anfrage der Abgeordneten Julia Klöckner, Thomas Rachel, Andreas Storm, weiterer Abgeordneter und der Fraktion der CDU/CSU zum Thema Förderung der Organspende, BT-Drs. 15/2707, Frage 28.

dort, steht einer Übernahme des spanischen Modells nicht grundsätzlich entgegen.[529]

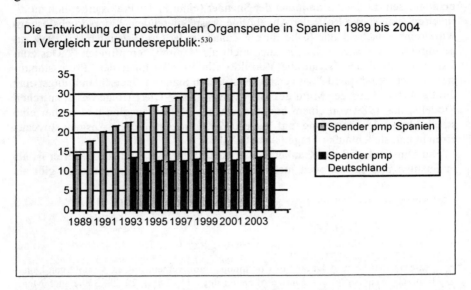

9.2.1. Gründe für die Verstöße gegen die Meldepflicht des § 11 Abs. 4 Satz 2 TPG

Nach § 11 Abs. 4 Satz 2 des deutschen Transplantationsgesetzes sind die Krankenhäuser verpflichtet, den endgültigen, nicht behebbaren Ausfall der Gesamtfunktion des Großhirns, des Kleinhirns und des Hirnstamms von Patienten, die nach ärztlicher Beurteilung als Spender vermittlungspflichtiger Organe in Betracht kommen, mitzuteilen. Die Bundesregierung hat jüngst mit Recht darauf hingewiesen[531], dass die Zahl der realisierbaren postmortalen Organspenden auch in Deutschland in hohem Maße davon abhängt, dass alle auf der Intensivstation verstorbenen Patienten, die nach ärztlicher Beurteilung Organspender sein können, identifiziert werden und die Krankenhäuser ihrer Pflicht nach § 11 Abs. 4 Satz 2

---

[529] Bein, Stellungnahme zur öffentlichen Anhörung „Organisation der postmortalen Organspende in Deutschland" der Enquete-Kommission Ethik und Recht der modernen Medizin des Deutschen Bundestages am 14.3.2005, Kom.-Drs. 15/235, 3.

[530] Ministerio de Sanidad y Consumo, Madrid: http://www.msc.es/Diseno/informacionProfesional/profesional_trasplantes.htm; Matesanz/Miranda, A Decade of Continuous Improvement in Cadaveric Organ Donation: The Spanish Model, Journal of Nephrology 15 (2002), 22–28. Die Zahlen für die Bundesrepublik folgen den Jahresberichten der Stiftung Eurotransplant 1996 bis 2003 und dem Eurotransplant Newsletter 198 (Jan. 2005).

[531] Vgl. zum Folgenden die Antwort der Bundesregierung, BT-Drs. 15/4542 v. 16.12. 2004, 4 f.

TPG zur Mitteilung dieser Patienten nachkommen. Ohne eine solche Verfahrensweise läuft in der Tat *jede* rechtliche Regelung der Zulässigkeit von postmortalen Organentnahmen, auch eine mögliche Widerspruchsregelung, in der Praxis ins Leere. Die Bundesregierung hat hierzu jedoch zugleich ausgeführt, dass der Anteil der Krankenhäuser mit Intensivbetten, die sich an diesen Mitteilungen beteiligen, ungenügend und in den letzten beiden Jahren sogar wieder leicht rückläufig gewesen ist: Er betrug im Durchschnitt aller dieser Krankenhäuser in Deutschland im Jahr 2003 nur 40 Prozent (bei den Krankenhäusern der Maximalversorgung 90 Prozent, der Zentralversorgung 67 Prozent, der Regelversorgung rund 39 Prozent und der Grundversorgung 18 Prozent).[532] Die vorhandenen Möglichkeiten zur postmortalen Organspende können jedoch nur bei einer Beteiligung aller Krankenhäuser mit Intensivbetten vollständig wahrgenommen werden.[533] Insofern liegt der Schlüssel zur Steigerung der Organspende in den Krankenhäusern.[534]

Es stellt sich deshalb die Frage, warum soviele Krankenhäuser ihrer Mitteilungspflicht aus § 11 Abs. 4 Satz 2 TPG nicht nachkommen. Ein regelmäßig vorgebrachter, naheliegender Grund liegt offensichtlich darin, dass die Krankenhäuser in Zeiten immer knapper werdender Budgets keine ausreichende finanzielle Erstattung für die erheblichen personellen und apparativen Aufwendungen erhalten, die mit einer Organspende einhergehen.[535] Die nach der Hirntodfeststellung erforderlichen intensivmedizinischen Maßnahmen (Aufrechterhaltung der Homöostase bis zur Organentnahme), um die Entnahme transplantierbarer Organe medizinisch zu ermöglichen, gelten als so aufwendig – und damit als so kostenintensiv – wie die intensivmedizinische Behandlung eines Schwerstkranken unter Einsatz maschineller Beatmung und in mancher Hinsicht als schwieriger. Ein wesentliches Hemmnis für die Organspende in Deutschland ist deshalb die fehlende sachgerechte Abgeltung für Krankenhausleistungen, die im Zusammenhang mit einer postmortalen Organentnahme und deren Vorbereitung erbracht werden (und zwar auch für den Fall, dass diese Leistungen nicht zur Entnahme von zur Transplantation geeigneten Organen führen).

---

[532] Antwort der Bundesregierung, BT-Drs. 15/4542 v. 16.12.2004, 4 f.
[533] Untersuchungen in Kanada, England, den Niederlanden und Spanien zeigen, dass auf Intensivstationen bis zu 69 % der potentiellen Organspenden nicht realisiert wurden, vgl. Schroth/König/Gutmann/Oduncu–Oduncu, TPG, 2005, Einl. Rn. 7 m.w.N.
[534] Wesslau, Stellungnahme zur öffentlichen Anhörung „Organisation der postmortalen Organspende in Deutschland" der Enquete-Kommission Ethik und Recht der modernen Medizin des Deutschen Bundestages am 14.3.2005, Kom.-Drs. 15/234, 2.
[535] „Immer stärker spielen insbesondere wirtschaftliche Überlegungen beim Prozess der Meldung potenzieller Organspender eine Rolle. Die Realisierung einer Organspende stört unter Umständen einzelne Prozesse im Krankenhaus erheblich (OP-Plan muss umgestellt werden, Operationen fallen aus, ein Intensivbett ist blockiert etc.). Die Ökonomisierung der Krankenhausmedizin (Einführung der DRGs, Verkürzung der Liegedauer etc.) wirkt sich hier deutlich zum Nachteil der Transplantationsmedizin aus" – so Briegel, Stellungnahme zur öffentlichen Anhörung „Organisation der postmortalen Organspende in Deutschland" der Enquete-Kommission Ethik und Recht der modernen Medizin des Deutschen Bundestages am 14.3.2005, Kom.-Drs. 15/233, 4.

Eine Aufwandserstattung für solche Leistungen durch die Koordinierungsstelle im Sinne des § 11 TPG, die Deutsche Stiftung Organtransplantation (DSO), wurde nunmehr vertraglich vereinbart.[536] Es erscheint jedoch zweifelhaft, ob die vereinbarten Beträge[537] für die Krankenhäuser tatsächlich kostendeckend sind. Dies gilt nicht zuletzt für den Betrag von lediglich 200 € für einen Abbruch während der Intensivstationsphase wegen einer Ablehnung der Spende durch den Verstorbenen oder seine Angehörigen. Die Annahme der Bundesregierung, dass schon hierdurch „verhindert [werde], dass das immer bestehende Risiko erfolgloser Maßnahmen zur Organspende finanziell einseitig zulasten der Krankenhäuser geht"[538], kann kaum überzeugen. Die DSO unterstellt rechnerisch allein für das Jahr 2004 617 Fälle dieser Art.[539] Hinzu kommt, dass dieser Aufwendungs- und Nachteilsersatz zwar den Verwaltungen der Häuser, in der Regel aber nicht den jeweiligen Abteilungen bzw. Kliniken, die am Prozess der Transplantation beteiligt sind, zukommt, so dass diese in der krankenhausinternen Leistungsverrechnung weiter benachteiligt bleiben, wenn sie sich für die Organentnahme einsetzen.[540] Die neuen Pauschalen haben im ersten Jahr ihrer Anwendung auch *nicht* zu einer Zunahme der Meldung potentieller Organspender durch die Krankenhäuser geführt.[541] Zudem wird der Umstand, dass die Abgeltung der Leistungen an die Spenderkrankenhäuser aus den Mitteln der Koordinierungsstelle DSO erfolgt[542] und diese (ungeachtet der Refinanzierung) einen zumindest mittelbaren ökonomischen Anreiz hat, diese Zahlungen gering zu halten, als wesentlicher Konstruktionsfehler des gesetzlichen Regelungswerks gelten dürfen. Darüber hinaus ist das Bewußtsein davon, dass

---

[536] Vereinbarung über die Durchführungsbestimmungen zur Aufwandserstattung nach § 8 Abs. 2 des Vertrages nach § 11 TPG, Bekanntmachung des Bundesministeriums für Gesundheit und Soziale Sicherung v. 16. 4. 2004 im Bundesanzeiger 2004, Nr. 73, 8181 f.

[537] 200 € für einen Abbruch während der Intensivstationsphase wegen Ablehnung; 1.270 € für einen Abbruch während der Intensivstationsphase nach Zustimmung; 2.090 € bei Abbruch im OP oder bei erfolgter Einorganentnahme; 3.370 € bei Multiorganentnahme, im berechneten Durchschnitt 1.283 €, siehe ebd.

[538] Antwort der Bundesregierung, BT-Drs. 15/4542 v. 16.12.2004, 17.

[539] Vgl. die Vereinbarung über die Durchführungsbestimmungen zur Aufwandserstattung, a.a.O.

[540] Bein, Stellungnahme zur öffentlichen Anhörung „Organisation der postmortalen Organspende in Deutschland" der Enquete-Kommission Ethik und Recht der modernen Medizin des Deutschen Bundestages am 14.3.2005, Kom.-Drs. 15/235, 13 f.; Briegel, Stellungnahme, ebd., Kom.-Drs. 15/233, 7.

[541] Egger, Stellungnahme zur öffentlichen Anhörung „Organisation der postmortalen Organspende in Deutschland" der Enquete-Kommission Ethik und Recht der modernen Medizin des Deutschen Bundestages am 14.3.2005, Kom.-Drs. 15/237, 12.

[542] Vgl. § 8 Abs. 2 des am 16.7.2000 in Kraft getretenen DSO-Vertrags gemäß § 11 TPG (BAnz. Nr. 131 a 5; abrufbar u.a. über www.dso.de): „Die Koordinierungsstelle zahlt den Transplantationszentren und anderen Krankenhäusern eine Abgeltung für Leistungen, die von diesen im Zusammenhang mit der Organentnahme und deren Vorbereitung erbracht werden. Die Abgeltung dieser Leistungen erfolgt aus den Mitteln der Organisationspauschale".

sich Investitionen in die Organgewinnung für die Kostenträger mehrfach bezahlt machen, (anders als in Spanien) bei den deutschen Krankenkassen zumindest nicht handlungsleitend. Die Tatsache, dass die Vereinbarung einer solchen pauschalen „Aufwandserstattung Spenderkrankenhäuser" erst nahezu sieben Jahre nach Inkrafttreten des Gesetzes erfolgte, spricht für sich. Ein in jeder Hinsicht kostendeckender Aufwendungsersatz für die Spenderkrankenhäuser erscheint weiterhin als vordringliche Aufgabe. Davon, daß „die bestehenden Vergütungsmodelle [...] zielführend und ausreichend"[543] seien, kann keine Rede sein.

9.2.2. Ökonomische Anreize zur Erfüllung der Meldepflicht

Darüber hinaus spricht nichts dagegen, die Aufwandsentschädigung für die Spenderkrankenhäuser künftig so zu bemessen, dass sie über die tatsächlich entstehenden Kosten deutlich hinausgeht und sie als *eindeutiger ökonomischer Anreiz* für die Institution Krankenhaus zur Erfüllung der gesetzlichen Pflicht aus § 11 Abs. 4 Satz 2 TPG dient. Da die Erfüllung der Meldepflicht durch die Krankenhäuser nur bezweckt, die Prüfung zu ermöglichen, ob eine Einwilligung in die Organspende im Sinne der §§ 3, 4 TPG vorliegt bzw. erteilt wird oder nicht, und sie so zugleich der Sicherung des Persönlichkeitsrechts des Spenders dient, unterscheidet sich ein solcher *Anreiz für Spenderkrankenhäuser zur Erfüllung gesetzlicher Pflichten* kategorisch von allen anderen diskutierten ökonomischen Anreizen *zur Organspende*, die sich an die Spender oder ihre Angehörigen richten würden. Die Wichtigkeit des Ziels, die *vorhandenen* Möglichkeiten zur postmortalen Organspende tatsächlich wahrzunehmen, rechtfertigt es in jedem Fall, krankenhausfinanzierungsrechtliche Phantasie zu entwickeln. Einmal mehr ist darauf hinzuweisen, dass das Ziel, die Kosten des Gesundheitssystems zu begrenzen, nicht gegen, sondern nachdrücklich für solche Ausgaben spricht. Angesichts der enormen Kostenersparnis, die die Transplantation von einer oder sogar zwei Spendernieren für die Krankenkassen bedeutet[544], kann am gesundheitsökonomischen Sinn eines solchen Anreizes kein Zweifel bestehen. Während diese Erkenntnis in Spanien handlungsleitend ist, hat sie sich in Deutschland bisher nicht durchgesetzt.[545]

---

[543] Egger, Stellungnahme zur öffentlichen Anhörung „Organisation der postmortalen Organspende in Deutschland" der Enquete-Kommission Ethik und Recht der modernen Medizin des Deutschen Bundestages am 14.3.2005, Kom.-Drs. 15/237, 14.

[544] Wie bereits ausgeführt, entstehen nach Angaben der Bundeszentrale für gesundheitliche Aufklärung bei einer Dialysebehandlung im Jahr durchschnittlich Kosten von ca. 33.000 € sowie zusätzliche Behandlungskosten von 7.600 €. Bei Nierentransplantation ist mit einmaligen Kosten von ca. 46.000 € sowie jährlichen Behandlungskosten von ca. 10.000 € zu rechnen (Enquete-Kommission Ethik und Recht der modernen Medizin, Zwischenbericht Organlebendspende, BT-Drs. 15/5050 v. 17.3.2005, 14). Wenn man von einer durchschnittlichen dialysefreien Funktionsdauer des Transplantats von 10 Jahren ausgeht, erspart eine Nierentransplantation der Krankenkasse in diesem Zeitraum derzeit demnach bis zu 260.000 €.

[545] Vgl. z.B. die Stellungnahme von Egger (AOK Bundesverband) zur knapp bemessenen Aufwandserstattungspauschale für Krankenhäuser, die sich an der Organspende be-

9.2.3. Demotivationsfaktoren für das Krankenhauspersonal

Die Bundesregierung führt aus, dass als „Hauptgrund für die bislang nur unzureichende Wahrnehmung der Möglichkeiten zur postmortalen Organspende in den Krankenhäusern [...] die erhebliche zusätzliche Arbeitsbelastung des Personals auf den Intensivstationen", die die Meldung eines verstorbenen Patienten als potentieller Organspender nach sich ziehe, angegeben werde.[546] Die Deutsche Stiftung Organtransplantation ist der Ansicht, dass regelmäßig „die enorme Überforderung von Ärzten und Pflegepersonal auf Intensivstationen dahin führt, dass die Zusatzaufgabe Organspende nicht wahrgenommen wird."[547]

Eine Möglichkeit, hier konstruktiv anzusetzen, bestünde in einer angemessenen gesonderten Entlohnung des betroffenen ärztlichen und nichtärztlichen Personals[548] im Rahmen regelmäßiger Nebentätigkeit; eine andere darin, das Krankenhauspersonal durch qualifizierte Ärzte von außen (bzw. wie in Spanien durch Ärzte mit ensprechenden Sonderaufgaben am Krankenhaus selbst) von den intensivmedizinischen Maßnahmen und ihrer Überwachung nachhaltig zu entlasten. In beiden Fällen muß gelten, dass es wenig vernünftig wäre, die durchgängige Umsetzung solcher Maßnahmen auf eigene Initiative der Koordinierungsstelle zu erwarten, solange die Kosten hierfür deren eigenes Budget schmälern würden. Es müssen also andere Finanzierungsmechanismen gefunden – und dies bedeutet: durch den Gesetzgeber vorgegeben – werden. Diesbezüglich braucht sich der Bundesgesetzgeber nicht auf die Zuständigkeit der Länder für die Krankenhausplanung[549] und das Krankenhauswesen zurückzuziehen. Seine Regelungskompetenz

---

teiligen, anlässlich der öffentlichen Anhörung „Organisation der postmortalen Organspende in Deutschland" der Enquete-Kommission am 14.3.2005, Kom.-Drs. 15/237, 9 f.: „Diese Anpassung ist mit erheblichen finanziellen Mitteln seitens der Krankenkassen verbunden und war nur über die Erwartung der Steigerungen der Organspenderate nach außen zu vertreten."

[546] Antwort der Bundesregierung, BT-Drs. 15/4542 v. 16.12.2004, 22. Vgl. dazu, dass das Personal von Intensivstationen durch eine zunehmende Arbeitsverdichtung (kürzere Liegezeiten, erhöhte Fallzahlen, Einführung der DRGs) unter zusätzlichem Druck steht, Bein, Stellungnahme zur öffentlichen Anhörung „Organisation der postmortalen Organspende in Deutschland" der Enquete-Kommission Ethik und Recht der modernen Medizin des Deutschen Bundestages am 14.3.2005, Kom.-Drs. 15/235, 9.

[547] Kirste, Stellungnahme zur öffentlichen Anhörung „Organisation der postmortalen Organspende in Deutschland" der Enquete-Kommission Ethik und Recht der modernen Medizin des Deutschen Bundestages am 14.3.2005, Kom.-Drs. 15/236, 10.

[548] Vgl. zu der Forderung, Zusatzarbeit wie Überstunden des Personals entsprechend zu vergüten, Bein, Stellungnahme zur öffentlichen Anhörung „Organisation der postmortalen Organspende in Deutschland" der Enquete-Kommission Ethik und Recht der modernen Medizin des Deutschen Bundestages am 14.3.2005, Kom.-Drs. 15/235, 9. Ebd., 14: „Der individuell mitwirkende Arzt ist bei den bisherigen Vergütungsmodellen in keiner Weise berücksichtigt. Ein Ausweg wäre, die anfallende Mehrarbeit aus der Personalkostenerstattung den direkt Beteiligten zukommen zu lassen."

[549] Vgl. BVerfGE 83, 363, 379 f.; v.Mangoldt/Klein/Starck–Oeter, Grundgesetz, ^{4}2000, Art. 74 [Nr. 19a], Rn. 178.

aus Art. 74 Nr. 26 GG erlaubt weitreichende Vorgaben, gerade auch krankenhausfinanzierungsrechtlicher Art.

Hierbei wird es insbesondere nicht ausreichen, die Krankenkassen – wie dies in dem Beschluss der Gesundheitsminister und -senatoren der Länder (GMK) vom 18. Juni 2004 zur „Verbesserung der Organspendesituation"[550] geschehen ist, nur „*aufzufordern*", als „Kostenträger den neuen Rechtsrahmen des Fallpauschalengesetzes auch in Zukunft aktiv zugunsten einer verbesserten und leistungsgerechten Vergütung der Organtransplantationen auszugestalten." Die Selbstregulierungsmechanismen der Leistungsträger haben sich im Bereich der Organtransplantation seit 1997 jedenfalls zu großen Teilen als überfordert und dysfunktional erwiesen (siehe oben, 5.2.1); die gegenwärtigen Kalkulationen und Verhandlungen im Rahmen des von der GMK angesprochenen „neuen Rechtsrahmens des Fallpauschalengesetzes", der sogenannten DRGs, die geeignet sind, der deutschen Transplantationsmedizin die ökonomische Grundlage zu entziehen, bestätigen dies. Es ist deshalb nicht angebracht, an dieser Stelle nur Hoffnungen zu investieren, anstatt eindeutige Regelungen zu treffen. Eine wesentliche Lehre, die aus dem spanischen Vorbild zu ziehen ist, besteht darin, dass eine *zentrale und koordinierte öffentlich-rechtliche Organisation und Regelung der organisatorischen und finanziellen Aspekte des Organspendewesens* ganz offenbar dem deutschen Modell überlegen ist, in dem die Entnahme von vermittlungspflichtigen Organen als „gemeinschaftliche Aufgabe" von Transplantationszentren, Krankenhäusern, Koordinierungsstelle (und damit zugleich der Spitzenverbände der Krankenkassen, der Bundesärztekammer und der Deutschen Krankenhausgesellschaft) mehr beschworen als organisiert wird (§ 11 TPG) und in dem Effizienzpotentiale in einem dichten Regelungs- und Interessengeflecht zwischen privatrechtlich handelnden Akteuren versickern.

9.2.4. Sanktionen?

Darüber hinaus sollte der Gedanke an eine *Sanktionierung* von Verstößen gegen die Meldepflicht nicht von vorneherein verworfen werden. Der Bundesregierung ist zuzugeben, dass Sanktionen nicht immer ein geeignetes Mittel zur Durchsetzung oder Verbesserung der zu erreichenden Ziele darstellen und dass gerade im Bereich der Organspende, die auf dem Prinzip der Freiwilligkeit beruht, das Instrument der Sanktionen problematisch sein und sogar kontraproduktiv wirken könnte.[551] Anderseits agieren die Spenderkrankenhäuser hinsichtlich der Meldung von Patienten, die nach ärztlicher Beurteilung als Organspender in Betracht kommen, nicht auf dem Boden ihres unbeschränkten freien Willens, sondern vielmehr

---

[550] 77. Konferenz der für das Gesundheitswesen zuständigen Ministerinnen und Minister, Senatorinnen und Senatoren der Länder (GMK) am 17./18.6. 2004 in Berlin; vgl. Antwort der Bundesregierung, BT-Drs. 15/4542 v. 16.12.2004, 14.

[551] Antwort der Bundesregierung, BT-Drs. 15/4542 v. 16.12.2004, 15 f. und 26.

einer gesetzlichen[552] Pflicht. Dass die Mitteilungspflicht aus § 11 Abs. 4 Satz 2 TPG nur in Gestalt einer *lex imperfecta* ausgestaltet, d.h. ihre Verletzung nicht einmal mit Bußgeld sanktioniert ist, wurde schon bei Inkrafttreten des Gesetzes kritisch angemerkt.[553] Immerhin schädigt die unterlassene Spendermeldung nicht nur das Kollektiv der wartenden Patienten in ihren Chancen darauf, Leben und Gesundheit zu erhalten, sondern beeinträchtigt auch den spendewilligen Verstorbenen in seinem Persönlichkeitsrecht. Zudem handelt es sich bei § 11 Abs. 4 Satz 2 TPG nach seiner Konstruktion um ein Schutzgesetz zugunsten der Empfänger, so dass die Nichtmeldung als Spender geeigneter Verstorbener an sich zu einem deliktischen Ersatzanspruch führt. Dieser läuft indessen leer, da sich in der Praxis kein konkreter Patient auf der Wartliste als kausal Geschädigter ausweisen kann. All dies läßt eine Bußgeldbewehrung des § 11 Abs. 4 Satz 2 TPG als vertretbar, wenn nicht sogar als erforderlich erscheinen, solange das gegenwärtig in § 11 TPG geregelte Konstrukt in Kraft bleibt. Der Einwand der Bundesregierung, die Ausübung des ärztlichen Beurteilungsspielraums im Rahmen der Mitteilungspflicht der Krankenhäuser nach § 11 Abs. 4 Satz 2 TPG *könne* nicht straf- oder bußgeldrechtlich sanktioniert werden[554], ist verfehlt, da es in der Praxis – wie gerade die enormen, offensichtlich strukturbedingten Unterschiede in der Wahrnehmung der Meldpflicht in verschiedenen Bundesländern bzw. DSO-Regionen zeigen – vorrangig um das Unterlassen der Meldung hirntoter Patienten aus Gründen geht, die mit der medizinischen Eignung der Verstorbenen als potentielle Organspender und entsprechenden Beurteilungsfragen nichts zu tun haben. Inwieweit darüber hinaus andere Sanktionsmöglichkeiten (etwa krankenhausfinanzierungsrechtlicher oder arzt- bzw. zulassungsrechtlicher Art) zur Verfügung stehen, sollte ebenfalls – subsidiär gegenüber den besprochenen ökonomischen Faktoren – einer Prüfung wert befunden werden. Dass bei einer durchdachten Organisation der Erfassung potentieller Organspender und der Schaffung sinnvoller Motivationsstrukturen allerdings jeder Grund für eine Sanktionsdrohung entfällt, zeigt wiederum insbesondere Spanien.

Demgegenüber scheint es zwar sinnvoll, für sich alleine jedoch wenig effizient, wenn die Bundesregierung vorschlägt, die betreffenden Krankenhäuser sollten gelegentlich der Entscheidung über die Zuweisung öffentlicher Fördermittel zur Krankenhausfinanzierung durch die zuständigen Landesministerien sowie im Rahmen der jährlichen Budgetverhandlungen durch die Krankenkassen „an die Erfüllung auch dieses Teils ihres Versorgungsauftrags *erinnert*" werden.[555] Derselbe

---

[552] Zur ethischen Dimension der Meldepflicht vgl. Kostka, Die Organallokation als komplexer dynamischer Prozess – eine multidimensionale ethische Problemanalyse der Organgewinnung, in: Becchi/Bondolfi/Kostka/Seelmann (Hg.), Organallokation. Ethische und rechtliche Fragen, Basel 2004, 159-192 (180 ff.).

[553] Deutsch, Das Transplantationsgesetz vom 5.11.1997, Neue Juristische Wochenschrift 1998, 777 (779); Gubernatis, Stellungnahme zur Anhörung des Ausschusses für Gesundheit des Deutschen Bundestags zum Transplantationsgesetz am 9.10.1996, Aussch-Drs. 599/13, 6 (51).

[554] Antwort der Bundesregierung, BT-Drs. 15/4542 v. 16.12.2004, 26.

[555] Antwort der Bundesregierung, BT-Drs. 15/4542 v. 16.12.2004, 22, Herv. T.G.

9.2. Finanzielle und organisatorische Rahmenbedingungen

symbolische Wert mit absehbar geringer Wirkung dürfte dem Beschluss der Gesundheitsminister und -senatoren der Länder (GMK) vom 18. Juni 2004 zukommen, der die Krankenhäuser *auffordert*, die Mitwirkung an der postmortalen Organspende als Bestandteil ihres Versorgungsauftrages engagiert wahrzunehmen und insbesondere die notwendigen organisatorischen Vorkehrungen zu treffen, um ihre Verpflichtungen nach § 11 Abs. 4 TPG zu erfüllen.[556] Dem Gesetzgeber stehen andere Mittel zu Gebote als bloße Ermahnungen und Beschwörungen.

9.2.5. Organisationsstrukturen in den Krankenhäusern

Eine stärkere Umsetzung der Meldepflicht hängt auch davon ab, dass die Organisationsstrukturen in den Krankenhäusern verbessert und klare Verantwortungsbereiche ausgewiesen werden. Hierzu haben einige Länder (Bayern, Hessen, Mecklenburg-Vorpommern und Rheinland-Pfalz[557]) in ihren Ausführungsgesetzen zum Transplantationsgesetz[558] die Krankenhäuser mit Intensivbetten verpflichtet, Transplantationsbeauftragte zu bestellen oder andere organisatorische Vorkehrungen zur Erfüllung der Mitteilungspflicht nach § 11 Abs. 4 Satz 2 TPG zu treffen.[559] In Teilen vorbildhaft dürfte insoweit die bayerische Regelung in den §§ 7 Abs. 2, 9 BayAGTTG sein, nach der alle Krankenhäuser mit Intensivbetten mindestens einen Transplantationsbeauftragten zu bestellen haben, zu dessen Aufgaben es u.a. gehört, die Erfüllung der gesetzlichen Verpflichtung der Krankenhäuser aus § 11 Abs. 4 Satz 2 TPG sicherzustellen, das ärztliche und pflegerische Personal des jeweiligen Krankenhauses mit der Bedeutung und den Belangen der Organspende vertraut zu machen, die für die Organspende zu leistende Aufklärungs- und Öffentlichkeitsarbeit in ihrem Bereich zu koordinieren, die Tätigkeit der Transplantationskoordinatoren vor Ort zu unterstützen, insbesondere an der Organisation der Organentnahme mitzuwirken, sowie die nächsten Angehörigen des Organspenders zu betreuen. Die Transplantationsbeauftragten erfüllen ihre Funktion in Nebentätigkeit; durch Rechtsverordnung wurde eine – allerdings zu vernachlässigende – pauschale Vergütung festgesetzt.[560] Auch der letztgenannte Punkt markiert im übrigen einen ganz *wesentlichen* Unterschied zum erfolgreichen spanischen Modell. Dessen Verantwortliche haben davor gewarnt, sich von

---

[556] 77. Konferenz der für das Gesundheitswesen zuständigen Ministerinnen und Minister, Senatorinnen und Senatoren der Länder (GMK) am 17./18.6. 2004 in Berlin; vgl. Antwort der Bundesregierung, BT-Drs. 15/4542 v. 16.12.2004, 14, Herv. T.G.

[557] Art. 7 Abs. 2, Art. 9 BayAGTTG; § 4 HAGTPG; § 4 TPGAG M-V; § 5 AGTPG RP.

[558] Die Bundesregierung führt aus, dass andere Länder (Berlin, Nordrhein-Westfalen, Sachsen-Anhalt und Sachsen) dies „auf andere Weise" getan hätten, vgl. Antwort der Bundesregierung, BT-Drs. 15/4542 v. 16.12.2004, 16.

[559] Vgl. ebd.

[560] §§ 2, 3 Bayerische Verordnung über die Vergütung für die Tätigkeit der Transplantationsbeauftragten nach Art. 9 Abs. 2 des Gesetzes zur Ausführung des Transplantationsgesetzes und des Transfusionsgesetzes (Transplantationsbeauftragtenvergütungsverordnung – TBV) vom 18. 12. 2001, BayGVBl 2001, 1075.

einer nicht konzertierten, nur teilweisen Umsetzung des Modells wesentliche Erfolge zu erhoffen.[561] Die notwendige Neukonzeption der finanziellen und organisatorischen Rahmenbedingungen der Organspende wird deshalb an der schon heute von Seiten der Praxis geforderten Professionalisierung[562] und angemessenen Entlohnung[563] der Transplantationsbeauftragten nicht vorbei kommen.

Die Gesundheitsminister und -senatoren der Länder (GMK) haben es in ihrem Beschluss vom 18. Juni 2004 für erforderlich erklärt, dass die Länder im Rahmen ihrer Zuständigkeiten für die Umsetzung des Transplantationsgesetzes weiter darauf hinwirken, dass in allen Transplantationszentren und anderen Krankenhäusern mit Intensivbetten strukturelle und organisatorische Bedingungen für eine effektive Wahrnehmung der Möglichkeiten zur postmortalen Organspende geschaffen und genutzt werden.[564] Alleine von der Einsetzung von Transplantationsbeauftragten, die mit ihren spanischen Vorbildern nur den Namen, nicht aber das Konzept gemeinsam haben, einen Durchbruch hinsichtlich des Problems unterlassener Spendermeldungen zu erwarten, wäre – wie die erfreuliche, aber deutlich begrenzte Entwicklung der bayerischen Melde- und Spenderzahlen[565] belegt, angesichts der aufgezeigten strukturellen und finanziellen Demotivationsfaktoren für die Krankenhäuser und das Krankenhauspersonal wenig realitätsnah. Zu erwarten ist vielmehr, dass Maßnahmen wie die Einsetzung von Transplantationsbeauftragten erst greifen, wenn die genannten Demotivations-Faktoren für die Entnahmekrankenhäuser und ihr Personal beseitigt sind. Dasselbe gilt für die sinnvollen, aber für sich nicht hinreichenden Anstrengungen zu einer kontinuierlichen Aufklä-

---

[561] Matesanz/Miranda, A Decade of Continuous Improvement in Cadaveric Organ Donation: The Spanish Model, Journal of Nephrology 15 (2002), 22–28.

[562] „Ein Arzt, der neben Intensivstation noch Hausdienste und die Notaufnahme betreuen muss, wird sich kaum um die Meldung von Organspendern kümmern können" – so Bein, Stellungnahme zur öffentlichen Anhörung „Organisation der postmortalen Organspende in Deutschland" der Enquete-Kommission Ethik und Recht der modernen Medizin des Deutschen Bundestages am 14.3.2005, Kom.-Drs. 15/235, 14. Ebd., 12: „Transplantationsbeauftragte können die Organspende erhöhen, wenn ihnen entsprechende Kompetenzen und Freiräume bereitet werden und die Klinikleitung ihre Unterstützung bekannt gibt. Transplantationsbeauftragte ohne Umsetzungskompetenzen bleiben wirkungslos." Ebenso die Stellungnahme von Briegel, a.a.O., Kom.-Drs. 15/233, 6: „Die Kompetenzen eines Transplantationsbeauftragten sind limitiert, seine Wirkung dementsprechend gering". Vgl. dazu, dass eine effektive Arbeit des Beauftragten eine Berücksichtigung im Stellenschlüssel und (nach spanischem Beispiel) die Anbindung als Stabsstelle bei der ärztlichen Direktion erfordert, damit auch interdisziplinäre Maßnahmen zur Förderung der Organspende ergriffen werden können, Bein, a.a.O., 2, sowie Briegel, a.a.O., 2.

[563] Bein, Stellungnahme zur öffentlichen Anhörung „Organisation der postmortalen Organspende in Deutschland" der Enquete-Kommission Ethik und Recht der modernen Medizin des Deutschen Bundestages am 14.3.2005, Kom.-Drs. 15/235, 12.

[564] 77. Konferenz der für das Gesundheitswesen zuständigen Ministerinnen und Minister, Senatorinnen und Senatoren der Länder (GMK) am 17./18.6. 2004 in Berlin; vgl. Antwort der Bundesregierung, BT-Drs. 15/4542 v. 16.12.2004, 15.

[565] Für 2003 vgl. die Antwort der Bundesregierung, BT-Drs. 15/4542 v. 16.12.2004, 13.

rung der Bevölkerung, deren Sicherstellung jüngst eine Große Anfrage aus der Mitte des Bundestags galt[566], sowie für die Bemühungen zur Intensivierung der Aufklärungsmaßnahmen speziell für Krankenschwestern, Krankenpfleger, Ärztinnen und Ärzte im intensivmedizinischen Bereich.[567] Hierbei muß – ebenfalls nach spanischem Vorbild[568] – ein besonderes Augenmerk der Schulung psychosozialer Kompetenzen des Personals für einen sensiblen Umgang mit den Angehörigen gelten.[569] Während die von der DSO veröffentlichten Ablehnungsraten der Angehörigen im Jahre 2004 in Deutschland 39,3 Prozent betrugen[570], gehen Transplantationsbeauftragte von tatsächlichen Raten über 50 %[571] bzw. zwischen 50% und 70%[572] aus. Auch die Unterschiede an realisierten Organspenden zwischen den deutschen Regionen werden auf unterschiedlich hohe Zahlen an Ablehnungen durch die Angehörigen zurückgeführt[573], welche offenbar auch auf die Art der Gesprächsführung mit den Angehörigen oder das Unterlassen derselben zurückgeführt werden können.[574] In Spanien widersetzen sich Angehörige einer Organ-

---

[566] Große Anfrage der Abgeordneten Julia Klöckner, Thomas Rachel, Andreas Storm, weiterer Abgeordneter und der Fraktion der CDU/CSU zum Thema Förderung der Organspende, BT-Drs. 15/2707.

[567] Vgl. Bejn, Stellungnahme zur öffentlichen Anhörung „Organisation der postmortalen Organspende in Deutschland" der Enquete-Kommission Ethik und Recht der modernen Medizin des Deutschen Bundestages am 14.3.2005, Kom.-Drs. 15/235, 11.

[568] Vgl. die zitierten Beiträge von Matesanz und Miranda.

[569] Vgl. hierzu auch Muthny/Wesslau/Smit, Organspendebezogene Entscheidungsprozesse der Angehörigen nach plötzlichem Hirntod, Transplantationsmedizin 15 (2003), 1-6; Wesslau, Stellungnahme zur öffentlichen Anhörung „Organisation der postmortalen Organspende in Deutschland" der Enquete-Kommission Ethik und Recht der modernen Medizin des Deutschen Bundestages am 14.3.2005, Kom.-Drs. 15/234, 5; Briegel, Stellungnahme, ebd., Kom.-Drs. 15/233, 4.

[570] Vgl. Kirste, Stellungnahme zur öffentlichen Anhörung „Organisation der postmortalen Organspende in Deutschland" der Enquete-Kommission Ethik und Recht der modernen Medizin des Deutschen Bundestages am 14.3.2005, Kom.-Drs. 15/236, 3 f. Nach Angaben der DSO lagen die registrierten Ablehnungsraten zur Organspende in Deutschland im Jahr 1998 bei 32,5, im Jahr 1999 bei 37,1, im Jahr 2000 bei 37,7, im Jahr 2001 bei 39,2, im Jahr 2002 bei 34,9 und im Jahr 2003 bei 34,8 Prozent, vgl. die Antwort der Bundesregierung, BT-Drs. 15/4542 v. 16.12.2004, 20.

[571] Bein, Stellungnahme zur öffentlichen Anhörung „Organisation der postmortalen Organspende in Deutschland" der Enquete-Kommission Ethik und Recht der modernen Medizin des Deutschen Bundestages am 14.3.2005, Kom.-Drs. 15/235, 3.

[572] Briegel, Stellungnahme zur öffentlichen Anhörung „Organisation der postmortalen Organspende in Deutschland" der Enquete-Kommission Ethik und Recht der modernen Medizin des Deutschen Bundestages am 14.3.2005, Kom.-Drs. 15/233, 3.

[573] Wesslau, Stellungnahme zur öffentlichen Anhörung „Organisation der postmortalen Organspende in Deutschland" der Enquete-Kommission Ethik und Recht der modernen Medizin des Deutschen Bundestages am 14.3.2005, Kom.-Drs. 15/234, 5

[574] Bein, Stellungnahme zur öffentlichen Anhörung „Organisation der postmortalen Organspende in Deutschland" der Enquete-Kommission Ethik und Recht der modernen Medizin des Deutschen Bundestages am 14.3.2005, Kom.-Drs. 15/235, 9; Egger, Stel-

spende nur in 20 bis 25 % der Fälle[575], obgleich das Land hinsichtlich Bereitschaft und Informationsstand nicht über ein wesentlich höheres Potential an Organspendern verfügt als Deutschland.[576] Auch diesbezüglich werden entscheidende Verbesserungen wohl nur im Rahmen einer umfassenden „Professionalisierung der Organspende" nach spanischem Vorbild zu erzielen sein.

9.2.6. Die Rolle der Koordinierungsstelle

Die Frage nach der Zweckmäßigkeit der organisatorischen Rahmenbedingungen der Organspende wird zudem die vorurteilslose Prüfung enthalten müssen, ob und inwieweit sich die Einbettung der Koordinierungsstelle in ein privatrechtliches Vertragssystem (§ 11 TPG) sowie die bisherige Tätigkeit der gegenwärtig vertraglich beauftragten Koordinierungsstelle, der Deutschen Stiftung Organtransplantation (DSO), bewährt hat. Dieser Prüfung ist hier nicht vorzugreifen. Hinzuweisen ist jedoch auf die Ausführungen der Bundesregierung, denen zufolge die Spannbreite der Organspendequote in Deutschland im Jahr 2003 von 11,1 pro eine Million Einwohner (pmp) in Nordrhein-Westfalen bis 25,9 pmp in Mecklenburg-Vorpommern reicht[577], und dass dort, wo die DSO – wie etwa in der Region Nordost – nach der Mitteilung eines auf der Intensivstation verstorbenen Patienten, der als möglicher Organspender in Betracht komme, dem betreffenden Krankenhaus personelle Hilfe bei den notwendigen intensivmedizinischen Maßnahmen und ihrer Überwachung gewährt oder diese Maßnahmen gar übernimmt[578], diese Krankenhäuser auch zur Mitteilung sämtlicher potentieller postmortaler Organspender bereit sind, so dass dort mit den genannten 25,9 Organspendern je Million Ein-

---

lungnahme, ebd., Kom.-Drs. 15/237, 4 f.: „Das kompetente Angehörigengespräch als Schlüssel zur Zustimmung."

[575] Matesanz, Factors that Influence the Development of an Organ Donation Program, Transplantation Proceedings 36 (2004), 739-741; Matesanz/Miranda, A Decade of Continuous Improvement in Cadaveric Organ Donation: The Spanish Model, Journal of Nephrology 15 (2002), 22-28.

[576] Schauenburg/Hildebrandt, Organspendebereitschaft in Spanien und Deutschland – eine vergleichende Untersuchung. 54. Arbeitstagung des Deutschen Kollegiums Psychosomatische Medizin (DKPM), Göttingen, März 2003, Psychotherapie – Psychosomatik – Medizinische Psychologie 53 (2003), 134.

[577] Antwort der Bundesregierung, BT-Drs. 15/4542 v. 16.12.2004, 4 f. sowie – differenziert – 13 f.

[578] Vgl. zu dem Vorschlag, die Zahl der Koordinatoren in den Regionen zu erhöhen, soweit die Krankenhäuser zeitlich und personell nicht in der Lage sind, die zusätzlichen Aufgaben im Rahmen der Organspende zu erbringen und dadurch die Organspende gefährden, Wesslau (Geschäftsführender Arzt der DSO-Region Nordost), Stellungnahme zur öffentlichen Anhörung „Organisation der postmortalen Organspende in Deutschland" der Enquete-Kommission Ethik und Recht der modernen Medizin des Deutschen Bundestages am 14.3.2005, Kom.-Drs. 15/234, 6. In diesem Sinn auch Bein, Stellungnahme, ebd., Kom.-Drs. 15/235, 9: „Bei 240 Krankenhäusern mit Intensivstationen erscheint die Ausstattung mit 7 Koordinatoren nicht ausreichend."

wohner die höchste Zahl postmortaler Organspender in Deutschland erzielt wird. Dies wirft die Frage auf, ob es in den anderen Regionen wirklich nur oder vorrangig ungünstige Strukturbedingungen sind, die ähnliche Erfolge verhindern.

9.3. Die Widerspruchslösung

Das Potential dafür, die Zahl der realisierbaren postmortalen Organspenden auf der Gundlage der geltenden §§ 3,4 TPG zu erhöhen, scheint nach dem Ausgeführten beachtlich. Deshalb, aber auch weil die §§ 3 und 4 TPG in den Gesetzgebungsverfahren der Jahre 1978 und 1992 bis 1997 Gegenstand einer intensiven und sehr kontroversen, andere Sachfragen weitgehend überlagernden Diskussion[579] waren, empfiehlt es sich, die rechtspolitische Debatte über Zweckmäßigkeit und Wünschbarkeit der sogenannten Widerspruchslösung nur subsidiär wieder aufzunehmen. Die vorliegende Darstellung kann sich deshalb auf einige grundsätzliche Hinweise beschränken.

9.3.1. Konzept und Bedeutung

9.3.1.1.

Anders als in Deutschland, den Niederlanden, Dänemark, Großbritannien und der Schweiz gelten in den meisten europäischen Staaten, darunter auch in den beiden Eurotransplant-Partnerländern Österreich[580] und Belgien[581] sowie u.a. in Frankreich[582], Spanien[583], Norwegen, Finnland und Schweden modifizierte „Widerspruchsregelungen" für die postmortale Organentnahme, d.h. die Zustimmung des Verstorbenen wird gesetzlich vermutet bzw. fingiert und eine Organentnahme ist zulässig, wenn ihr der Verstorbene zu Lebzeiten nicht widersprochen hatte. Die europäischen Gesetze sehen hierbei unterschiedliche Rollen für die Angehörigen des Verstorbenen vor, sie bewegen sich insofern zwischen sogenannen engen Widerspruchslösungen, nach denen Organe einer verstorbenen Person entnommen werden, wenn diese selbst sich zu Lebzeiten nicht selbst (ausdrücklich und ggf. in einem Widerspruchsregister dokumentiert) gegen einen solchen Eingriff ausgesprochen hat, und erweiterten Widerspruchslösungen, bei denen jedenfalls in der Rechtspraxis auch den nächsten Angehörigen ein Widerspruchsrecht eingeräumt

---

[579] Vgl. hierzu knapp Schroth/König/Gutmann/Oduncu–König, TPG, 2005, Einl. Rn. 6.
[580] § 62a Österr. Krankenanstaltengesetz vom 1.6.1982, BGBl. Nr. 273/1982.
[581] Art. 10 des Gesetzes vom 13.6.1986 über die Entnahme und Transplantation von Organen, Mon. Belge Nr. 32 v. 14.2.1987, 2129 ff.
[582] Gesetz Nr. 94-654 vom 29.7.1994 (Loi n° 94-654 du 29 juillet 1994 relative au don et à l'utilisation des èlements et produits du corps humain; à l'assistance médicale à la procréation et au diagnostic prénatal, Journal Officiel de la République française, Lois et Décrets, du 30 juillet 1994), Art- L. 671-7; insofern nicht wesentlich novelliert.
[583] Ley 30/1979, de 27 de octubre, sobre extracción y trasplante de órganos, Art. 5.

wird bzw. nach Indizien für einen formlos geäußerten Widerspruch des Verstorbenen geforscht wird. Hierbei ist zu sehen, dass in allen Staaten mit einer Widerspruchsregelung in der Rechtspraxis auf Wünsche der Angehörigen Rücksicht genommen wird. In Belgien haben die Angehörigen ein Einspruchsrecht gegen die Organentnahme. In Österreich wird es bei der Anwendung des Gesetzes einem Widerspruch im Widerspruchsregister gleich geachtet, wenn ein Angehöriger des Verstorbenen einen mündlich geäußerten Widerspruch des Verstorbenen bezeugt; in Frankreich besteht eine entsprechende Nachforschungspflicht des Arztes. Spanien schließlich wird als Beispiel dafür genannt, wie effektiv (innerhalb systematisch geschaffener, positiver organisatorischer Rahmenbedingungen) eine Widerspruchslösung sein kann, die in der Praxis die Angehörigen des Verstorbenen systematisch und sehr intensiv miteinbezieht.[584] Der Gesetzentwurf der Bundesregierung aus dem Jahr 1978 hatte eine (eingeschränkte) Widerspruchslösung vorgesehen[585], zwei neue europäische Gesetze, in der Schweiz[586] und in Großbritannien[587], haben sich jüngst gegen solche „opting out"-Modelle entschieden.

9.3.1.2.

Dass die Widerspruchslösung grundsätzlich mit einem höheren Organaufkommen verbunden ist, muß außer Zweifel stehen, wie der Blick auf die europäischen Nachbarstaaten Belgien, Österreich und Spanien zeigt, die 69%, 77% bzw. 145% mehr postmortale Organspender pro Million Einwohner aufweisen als die Bundesrepublik.[588]

Die Bundesregierung hat diesen empirischen Befund mit einem verfehlten Exempel in Frage gestellt. Sie will davon ausgehen,

> „dass der Zustimmungs- oder der Widerspruchsregelung als rechtliche Rahmenbedingungen insoweit letztlich keine entscheidende Bedeutung zukommt, sondern vielmehr der Organisation der Zusammenarbeit zwischen den Transplantationszentren und den anderen Krankenhäusern sowie dem Engagement der beteiligten Mitarbeite-

---

[584] Vgl. Price, Legal and Ethical Aspects of Organ Transplantation, 2000, 91 f.
[585] BT-Drs. 8/2681; BR-Drs. 395/78. Der Regierungsentwurf (der mangels eigenständiger Gesetzgebungskompetenz des Bundes für die Transplantation auf die konkurrierende Gesetzgebungskompetenz für das Straf- und Zivilrecht, Art. 74 Abs. 1 Nr. 1 GG gestützt war) sah vor, dass der Widerspruch in den Personalausweis eingetragen wird und der Bürger bei einem Antrag auf Neuausstellung oder Verlängerung des Personalausweises auf die Möglichkeit des Widerspruchs hingewiesen wird. Vgl. hierzu auch Vogel, Zustimmung oder Widerspruch, Neue Juristische Wochenschrift 1980, 625 ff.
[586] § 8 des Schweizer TPG vom 8.18.2004.
[587] Human Tissue Bill vom 3.12.2003, insb. sect. 3; vgl. andererseits British Medical Association, Human Tissue and Organs – Presumed Consent für Organ Donation (May 2004), http://bma.org.uk/.
[588] Council of Europe, Newsletter Transplant 9 (2004) Nr. 1, International Figures on Organ Donation and Transplantation – 2003, http://www.coe.int/T/E/Social_Cohesion/Health, 18.

9.3. Die Widerspruchslösung

rinnen und Mitarbeiter bei der Wahrnehmung der gegebenen Möglichkeiten zur postmortalen Organspende. Dies zeigt das Beispiel Mecklenburg-Vorpommern, wo es in den vergangenen drei Jahren je Million Einwohner mehr postmortale Organspender (2001: 26,0; 2002: 22,9: 2003: 25,9) gab als in Belgien (2001:21,6; 2002: 21,7; 2003: 24,8).[589]

In diesen Ausführungen ist der Hinweis auf die erhebliche Bedeutung organisatorischer und motivationeller Aspekte für die Organspendefrequenz zu unterstreichen (vgl. 9.2. und 9.2.6.[590]). Nicht zutreffend, weil Äpfel mit Birnen vergleichend, ist allerdings die Behauptung der fehlenden Relevanz der rechtlichen Rahmenbedingung Zustimmungs- oder der Widerspruchsregelung für das Organaufkommen, da in dem gewählten Beispiel völlig offen ist, wie viele Organspender es in Mecklenburg-Vorpommern nach Einführung einer Widerspruchslösung gäbe. Wollte man diese DSO-Region Deutschland Nordost mit einem Gebiet vergleichen, in dem eine offenbar ähnlich gute Organisation der Zusammenarbeit zwischen den Transplantationszentren und den anderen Krankenhäusern sowie ein ähnliches Engagement der Mitarbeiter und eine ähnlich positive Einstellung der Öffentlichkeit zur Organspende herrscht, böte sich etwa das Baskenland an. Dort ist die Zahl der Organspender pro Million Einwohner indessen mit 46,4 (2003)[591] nahezu doppelt so hoch wie in Mecklenburg-Vorpommern. Ähnliche Zahlen werden für den Großraum Barcelona mitgeteilt.

Die aus der Mitte des Bundestages gestellte Frage, ob es auch „an den gesetzlichen Rahmenbedingungen [liegt], dass Deutschland im Vergleich zu den meisten anderen europäischen Ländern pro eine Million Einwohner insgesamt weniger Organspender hat"[592] kann deshalb nur mit einem *ja* beantwortet werden. Es ist davon auszugehen, dass mittels einer Widerspruchslösung mehr Patienten auf den Wartelisten geholfen werden könnte und der Staat mit ihr seiner grundrechtlichen Schutzpflicht für Leben und Gesundheit seiner Bürger[593] effektiver nachkommen

---

[589] Antwort der Bundesregierung, BT-Drs. 15/4542 v. 16.12.2004, 5 f.
[590] Vgl. auch Price, Legal and Ethical Aspects of Organ Transplantation, 2000, 91 ff.
[591] Ministerio de Sanidad y Consumo, Madrid: http://www.msc.es/Diseno/informacionProfesional/profesional_trasplantes.htm.
[592] Große Anfrage der Abgeordneten Julia Klöckner, Thomas Rachel, Andreas Storm, weiterer Abgeordneter und der Fraktion der CDU/CSU zum Thema Förderung der Organspende, BT-Drs. 15/2707, 2, Frage 2.
[593] Vgl. dazu, dass die Schutzpflicht aus Art. 2 Abs. 2 i.V.m. Art. 1 Abs. 1 GG den Staat berechtigt und grundsätzlich auch verpflichtet, für ein bedarfsgerechtes Transplantationswesen zu sorgen, überzeugend Seewald, Ein Organtransplantationsgesetz im pluralistischen Verfassungsstaat, Verwaltungsarchiv 88 (1997), 199-229 (205 ff.), u.a. unter Verweis auf Bundesverfassungsgericht, Neue Juristische Wochenschrift 1987, 2287. Kluth/Sander (Verfassungsrechtliche Aspekte einer Organspendepflicht, DVBl. 1996, 1285-1293, 1289; krit. zu diesen Seewald, a.a.O., 205 m. Anm. 38) und Gallwas (Der andere Standpunkt. Anmerkungen zu den verfassungsrechtlichen Vorgaben für ein Transplantationsgesetz, Juristenzeitung 1996, 851 f., 852 und bereits ders., Stellungnahme zur Anhörung des Ausschusses für Gesundheit des Deutschen Bundestags

könnte. Insofern liegt es nahe, dass sich die Widerspruchslösung, im Rahmen des Beurteilungsspielraums des Gesetzgebers, gerade aufgrund der seit 1997 gesammelten Erfahrungen bei erneuter Prüfung als das geeignetere Mittel zur Verfolgung dieses Ziels darstellen kann als die gegenwärtig geltenden §§ 3, 4 TPG.

9.3.2. Rechtliche und ethische Aspekte

Mit dieser Feststellung ist über die ethische[594] und rechtliche[595] Vorzugswürdigkeit der Widerspruchslösung in Bezug auf volljährige und einwilligungsfähige Personen bzw. darüber, ob sie (bei entsprechender prozeduraler Ausgestaltung hinsichtlich der Information der Bürger und der Dokumentation der Erklärungen[596]) ein insgesamt legitimes Modell der Organentnahme von Verstorbenen darstellt, jedoch noch nicht entschieden. Die Diskussion der vergangenen Jahre hat diesbezüglich neue Argumente, sowohl pro als auch contra, erbracht.

---

zum Transplantationsgesetz am 28.6.1995, Aussch.-Drs. 13/114, 29-35, 34) sehen nicht die staatliche Schutzpflicht, sondern nur die unspezifisch leistungsrechtliche Dimension der Grundrechte aus Art. 2 Abs. 2 Satz 1 GG berührt, die nur in geringerem Maß verfassungsrechtlich geschützt sei. Gallwas zieht daraus den Schluß, dass das Unterlassen eines Widerspruchs nicht hinreichen könne, um die Organentnahme ohne ausdrückliche eigene Einwilligung des Spenders zu rechtfertigen; die auf Seiten der Patienten betroffenen Rechtsgüter sollen demnach prinzipiell keine Einschränkungen des Selbstbestimmungsrechts anderer rechtfertigen können. Das erscheint nicht als angemessene Abwägung. Die Sorge um Leben und körperliche Unversehrtheit kranker Menschen ist bei jeder Betrachtung ein verfassungsunmittelbar begründetes, absolutes Gemeinwohlanliegen von erheblichem Gewicht (vgl. Sachs, Stellungnahme zum Entwurf des Transplantationsgesetzes, Anhörung am 25.9. und 9.10. 1996, Deutscher Bundestag, Ausschuß für Gesundheit, Aussch.-Drs. 589/13, 9; Holznagel, Stellungnahme, ebd., Aussch.-Drs. 589/13, 2/4), das grundrechtsdogmatisch angemessen unter dem Aspekt einer Schutzpflicht erfaßt wird. Darüber hinaus beruht die Widerspruchslösung nicht auf der Annahme, es bestehe ein „Verschaffungsanspruch" des Patienten gegen den Staat oder gegen potentielle Organspender (so aber Gallwas 1995, a.a.O.).

[594] Aus den befürwortenden Stimmen vgl. etwa Caplan, Organ Transplants: The Costs of Success, An Argument for Presumed Consent and Oversight, Hastings Center Report 13 (Dec. 1983), 23-32; Matas/Keith, Presumed Consent for Organ Retrieval, Theoretical Medicine 5 (1984), 155-166; Futterman, Presumed Consent: The Solution to the Critical Organ Donor Shortage: Time to Give it a Try, in: Caplan/Coelho, The Ethics of Organ Transplants: The Current Debate, 1998, 161-172. Vgl. daneben Arntz, Die Organspende zwischen passiver und aktiver Akzeptanz. Ethische Leitlinien zu einer aktuellen Diskussion, Zeitschrift für Medizinische Ethik 49 (2003), 185-202 (aus theologischer Sicht).

[595] Vgl. hierzu nur Seewald, Ein Organtransplantationsgesetz im pluralistischen Verfassungsstaat, Verwaltungsarchiv 88 (1997), 199-229 (226 ff.).

[596] Vgl. hierzu Hirsch/Schmidt-Didczuhn, Transplantation und Sektion: Die rechtliche und rechtspolitische Situation nach der Wiedervereinigung, 1992, 57 f.

9.3.2.1.

Im Hinblick auf die Frage der verfassungsrechtlichen *Zulässigkeit* der Widerspruchslösung[597] ist zunächst bemerkenswert, dass das Bundesverfassungsgericht (1. Kammer des Ersten Senats) in seinem Beschluss über die Nichtannahme einer Verfassungsbeschwerde gegen § 4 TPG am 18.02.1999 festgestellt hat, die Beschwerdeführer – die gerügt hatten, sie seien genötigt, sich lebzeitig schriftlich zu erklären, um nicht der Gefahr ausgesetzt zu sein, nach dem Tod wider Willen zum „Organspender" zu werden – könnten der Organentnahme schlicht widersprechen:

> „Dass [Personen] in ihren Grundrechten bereits dadurch verletzt werden, dass sie zur Abwehr der behaupteten Grundrechtsverletzung einen Widerspruch erklären müssen, ist nicht ersichtlich".[598]

Hinzu kommt, dass der deutsche Gesetzgeber 1997 selbst davon ausgegangen ist, dass Widerspruchslösungen nicht gegen die deutsche Grundrechtsordnung verstoßen: § 12 Abs. 1 Satz 4 TPG legt fest, dass die Vermittlungsstelle nur Organe vermitteln darf, die im Einklang mit den am Ort der Entnahme geltenden Rechtsvorschriften entnommen worden sind, soweit deren Anwendung nicht zu einem Ergebnis führt, das mit wesentlichen Grundsätzen des deutschen Rechts, insbesondere mit den Grundrechten, offensichtlich unvereinbar ist. Der Umstand, dass dem Gesetzgeber die rechtlichen Regelungen der beiden Eurotransplant-Partnerländer Österreich und Belgien bekannt waren, die beide auf der sogenannten Widerspruchslösung beruhen, belegt, dass für den Deutschen Bundestag die Anwendung derartiger Normen nicht zu einem Ergebnis führt, das den in Deutschland garantierten Grundrechten potentieller Organspender post mortem erkennbar widerspricht. Die Begründung der Beschlussempfehlung des Ausschusses für Gesundheit[599] zum Transplantationsgesetz hat dies ausdrücklich betont. Es böte sich an, hieraus gesetzgeberische Konsequenzen zu ziehen, falls die angesprochenen, auf

---

[597] Dies auf der Grundlage der wohlbegründeten Prämisse, dass der Ganzhirntod nicht nur das normativ angemessene Todeskriterium, sondern auch das Todeskriterium des Grundgesetzes ist. Vgl. hierzu nur Anderheiden, Transplantationsmedizin und Verfassung, Der Staat 39 (2000), 509-521; Merkel, Hirntod und kein Ende. Zur notwendigen Fortsetzung einer unerledigten Debatte, Jura 1999, 113-122 und Heun, Der Hirntod als Kriterium des Todes des Menschen. Verfassungsrechtliche Grundlagen und Konsequenzen, Juristenzeitung 1996, 213-219.

[598] Bundesverfassungsgericht, Neue Juristische Wochenschrift 1999, 3403 (3404) mit krit. Anmerkung Rixen, Die Regelung des Transplantationsgesetzes zur postmortalen Organspende vor dem Bundesverfassungsgericht, Neue Juristische Wochenschrift 1999, 3389 sowie, ebenfalls aus der Sicht der Beschwerdeführer, Schachtschneider/Siebold, Die „erweiterte Zustimmungslösung" des Transplantationsgesetzes im Konflikt mit dem Grundgesetz, DÖV 2000, 129-137; vgl. zuvor bereits den Beschluß Neue Juristische Wochenschrift 1999, 858 derselben Kammer. Rixen ist zuzugeben, dass Grundrechtsbeeinträchtigungen insoweit jedenfalls nur dann auszuschließen sind, wenn der Widerspruch in einem Register zweifelsfrei und effektiv dokumentiert werden kann.

[599] BT-Drs. 13/8017, 43, zu § 11 E-TPG.

die finanziellen und organisatorischen Rahmenbedingungen der Organspende zielenden Maßnahmen mittelfristig nicht genügend greifen sollten.

In ethischer wie rechtlicher Hinsicht sieht sich die Widerspruchslösung insbesondere der Kritik ausgesetzt, sie werde dem Respekt vor dem Selbstbestimmungsrecht der Bürger (Art. 2 Abs. 1 i.V.m. Art. 1 Abs. 1 GG) nicht gerecht.[600] Es erscheint jedoch fraglich, ob sich diese Kritik bei näherer Analyse aufrecht erhalten läßt.

9.3.2.2.

Wenig überzeugend ist zunächst das gegen die Widerspruchslösung vorgebrachte Argument, dass mit ihr „dem Einzelnen ein Zwang zur Beschäftigung mit dem eigenen Tod auferlegt wird, weil nur dann vom Widerspruchsrecht Gebrauch gemacht werden kann, wenn man über die entsprechende Information verfügt und sich mit der Thematik beschäftigt hat".[601] Der liberale Rechtsstaat fordert von seinen Bürgern, in Beschränkung ihres in Art. 2 Abs. 1 GG verankerten „negativen" Selbstbestimmungsrechts[602], minimale Solidaritätspflichten auch für den Fall ein, dass sich diese Bürger als Fremde begegnen, wie nicht zuletzt auch die Vorschrift zur unterlassenen Hilfeleistung im Strafgesetzbuch (§ 323c StGB) verdeutlicht. Dieser Norm liegt der verallgemeinerungsfähige Gedanke zugrunde, dass sich Hilfs- bzw. Solidaritätspflichten zwischen Fremden – auch in der Form von Rechtspflichten[603] – grundsätzlich für jene Konstellationen begründen lassen, in denen der Betroffene in Gefahr eines schweren Schadens, insbesondere für Leib und Leben ist, die Handlung des Helfenden zur Rettung notwendig ist, deren Erfolgswahrscheinlichkeit hoch ist, der Nutzen für den Betroffenen alle Risiken für den Helfenden überwiegt und die Rettungshandlung für den Helfenden keine gewichtigen Risiken, Kosten oder sonstige Lasten mit sich bringt.[604] Dies trifft strukturell insoweit auch auf die Situation der postmortalen Organspende zu, als man dem Einzelnen die *Prüfung* zumutet, *ob* er ohne gewichtige subjektive Lasten Organspender sein kann und will oder nicht. Ein 'Recht darauf, überhaupt in Ruhe

---

[600] Für viele: Veatch/Pitt, The Myth of Informed Consent: Ethical Problems in New Organ Procurement Strategies, in: Veatch, Transplantation Ethics, 2000, ch. 10, 167 ff., 169 ff.; United Network for Organ Sharing Ethics Committee (Presumed Consent Subcommittee), An Evaluation of the Ethics of Presumed Consent and a Proposal Based on Required Response, 30.6.1993, unter http://www.unos.or/resources; Maurer, Die medizinische Organtransplantation in verfassungsrechtlicher Sicht, DÖV 1980, 7-15 (12).

[601] Schweizer Bundesrat, Botschaft zum Schweizer TPG, 2001, 49.

[602] Hirsch/Schmidt-Didczuhn, Transplantation und Sektion: Die rechtliche und rechtspolitische Situation nach der Wiedervereinigung, 1992, 55; Kluth/Sander, Verfassungsrechtliche Aspekte einer Organspendepflicht, DVBl. 1996, 1285-1293 (1286, 1292).

[603] Vgl. hierzu grundsätzlich Seelmann, Solidaritätspflichten im Strafrecht, in: Jung/Müller-Dietz/Neumann (Hg.), Recht und Moral. Beiträge zu einer Standortbestimmung, 1991, 295-304.

[604] Die Formulierung folgt Beauchamp/Childress, Principles of Biomedical Ethics, ³1989, 201; etwas striktere Voraussetzungen stellt Feinberg, Harm to Others. The Moral Limits of the Criminal Law I, 1984, 126 ff., 186, auf.

9.3. Die Widerspruchslösung

gelassen' und staatlicherseits weder mit dem Leid des anderen noch mit der eigenen Sterblichkeit konfrontiert zu werden, das der Bundesrat 1978 gegen die Widerspruchslösung ins Feld führte[605], ist deshalb mit dem Bestehen auch nur minimaler Hilfspflichten der Bürger untereinander nicht vereinbar. Es wäre auch selbstwidersprüchlich. Würde man dem Staat versagen, die Bürger mit *Gründen* dazu zu motivieren, von ihrem Selbstbestimmungsrecht in Bezug auf den Umgang mit ihrem Körper post mortem auf bestimmte Weise Gebrauch zu machen, würde man damit gerade jene Vorstellung des Bürgers als moralisch ansprechbare Person verneinen, die sowohl das demokratische Verfahren der Normsetzung als auch ein angemessener Begriff der Normbefolgung voraussetzen.[606] Auch das Bundesverfassungsgericht hat in seinem knapp begründeten Beschluss über die Nichtannahme einer Verfassungsbeschwerde gegen § 4 TPG vom 18.02.1999 implizit unterstellt, dass eine solche „Zumutung", sich gegebenenfalls lebzeitig schriftlich erklären (und sich zu diesem Zweck mit der Thematik Tod und Organspende auseinandersetzen) zu müssen, ohne Grundrechtsrelevanz bzw. unter diesem Aspekt jedenfalls ohne weiteres zu rechtfertigen ist.[607]

Der mit der Widerspruchslösung verbundene „Entscheidungszwang zu Lebzeiten"[608] ist bei näherer Betrachtung *als solcher* also solange normativ unproblematisch, als das Ergebnis dieser Entscheidung dem Einzelnen überlassen bleibt und er sie nicht zu begründen braucht. Insoweit ist mit der Widerspruchslösung weder eine Aufopferung höchstpersönlicher Rechtswerte noch eine den Einzelnen instrumentalisierende Fremdbestimmung verbunden[609]; die Handlungsobliegenheit, die dem Spendeunwilligen auferlegt wird, muß im Lichte der Bedeutung der hierdurch geförderten Rechtsgüter auf der Seite potentieller Organempfänger als verhältnismäßig angesehen werden.[610] In der Tat kann an der subjektiven Zumutbarkeit der Forderung an den Bürger, sich zur Frage der postmortalen Organentnahme einen Willen zu bilden und eine Ablehnung gegebenenfalls ausdrücklich, jedoch ohne Begründung, zu erklären, im Lichte des mit der Widerspruchslösung verfolgten

---

[605] Vgl. BR-Drs. 395/78.

[606] Vgl. Günther, Welchen Personenbegriff braucht die Diskurstheorie des Rechts? Überlegungen zum internen Zusammenhang zwischen deliberativer Person, Staatsbürger und Rechtsperson, in: Brunkhorst/Niesen (Hg.), Das Recht der Republik, 1999, 83-104, insbes. 87 ff.

[607] Bundesverfassungsgericht (1. Kammer des Ersten Senats), Neue Juristische Wochenschrift 1999, 3403 (3404).

[608] Ach/Anderheiden/Quante, Ethik der Organtransplantation, 2000, 90; vgl. Maurer, Die medizinische Organtransplantation in verfassungsrechtlicher Sicht, DÖV 1980, 7-15 (12): „Erklärungslast".

[609] Kluth/Sander, Verfassungsrechtliche Aspekte einer Organspendepflicht, DVBl. 1996, 1285-1293 (1291); Sengler/Schmidt-Preisigke, Verfassungsrechtliche Fragen einer gesetzlichen Regelung des Transplantationsrechts, DÖV 1997, 718 ff. (722); Hirsch/Schmidt-Didczuhn, Transplantation und Sektion: Die rechtliche und rechtspolitische Situation nach der Wiedervereinigung, 1992, 54.

[610] Kluth/Sander, a.a.O., 1292; Sengler/Schmidt-Preisigke, a.a.O., 725; Seewald, Ein Organtransplantationsgesetz im pluralistischen Verfassungsstaat, Verwaltungsarchiv 88 (1997), 199-229 (227).

Ziels kein Zweifel bestehen.[611] Eine Widerspruchslösung nach expliziter Information mit einer effektiven Dokumentationsmöglichkeit erscheint als verfassungsrechtlich weniger problematisch als ein subsidiäres eigenes Entscheidungsrecht der Angehörigen.[612] Warum nach alledem eine Organentnahme die postmortal zu achtende Würde (Art. 1 Abs. 1 GG) des Verstorbenen verletzen soll, wenn sie – wie dies bei der Widerspruchslösung der Fall sein kann – nicht in einem ausdrücklich erklärten Willen des Verstorbenen oder, bei nicht zu Lebzeiten bekundetem Willen, im Einverständnis der Angehörigen gründet[613], ist deshalb nicht zu sehen.

Nimmt man sowohl das Selbstbestimmungsrecht des Einzelnen als auch die Vorstellung einer rechtlich geforderten Minimalsolidarität der Bürger füreinander ernst, dann muss sich ein Bürger zwar mit der *Information* darüber, dass er Organspender werden *kann* und was dies für die Patienten auf den Wartelisten bedeutet, konfrontieren lassen, er muss sich jedoch nicht zur Spende bereit erklären. Vielmehr muss die Entscheidungskompetenz hierüber dem Einzelnen überlassen werden. Die Frage einer Organspende ist schon wegen des elementaren Charakters der Leiblichkeit für das Selbstverhältnis der Person nur subjektiver Bewertung zugänglich. Interessen, die sich auf das individuelle gute und richtige Leben beziehen, sind als solche weder konsensfähig noch konsensbedürftig[614] und können nicht in Stellvertretung bewertet werden. Alle ernsthaften Barrikaden weltanschaulicher oder emotionaler Art, die Einzelne (möglicherweise) von nüchternen moralischen Kosten-Nutzen-Erwägungen bei Fragen des Umgangs mit ihrem eigenen Leichnam abhalten, aber auch die vorweggenommene Rücksichtnahme auf tatsächliche oder vermeintliche Interessen der Angehörigen sind zulässige Motive für den Gebrauch, die der Einzelne von seinem Selbstbestimmungsrecht über seinen Körper im Bereich der Organspende macht. Sie entziehen sich nicht nur praktisch, sondern grundsätzlich der Fremdeinschätzung.

Schließt man sich dem an, ergibt sich zunächst, dass ein Widerspruch des Lebenden gegen seine spätere Heranziehung als Organspender immer und in jedem Fall beachtlich sein muß und die Organentnahme strikt sperrt.[615] Dies bedeutet,

---

[611] Hirsch/Schmidt-Didczuhn, Transplantation und Sektion: Die rechtliche und rechtspolitische Situation nach der Wiedervereinigung, 1992, 55; Seewald, Ein Organtransplantationsgesetz im pluralistischen Verfassungsstaat, Verwaltungsarchiv 88 (1997), 199-229 (227).

[612] Heun, Der Hirntod als Kriterium des Todes des Menschen. Verfassungsrechtliche Grundlagen und Konsequenzen, Juristenzeitung 1996, 213-219 (218), und bereits ders., Stellungnahme zur Anhörung des Ausschusses für Gesundheit des Deutschen Bundestags zum Transplantationsgesetz am 28.6.1995, Aussch-Drs. 13/137, 30-37 (37).

[613] Maunz/Dürig et al.–Herdegen, Grundgesetz, Art. 1 Abs. 1 Rn. 54; ähnlich wohl Maunz/Dürig et al.–di Fabio, Grundgesetz, Art. 2 Abs. 2 Rn. 22. Herdegen geht allerdings davon aus, dass „'erst' hirntote Menschen" nicht tot sind, ebd. 52. Vgl. zur Kritik Knoepffler, Menschenwürde in der Bioethik, 2004, 166 ff.

[614] Vgl. Bayertz, Moralischer Konsens. Überlegungen zu einem ethischen Grundbegriff, in: ders. (Hg.) Moralischer Konsens, 1996, 60-79 (70).

[615] Ganz überwiegend wird es als unmittelbar von Art. 1 Abs. 1 GG geboten gesehen, einen zu Lebzeiten erklärten Widerspruch zu achten; ein vom Willen des Verstorbenen

9.3. Die Widerspruchslösung

dass sich die auch in der deutschen Diskussion vorgebrachte und erst jüngst in ethischer Sicht nachdrücklich verteidigte[616] Ansicht, dass die Rettung menschlichen Lebens prinzipiell *„ohne alle weiteren Voraussetzungen* eine Organentnahme bei Leichen" rechtfertige[617], kaum halten läßt.[618] Diese Feststellung gilt auch,

---

und seiner Angehörigen völlig abstrahierendes Dispositionsrecht des Staates oder Dritter verletze die Menschenwürde; so nachdrücklich Maunz/Dürig et al.–Herdegen, Grundgesetz, Art. 1 Abs. 1 Rn. 54. Dieser Ergebnis scheint gerade auch dann zwingend, wenn man davon ausgeht, dass der menschliche Leichnam nicht Träger eines eigenen Würdeschutzes ist, sondern sich in der gebotenen Achtung vor den sterblichen Überresten die nachwirkende Respektierung der Menschenwürde des früher Lebenden äußere (Herdegen, ebd.; ebenso u.a. Maurer, Die medizinische Organtransplantation in verfassungsrechtlicher Sicht, DÖV 1980, 7-15, 9; Heun, Der Hirntod als Kriterium des Todes des Menschen. Verfassungsrechtliche Grundlagen und Konsequenzen, Juristenzeitung 1996, 213-219, 217; Kluth/Sander, Verfassungsrechtliche Aspekte einer Organspendepflicht, DVBl. 1996, 1285-1293, 1286, 1292; Hirsch/Schmidt-Didczuhn, Transplantation und Sektion: Die rechtliche und rechtspolitische Situation nach der Wiedervereinigung, 1992, 181; vgl. über Deutschland hinausblickend, Price, Legal and Ethical Aspects of Organ Transplantation, 2000, 114). Knoepffler (Five Ethical Approaches – One Result, in: Gutmann/Daar/Land/Sells, Eds., Ethical, Legal And Social Issues in Organ Transplantation, 2004, 507-510, 510) tritt dem mit dem Argument entgegen, in der Situation der postmortalen Organentnahme gehe die in der Menschenwürde gründende Pflicht zum Schutz des Lebens potentieller Organempfänger dem residualen Würdeschutz Verstorbener und den Interessen seiner Angehörigen vor. Vgl. hierzu differenziert ders., Menschenwürde in der Bioethik, 2004, 166 ff.

[616] Vgl. – zugleich zur Begründung von notwendigen Ausnahmen von einem solchen Grundsatz – Knoepffler, Five Ethical Approaches – One Result, in: Gutmann/Daar/Land/Sells (Eds.), Ethical, Legal And Social Issues in Organ Transplantation, 2004, 507-510 und ders., Menschenwürde in der Bioethik, 2004, 166 ff.

[617] Norbert Hoerster, Sterbehilfe im säkularen Staat, 1998, 109. Hoerster begründet dies mit dem Prinzip des überwiegenden Interesses, das als rechtsethischer Grundgedanke etwa auch § 34 StGB zugrundeliege. Demzufolge erfordere die Solidaritätspflicht unter Menschen grundsätzlich, einen Eingriff in die eigene Interessensphäre zu dulden, wenn nur so das weit gewichtigere Interesse eines Mitmenschen geschützt werden könne. Die Politik des „routine salvaging" wurde ursprünglich bereits von Jesse Dukeminier and David Sanders vorgeschlagen, vgl. dies., Organ Transplantation: A Proposal for Routine Salvaging of Cadaver Organs, New England Journal of Medicine 279 (1968), 413-419; Jonsen, Transplantation of Fetal Tissues. An Ethicist's View, Clinical Research 36 (1988), 215-219 sowie, mit anderer Argumentation, Harris, Der Wert des Lebens, Berlin 1995, 175 ff., 301 f. Harris geht zur Begründung einer ähnlichen Position von zwei, jeweils äußerst voraussetzungsvollen Prämissen aus. Zum einen unterstellt er, dass Personen durch Ereignisse nach ihrem Tod nicht mehr geschädigt werden können (ebd., 175 ff., 301 ff. – hierzu sogleich); zum anderen behauptet er, dass in Fragen der Lebensrettung keinerlei moralisch relevante Unterschiede zwischen Tun und Unterlassen bestünden, so dass aus dem Respekt, den wir Personen und dem Wert ihres Lebens schuldeten, das Gebot folge, sich „fortwährend darum [zu] bemühe[n], das Leben eines anderen zu verlängern" (ebd., 52, 64). Ähnlich, im Anschluß an Harris, Knoepffler (Folgt aus der Menschenwürde eine Verpflichtung zur Organgabe?, in:

wenn man berücksichtigt, dass der mit dem Gütesiegel des Bundesverfassungsgerichts versehene § 87 der Strafprozeßordnung die Öffnung bzw. Exhumierung einer Leiche – auch über einen erkennbar entgegenstehenden Willen der ehemaligen, nunmehr toten Person oder ihrer Angehörigen hinweg – bereits immer dann erlaubt, wenn auch nur entfernte Verdachtsgründe für ein Fremdverschulden am Tod vorliegen.[619] Sobald individuelle Dispositionsrechte über den eigenen Leichnam prinzipiell anerkannt werden, muss es der Einschätzung der Einzelnen überlassen bleiben, ob die Linderung gravierender Gesundheitsbeeinträchtigungen bei anderen schwerer wiegt als die Vermeidung eines postmortalen Eingriffs in den eigenen Körper bzw. als – aus welchen Gründen auch immer – gehegte Vorbehalte gegen die postmortale Organentnahme. Für manche Menschen gibt es in ihrer Suche nach dem guten und richtigen Leben Dinge, die ihnen wichtiger sind als die aktive Maximierung der eigenen oder anderer Menschen Überlebenschancen, und eine an Individualrechten orientierte Gesellschaft wird dies selbst dann in weiten Grenzen hinzunehmen haben, wenn die Betreffenden nur von archaischen Ängsten oder dunkel gefühlten Restbeständen tradierter Todesvorstellungen motiviert sind und sich eine Entscheidung zur Organspende als moralisch vorzugswürdig ausweisen läßt.[620] Auf dieser Grundlage kann es keine Solidarpflicht zur Organspende geben.

---

ders./Haniel, Hg., Menschenwürde und medizinethische Konfliktfälle, Stuttgart 2000, 119-126,124 f.), der „aus dem Prinzip der Menschenwürde" die primäre Verpflichtung ableitet, „keinen Menschen gegen seinen Willen sterben zu lassen, wenn dies möglich ist." Vgl. nunmehr ders., Menschenwürde in der Bioethik, 2004, 166 ff.
Verfehlt scheint es daneben, mit U. Steinvorth (Wem gehören meine Organe?, in: Brudermüller/Seelmann, Hg., Organtransplantation, Würzburg 2000, 149-158) zu argumentieren, dass der menschliche Körper – als unbearbeitetes Naturgut – nach dem Tode der Person, die ihn als ursprünglicher Eigentümer innehatte, ohnehin in Gemeineigentum zurückfalle und aus diesem Grund kollektiven Interessen dienen könne. Denn zum einen ist es von vorneherein angemessener, das Verhältnis der Person zu ihrem körperlichen Dasein nicht nur eigentumsrechtlich, sondern primär persönlichkeitsrechtlich zu fassen. Zweitens kann man, wenn man die Verfügungsmacht des lebenden Menschen über seinen Körper als ursprüngliches Eigentumsrecht (d.h. als Eigentum, das keines Aneignungsaktes bedarf) begreift, gerade nicht der umstandslosen postmortalen Expropriation ebendieses Eigentums das Wort reden. Vgl. näher Gutmann, An den Grenzen der Solidarität?, a.a.O.

[618] Vgl. hierzu näher Gutmann, An den Grenzen der Solidarität?, a.a.O.; United Network for Organ Sharing Ethics Committee (Presumed Consent Subcommittee), An Evaluation of the Ethics of Presumed Consent and a Proposal Based on Required Response, 30.6.1993, unter http://www.unos.or/resources, sowie Veatch, Transplantation Ethics, 2000, 160.

[619] Bundesverfassungsgericht (2. Kammer des 2. Senats), Neue Juristische Wochenschrift 1994, 783.

[620] Enger Leist, Organgewinnung als Gegenstand sozialer Gerechtigkeit, in: Köchler (Hg.), Transplantationsmedizin und personale Identität, 55-72 (68 ff., 72), der eine Verweigerung der postmortalen Organspende nur aus Gewissensgründen, nicht aber

9.3. Die Widerspruchslösung

Hieraus ergibt sich jedoch kein Argument gegen die Widerspruchslösung. Wenn danach gefragt wird, wer eigentlich durch eine postmortale Organentnahme in seinen rechtlich geschützten Interessen verletzt werden kann, so sind primär zwei Antworten begründbar. Man kann zum einen die Rede von einem durch die postmortale Organentnahme betroffenen Individualrecht des Verstorbenen für eine bloße „façon de parler" halten[621] und dem Leichnam mangels Empfindungsfähigkeit die Fähigkeit absprechen, Interessensubjekt zu sein. Die Analyse führt dann zu dem Ergebnis, dass Möglichkeit und Grenzen der Widerspruchslösung sich rechtlich primär an den Interessen der Hinterbliebenen der verstorbenen Person bemessen.[622] Diese werden nicht ohne weiteres die Lebens- und Gesundheitsinteressen der betroffenen Patienten überwiegen – im Gegenteil spricht dann viel für den Grundsatz, dass das Überlebensinteresse der potentiellen Transplantatempfänger grundsätzlichen, jedenfalls aber regelmäßigen Vorrang vor den Interessen der Angehörigen des Verstorbenen reklamieren kann.[623]

Sofern man demgegenüber daran festhalten will, dass es ein individuelles Zurechnungssubjekt für rechtlich zu schützende Interessen bezüglich posthumer Ereignisse gibt, kann dies nur die *ehemals lebende* Person sein.[624] Diese Feststellung begründet, aber begrenzt auch den Schutz von Interessen, die über den Tod ihres Trägers hinausreichen. Man kann dann die voraussetzungsvolle Annahme teilen, dass ein Lebender schützenswerte transmortale Interessen („surviving interests") haben kann, also Interessen, die er als lebende Person hat, die aber noch nach seinem Tod objektiv frustriert werden können, auch wenn er diese Frustration nicht mehr subjektiv erlebt.[625] Hierfür läßt sich anführen, dass sowohl der grundrechtlich garantierte Respekt vor dem Erblasserwillen (Art 14 Abs. 1 GG) als auch das Konzept des postmortalen Persönlichkeitsschutzes (Art. 1 Abs. 1 i.V.m. Art. 2 Abs. 1 GG) in der Form, in der sie im Rahmen der Rechtsordnung der Bundesrepublik Geltung beanspruchen, diese Vorstellung logisch unterstellen müssen.

---

aus „moralischer Gleichgültigkeit" bzw. „aus irrationalen Ängsten oder Bequemlichkeit" anerkennen will.

[621] Seelmann, Organtransplantation – die strafrechtlichen Grundlagenprobleme, in: Brudermüller/Seelmann (Hg.), Organtransplantation, 2000, 29-42, hier 31; ähnlich im Ergebnis Ach/Anderheiden/Quante, Ethik der Organtransplantation, 2000, 69 f.

[622] Vgl. hierzu Seelmann, Organtransplantation – die strafrechtlichen Grundlagenprobleme, a.a.O., 29-42 (32 ff., 38, 42) und Ach/Anderheiden/Quante, Ethik der Organtransplantation, 2000, 61 ff.

[623] Ach/Anderheiden/Quante, Ethik der Organtransplantation, 2000, 85.

[624] Feinberg, Harm to Others. The Moral Limits of the Criminal Law I, 1984, 83 ff. Zur Kritik vgl. Partridge, Posthumous Interests and Posthumous Respect, Ethics 91 (1981), 243-264, 261; zur Gegenkritik Feinberg, a.a.O., 94 f. Vgl. als Beispiel für die argumentativen Probleme im Zusammenhang mit der Vorstellung transmortaler Interessen nunmehr auch Ach/Anderheiden/Quante, Ethik der Organtransplantation, 2000, 69 ff., 75 ff.

[625] Feinberg, a.a.O.; Veatch, Transplantation Ethics, 2000, 147; für den postmortalen Schutz des Persönlichkeitsrechts und der Würde auch Maurer, Die medizinische Organtransplantation in verfassungsrechtlicher Sicht, DÖV 1980, 7-15 (10) und Maunz/Dürig et al.-Herdegen, Grundgesetz, Art. 1 Abs. 1 Rn. 54.

Auch setzt die den Leichnam betreffende Schutzgarantie des Art. 1 Abs. 1 GG nicht dessen Rechtssubjektivität voraus.[626] Auf dieser Grundlage kann das Recht, über die Vornahme einer postmortalen Organentnahme selbst zu entscheiden, sinnvoll als Anwendungsfall eines Grundrechts auf bioethische Selbstbestimmung im Rahmen von Art. 2 Abs. 1 i.V.m. Art. 1 Abs. 1 GG verstanden werden[627], dem dann auch die Interessen der Hinterbliebenen der verstorbenen Person[628] kategoriell nachzuordnen wären.

Auch auf dieser Grundlage scheint sich die Einführung einer Widerspruchslösung jedoch begründen zu lassen.

Gesteht man zu, dass der liberale Rechtsstaat von seinen Bürgern minimale Solidaritätspflichten fordern darf, dann ist den Personen, die von der Widerspruchslösung *wissen*, aber keine Organspender sein wollen, ohne weiteres zuzumuten, ihren Widerspruch zu erklären bzw. dokumentieren zu lassen. Das Problem des opting-out Modells der Widerspruchslösung könnte in dieser Perspektive nur darin begründet sein, dass viele erwachsene und einsichts- bzw. geschäftsfähige Menschen auch von nachhaltiger Aufklärung nicht erreicht würden oder intellektuell bzw. nach ihrer sozialen Kompetenz nicht in der Lage wären, die Voraussetzungen des Widerspruchssystems zu durchschauen.[629] Von diesen Personen würde ein bestimmter Teil, würde er sich mit der Situation auseinandersetzen, vielleicht starke Vorbehalte gegen die Organentnahme besitzen oder auch einfach nur die traditionell übliche Bestattung und Verwesung des eigenen, ungeöffneten Leichnams als selbstverständlich erwarten. Es gäbe es keinen empirisch belegbaren Anlaß für die Annahme, der fehlende Widerspruch sei auch in diesen Fällen Ausdruck einer stillschweigenden Einwilligung. Hieraus ist zu lernen, dass die Widerspruchslösung *nicht* damit begründet werden kann, dass – wie der im Englischen gebräuchliche Begriff des *presumed consent law* voraussetzen scheint – das Nicht-Widersprechen in einem empirischen Sinn als tatsächliche Zustimmung verstanden werden könnte.[630] Eine solche Begründung braucht die Widerspruchslösung jedoch

---

[626] Maurer, Die medizinische Organtransplantation in verfassungsrechtlicher Sicht, a.a.O., 9; Maunz/Dürig et al.–Herdegen, Grundgesetz, Art. 1 Abs. 1 Rn. 54; Dreier–Dreier, Grundgesetz, ²2004, Art. 1 Abs. 1 Rn. 73; von Münch/Kunig–Kunig, Grundgesetz, ⁵2000, Art. 2 Rn. 72.

[627] Koppernock, Das Grundrecht auf bioethische Selbstbestimmung. Zur Rekonstruktion des allgemeinen Persönlichkeitsrechts, 1997, 171.

[628] Vgl. hierzu Seelmann, Organtransplantation – die strafrechtlichen Grundlagenprobleme, a.a.O., 32 ff. und Ach/Anderheiden/Quante, Ethik der Organtransplantation, 2000, 61 ff.

[629] Vgl. hierzu Childress, Ethical Criteria for Procuring and Distributing Organs for Transplantation, in: Blumstein/Sloan (Eds.), Organ Transplantation Policy, 1989, 87-114 (97) sowie den Erläuternden Bericht des Eidgenössischen Departments des Innern zum Entwurf eines Schweizer Transplantationsgesetzes, Bern, Dezember 1999, 28.

[630] Vgl. näher Veatch/Pitt, The Myth of Informed Consent: Ethical Problems in New Organ Procurement Strategies, in: Veatch, Transplantation Ethics, 2000, ch. 10, 167 ff., 169 ff.; Leist, Organgewinnung als Gegenstand sozialer Gerechtigkeit, in: Köchler (Hg.), Transplantationsmedizin und personale Identität, 2001, 55-72 (60 f.).

9.3. Die Widerspruchslösung

auch nicht: Sie vermutet keine Zustimmung. Sie knüpft nur an den Fall, dass ein Widerspruch nicht erhoben wird, eine bestimmte gesetzliche Rechtsfolge.[631]

Die ethische und verfassungsrechtliche Rechtfertigung der Widerspruchslösung liegt letztlich in dem Umstand, dass sie keine rechtlich geschützten Interessen *verletzt*. Insbesondere wird das Recht, über die Verwendung des eigenen Leichnams zu Zwecken der Organentnahme zu entscheiden, nicht beeinträchtigt, weil dieses vernünftigerweise nur das Interesse Lebender schützen kann, nicht die spätere, postmortale Vergemeinschaftung ihrer Körper gewärtigen zu müssen: Wer von der „möglichen" Entnahme seiner Organe nichts erfährt, oder wer sich hiermit nicht auseinandersetzt, wird in *diesem* Interesse nicht – jedenfalls nicht wesentlich – beeinträchtigt; wer hingegen davon weiß, dem ist – wie ausgeführt – im Rahmen minimaler Pflichten der Gerechtigkeit unter Fremden zuzumuten, seinen Widerspruch dokumentieren zu lassen. Ein objektiviertes und von allen präsenten Bewußtseinsinhalten losgelöstes Konzept transmortaler Selbstbestimmungsinteressen, das auch den schützt, der nur die übliche Bestattung und Verwesung des eigenen, ungeöffneten Leichnams erwartet, der jedoch niemals an die mögliche Verwendung seines Leichnams zu Transplantationszwecken kraft unterlassenen Widerspruchs gedacht und keine Entscheidung gegen die postmortale Organentnahme getroffen hat, läßt sich nicht begründen.[632] Transmortale Interessen werden im Recht vielmehr nur insoweit geschützt, als es im Interesse der Lebenden liegt, die zu Lebzeiten artikulierten Interessen Verstorbener zu berücksichtigen.[633] Zur Rechtfertigung der Widerspruchslösung kann mithin zwar nicht einfach argumentiert werden, „dass diejenige Person, die zu Lebzeiten nicht widersprochen hat, kein wirkliches Interesse an der Unversehrtheit ihres Leichnams" hat[634], wohl aber, dass sie entweder in diesem Interesse nicht schützenswert ist (wenn sie den ihr möglichen und zumutbaren Widerspruch unterläßt) oder aber dass sie in diesem Interesse nicht *verletzt* wird (wenn sie lebzeitig keine explizite Präferenz gegen die Organentnahme entwickelt hat). Jedenfalls in der Abwägung mit den gewichtigen Lebens- und Gesundheitsinteressen der betroffenen Patienten dürfte es deshalb sehr schwer zu sein, die Widerspruchslösung in konsistenter und überzeugender Weise mit dem Argument abzulehnen, sie verletzte das Selbstbestimmungsrecht der potentiellen Organspender.[635]

---

[631] Hirsch/Schmidt-Didczuhn, Transplantation und Sektion: Die rechtliche und rechtspolitische Situation nach der Wiedervereinigung, 1992, 55.

[632] Vgl. zu diesem Versuch noch Gutmann, An den Grenzen der Solidarität?, a.a.O.

[633] Ach/Anderheiden/Quante, Ethik der Organtransplantation, 2000, 69.

[634] Schweizer Bundesrat, Botschaft zum Schweizer TPG, 2001, 48.

[635] Unter dem Aspekt eines optimierten Autonomieschutzes vorzugswürdig erscheint ein Modell, das unter dem Titel des „required response" oder des „mandated choice" diskutiert wird – die mit entsprechenden Informationen versehene, regelmäßige, staatlich durchgeführte Verpflichtung der erwachsenen Bürger, sich schriftlich über das ob, die Bedingungen und die Grenzen ihrer Bereitschaft zur postmortalen Organspende zu erklären (vgl. United Network for Organ Sharing Ethics Committee, Presumed Consent Subcommittee, An Evaluation of the Ethics of Presumed Consent and a Proposal Based on Required Response, 30.6.1993, unter http://www.unos.or/resources;

Im übrigen ist in diesem Zusammenhang auf den berechtigten Vorstoß des Ministerkommittees des Europarats vom Juni 2003 hinzuweisen, das für jede Regelung – auch die in Deutschland geltende, insbesondere jedoch für Widerspruchslösungen – die Einrichtung eines effektiven Registers zur Dokumentation von Erklärungen zur postmortalen Organspende[636] für unverzichtbar hält und entsprechende Akte zur Umsetzung dieser Erkenntnis einfordert.[637] Insoweit wäre § 2 Abs. 3 TPG, demzufolge das Bundesministerium für Gesundheit durch Rechtsverordnung mit Zustimmung des Bundesrates einer Stelle die Aufgabe übertragen kann, in einem Organspenderegister die Erklärungen zur Organspende auf Wunsch der Erklärenden zu speichern, endlich in die Tat umzusetzen. Über die Möglichkeit, die Bereitschaft des Versicherten zur Organspende auf der Gesundheitskarte aufzunehmen, wird zumindest nachgedacht.[638]

Veatch, Transplantation Ethics, 2000, 175 ff.; Spital, Mandated Choice for Organ Donation: Time to Give it a Try, in: Caplan/Coelho, The Ethics of Organ Transplants: The Current Debate, 1998, 147-153; Herz, Two Steps to Three Choices. A New Approach to Mandated Choice, Cambridge Quarterly of Healthcare Ethics 8, 1999, 340-347). Für die Vorzugswürdigkeit einer solchen Erklärungslösung nach deutschem Verfassungsrecht Kluth/Sander, Verfassungsrechtliche Aspekte einer Organspendepflicht, DVBl. 1996, 1285-1293 (1293); dagegen ohne tragfähige Begründung („gesellschaftliches Tabu"), Holznagel, Aktuelle verfassungsrechtliche Fragen der Transplantationsmedizin, DVBl. 2001, 1629-1636 (1632).

[636] Vgl. hierzu auch Schweizer Bundesrat, Botschaft zum Schweizer TPG, 2001, 53 ff.
[637] Recommendation Rec(2003)12 of the Committee of Ministers to Member States on Organ Donor Registers. Adopted by the Committee of Ministers on 19 June 2003 at the 844th meeting of the Ministers' Deputies, Council of Europe, Newsletter Transplant 9 (2004) Nr. 1, http://www.coe.int/T/E/Social_Cohesion/Health, 30 f.
[638] Antwort der Bundesregierung, BT-Drs. 15/4542 v. 16.12.2004, 20.

10. Weitere Probleme des geltenden Rechts

10.1. „Domino"-Transplantation

Der Gesetzgeber hat die Frage der sogenannten „Domino-Transplantation" bei Erlass des Gesetzes übersehen. Ihre Regelung sollte nachgeholt werden.

Seit Inkafttreten des TPG ist Streit darüber entstanden, ob und wieweit das Gesetz auf solche Organe Anwendung findet. Es handelt sich hierbei bisher vorrangig um den Fall, dass einem Patienten, der eine Lunge benötigt, aus medizinisch-technischen Gründen Herz und Lunge entnommen und dafür Organe eines verstorbenen Spenders übertragen werden. Das „übrig bleibende" Herz kann regelmäßig auf einen anderen Patienten weiterübertragen werden; der erste, weiterlebende Empfänger wird so zum Spender für den zweiten Empfänger. Daneben ist eine Zunahme der weltweit bisher etwa 200-mal und im Jahr 2003 in Deutschland 8-mal[639] erfolgten Domino-Transplantationen der Leber im Fall von Patienten zu verzeichnen, die an hereditärer Amyloidose (FAP) leiden; hier kann das beim erkrankten Empfänger einer Ersatzleber zu entnehmende, an sich funktionsfähige Organ sehr oft auf einen anderen Patienten übertragen werden.

10.1.1. Anwendbarkeit des TPG

Unzutreffend ist die These, solche Organe seien bereits deshalb vom Anwendungsbereich des gesamten TPG ausgeschlossen, weil es bei der Domino-Transplantation an einer Entnahme *„zum Zwecke der Übertragung* auf andere Menschen" (§ 1 Abs. 1 Satz 1 TPG) fehle. Nach dem vom Wortlaut des § 1 I Satz 1 TPG gedeckten eindeutigen Willen des Gesetzgebers muss die Übertragung des Organs nicht der Anlass und nicht der einzige Zweck seiner Entnahme sein; maßgebend ist nur, dass es transplantiert werden soll.[640] Der Umstand, dass die Entnahme des Organs primär aus kurativen Gründen erfolgt, schließt die Anwendung des Transplantationsgesetzes deshalb nicht aus, solange im Zeitpunkt der Explantation die Absicht besteht, es auf einen anderen Patienten zu übertragen.[641] Hieran

---

[639] Vgl. Eurotransplant Annual Report 2003, table 5.5.
[640] Entwurfsbegründung, BT-Drs. 13/4355, 16.
[641] Unzutreffend Miserok/Sasse/Krüger–Sasse, § 1 Rn. 21 und Nickel/Schmidt-Preisigke/Sengler, TPG, 2001, § 9 Rn. 4.

ist schon im Hinblick auf die kurzen tolerierbaren Konservierungs- und Ischämiezeiten insbesondere beim Herzen, aber auch bei der Leber, in der Praxis nicht zu zweifeln.

10.1.2. Keine generelle Reduktion des Anwendungsbereichs angezeigt

Auch ist die generelle Herausnahme der Domino-Organe aus dem Anwendungsbereich des TPG vermittels einer *teleologischen Reduktion des § 1 Abs. 1 Satz 1 TPG* nicht veranlasst. Denn es ist keineswegs so, dass die mit dem Gesetz verfolgten Zwecke[642] in ihrer Gesamtheit nicht für diese Organe passen würden. So wäre dem Ziel, die gesundheitlichen Risiken für die Organempfänger zu minimieren, durchaus gedient, wenn solche Organe beispielsweise den Richtlinien nach § 16 Abs. 1 Satz 1 Nrn. 4 u. 6 TPG unterstellt wären. Durch eine klarstellende Änderung des § 9 Satz 2 TPG könnten diese Organe auch vermittlungspflichtig werden (zur gegenwärtigen Rechtslage s. sogleich) und so den Zielen der Chancengleichheit der in die jeweiligen Wartelisten aufgenommenen Patienten und der Verteilungsgerechtigkeit[643] dienen.

Befragt man die Vorschriften des TPG einzeln auf ihre Anwendbarkeit auf die Domino-Transplantation, so ergibt dies hinsichtlich § 8 TPG den Befund, dass zwar der Wortlaut[644], nicht aber der Gesetzeszweck des § 8 TPG greift, weil das Organ beim „Spender" ohnehin entfernt werden muss. § 8 TPG dient dem Schutz des Lebendspenders, weil die Organentnahme für ihn „kein Heileingriff ist".[645] Im Fall der Domino-Transplantation ist dies jedoch anders. Schon die Entwurfsbegründung[646] hat klargestellt, dass § 8 TPG auch im Normalfall einer Transplantation nicht die Entnahme des erkrankten Organs erfasst, das bei einem Organempfänger im Rahmen der Organübertragung durch das Spenderorgan ersetzt wird. Im Einzelnen ergeben weder das Kommissionsverfahren nach § 8 Abs. 3 TPG noch die meisten der in § 8 Abs. 2 TPG normierten speziellen Aufklärungsvoraussetzungen hinsichtlich des Dominospenders Sinn; die Anforderungen an die medizinische Aufklärung des Dominospenders hinsichtlich der Ex- und Transplantationsoperation bei ihm richten sich nach den allgemeinen Anforderungen an Einwilligungen in einen Heileingriff. An der Sache vorbei gehen beispielsweise auch § 8 Abs. 1 Satz 1 Nr. 1 a 1. Alt., Nr. 2 und Nr. 3 TPG. Völlig unangemessen schließlich wäre die Anwendung des § 8 Abs. 1 Satz 2 TPG; dies würde die Domino-Transplantation praktisch verunmöglichen. § 8 TPG ist im Hinblick auf die Domino-Transplantation folglich nahezu vollständig teleologisch zu reduzieren. Schon dies verlangt nach einer Klarstellung durch den Gesetzgeber.

---

[642] Vgl. Entwurfsbegründung, BT-Drs. 13/4355, 2, 11 f, 21.
[643] Entwurfsbegründung, BT-Drs. 13/4355, 21.
[644] Verfehlt Miserok/Sasse/Krüger–Sasse, § 1 Rn. 22.
[645] Entwurfsbegründung, BT-Drs. 13/4355, 20, zu § 7 E-TPG.
[646] Entwurfsbegründung, BT-Drs. 13/4355, 20.

10.1. „Domino"-Transplantation

Zwar verbietet es das Persönlichkeitsrecht des Patienten aus Art. 1 Abs. 1, 2 Abs. 1 GG, ihm ein Organ zu entnehmen und es ohne sein Wissen und seine Zustimmung zur Transplantation auf eine andere Person zu verwenden.[647] Das entnommene Organ darf nur dann zu Transplantationszwecken weiterverwendet werden, wenn der Spender hierüber angemessen aufgeklärt wurde und der Weiterverwendung zugestimmt hat.[648] Das Schweizer Gesetz vom 8.10.2004 (Art. 5 i.V.m. Art. 12 Buchst. b) sieht das Erfordernis einer solchen expliziten und schriftlichen informierten Einwilligung des Dominospenders ausdrücklich vor[649]; dies entspricht europäischem Rechtsstandard.[650] Der deutsche Gesetzgeber sollte dies um der Rechtsklarheit willen im künftigen Gesetz ebenfalls festschreiben.

10.1.3. Keine Vermittlungspflichtigkeit dieser Organe

Organe, die im Rahmen einer sog. „Domino-Transplantation" gewonnen und weiterübertragen werden, sind auch nicht vermittlungspflichtig. Dies ergibt sich unmittelbar aus dem Wortlaut des § 9 Satz 2 TPG, denn bei dem „Spender" dieses Organs handelt es nicht um einen verstorbenen „Spender nach § 3 oder § 4".

De lege ferenda sollten Domino-Organe unter Beachtung ihrer medizinischen Besonderheiten in die Koordinierungs- und Vermittlungspflichtigkeit (§§ 9 ff TPG) einbezogen werden.

Verfehlt ist der Gedanke, bei solchen Organen sei, obgleich diese nicht kraft Gesetzes vermittlungspflichtig seien, *schon nach geltendem Recht „im Hinblick auf Art. 3 I GG eine Vermittlung des Organs unter Beachtung der Regelungen nach § 12 geboten".*[651] Die Übertragung eines solchen Organs, das nicht durch die

---

[647] Vgl. allgemein bezüglich Körpermaterial Freund/Weiss, Medizinrecht 2004, 315 sowie BGHZ 124, 52, 55; Staudinger–Hager, BGB, § 823 BGB Rn. C 243; Taupitz, Wem gebührt der Schatz im menschlichen Körper? Zur Beteiligung des Patienten an der kommerziellen Nutzung seiner Körpersubstanzen, AcP 191, 1991, 201 (208 ff.); Schröder/Taupitz, Menschliches Blut: verwendbar nach Belieben des Arztes?, 1991, 40 ff, 94. Zu zivilrechtlichen und strafrechtlichen Fragen der „Domino-Transplantation" siehe Schroth/König/Gutmann/Oduncu–Gutmann, TPG, 2005, § 8 Rn. 7.

[648] Im Ergebnis auch Nickel/Schmidt-Preisigke/Sengler, TPG, 2001, Vor § 8 Rn. 6 und Miserok/Sasse/Krüger–Sasse, § 1 Rn. 24.

[649] Vgl. hierzu auch Nationale Ethikkommission der Schweiz im Bereich Humanmedizin (NEK-CNE), Stellungnahme 6/2003 – Zur Regelung der Lebendspende im Transplantationsgesetz, 35 ff.

[650] Vgl. Europarat, Zusatzprotokoll zu der Konvention über Menschenrechte und Biomedizin über die Transplantation von menschlichen Organen und Geweben menschlichen Ursprungs vom 24.1.2002, Art. 20.

[651] So Nickel/Schmidt-Preisigke/Sengler, TPG, 2001, § 9 Rn. 4. Der allgemeine Gleichheitssatz des Art. 3 Abs. 1 GG kann jedoch nicht unmittelbar gesetzliche Verbotsnormen begründen oder deren Anwendungsbereich erweitern, er richtet sich insoweit allein an den Gesetzgeber. Weder der Richter noch sonstige Rechtsanwender sind zur Schließung von Gesetzeslücken berufen, die auf vermutetem gesetzgeberischem Teilunterlassen beruhen (vgl. Dreier–Heun, Grundgesetz, ²2004, Art. 3 Rn. 53).

Vermittlungsstelle unter Beachtung der Regelungen nach § 12 TPG vermittelt worden ist, stellt auch keine Ordnungswidrigkeit nach § 20 Abs. 1 Nr. 2 i.V.m. Abs. 2 und § 9 TPG dar, wie sich bereits aus § 3 OWiG sowie daraus ergibt, dass Art. 103 Abs. 2 GG und das in ihm ausgesprochene Analogieverbot auch für Bußgeldtatbestände gilt.[652] In der Praxis werden Domino-Organe von Eurotransplant nur vermittelt, wenn das lokale Zentrum selbst keinen geeigneten Empfänger hat.[653] Es erscheint im Hinblick auf die Transparenz des Verteilungssystems und die Chancengleichheit potentieller Empfänger jedoch vorzugswürdig, Domino-Organe unter Beachtung ihrer medizinischen Besonderheiten in die allgemeine Koordinierungs- und Vermittlungspflichtigkeit einzubeziehen.

10.2. Weiterer Korrekturbedarf am Transplantationsgesetz

Über das Ausgeführte hinaus hat die rechtswissenschaftliche Analyse eine Reihe von weiteren Konstruktionsmängeln und Unklarheiten des geltenden Transplantationsgesetzes aufgezeigt. Diese sind teilweise dadurch bedingt, dass der Gesetzgeber in zahlreichen Komplexen rechtliches Neuland betreten musste. Im Rahmen einer Überarbeitung des Transplantationsgesetzes sollten sie überprüft und beseitigt werden.

Darunter sind folgende zu nennen:
- Entgegen der ursprünglichen Absicht des Gesetzgebers[654] werden menschliche **Herzklappen** als Teile (§ 1 Abs. Satz 1 TPG) des in § 9 genannten Organs Herz von § 9 TPG erfaßt und dürfen deshalb nach dem Gesetz nur in Transplantationszentren übertragen werden[655]; die Regelungen zur Vermittlung nach § 12 TPG bzw. zur Entnahme nach § 11 TPG sind deshalb einzuhalten. Verstöße hiergegen erfüllen objektiv den Bußgeldtatbestand des § 20 Abs. 1 Nr. 2 TPG. Zugleich unterfallen Herzklappen deshalb nicht dem Arzneimittelrecht (§ 21 Nr. 1 TPG). Diese Rechtslage ist rechtspolitisch fragwürdig. Eine Vermittlungspflicht für Herzklappen ist im internationalen Vergleich unüblich und widerspricht gängiger herzchirurgischer Praxis. Auch im Geltungsbereich des Transplantationsgesetzes werden Herzklappen faktisch nicht als Organe im Sinne des Gesetzes behandelt, ohne dass insoweit bereits von einer gewohnheitsrechtlichen Derogation der dieser Praxis widersprechenden §§ 1 Abs. 1 Satz 1 u. 9 TPG die Rede sein könnte. Der Gesetzgeber ist deshalb aufgerufen, die transplantationsrechtliche Ausnahme für Herzklap-

---

[652] Vgl. BVerfGE 81, 122, 135; 87, 399, 411; Jarass-Pieroth, Gundgesetz, ⁷2004, Art. 103 Rn. 41; Sachs–Degenhart, Grundgesetz, ³2003; Art. 103 Rn. 52; Göhler–König/Seitz, Ordnungswidrigkeitengesetz, ¹³2002, § 3 Rn. 1 ff. u. 9.
[653] Eurotransplant Manual 3.2.1. sowie 5.2.4. für die Leber, 6.3.6. für das Herz.
[654] Entwurfsbegründung, BT-Drs. 13/4355, 21, zu § 8 E-TPG; ebenso Nickel/Schmidt-Preisigke/Sengler, TPG, 2001, § 9 Rn. 2.
[655] Vgl. zum Folgenden Schroth/König/Gutmann/Oduncu–Gutmann, TPG, 2005, § 9 Rn. 3; Höfling–Rixen, TPG, 2003, § 9 Rn. 4.

pen, von der die Entwurfsbegründung des Gesetzes sprach, zu überprüfen und ihr, wenn sie gelten soll, im Gesetz selbst Ausdruck zu verleihen.
- Der **Begriff „vermittlungspflichtige Organe"** (§ 9 Satz 1 und 2 TPG) ist objektiv unklar und widersprüchlich hinsichtlich der Frage, ob er er auch im Ausland entnommene Organe Verstorbener umfasst. Die Norm genügt insoweit nicht dem rechtsstaatlichen Bestimmtheitsgebot.[656]
- Das Gesetz **macht nicht hinreichend deutlich, welche Handlungen tatbestandlich gegen § 9 TPG verstoßen.** Insbesondere sind die Formulierungen, die Übertragung bestimmter Organe sei nur zulässig, wenn diese durch die Vermittlungsstelle „unter Beachtung der Regelungen nach § 12" vermittelt worden sind (Satz 2) bzw. wenn ihre Entnahme „unter Beachtung der Regelungen nach § 11 durchgeführt wurde" (Satz 3), unklar. Dies gilt insbesondere für die Frage, ob der Gesetzgeber mit § 9 die Transplantationszentren auch bußgeldbewehrt auf die Einhaltung der auf Grund der §§ 11, 12 erlassenen Sekundärvorschriften (Koordinierungsstellenvertrag, Vermittlungsstellenvertrag, Richtlinien der Bundesärztekammer) verpflichten wollte. § 9 Satz 2 und 3 TPG sind insgesamt verweisungstechnisch missglückt. Sie sollten *de lege ferenda* durch präzise Verweise auf diejenigen Regelungen nach §§ 11 und 12, die konkret gemeint sind, ersetzt werden.[657]
- Die angesprochenen Unklarheiten führen im Hinblick auf das Bestimmtheitsgebot sowie auf das Schuldprinzip **zu massiven Problemen bei den entsprechenden Bußgeldtatbeständen des § 20 TPG.** Dessen Absatz 2 liegt deshalb, was die Bewehrung des § 9 Satz 2 TPG anbelangt, zumindest an der Grenze der Verfassungswidrigkeit und dürfte sie teilweise überschreiten, hinsichtlich der Bewehrung des § 9 Satz 3 ist das noch erträgliche Maß insgesamt gesprengt.[658] Die Bußgeldbewehrungen des Gesetzes gehen deshalb teilweise ins Leere. Dies führt – auch wenn man dem Übermaß an Straf- und Bußgeldbestimmungen, die das Transplantationsgesetz enthält, skeptisch gegenübersteht – zu rechtspolitisch fragwürdigen Rechtswidrigkeitslücken.
- Die **Regelungen des § 14 Abs. 1 Satz 1 und 2 TPG** werden in der Diskussion „als gänzlich verunglückt" angesehen. Es wird darauf hingewiesen, dass diese Norm über das für den Arzt und seine Gehilfen strafrechtlich (§ 203 Abs. 1 Nr. 1, III StGB) und standesrechtlich abgesicherte Offenbarungsverbot sowie über Schweigepflichten von Amtsträgern (§ 203 Abs. 2 Nr. 1, 2 StGB) weit hinausgeht, die gebotenen Differenzierungen, wie sie in vergleichbaren Materien getroffen wurden (z.B. in den §§ 43, 44 BDSG, §§ 85, 85a SGB X), jedoch völlig vermissen läßt und so zahlreiche Zweifelsfragen aufwirft.[659]

---

[656] Näher Schroth/König/Gutmann/Oduncu–Gutmann, TPG, 2005, § 9 Rn. 4 ff.
[657] Höfling–Rixen, TPG, 2003, § 9 Rn. 8; Schroth/König/Gutmann/Oduncu–Gutmann, TPG, 2005, § 9 Rn. 11 ff.
[658] Schroth/König/Gutmann/Oduncu–König, TPG, 2005, § 20 Rn. 7 ff.; Schroth/König/Gutmann/Oduncu–Gutmann, TPG, 2005, § 9 Rn. 11 ff. m.w.N.; siehe auch Höfling–Rixen, TPG, 2003, Einl. Rn. 7 mit weiteren Verweisen.
[659] Schroth/König/Gutmann/Oduncu–König, TPG, 2005, § 14 Rn. 1 sowie im Einzelnen dort Rn. 5 ff., 9.

11. Zusammenfassung der Empfehlungen

1.
Die strafbewehrte Begrenzung des Spenderkreises bei der Lebendorganspende (§ 8 Abs. 1 Satz 2 TPG) sollte ersatzlos gestrichen werden.

2.
Im Gegenzug empfiehlt es sich, die Lebendspende-Kommissionen (§ 8 Abs. 3 TPG) und weitere prozedurale Sicherungen zu stärken.

2.1.
Der Bundesgesetzgeber sollte selbst die wesentlichen Regeln des Verfahrens der Kommission festschreiben, die zwingende persönliche Anhörung des Spenders und des Empfängers vor der Kommission anordnen sowie die Zusammensetzung der Kommission abschließend normieren. Zugleich sollte die Qualifikation der „psychologisch erfahrenen Person" (§ 8 Abs. 3 Satz 3 TPG) präzisiert werden. Darüber hinaus sollte sichergestellt werden, dass Kommissionen bundesweit von ablehnenden Voten anderer Kommissionen in Kenntnis gesetzt werden. Für Fälle nicht deutsch sprechender Patienten sollte die Hinzuziehung eines unabhängigen Übersetzers und dessen Finanzierung sichergestellt werden. Die Kommissionsvoten sollten unter Gewährleistung angemessener rechtsstaatlicher Verfahrens- und Rechtsschutzgarantien ausgestaltet werden. Daneben sollten die Voraussetzungen dafür geschaffen werden, einheitliche Standards für die Lebendspendekommissionen nicht nur prozedural-organisatorischer Art, sondern auch in materiell-inhaltlicher Hinsicht (Entscheidungskriterien) zu etablieren.

2.2.
Darüber hinaus empfiehlt sich die auf gesetzlicher Grundlage erfolgende Einsetzung einer sachkundigen Person mit der Funktion, im Prozess der Vorbereitung einer möglichen Organspende unabhängig vom Transplantationszentrum nur die Interessen des Spenders wahrzunehmen („donor advocate"). Zugleich sollte das Angebot einer psychologischen Beratung von Spender und Empfänger für die Transplantationszentren verpflichtend gemacht werden.

3.
Die sogenannte Subsidiaritätsklausel (§ 8 Abs. 1 Satz 1 Nr. 3 TPG) sollte ersatzlos gestrichen werden.

4.
Es sollte ein zentrales Lebendspenderregister auf bundesgesetzlicher Grundlage eingerichtet werden.

5.
Der Versicherungsschutz für Lebendorganspender sollte verbessert werden.

5.1.
Es sollte nach Schweizer Vorbild gesetzlich vorgeschrieben werden, dass die Entnahme eines Organs bei einer lebenden Person nur zulässig ist, wenn diese Person gegen mögliche Folgen der Entnahme des Organs (auf eine näher zu bestimmende Weise) angemessen versichert ist. Die Versicherung sollte auch die Fälle der Erwerbs- und Berufsunfähigkeit sowie den Todesfall absichern, sofern diese Ereignisse unmittelbar oder mittelbar ursächlich auf die Organspende zurückgeführt werden können. Die regelmäßigen Versicherungsprämien hat die Krankenversicherung des Organempfängers zu tragen bzw. sind diese oder die Versicherungsleistungen selbst durch einen Fonds oder mittels eines Ausgleichs der Versicherungsträger untereinander zu erbringen.

5.2.
Der Gesetzgeber sollte mindestens jedoch dem Vorschlag der Enquete-Kommission Ethik und Recht der modernen Medizin folgen und – in Korrektur eines handwerklichen Fehlers von 1997 – die Voraussetzungen des Unfallversicherungsschutzes im SGB VII dahingehend klarstellen, dass sich der Versicherungsschutz des Lebendorganspenders auf alle Komplikationen infolge einer Organspende erstreckt, unabhängig davon, ob ein „Unfall" im Sinne der Definition der §§ 7, 8 SGB VII gegeben ist oder nicht. Es sollte zudem gesetzlich geregelt werden, dass die gesetzliche Unfallversicherung unabhängig vom zeitlichen Abstand zwischen Organspende und Auftreten der Symptome einer Erkrankung bzw. Tod des Organspenders leistungspflichtig ist, es sei denn, dass offenkundig ist, dass die Erkrankung oder der Tod des Organspenders nicht in zumindest mittelbarem Zusammenhang mit der Organspende steht (Beweislastumkehr) oder nicht auf ein erhöhtes Lebensrisiko infolge der Organspende zurückzuführen ist (Ausdehnung der Leistungspflicht auf Schäden infolge der spendebedingten Erhöhung des Erkrankungs- und Lebensrisikos).

5.3.
Im Rahmen dieser Änderung sollten auch einheitliche Regelungen für die Erstattung von Kosten und Verdienstausfall des Lebendspenders (Nettoverdienstausfallkosten in tatsächlicher Höhe einschließlich der Beiträge zur Weiterführung bzw. Überbrückung der Sozialversicherung) durch die Krankenkasse des Organempfängers getroffen werden.

Insoweit sollte (einem Vorschlag Höflings folgend) § 27 SGB V um eine Bestimmung ergänzt werden, die die bestehenden Unklarheiten beseitigt und regelt, dass der Organspender einen eigenen Anspruch auf Krankenbehandlung sowie auf einen (näher zu definierenden) angemessenen Ersatz seiner sonstigen Aufwen-

11. Zusammenfassung der Empfehlungen

dungen hat und dass diese Ansprüche ebenso wie Ansprüche nach dem SGB VII gegenüber der Krankenkasse des Organempfängers geltend zu machen sind. Dasselbe gilt für die Kosten der Nachsorge und der Nachuntersuchungen des Lebendspenders.

Ergänzend sollte klargestellt werden, dass Organlebendspender einen (zuzahlungsfreien) Anspruch auf Anschlussheilbehandlung haben.

6.
Dem Bundestag wird empfohlen, das Organhandelsverbot nachzubessern und den Begriff des „Handeltreibens" in den §§ 17 und 18 TPG zu präzisieren, von seiner verfehlten Orientierung am Handeltreiben mit Betäubungsmitteln zu befreien und in rechtsstaatlich gebotener Weise erheblich enger zu bestimmen als es das gegenwärtige Recht tut.

Es bietet sich – konkreten Vorschlägen aus der Strafrechtswissenschaft (Schroth, König) folgend – an, die Strafdrohung gegen denjenigen zu richten, der aus verwerflichem Eigennutz Handel treibt. Organspender und Organempfänger, deren Schutz das Verbot dient, sollten von der Strafdrohung wegen Handeltreibens ausgenommen werden. Des weiteren sollte die Frage des Entgelts, das berufsmäßig Beteiligte (wie Ärzte) für die Heilbehandlung als solche erhalten, aus dem Bereich verbotenen Handelns herausgenommen werden. Ergänzend sollten die vorliegenden Vorschläge zur Einführung des Tatbestandes des Organwuchers und einer entsprechenden Erweiterung der Strafzumessungsregel des Nötigungstatbestandes (§ 240 Abs. 4 StGB) geprüft werden.

7.
Die gesetzlichen Vorschriften zur Vermittlung von Organen sollten neu gefaßt werden.

7.1.
Der Gesetzgeber muss genauere Vorgaben über die Art und das Rangverhältnis der anzuwendenden Zuteilungskriterien sowie über das Verfahren zur weiteren Konkretisierung und Operationalisierung dieser Vorgaben machen, da der gegenwärtige § 12 Abs. 3 Satz 1 TPG i.V.m. § 16 TPG weder im Hinblick auf das Prinzip des Parlamentsvorbehalts noch auf den Bestimmtheitsgrundsatz dem Grundgesetz entspricht und im übrigen nicht sachgerecht ist.

7.2.
Es erscheint unverzichtbar, hierbei der Frage nachzugehen, welche materiellrechtlichen Vorgaben für die Verteilung von dauerhaft knappen medizinischen Ressourcen – und damit von Lebenschancen – aus dem Grundgesetz abzuleiten sind. Diese Diskussion ist bei Erlaß des Transplantationsgesetzes 1997 infolge einer falschen Weichenstellung des Gesetzgebers weitestgehend unterblieben. Überwiegendes spricht dafür, dass eine Umsetzung der maßgeblichen grundrechtsdogmatischen Prinzipien, die den *egalitären* Schutz der Lebens- und Gesundheitsinteressen *jedes einzelnen* Patienten fordern, ganz erhebliche Korrekturen an den gegenwärtigen geltenden Allokationsregeln nach sich ziehen müßte.

8.
Die niederländische Stiftung Eurotransplant übt durch ihre – für die Patienten existentiellen – Vermittlungsentscheidungen Hoheitsrechte aus, sie ist jedoch keine zwischenstaatliche Einrichtung im Sinne des Art. 24 Abs. 1 des Grundgesetzes, der durch Bundesgesetz solche Hoheitsrechte übertragen werden könnten. Schon weil es an einer entsprechenden völkerrechtlichen Regelung fehlt, besitzt die Vermittlungsstelle und damit das gesamte Vermittlungssystem des Transplantationsgesetzes deshalb derzeit keine hinreichende verfassungsrechtliche Basis. Auch insoweit besteht dringender Anlass zu gesetzgeberischem Handeln.

Der Gesetzgeber sollte entweder die rechtlichen und völkerrechtlichen Voraussetzungen für den gegenwärtigen transnationalen Organvermittlungsverbund und die Stiftung Eurotransplant als Vermittlungsstelle schaffen oder angesichts der Probleme, die die gegenwärtige Beauftragung der Stiftung Eurotransplant in verfassungsrechtlicher und völkerrechtlicher Hinsicht, aber auch mit Blick auf Fragen der Aufsicht und des Rechtsschutzes aufwirft, prüfen, ob nicht zu dem ursprünglich überlegten Konzept einer (international kooperierenden) nationalen Vermittlungsstelle zurückgekehrt werden sollte.

9.
Dem Gesetzgeber wird empfohlen, sich bei einer Neugestaltung der Organisation der postmortalen Organspende weitestgehend an dem singulär erfolgreichen Vorbild Spaniens und seinem Modell einer zentralen und koordinierten öffentlich-rechtlichen Organisation und Regelung der organisatorischen sowie der finanziellen Aspekte des Organspendewesens zu orientieren.

Im Bereich des Krankenhausfinanzierungsrechts muss primär dafür gesorgt werden, dass die notwendigen Aufwendungen der Krankenhäuser im Bereich der Vorbereitung und Durchführung der Organentnahme bei hirntoten Spendern angemessen vergütet werden, um negative Auswirkungen auf die Meldebereitschaft zu verringern, die aus einer unzureichender Finanzierung der Krankenhäuser und einer Überlastung des betroffenen ärztlichen und nichtärztlichen Personals resultieren. Es spricht nichts dagegen, die Aufwandsentschädigung für die Spenderkrankenhäuser künftig so zu bemessen, dass sie über die tatsächlich entstehenden Kosten deutlich hinausgeht und als ökonomischer Anreiz für die Institution Krankenhaus zur Erfüllung der gesetzlichen Pflicht aus § 11 Abs. 4 Satz 2 TPG dient. Notwendig sind zudem eine Aufwertung, Professionalisierung und angemessene Entlohnung der Transplantationsbeauftragten an den Krankenhäusern. Subsidiär sollte auch der Gedanke an eine Sanktionierung von Verstößen gegen die Meldepflicht nicht von vorneherein verworfen werden. Dem Gesetzgeber ist generell zu empfehlen, hinsichtlich der organisatorischen und finanziellen Aspekte des Organspendewesens von seiner Regelungskompetenz aus Art. 74 Nr. 26 des Grundgesetzes weitreichenden Gebrauch zu machen und nicht länger auf die offensichtlich nicht hinreichend effizienten Selbststeuerungsmechanismen privatrechtlich handelnder Akteure (Koordinierungsstelle, Spitzenverbände der Krankenkassen, Bundesärztekammer und Deutsche Krankenhausgesellschaft) zu vertrauen.

11. Zusammenfassung der Empfehlungen

10.
In zweiter Linie, nach Ausschöpfung des Potentials organisatorischer Maßnahmen, sollte auch eine offene Diskussion über die rechtliche und ethische Beurteilung der sogenannten Widerspruchslösung wieder aufgenommen werden, soweit dies dann noch nötig erscheint.

11.
Die bei Erlass des Gesetzes übersehene Regelung der Frage der sogenannten „Domino-Transplantation" sollte nachgeholt werden. Das Transplantationsgesetz sollte nach Schweizer Vorbild das Erfordernis einer expliziten und schriftlichen informierten Einwilligung des Dominospenders ausdrücklich festschreiben. Auch erscheint es im Hinblick auf die Transparenz des Verteilungssystems und die Chancengleichheit potentieller Empfänger vorzugswürdig, Domino-Organe unter Beachtung ihrer medizinischen Besonderheiten in die allgemeine Koordinierungs- und Vermittlungspflichtigkeit einzubeziehen.

12.
In diesem Zusammenhang sollten weitere handwerklicher Fehler bzw. Unklarheiten des Gesetzes beseitigt werden. Dies betrifft etwa die objektiv widersprüchliche Legaldefinition des Begriffs „vermittlungspflichtige Organe" (§ 9 Satz 1 und 2 TPG) und die Frage, ob menschliche Herzklappen als Teile (§ 1 Abs. 1 Satz 1 TPG) des in § 9 genannten Organs Herz von §§ 9 ff. TPG erfaßt werden sollen. Sodann sollten die verweisungstechnisch missglückten Sätze 2 und 3 des §§ 9 ff. TPG künftig durch präzise Verweise auf diejenigen Regelungen nach §§ 11 und 12, die konkret gemeint sind, ersetzt werden, da die geltenden Normen im Hinblick auf das Bestimmtheitsgebot sowie auf das Schuldprinzip zu massiven Problemen bei den entsprechenden Bußgeldtatbeständen des § 20 TPG und so zu rechtspolitisch fragwürdigen Rechtswidrigkeitslücken führen. Überarbeitungsbedürftig ist schließlich auch die verunglückte Vorschrift des § 14 Abs. 1 Satz 1 und 2 TPG.

Literatur

Ach, J.S./Anderheiden, M./Quante, M., Ethik der Organtransplantation, Erlangen 2000
Ach, J.S./Wiesing, U., Ethische Aspekte des Organmangels und der Organverteilung, in: K. Seelmann/G. Brudermüller (Hg.), Organtransplantation, Würzburg 2000, 139-148
Adams, A.F./Barnett, A.H./Kaserman, D.L., Markets for Organs: The Question of Supply, Contemporary Economic Policy 17 (1999), 147-155
Adams, P.L./Cohen, D./Danovitch, G. et al., The Nondirected Live Kidney Donor: Ethical Considerations and Practice Guidelines. A National Conference Report, Transplantation 74 (2002), 582-591
Akveld, H., Living Organ Donation – Who Pays the Bill?, in: D. Price/H. Akveld (Eds.), Living Organ Donation in the Nineties: European Medico-Legal Perspectives (EUROTOLD), Leicester 1996, 157-168
Alexy, R., Theorie der Grundrechte, Frankfurt a. Main 1996
Allen, R./Lynch, S./Strong, R., The Living Organ Donor, in: J.R. Chapman/ M. Deierhoi/C. Wight (Eds.), Organ and Tissue Donation for Transplantation, London 1997, 162-199
American Society of Transplant Surgeons Ethics Committee, American Society of Transplant Surgeons' Position Paper on Adult-to-Adult-Living Donor Liver Transplantation, Liver Transplantation 6 (2000), 815-817
American Society of Transplant Surgeons, ASTS Position Statement on Adult-to-Adult Living Liver Donation, Press Release, 2002; http://www.asts.org/livingliverdonorupdated.cfm
Amsterdam Forum on the Care of the Live Kidney Donor, Report of the Meeting April 1-4, 2004, Transplantation 78 (2004), 491 f.
Amsterdam Forum on the Care of the Live Kidney Donor: Report on Data and Medical Guidelines, Transplantation 79 (2005), 953-966.
Anderheiden, M., Transplantationsmedizin und Verfassung, Der Staat 39 (2000), 509-521
Andrews, L.B., My Body, My Property, Hastings Center Report 16 (1986), 28-38
Andrews, L.B., The Body as Property: Some Philosophical Reflections – A response to J.F. Childress, Transplantation Proceedings 24 (1992), 2149-2151
Annas, G.J., Life, Liberty and the Pursuit of Organ Sales, Hastings Center Report 14 (1984), 22-23
Arbeitsgemeinschaft der Transplantationszentren in der Bundesrepublik Deutschland e.V., Entwurf eines Transplantationsgesetzes [1990], Essen/Neu-Isenburg 1991
Arbeitsgemeinschaft der Transplantationszentren in der Bundesrepublik Deutschland e.V., Transplantationskodex, 1987
Arntz, K., Die Organspende zwischen passiver und aktiver Akzeptanz. Ethische Leitlinien zu einer aktuellen Diskussion, Zeitschrift für Medizinische Ethik 49 (2003), 185-202
Aumann, C./Gaertner, W., Die Organknappheit. Ein Plädoyer für eine Marktlösung, Ethik in der Medizin 16 (2004), 105-111

Badura, P., Verteilungsordnung und Zuteilungsverfahren bei der Bewirtschaftung knapper Güter durch die Verwaltung, in: Höfling, W. et al. (Hg.): Staat, Wirtschaft, Steuern, Festschrift für Karl Heinrich Friauf zum 65. Geburtstag, Heidelberg 1996, 529 ff.

Baltzer, J., Transplantationsgesetz und Rechtsschutz, Die Sozialgerichtsbarkeit 1998, 437-442

Barry, B., Tragic Choices, in: ders., Liberty and Justice. Essays in Political Theory 2, Oxford 1991, 142-158

Bayertz, K., Moralischer Konsens. Überlegungen zu einem ethischen Grundbegriff, in: ders. (Hg.), Moralischer Konsens, Frankfurt a. Main 1996, 60-79

Beauchamp Tom L./James F. Childress, Principles of Biomedical Ethics, New York/Oxford ^{3}1989; ^{5}2001

Becchi, P./Bondolfi, A./Kostka, U./Seelmann, K. (Hg.), Organallokation. Ethische und rechtliche Fragen, Basel 2004

Bein, Th., Stellungnahme zur öffentlichen Anhörung „Organisation der postmortalen Organspende in Deutschland" der Enquete-Kommission Ethik und Recht der modernen Medizin des Deutschen Bundestages am 14.3.2005, Kom.-Drs. 15/235

Benn, S.I., The Principle of Respect for Persons, in: ders., A Theory of Freedom, Cambridge 1988, 103-121

Bia, M.J./Ramos, E.L./Danovitch, G.M. et al., Evaluation of Living Renal Donors, Transplantation 60 (1995), 322-327

Biller-Andorno, N., Gender Imbalance in Living Organ Donation, Medicine Health Care and Philosophy 5 (2002), 199-204

Biller-Andorno, N./Kling, S., Who Gives and Who Receives? Gender Issues in Living Organ Donation, in: Th. Gutmann/A.S. Daar/W. Land/R.A. Sells (Eds.), Ethical, Legal And Social Issues in Organ Transplantation, Lengerich/Berlin u.a. 2004, 222-230

Biller-Andorno, N./Schauenburg, H., Vulnerable Spender. Eine medizinethische Studie zur Praxis der Lebendorganspende, Ethik in der Medizin 15 (2003), 25-35

Biller-Andorno, N., Stellungnahme zur öffentlichen Anhörung „Organlebendspende" der Enquete-Kommission Ethik und Recht der modernen Medizin des Deutschen Bundestages am 1. März 2004, Kom.-Drs. 15/149

Birnbacher, D., Stellungnahme zur öffentlichen Anhörung „Organlebendspende" der Enquete-Kommission Ethik und Recht der modernen Medizin des Deutschen Bundestages am 1. März 2004, Kom.-Drs. 15/144

Blake, P.G./Cardella, C.J., Kidney Donation by Living Unrelated Donors [Editorial], Journal of the Canadian Medical Association [CMAJ] 141 (1989), 773-775

Blankart, Ch./Kirchner, Ch./Thiel, G., Transplantationsgesetz. Eine kritische Analyse aus rechtlicher, ökonomischer und ethischer Sicht, Aachen 2002

Blumstein, J.F., The Case for Commerce in Organ Transplantation, Transplantation Proceedings 24 (1992), 190-2197

Brams, M., Transplantable Human Organs: Should their Sale be Authorized by State Statutes?, American Journal of Law & Medicine 3 (1977), 183-196

Brecher, B., Buying Human Kidneys: Autonomy, Commodity and Power, Journal of Medical Ethics 17 (1991), 99

Brecher, B., The Kidney Trade: or, the Customer is Always Wrong, Journal of Medical Ethics 16 (1990), 120-123

Breyer, F., Möglichkeiten und Grenzen des Marktes im Gesundheitswesen. Das Transplantationsgesetz aus ökonomischer Sicht, Zeitschrift für medizinische Ethik 48 (2002), 111-123

Breyer, F./Kliemt, H., Solidargemeinschaft der Organspender: Private oder öffentliche Organisation?, in: P. Oberender (Hg.), Transplantationsmedizin. Ökonomische, ethische, rechtliche und medizinische Aspekte, Baden-Baden 1995, 135-160

Breyer, F./Schultheiss, C., „Alter" als Kriterium bei der Rationierung von Gesundheitsleistungen – eine ethisch-ökonomische Analyse, in: Th. Gutmann/V.H. Schmidt (Hg.), Rationierung und Allokation im Gesundheitswesen, Weilerswist 2002, 121-153

Briegel, J., Stellungnahme zur öffentlichen Anhörung „Organisation der postmortalen Organspende in Deutschland" der Enquete-Kommission Ethik und Recht der modernen Medizin des Deutschen Bundestages am 14.3.2005, Kom.-Drs. 15/233

British Medical Association Medical Ethics Committee, Organ Donation in the 21st Century: Time for A Consolidated Approach, 2000, http://web.bma.org.uk/public/

British Medical Association, Human Tissue and Organs – Presumed Consent for Organ Donation (May 2004), http://bma.org.uk/

British Transplantation Society and the Renal Association, United Kingdom Guidelines for Living Donor Kidney Transplantation, London 2000

British Transplantation Society, Towards Standards for Organ and Tissue Transplantation in the United Kingdom, Richmond Surrey 1998

Brock, D.W., Ethical Issues in Recipient Selection for Organ Transplantation, in: D. Mathieu (Ed.), Organ Substitution Technology. Ethical, Legal and Public Policy Issues, London 1988, 86-99

Brock, D.W., The Misplaced Role of Urgency in Allocation of Persistently Scarce Life-Saving Organs, in: Th. Gutmann/A.S. Daar/W. Land/R.A. Sells (Eds.), Ethical, Legal, and Social Issues in Organ Transplantation, Lengerich/Berlin u.a. 2004, 41-48

Broelsch, C.E./Malagó, M./Testa, G./Gamazo, C.M., Living Donor Liver Transplantation in Adults – Outcome in Europe, Liver Transplantation 6 (2000), S64-S65

Bruns, W./Debong, B./Andreas, M., Das neue Transplantationsgesetz. Was müssen die Krankenhausärzte beachten?, Arztrecht 11 (1998), 283-286

Bundesärztekammer, „Positionen zur Lebendorganspende" der Ständigen Kommission Organtransplantation der Bundesärztekammer v. 8. 12. 2003, 6, vorgelegt als Anhang zur Stellungnahme Schreiber zur öffentlichen Anhörung „Organlebendspende" der Enquete-Kommission Ethik und Recht der modernen Medizin des Deutschen Bundestages am 1. März 2004, Kom.-Drs. 15/139

Bundesärztekammer, Empfehlungen zur Lebendorganspende, Deutsches Ärzteblatt 97 (2000), A 3287-3288

Bundesärztekammer, Richtlinien zur Organtransplantation gemäß § 16 Transplantationsgesetz, DÄBl. 97 (2000), A-396 ff. und Neubekanntmachung vom 28.02.2003 mit laufenden Fortschreibungen unter www.bundesaerztekammer.de

Bundesregierung, Antwort auf die parlamentarische Anfrage der Bundestagsabgeordneten Reichard (Dresden, CDU/CSU) in bezug auf die „Verbesserung der Organspende-Möglichkeiten, z.B. durch Genehmigung von Ringtauschlösungen", Deutscher Bundestag, Drucksache 14/868 vom 30.04.1999

Bundesregierung, Antwort der auf die Große Anfrage der Abgeordneten Frau Schmidt (Hamburg) und der Fraktion Die Grünen: Probleme der Transplantationsmedizin I-V, BTDrs. 11/7980 vom 26.9.1990

Bundesregierung, Antwort der Bundesregierung auf die Große Anfrage der Abgeordneten Julia Klöckner, Thomas Rachel, Andreas Storm, weiterer Abgeordneter und der Fraktion der CDU/CSU – Drucksache 15/2707 – BTDrs. 15/4542 v. 16.12.2004

Bundesverband der Organtransplantierten e.V., Stellungnahme zur öffentlichen Anhörung „Organlebendspende" der Enquete-Kommission Ethik und Recht der modernen Medizin des Deutschen Bundestages am 1. März 2004, Kom.-Drs. 15/137
Buttle, N., Prostitutes, Workers and Kidneys: Brecher on the Kidney Trade, Journal of Medical Ethics 17 (1991), 97-98
Calabresi, G./Bobbitt, Ph., Tragic Choices, New York 1978
Caplan, A.L., Commentary: Living Dangerously. The Morality of Using Living Persons as Donors of Lobes of Liver for Transplantation, Cambridge Quarterly of Healthcare Ethics 4 (1992), 311-317
Caplan, A.L., Organ Transplants: The Costs of Success, An Argument for Presumed Consent and Oversight, Hastings Center Report 13 (Dec. 1983), 23-32
Cecka, J.M./Terasaki, P.I., Living Donor Kidney Transplants: Superior Success Rates Despite Histoincompatibilities, Transplantation Proceedings 29 (1997), 203
Cecka, J.M., Kidney Transplantation from Living Unrelated Donors, Annual Review of Medicine 51 (2000), 393–406
Chapman, J.R./Deierhoi, M./Wight, C. (Eds.), Organ and Tissue Donation for Transplantation, London 1997
Childress, J.F., Ethical Criteria for Procuring and Distributing Organs for Transplantation, in: J.F. Blumstein/F.A. Sloan (Eds.), Organ Transplantation Policy, Durham and London 1989, 87-114
Childress, J.F., Fairness in the Allocation and Delivery of Health Care: The Case of Organ Transplantation, in: B.S. Kogan (Ed.), A Time to Be Born and A Time to Die. The Ethics of Choice, New York 1991, 205-216
Childress, J.F., The Body as Property: Some Philosophical Reflections, Transplantation Proceedings 24 (1992), 2143-2148
Childress, J.F., The Gift of Life: Ethical Problems And Policies in Obtaining and Distributing Organs for Transplantation, Primary Care: Clinics in Office Practics 13 (1986), 379-394
Childress, J.F., Who should Decide? Paternalism in Health Care, New York 1982
Choudry, S./Daar, A.S./Radcliffe Richards, J./Guttmann, R.D./Hoffenberg, R./Lock, M./ Sells, R.A./Tilney, N., Unrelated Living Organ Donation: Ultra Needs to Go, Journal of Medical Ethics 29 (2000), 169-170
Conrads, Ch., Rechtliche Aspekte der Richtlinienfeststellung, in: Ch. Dierks/P. Neuhaus/A. Wienke (Hg.), Die Allokation von Spenderorganen, Heidelberg 1999, 35 ff.
Conrads, Ch., Rechtliche Grundsätze der Organallokation, Baden-Baden 2000
Council of Europe – Parliamentary Assembly, Trafficking in Organs in Europe, Recommendation 1611, 2003; http://assembly.coe.int/Documents/AdoptedText/ta03/EREC1611.htm
Council of Europe – Parliamentary Assembly, Trafficking in Organs in Europe, Report Social, Health and Family Affairs Committee, Rapporteur: Mrs R.-G. Vermot-Mangold, Doc. 9822 v. 3.6.2003, http://assembly.coe.int/Documents/WorkingDocs/doc03/EDOC9822.htm
Council of Europe (1997), Convention for the Protection of Human Rights and Dignity of the Human Being with Regard to the Application of Biology and Medicine: Convention on Human Rights and Biomedicine (ETS No. 164 = Übereinkommen des Europarats zum Schutz der Menschenrechte und der Menschenwürde im Hinblick auf die Anwendung von Biologie und Medizin vom 4. 4. 1997, abrufbar über www.bmj.bund.de)

Council of Europe (1997), Convention for the Protection of Human Rights and Dignity of the Human Being with Regard to the Application of Biology and Medicine: Convention on Human Rights and Biomedicine (ETS No. 164) – Explanatory Report, http://conventions.coe.int/Treaty/en/Reports/Html/164.htm

Council of Europe, Additional Protocol to the Convention on Human Rights and Biomedicine concerning Transplantation of Organs and Tissues of Human Origin, ETS No. 186, 24.1.2002 (Zusatzprotokoll zu der Konvention über Menschenrechte und Biomedizin über die Transplantation von menschlichen Organen und Geweben menschlichen Ursprungs)

Council of Europe, Additional Protocol to the Convention on Human Rights and Biomedicine concerning Transplantation of Organs and Tissues of Human Origin, ETS No. 186, 24.1.2002 – Explanatory Report, 8.11.2001, http://conventions.coe.int/Treaty/EN/Reports/Html/186.htm

Council of Europe, Newsletter Transplant 9 (2004) Nr. 1, International Figures on Organ Donation and Transplantation – 2003, http://www.coe.int/T/E/Social_Cohesion/Health

Council of Europe, Recommendation No R(97)16 of the Committee of Ministers to Member States on Liver Transplantation from Living Related Donors, 30.9.1997

Council of Europe, Recommendation Rec(2003)12 of the Committee of Ministers to Member States on Organ Donor Registers. Adopted by the Committee of Ministers on 19 June 2003 at the 844th Meeting of the Ministers' Deputies, Council of Europe, Newsletter Transplant 9 (2004) Nr. 1, http://www.coe.int/T/E/Social_Cohesion/Health, 30 f.

Council of the Transplantation Society, Commercialization in Transplantation: The Problems and Some Guidelines for Practice, Lancet 2 (1985), 715-716

Cronin, D. C./Millis, J. M./Siegler, M., Transplantation of Liver Grafts From Living Donors Into Adults – Too Much, Too Soon, The New England Medical Journal 344 (2001), 1633-1637

Cronin, D.C./Chiappori, P.A./Siegler, M., The Changing Spectrum of Risk/Benefit in Living Organ Donation: Is a Certain Rate of Expected Post Donation Donor Mortality Ever Ethically Acceptable?, in: Th. Gutmann/A.S. Daar/W. Land/R.A. Sells (Eds.), Ethical, Legal, and Social Issues in Organ Transplantation, Lengerich/Berlin u.a. 2004, 123-129

Crouch, R.A./Elliott, C., Moral Agency and the Family: The Case of Living Related Organ Transplantation, Cambridge Quarterly of Healthcare Ethics 8 (1999), 275-287

Daar A.S./Gutmann, Th./Land, W., Reimbursement, 'Rewarded Gifting', Financial Incentives and Commercialism in Living Organ Donation, in: G.M. Collins/J.M. Dubernard/G. Persijn/W. Land (Eds.), Procurement and Preservation of Vascularized Organs, Dordrecht 1997, 301-316

Daar A.S./Sells, R.A., The Problems of Paid Organ Donation in India. Report on Behalf of the Ethics Committee of the Transplantation Society to the President and Council of the Transplantation Society, 13th International Congress, Transplantation Society, San Francisco, 1990

Daar, A.S., Money and Organ Procurement: Narratives from the Real World, in: Th. Gutmann/A.S. Daar/W. Land/R.A. Sells (Eds.), Ethical, Legal And Social Issues in Organ Transplantation, 2004, 298-317

Daar, A.S., Nonrelated Donors and Commercialism: A Historical Perspective, Transplantation Proceedings 24 (1992), 2087-2090

Daar, A.S., Paid Organ Donation – Towards an Understanding of the Issues, in: Chapman, J.R./Deierhoi, M./Wight, C. (Eds.), Organ and Tissue Donation for Transplantation, London 1997, 46-61

Daar, A.S., Paid Organ Donation and Organ Commerce – Continuing the Ethical Discourse, Transplant Proceedings 35 (2003), 1207-1209

Daar, A.S., Renal Transplantation from Living Donors – Additional Justification (Electronic Response to Nicholson, M.L./Bradley, J.A., Renal Transplantation From Living Donors Should be Seriously Considered to Help Overcome the Shortfall of Organs [Editorial], British Medical Journal 318 [1999], 409 f.), 15.2.1999, http://www.bmj.com/cgi/eletters/318/7181/409

Daar, A.S., Rewarded Gifting and Rampant Commercialism in Perspective: Is There A Difference?, in: W. Land/J.B. Dossetor (Eds.), Organ Replacement Therapy: Ethics, Justice and Commerce, Berlin/Heidelberg/New York 1991, 181-190

Daar, A.S., Rewarded Gifting, Transplantation Proceedings 24 (1992), 2207-2211

Daar, A.S., Use of Renal Transplants from Living Donors. Practice is Essential to Alleviate Shortage of Organs, British Medical Journal 318 (1999), 1553

Daar, A.S./Jakobsen, A./Land, W./Gutmann, Th./Schneewind, K.A./Tahya, T.M., Living-Donor Renal Transplantation: Evidence-Based Justification for an Ethical Option, Transplantation Reviews 11 (1997), 95-109

Daar, A.S./Sells, R.A., Living Not-Related Donor Renal Transplantation – A Reappraisal, Transplantation Reviews 4 (1990), 128-140

Daniels, N., Rationing Fairly: Programmatic Considerations, Bioethics 7 (1993), 224-233

Däubler, W., Grundrecht auf Leben und medizinische Versorgung. Am Beispiel der künstlichen Niere, Neue Juristische Wochenschrift 1972, 1108

Daul, A.E./Metz-Kurschel, U./Philipp, T., Kommerzielle Nierentransplantation in der „Dritten Welt", Deutsche Medizinische Wochenschrift 121 (1996), 1341-1344

de Klerk, M./Keizer, S.W./Weimar, W., Donor Exchange for Renal Transplantation, New England Journal of Medicine 351 (2004), 935 f.

de Klerk, M./Luchtenberg, A.E./Zuidema, W.C. et al., Acceptability and Feasibility of Cross-Over Kidney Transplantation, in: Th. Gutmann/A.S. Daar/W. Land/R.A. Sells (Eds.), Ethical, Legal And Social Issues in Organ Transplantation, Lengerich/Berlin u.a. 2004, 255-262

de Klerk, M./Luchtenburg, A.E/Zuidema, W.C. et al., Feasibility of Cross-Over Kidney Transplantation for Donor-Recipient Pairs With a Positive Cross-Match, American Journal of Transplantion 3 (2003), Suppl. 5, 229

Delmonico, F.L., Exchanging Kidneys – Advances in Living-Donor Transplantation, The New England Journal of Medicine 350 (2004), 1812-1814

Delmonico, F.L./Morrissey, P.E./Lipkowitz, G.E. et al., Donor Kidney Exchanges, American Journal of Transplantation 4 (2004), 1628-1634

Deutsch, E., Das Transplantationsgesetz vom 5.11.1997, Neue Juristische Wochenschrift 1998, 777-782

Deutsche Gesellschaft für Medizinrecht, Einbecker Empfehlungen zur Allokation von Spenderorganen, zur Zulassung eines Krankenhauses als Transplantationszentrum und zur Qualitätssicherung, Medizinrecht 1998, 532

Deutsche Gesellschaft für Medizinrecht, Empfehlungen der DGMR zu medizinrechtlichen Fragen der Organtransplantation [1988], in: Hiersche, H.D./Hirsch, G./Graf-Baumann, T. (Hg.), Rechtsfragen der Organtransplantation, Berlin 1990, 164-166

Deutsche Stiftung Organtransplantation (DSO), Organspende und Transplantation in Deutschland 2003, Neu-Isenburg 2004
Deutsche Transplantationsgesellschaft (DTG), Transplantationskodex, Medizinrecht 1995, 154 f.
Dickens, B., Human Rights and Commerce in Health Care, Transplantation Proceedings 22 (1990), 904-905
Dickens, B./Fluss, S.S./King, A., Legislation in Organ and Tissue Donation, in: Chapman, J.R./Deierhoi, M./Wight, C. (Eds.), Organ and Tissue Donation for Transplantation, London 1997, 95-119
Dippel, K.-H., Zur Entwicklung des Gesetzes über die Spende, Entnahme und Übertragung von Organen (Transplantationsgesetz – TPG) vom 5.11.1997, in: U. Ebert et al. (Hg.), Festschrift für W. Hanack, Berlin/New York 1999, 665-696
Donnelly, P.K./Oman, P./Henderson, R./Opelz, G., Predialysis Living Donor Renal Transplantation: Is it Still the „Gold Standard" for Cost, Convenience, and Graft Survival?, Transplantation Proceedings 27 (1995), 1444-1446
Dorozynski, A., European Kidney Markets, British Medical Journal 299 (1989), 1182
Dossetor, J.B., Kidney Vending: „Yes!" or „No!", American Journal of Kidney Diseases 35 (2000), 1002-1018
Dreier, H. (Hg.), Grundgesetz. Kommentar, Tübingen, Band 1, ^{2}2004; Band 2, 1998; Band 3, 2000
Dukeminier, J./Sandersen, D., Organ Transplantation: A Proposal for Routine Salvaging of Cadaver Organs, New England Journal of Medicine 279 (1968), 413-419
Dworkin, R., Bürgerrechte ernstgenommen, Frankfurt a. Main 1984
Edelmann, H., Ausgewählte Probleme bei der Organspende unter Lebenden, Versicherungsrecht 1999, 1065-1069
Egger, B., Stellungnahme zur öffentlichen Anhörung „Organisation der postmortalen Organspende in Deutschland" der Enquete-Kommission Ethik und Recht der modernen Medizin des Deutschen Bundestages am 14.3.2005, Kom.-Drs. 15/237
Eidgenössisches Departement des Innern, Erläuternder Bericht zum Entwurf eines Schweizer Transplantationsgesetzes, Bern, Dezember 1999
Eigler, F.W., Das Problem der Organspende vom Lebenden, Deutsche Medizinische Wochenschrift 1997, 1398-1401
Eigler, F.W., Stellungnahme zur öffentlichen Anhörung „Organlebendspende" der Enquete-Kommission Ethik und Recht der modernen Medizin des Deutschen Bundestages am 1. März 2004, Kom.-Drs. 15/130
Elliott, C., Doing Harm: Living Organ Donors, Clinical Research and The Tenth Man, Journal of Medical Ethics 21 (1995), 91-96
Ellison, M.D./McBride, M.A. et al., Living Kidney Donors in Need of Kidney Transplants: A Report from the Organ Procurement and Transplantation Network, Transplantation 74 (2002), 1349-1351
Elsässer, A., Die Transplantation lebend gespendeter Organe aus heutiger christlicher Sicht, Transplantationsmedizin 12 (2000), 184-188
Elsässer, A., Ethische Probleme bei der Lebendspende von Organen, Zeitschrift für Transplantationsmedizin 5 (1993), 65-69
Engelhardt, H.T., The Foundations of Bioethics, New York/Oxford 1986
Englert, Y. (Ed.), Organ and Tissue Transplantation in the European Union: Management of Difficulties and Health Risks Linked to Donors, Dordrecht 1995

Engst, K., Die Lebendspendekommission – Ein bloßes Alibigremium?, Gesundheitsrecht 2002, 79-87

Enquete-Kommission Ethik und Recht der modernen Medizin des Deutschen Bundestages, Zwischenbericht Organlebendspende, BT-Drs. 15/5050 v. 17.3.2005

Enquete-Kommission Ethik und Recht der modernen Medizin des Deutschen Bundestages, Zwischenbericht Organlebendspende, Sondervotum von Michael Kauch, Ulrike Flach und Prof. Dr. Reinhard Merkel, BT-Drs. 15/5050 v. 17.3.2005, 78 ff.

Enquete-Kommission Ethik und Recht der modernen Medizin des Deutschen Bundestages, Zwischenbericht Organlebendspende, Sondervotum von Prof. Dr. Reinhard Merkel, BT-Drs. 15/5050 v. 17.3.2005, 86 ff.

Enquete-Kommission Ethik und Recht der modernen Medizin, Protokoll der Öffentlichen Anhörung der Enquete-Kommission Ethik und Recht der modernen Medizinzum Thema „Organlebendspende" am 1.3.2004, http://www.bundestag.de/parlament/ kommissionen/ethik_med/anhoerungen1/04_03_01_organlebendspende/index.html.

Erdmann, J.-P., Kostenübernahme und Versicherungsschutz bei Transplantation menschlicher Organe, Die Leistungen 1999, 321-323

Erin, C.A./Harris, J., A Monopsonistic Market, or: How to Buy and Sell Human Organs, Tissues and Cells Ethically, in: I. Robinson (Ed.), Life and Death Under High Technology Medicine, Manchester 1994, 134-153

Esser, D., Verfassungsrechtliche Aspekte der Lebendspende von Organen, Düsseldorf 2000

Europäisches Parlament und Europäischer Rat, Richtlinie 2004/23/EG vom 31.3.2004 zur Festlegung von Qualitäts- und Sicherheitsstandards für die Spende, Beschaffung, Testung, Verarbeitung, Konservierung, Lagerung und Verteilung von menschlichen Geweben und Zellen (ABl. EG v. 7. 4.2004 L 102/48)

Europäisches Parlament, Resolution on Prohibiting Trade in Transplant Organs vom 14.9.1993, abgedruckt bei S.S. Fluss, Trade in Human Organs: National and International Responses, in: Y. Englert (Ed.), Organ and Tissue Transplantation in the European Union: Management of Difficulties and Health Risks Linked to Donors, Dordrecht 1995, 74-98, Annex 4

EUROTOLD Project Management Group, Questioning Attitudes to Living Donor Transplantation. European Multicentre Study: Transplantation of Organs From Living donors – Ethical and Legal Dimensions (Commission of the European Community Ref: BMHI-CT92-1841), Leicester 1996

Eurotransplant Manual (Handbuch der Anwendungsregeln und Verfahrensvorschriften Eurotransplants für die Organvermittlung); www.eurotransplant.org (zugangsbeschränkt)

Eurotransplant Annual Reports 1996-2003; www.eurotransplant.org (zugangsbeschränkt)

Evans, M., Organ Donations Should Not be Restricted to Relatives, Journal of Medical Ethics 15 (1989),17-20

Faden, R./Beauchamp, T.L., A History and Theory of Informed Consent, New York 1986

Fateh-Moghadam, B., Zwischen Beratung und Entscheidung – Einrichtung, Funktion und Legitimation der Verfahren vor den Lebendspendekommissionen, Medizinrecht 2003, 245

Fateh-Moghadam, B./Schroth, U./Gross, Ch./Gutmann, Th., Die Praxis der Lebendspendekommissionen – Eine empirische Untersuchung zur Implementierung prozeduraler Modelle der Absicherung von Autonomiebedingungen im Transplantationswesen, Medizinrecht 2004, 19-34 und 82-90

Feinberg, J., Harm to Others. The Moral Limits of the Criminal Law I, New York/Oxford 1984
Feinberg, J., Harm to Self. The Moral Limits of the Criminal Law III, New York/Oxford 1986
Feuerstein, G./Kuhlmann, E. (Hg.), Rationierung im Gesundheitswesen, Berlin/Wiesbaden 1998
Finkel, M., This Little Kidney Went to Market, The New York Times Magazine, May 27, 2001
Fluss, S.S., Legal Aspects of Transplantation: Emerging Trends in International Action and National Legislation, Transplantation Proceedings 24 (1992), 2121-2122
Fluss, S.S., Preventing Commercial Transactions in Human Organs and Tissues: An International Overview of Regulatory and Administrative Measures, in: W. Land/J.B. Dossetor (Eds.), Organ Replacement Therapy: Ethics, Justice and Commerce, Berlin/Heidelberg/New York 1991, 154-163
Fluss, S.S., Trade in Human Organs: National and International Responses, in: Y. Englert (Ed.), Organ and Tissue Transplantation in the European Union: Management of Difficulties and Health Risks Linked to Donors, Dordrecht 1995, 74-85
Forkel, H., Das Persönlichkeitsrecht am Körper, gesehen besonders im Lichte des Transplantationsgesetzes, Jura 2001, 73-79
Fost, N., Reconsidering the Ban on Financial Incentives, in: H.H. Kaufman (Ed.), Pediatric Brain Death and Organ/Tissue Retrieval. Medical, Ethical and Legal Aspects, New York/London 1989, 309-315
Fox, R.C., Regulated Commercialism of Vital Organ Donation: A Necessity? Con, Transplantation Proceedings 25 (1993), 55-57
Fraktionen der CDU/CSU, SPD und F.D.P., Begründung des Gesetzentwurfs eines Transplantationsgesetzes, BT-Drs. 13/4355 v. 16.04.1996
Frei, U., Stellungnahme zur öffentlichen Anhörung „Organlebendspende" der Enquete-Kommission Ethik und Recht der modernen Medizin des Deutschen Bundestages am 1. März 2004, Kom.-Drs. 15/141
Freund, G./Weiss, N., Zur Zulässigkeit der Verwendung menschlichen Körpermaterials für Forschungs- und andere Zwecke, Medizinrecht 2004, 315-319
Friedlaender, M., The Right to Sell or Buy a Kidney: Are We Failing Our Patients?, Lancet 359 (2002), 971-973
Frishberg, Y./Feinstein, S./Drukker, A., Living Unrelated (Commercial) Renal Transplantation in Children, Journal of the American Society of Nephrology 9 (1998), 1100-1103
Futterman, L., Presumed Consent: The Solution to the Critical Organ Donor Shortage: Time to Give it a Try, in: A.L. Caplan/D. Coelho (Eds.), The Ethics of Organ Transplants: The Current Debate, Amherst, NY 1998, 161-172
Gallwas, U., Der andere Standpunkt. Anmerkungen zu den verfassungsrechtlichen Vorgaben für ein Transplantationsgesetz, Juristenzeitung 1996, 851 f.
Gallwas, U., Stellungnahme zur Anhörung des Ausschusses für Gesundheit des Deutschen Bundestags zum Transplantationsgesetz am 28.6.1995, Aussch-Drs. 13/114, 29-35
Garwood-Gowers, A., To Pay or Not to Pay: That is the Question. The Economic Rights of the Living Donor, in: D. Price/H. Akveld (Eds.), Living Organ Donation in the Nineties: European Medico-Legal Perspectives (EUROTOLD), Leicester 1996, 179-189

Geisler, L.S., Organlebendspende. Routine – Tabubrüche – Systemtragik, Universitas 59 (2004), 702, 1214–1225, http://www.linus-geisler.de/art2004/200412universitas-organlebendspende.html

Gijertson, D.W./Cecka, J.M., Living Unrelated Donor Kidney Transplantation, Kidney International 58 (2000), 491-499

Gilbert, J.C./Brigham, L./Batty, D.S./Veatch, R.M., The Nondirected Living Donor Program: A Model for Cooperative Donation, Recovery and Allocation of Living Donor Kidneys, American Journal of Transplantation 5 (2005) 167-174

Göhler, E./König, P./Seitz, H., Ordnungswidrigkeitengesetz, München ^{13}2002

Goyal, M./Mehta, R.L./Schneiderman, L.J./Sehgal, A.R., Economic and Health Consequences of Selling a Kidney in India, Journal of the American Medical Association (JAMA) 288 (2002), 1589-1593

Gridelli, B./Remuzzi, G., Strategies for Making More Organs Available for Transplantation, The New England Journal of Medicine 343 (2000), 404-410

Große Anfrage der Abgeordneten Julia Klöckner, Thomas Rachel, Andreas Storm, weiterer Abgeordneter und der Fraktion der CDU/CSU zum Thema Förderung der Organspende, BT-Drs. 15/2707 v. 9.3.2004

Gründel, J. Stellungnahme zur öffentlichen Anhörung „Organlebendspende" der Enquete-Kommission Ethik und Recht der modernen Medizin des Deutschen Bundestages am 1. März 2004, Kom.-Drs. 15/148

Gründel, J., Ethische Probleme bei der Lebendspende von Organen, Zeitschrift für Transplantationsmedizin 5 (1993), 70-74

Grupp, R., Ärztliche Aufklärung über versicherungsrechtliche Fragen der Lebendspende, in: Kirste (Hg.), Nieren-Lebendspende, Band 2, Lengerich 2001, 10-20

Gubernatis, G., Stellungnahme zur Anhörung des Ausschusses für Gesundheit des Deutschen Bundestags zum Transplantationsgesetz am 9.10.1996, Aussch-Drs. 599/13

Gubernatis, G./Kliemt, H., Solidarität und Rationierung in der Transplantationsmedizin, Transplantationsmedizin 11 (1999), 4 ff.

Guillod, O./Perrenoud, J., The Regulatory Framework for Living Organ Donation, in: Th. Gutmann/A.S. Daar/W. Land/R.A. Sells (Eds.), Ethical, Legal And Social Issues in Organ Transplantation, Lengerich/Berlin u.a. 2004, 157-175

Günther, K., Welchen Personenbegriff braucht die Diskurstheorie des Rechts? Überlegungen zum internen Zusammenhang zwischen deliberativer Person, Staatsbürger und Rechtsperson, in: H. Brunkhorst/P. Niesen (Hg.), Das Recht der Republik, Frankfurt a. Main 1999, 83-104

Gutmann, Th., Allocation and Transplantation of 'Marginal Donor' Organs, in: Th. Gutmann/A.S. Daar/W. Land/R.A. Sells (Eds.), Ethical, Legal, and Social Issues in Organ Transplantation, Lengerich/Berlin u.a. 2004, 49-55

Gutmann, Th., An den Grenzen der Solidarität? Gerechtigkeit unter Fremden im liberalen Rechtsstaat am Beispiel der Organspende, in: W. Brugger/G. Haverkate (Hg.), Grenzen als Thema der Rechts- und Sozialphilosophie, Archiv für Rechts- und Sozialphilosophie, Beiheft 84, Stuttgart 2002, 133-152

Gutmann, Th., Freiwilligkeit als Rechtsbegriff, München 2001

Gutmann, Th., ‚Gattungsethik' als Grenze der Verfügung des Menschen über sich selbst?, in: W. van den Daele/R. Döbert/G. Nunner-Winkler (Hg.), Biopolitik (Sonderheft der Zeitschrift Leviathan), 2005, i.E.

Gutmann, Th., Gesetzgeberischer Paternalismus ohne Grenzen? Zum Beschluss des Bundesverfassungsgerichts zur Lebendspende von Organen, Neue Juristische Wochenschrift 1999, 3387-3389
Gutmann, Th., Gleichheit vor der Rationierung, in: Th. Gutmann/ V.H.Schmidt (Hg.), Rationierung und Allokation im Gesundheitswesen, Weilerswist 2002, 179-210
Gutmann, Th., Lebendspende von Organen – nur unter Verwandten?, Zeitschrift für Rechtspolitik 1994, 111-114
Gutmann, Th., Medizinische Ethik und Organtransplantation, Ethik in der Medizin 10 (1998, Supplement 1), S58-S67
Gutmann, Th., Paternalismus – eine Tradition deutschsprachigen Rechtsdenkens? ZRG GA (Zeitschrift der Savigny-Stiftung für Rechtsgeschichte, Germanistische Abteilung), 122 (2005), 150-194, i.E.
Gutmann, Th., Probleme einer gesetzlichen Regelung der Lebendspende von Organen, Medizinrecht 1997, 147-155
Gutmann, Th., Rechtsphilosophische Aspekte der Lebendspende von Nieren, Zeitschrift für Transplantationsmedizin 5 (1993), 75-88
Gutmann, Th., Stellungnahme zur Anhörung am 09.10.1996 vor dem Ausschuss für Gesundheit des Deutschen Bundestags, Aussch.-Drs. 591/13
Gutmann, Th., Stellungnahme zur öffentlichen Anhörung „Organlebendspende" der Enquete-Kommission Ethik und Recht der modernen Medizin des Deutschen Bundestages am 1. März 2004, Kom.-Drs. 15/135
Gutmann, Th., Zur philosophischen Kritik des Rechtspaternalismus, in: U. Schroth/K.A. Schneewind/Th. Gutmann/B. Fateh-Moghadam, Patientenautonomie am Beispiel der Lebendorganspende, 2005, i.E.
Gutmann, Th./Daar, A.S./Land, W./Sells, R.A. (Eds.), Ethical, Legal And Social Issues in Organ Transplantation, Lengerich/Berlin u.a. 2004
Gutmann, Th./Elsässer, A./Gründel, J./Land, W./Schneewind, K.A./Schroth, U., Living kidney Donation: Safety by Procedure, in: Terasaki, P.I. (Ed.), Clinical Transplants 1994, Los Angeles 1995, 356-357
Gutmann, Th./Elsässer, A./Schroth, U./Fateh-Moghadam, B./Schneewind, K.A./Schmid, U./Hillebrand, G.F./Land, W., Rechtliche und ethische Aspekte der ‚Dringlichkeit' der Nierentransplantation bei Dialysepatienten, in: Gutmann et al., Grundlagen einer gerechten Organverteilung – Medizin, Psychologie, Recht, Ethik und Soziologie, Berlin/New York 2002, 241-255
Gutmann, Th./Fateh-Moghadam, B., Rechtsfragen der Organverteilung, Neue Juristische Wochenschrift 2002, 3365-3372 sowie in: Oduncu, F./Schroth, U./Vossenkuhl, W. (Hg.), Organtransplantation – Organgewinnung, Verteilung und Perspektiven, Göttingen 2003, 146-165
Gutmann, Th./Fateh-Moghadam, B., Rechtsfragen der Organverteilung I. Das Transplantationsgesetz, die „Richtlinien" der Bundesärztekammer und die Empfehlungen der Deutschen Gesellschaft für Medizinrecht, in: Gutmann et al., Grundlagen einer gerechten Organverteilung – Medizin, Psychologie, Recht, Ethik und Soziologie, Berlin/New York 2002, 37-58
Gutmann, Th./Fateh-Moghadam, B., Rechtsfragen der Organverteilung II: Verfassungsrechtliche Vorgaben für die Allokation knapper medizinischer Güter am Beispiel der Organallokation, in: Gutmann et al., Grundlagen einer gerechten Organverteilung – Medizin, Psychologie, Recht, Ethik und Soziologie, Berlin/Heidelberg/New York 2002, 59-104

Gutmann, Th./Fateh-Moghadam, B., Rechtsfragen der Organverteilung III: Normative Einzelprobleme der gegenwärtigen Regelung der Organverteilung, in: Gutmann et al., Grundlagen einer gerechten Organverteilung – Medizin, Psychologie, Recht, Ethik und Soziologie, Berlin/New York 2002, 105-114

Gutmann, Th./Gerok, B., International Legislation in Living Organ Donation, in: G.M. Collins/J.M. Dubernard/G. Persijn/W. Land (Eds.), Procurement and Preservation of Vascularized Organs, Dordrecht 1997, 317-324

Gutmann, Th./Land, W., Breaking Barriers in Living Donor Organ Transplantation – A European Perspective, Transplantation Proceedings 35 (2003), 926-929

Gutmann, Th./Land, W., Ethics Regarding Living Donor Organ Transplantation, Langenbeck's Archives of Surgery 384 (1999), 515-522

Gutmann, Th./Land, W., Ethische und rechtliche Fragen der Organverteilung: Der Stand der Debatte, in: K. Seelmann/G. Brudermüller (Hg.), Organtransplantation, Würzburg 2000, 87-137

Gutmann, Th./Land, W., The Ethics of Organ Allocation: The State of Debate, Transplantation Reviews 11 (1997), 191-207

Gutmann, Th./Schmidt, V.H. (Hg.), Rationierung und Allokation im Gesundheitswesen, Weilerswist 2002

Gutmann, Th./Schneewind. K.A./Schroth, U./Schmidt, V.H./Elsässer, A./Land, W./Hillebrand, G.F., Grundlagen einer gerechten Organverteilung – Medizin, Psychologie, Recht, Ethik und Soziologie, Berlin/Heidelberg 2002

Gutmann, Th./Schroth, U., Die Lebendspende von Organen und Geweben, in: Oduncu, F./Schroth, U./Vossenkuhl, W. (Hg.), Organtransplantation – Organgewinnung, Verteilung und Perspektiven, Göttingen 2003, 271-290

Gutmann, Th./Schroth, U., Organlebendspende in Europa. Rechtliche Regelungsmodelle, ethische Diskussion und praktische Dynamik, Berlin/Heidelberg/New York 2002

Gutmann, Th./Schroth, U., Recht, Ethik und die Lebendspende von Organen – der gegenwärtige Problemstand, Transplantationsmedizin 12 (2000), 174-183

Halvorsen, M., Living Donors – Social Welfare and Other Material Support, in: D. Price/H. Akveld (Eds.), Living Organ Donation in The Nineties: European Medico-Legal Perspectives (EUROTOLD), Leicester 1996, 169-177

Hansmann, H., The Economics and Ethics of Markets for Human Organs, in: J.F. Blumstein/F.A. Sloan (Eds.), Organ Transplantation Policy: Issues and Prospects, Durham/London 1989, 57-85

Harris, J., Der Wert des Lebens, Berlin 1995 (The Value of Life. An Introduction to Medical Ethics, London 1985)

Harris, J./Erin, Ch., An Ethically Defensible Market in Organs, British Medical Journal 325 (2002), 114 f.

Hart, H.L.A., Between Utility and Rights, in: ders., Essays in Jurisprudence and Philosophy, Oxford 1983, 198-222

Harvey, J., Paying Organ Donors, Journal of Medical Ethics 16 (1990), 117-119

Haverkate, G., Verantwortung für Gesundheit als Verfassungsproblem, in: H. Häfner (Hg.), Gesundheit – unser höchstes Gut?, Berlin 1999, 119-137

Häyry, H., The Limits of Medical Paternalism, London 1991

Hebborn, A., Möglichkeiten und Grenzen eines Marktes für Organtransplantate. Eine konstitutionenökonomische Analyse der Eigenkommerzialisierung menschlicher Organe zum Zwecke der Transplantation, Bayreuth 1998

Henderson, A.J./Landolt, M.A./McDonald, M.F. et al., The Living Anonymous Kidney Donor: Lunatic or Saint?, American Journal of Transplantation 3 (2003), 203-213
Herz, S.E., Two Steps to Three Choices. A New Approach to Mandated Choice, Cambridge Quarterly of Healthcare Ethics 8 (1999), 340-347
Heun, W., Der Hirntod als Kriterium des Todes des Menschen. Verfassungsrechtliche Grundlagen und Konsequenzen, Juristenzeitung 1996, 213-219
Heun, W., Stellungnahme zur Anhörung des Ausschusses für Gesundheit des Deutschen Bundestags zum Transplantationsgesetz am 28.6.1995, Aussch-Drs. 13/137, 30-37
Hillebrand, G.F./Schmeller, N./Theodorakis, N./Illner, W.D./Schulz-Gambard, E./ Schneewind, K.A./Land, W., Nierentransplantation-Lebendspende zwischen verwandten und nicht verwandten Personen: Das Münchener Modell, Transplantationsmedizin 8 (1996), 101-110
Hillebrand, G.F./Theodorakis, J./Illner, W.D./Stangl, M./Ebeling, F./Gutmann, Th./Schneewind, K.A./Land, W., Lebendspende bei Nierentransplantation – Renaissance durch nicht verwandte Speder? Fortschritte der Medizin 142 (2000), 798-799
Hirsch, G./Schmidt-Didczuhn, A., Transplantation und Sektion. Die rechtliche und rechtspolitische Situation nach der Wiedervereinigung, Heidelberg 1992
Hoerster, N., Sterbehilfe im säkularen Staat, Frankfurt a. Main 1998
Höfling, W., Primär- und Sekundärrechtsschutz im öffentlichen Recht, VVDStRL (Veröffentlichungen der Vereinigung der Deutschen Staatsrechtslehrer) 61 (2002), 260 ff.
Höfling, W., Stellungnahme zur Anhörung des Ausschusses für Gesundheit des Deutschen Bundestags zum Transplantationsgesetz am 9.10.1996, Aussch-Drs. 599/13
Höfling, W., Stellungnahme zur öffentlichen Anhörung „Organlebendspende" der Enquete-Kommission Ethik und Recht der modernen Medizin des Deutschen Bundestages am 1. März 2004, Kom.-Drs. 15/143
Höfling, W., (Hg.) Transplantationsgesetz. Kommentar, Berlin 2003
Hohmann, E. S., Das Transplantationswesen in Deutschland, Österreich und der Schweiz – Unter Einbeziehung ethischer und rechtspolitischer Aspekte, Frankfurt am Main u. a. 2003
Holznagel, B., Aktuelle verfassungsrechtliche Fragen der Transplantationsmedizin, Deutsches Verwaltungsblatt 2001, 1629-1636
Holznagel, B., Die Vermittlung von Spenderorganen nach dem geplanten Transplantationsgesetz, Deutsches Verwaltungsblatt 1997, 393-401
Holznagel, B., Stellungnahme zum Entwurf des Transplantationsgesetzes, Anhörung am 25.9. und 9.10.1996, Deutscher Bundestag, Ausschuß für Gesundheit, Aussch.-Drs. 589/13
Hou, S., Expanding the Kidney Donor Pool: Ethical and Medical Considerations, Kidney International 58 (2000), 1820-1836
Hoyer, J., A Nondirected Kidney Donation and its Consequences. Personal Experience of a Transplant Surgeon, Transplantation 76 (2003), 1264
Hoyer, J., Die altruistische Lebendspende, Nieren- und Hochdruckkrankheiten 27 (1998), 193-198
Hunsicker, L.G., A Survival Advantage for Renal Transplantation (Editorial), New England Journal of Medicine 341 (1999), 1762-1763
Huster, St., Die ethische Neutralität des Staates. Eine liberale Interpretation der Verfassung, Tübingen 2002
Huster, St., Liberalismus, Neutralität und Fundamentalismus. Über verfassungsrechtliche und sozialphilosophische Grenzen rechtlicher Verbote und Regulierungen in der Gen-

technologie und in der modernen Medizin, in: A. Brockmöller/D. Buchwald/D. von der Pfordten/K. Tappe (Hg.), Ethische und strukturelle Herausforderungen des Rechts, Archiv für Rechts- und Sozialphilosophie, Beiheft 66, Stuttgart 1997, 9-25

Hylton, K.N., The Law and Ethics of Organ Sales, in: B.S. Byrd/J. Hruschka/J.C. Joerden (Hg.), Jahrbuch für Recht und Ethik/Annual Review of Law and Ethics, Berlin 1996, 115-136

Illies, C./Weber, F., Organhandel versus Reziprozitätsmodell. Eine ethische Abwägung, Deutsche Medizinische Wochenschrift 129 (2004), 271-275

Interdisziplinärer Arbeitskreis „Ethik und Recht in der Medizin" der Johannes Gutenberg Universität Mainz (Greif-Hilger, G./Paul, N.W./Rittner, Ch.), Mainzer Thesen zur Organspende, März 2005

Isensee, J., Das Grundrecht als Abwehrrecht und als staatliche Schutzpflicht, in: ders./P. Kirchhof (Hg.), Handbuch des Staatsrechts, Band V, Heidelberg 1992, 143-240

Jacobs, C./Matas, A. et al., Nondirected Kidney Donation Practice in the United States. American Journal of Transplantion 3 (2003), 178 ff.

Jacobs, C./Roman, D./Garvey, C./Kahn, J./Matas, A.J., Twenty-Two Nondirected Kidney Donors: An Update on a Single Center's Experience, American Journal of Transplantation 4 (2004) 1110-1116

Jankowski, M., Organspende und Organhandel aus ökonomischer Sicht, Konstanz 1998, http://www.ub.uni-konstanz.de/v13/volltexte/1999/157//pdf/157_1.pdf

Jarass, H.D./Pieroth, B., Grundgesetz, München [7]2004

Jonsen, A.R., Transplantation of Fetal Tissues. An Ethicist's View, Clinical Research 36 (1988), 215-219

Junghanns, R., Verteilungsgerechtigkeit in der Transplantationsmedizin, Jena 2001

Kalitzkus, V., Stellungnahme zur öffentlichen Anhörung „Organisation der postmortalen Organspende in Deutschland" der Enquete-Kommission Ethik und Recht der modernen Medizin des Deutschen Bundestages am 14.3.2005, Kom.-Drs. 15/231

Kamm, F. M., Morality, Mortality I. Death and Whom to Save From It, Oxford 1993

Kamm, F. M., Nonconsequentialism, in: The Blackwell Guide to Ethical Theory, hg. v. Hugh La Follette, Malden, MA. 2000, 205-226

Kamm, F. M., The Choice between People: Commonsense Morality and Doctors' Choices, Bioethics 1 (1987), 255-271

Kant, I., Metaphysik der Sitten [1797], Werkausgabe, Ed. W. Weischedel, Band VIII, Frankfurt a. Main 1968

Kaplan, B.S./Polise, K., In Defense of Altruistic Kidney Donation by Strangers, Pediatric Nephrology 14 (2000), 518-522

Kasiske, B./Snyder, J./Matas, A. et al., Pre-emptive Transplantation: The Advantages and the Advantaged, 2000, in: United States Renal Data System (USRDS) Presentations, http://www.usrds.org/pres/

Kasseler Kommentar zum Sozialversicherungsrecht, Loseblatt, Stand 12/2004

Kater, H./Leube, K., Gesetzliche Unfallversicherung, 1997

Keller, M., Organhandel: Operation Niere. Der illegale Handel mit Organen floriert, DIE ZEIT (Dossier) 50/2002

Kern, B.-R., Zum Entwurf eines Transplantationsgesetzes der Länder, Medizinrecht 1994, 389-392

Kilner, J.F., Who Lives? Who Dies? Ethical Criteria in Patient Selection, New Haven and London 1990

Kim, S.T./Kim, J.H., Organ Donation-Third-Party Donation: Expanding the Donor Pool, Transplantation Proceedings 32 (2000), 1489-1491

Kirste, G., Stellungnahme zur öffentlichen Anhörung „Organisation der postmortalen Organspende in Deutschland" der Enquete-Kommission Ethik und Recht der modernen Medizin des Deutschen Bundestages am 14.3.2005, Kom.-Drs. 15/236

Kirste, G., Stellungnahme zur öffentlichen Anhörung „Organlebendspende" der Enquete-Kommission Ethik und Recht der modernen Medizin des Deutschen Bundestages am 1. März 2004, Kom.-Drs. 15/132

Kiss, A., Die psychosoziale Evaluation, in: Nationale Ethikkommission der Schweiz im Bereich Humanmedizin (NEK-CNE), Stellungnahme 6/2003 – Zur Regelung der Lebendspende im Transplantationsgesetz, 55-57

Kiss, A., Psychological Problems of Living Donors Before and After Transplantation, in: Th. Gutmann/A.S. Daar/W. Land/R.A. Sells (Eds.), Ethical, Legal And Social Issues in Organ Transplantation, Lengerich/Berlin u.a. 2004, 190-194

Kliemt, H., Gerechtigkeitskriterien in der Transplantationsmedizin – eine ordoliberale Perspektive, in: E. Nagel/Ch. Fuchs (Hg.), Soziale Gerechtigkeit im Gesundheitswesen. Ökonomische, ethische, rechtliche Fragen am Beispiel der Transplantationsmedizin, Berlin u.a. 1993, 262-276

Kliemt, H., Gesundheitsökonomische Betrachtungen zur Organallokation, in: P. Becchi/A. Bondolfi/U. Kostka/K. Seelmann (Hg.), Organallokation. Ethische und rechtliche Fragen, Basel 2004, 229-242

Kliemt, H., Wem gehören die Organe?, in: J. S. Ach/M. Quante (Hg.), Hirntod und Organverpflanzung. Medizin und Philosophie, Band 3, Stuttgart–Bad Cannstatt 1999, 271-287

Kloepfer, M., Leben und Würde des Menschen, in: Festschrift 50 Jahre Bundesverfassungsgericht, II, 2001, 77-104

Kluth, W./Sander, B., Verfassungsrechtliche Aspekte einer Organspendepflicht, Deutsches Verwaltungsblatt 1996, 1285-1293

Knoepffler, N., Five Ethical Approaches – One Result, in: Th. Gutmann/A.S. Daar/W. Land/R.A. Sells (Eds.), Ethical, Legal And Social Issues in Organ Transplantation, Lengerich/Berlin u.a. 2004, 507-510

Knoepffler, N., Folgt aus der Menschenwürde eine Verpflichtung zur Organgabe?, in: ders./A. Haniel (Hg.), Menschenwürde und medizinethische Konfliktfälle, Stuttgart 2000, 119-126

Knoepffler, N., Menschenwürde in der Bioethik, Berlin 2004

Koch, H.G., Aktuelle Rechtsfragen der Lebend-Organspende, in: G. Kirste (Hg.), Nieren-Lebendspende. Rechtsfragen und Versicherungsregelungen für Mediziner, Lengerich 2000, 49-63

Koch, H.G., Rechtsfragen der Organübertragung vom lebenden Spender, Zentralblatt für Chirurgie 124 (1999), 718-724

Kollhosser, E., Persönlichkeitsrecht und Organtransplantation, in: H.U. Erichsen/H. Kollhosser/J. Welp (Hg.), Recht der Persönlichkeit, Berlin 1996, 147 ff.

König, P., Biomedizinkonvention des Europarats, EU und deutsches Organhandelsverbot, Medizinrecht 2005, 22-25

König, P., Das strafbewehrte Verbot des Organhandels, in: C. Roxin/U. Schroth/Ch. Knauer/H. Niedermair (Hg.), Medizinstrafrecht, Stuttgart/München ²2001, 291-312

König, P., Strafbarer Organhandel, Frankfurt a. Main 1999

Koppernock, M., Das Grundrecht auf bioethische Selbstbestimmung. Zur Rekonstruktion des allgemeinen Persönlichkeitsrechts, Baden-Baden 1997

Kostka, U., Die Organallokation als komplexer dynamischer Prozess – eine multidimensionale ethische Problemanalyse der Organgewinnung, in: P. Becchi/A. Bondolfi/U. Kostka/K. Seelmann (Hg.), Organallokation. Ethische und rechtliche Fragen, Basel 2004, 159-192

Kranenburg, L./Visak, T./Weimar, W. et al., Starting a Crossover Kidney Transplantation Program in The Netherlands: Ethical and Psychological Considerations, Transplantation 78 (2004) 194-197

Kraushaar, H.-G., Versicherungsrechtliche Aspekte und Absicherung der Lebend-Organspende, in: G. Kirste (Hg.), Nieren-Lebendspende. Rechtsfragen und Versicherungs-Regelungen für Mediziner, Lengerich 2000, 74-80

Kreis, H., Worldwide Organ Trafficking: Fact or Fiction?, in: Y. Englert (Ed.), Organ and Tissue Transplantation in the European Union: Management of Difficulties and Health Risks Linked to Donors, Dordrecht 1995, 67-73

Kübler, H., Verfassungsrechtliche Aspekte der Organentnahme zu Transplantationszwecken, Berlin 1977

Kühn, H.-Ch., Das neue deutsche Transplantationsgesetz, Medizinrecht 1998, 455-461

Kühn, H.-Ch., Die Motivationslösung, Berlin 1998

Künschner, A., Wirtschaftlicher Behandlungsverzicht und Patientenauswahl, Stuttgart 1992

Lachmann, R./Meuter, N., Medizinische Gerechtigkeit. Patientenauswahl in der Transplantationsmedizin, München 1997

Lamb, D., Ethical Aspects of Different Types of Living Organ Donation, in: D. Price/H. Akveld (Eds.), Living Organ Donation in the Nineties: European Medico-Legal Perspectives (EUROTOLD), Leicester 1996, 43-52

Lamb, D., Organ Transplants and Ethics, London 1990

Land, W., Das belohnte Geschenk? Überlegungen zur Organspende von gesunden Menschen, Merkur 45 (1991), 120-129

Land, W., Editorial, in: Fünf Jahre Erfahrung mit der Lebendspende-Nierentransplantation – Modell München, Transplantationsmedizin 12 (2000), 124-125

Land, W., Ergebnisse der nichtverwandten Lebendspende-Nierentransplantation: Ein eindrucksvolles Paradigma in der Argumentation für die „Reperfusionsschädigungs"-Hypothese, Transplantationsmedizin 12 (2000), 148-155

Land, W., Lebendspende von Organen – derzeitiger Stand der internationalen Debatte, Zeitschrift für Transplantationsmedizin 5 (1993), 59-63

Land, W., Lebendspende-Nierentransplantation unter erhöhtem Risiko beim Empfänger: Die Schwierigkeit bei Beurteilung der Transplantabilität – ein Kommentar, Transplantationsmedizin 12 (2000), 156-158

Land, W., Medizinische Aspekte der Lebendspende: Nutzen/Risiko-Abwägung, Zeitschrift für Transplantationsmedizin 5 (1993), 52-58

Land, W./Dossetor, J.B. (Eds.), Organ Replacement Therapy: Ethics, Justice and Commerce, Berlin/Heidelberg/New York 1991

Lang, H., Knappheitsentscheidungen im Sozialrecht – Zum Rechtsschutzdefizit gegenüber transplantationsrechtlichen Verteilungsentscheidungen, Vierteljahresschrift für Sozialrecht 2002, 21-43

Langford, M.J., Who Should Get the Kidney Machine?, Journal of Medical Ethics 18 (1992), 12-17

Laufs, A., Rechtsfragen der Organtransplantation, in: H.D. Hiersche/G. Hirsch/T. Graf-Baumann (Hg), Rechtsfragen der Organtransplantation, Berlin 1990, 57-74
Laufs, A./Uhlenbruck, W. et al., Handbuch des Arztrechts, München ³2002
Lauterbach, H. et al., Gesetzliche Unfallversicherung. SGB VII, Loseblatt, Stand 12/2004
Leist, A., Organgewinnung als Gegenstand sozialer Gerechtigkeit, in: H. Köchler (Hg.), Transplantationsmedizin und personale Identität, Frankfurt a. Main 2001, 55-72
Levinsky, N.G., Organ Donation by Unrelated Donors (Editorial), The New England Journal of Medicine 343 (2000), 430-432
Lilie, H., Stellungnahme zur öffentlichen Anhörung „Organlebendspende" der Enquete-Kommission Ethik und Recht der modernen Medizin des Deutschen Bundestages am 1. März 2004, Kom.-Drs. 15/147
Lilie, H., Wartelistenbetreuung nach dem Transplantationsgesetz, in: H.J. Ahrens/C.v. Bar/G. Fischer/A. Spickhoff/J. Taupitz (Hg.), Festschrift für Erwin Deutsch, Köln 1999, 643 ff.
Living Donor Organ Network (LDON), South-Eastern Organ Procurement Foundation (SEOPF), Presseerklärung vom Oktober 2000: Major New Initiative Will Track and Protect Health Status of Living Kidney Donors, http://www.seopf/press.htm
Lübbe, W., Veralltäglichung der Triage?, Ethik in der Medizin 13 (2001), 148-160
Luhmann, N., Medizin und Gesellschaftstheorie, Medizin, Mensch, Gesellschaft 8 (1983), 168-175
Manga, P., A Commercial Market for Organs? Why Not, Bioethics 1 (1987), 321-338
Mange, K.C./Joffe, M./Feldman, H., Effect of the Use or Nonuse of Long-Term Dialysis on the Subsequent Survival of Renal Transplants from Living Donors, New England Journal of Medicine 344 (2001), 726-731
Marcos, A./Fisher, R.A./Ham, J.M., Liver Regeneration and Function in Donor and Recipient after Right Lobe Adult to Adult Living Donor Liver Transplantation, Transplantation 69 (2000), 1375-1379
Marcos, A./Fisher, R.A./Ham, J.M., Selection and Outcome of Living Donors for Adult to Adult Right Lobe Transplantation, Transplantation 69 (2000), 2410-2415
Marshall, P.A./Thomasma, D.C./Daar, A.S., Marketing Human Organs: The Autonomy Paradox, Theoretical Medicine and Bioethics 17 (1996), 1-18
Matas, A.J., The Case for Living Kidney Sales: Rationale, Objections, and Concerns, American Journal of Transplantation 4 (2004), 2007-2017
Matas, A.J./Garvey, C.A./Jacobs, Ch./Kahn, J.P., Nondirected Donation of Kidneys from Living Donors, The New England Journal of Medicine 343 (2000), 433-436
Matas, A.J./Jacobs, C./Kahn, J./Garvey, C., Nondirected Kidney Donation at the University of Minnesota, in: Th. Gutmann/A.S. Daar/W. Land/R.A. Sells (Eds.), Ethical, Legal And Social Issues in Organ Transplantation, Lengerich/Berlin u.a. 2004, 195-200
Matas, A.J./Keith, F.J., Presumed Consent for Organ Retrieval, Theoretical Medicine 5 (1984), 155-166
Matesanz, R., Factors Influencing the Adaptation of the Spanish Model of Organ Donation, Transplant International 16 (2003), 736-741
Matesanz, R., Factors that Influence the Development of an Organ Donation Program, Transplantation Proceedings 36 (2004), 739-741
Matesanz, R./Miranda, B. (Eds.), Coordinación y Trasplantes. El Modelo Español, Madrid 1995
Matesanz, R./Miranda, B., A Decade of Continuous Improvement in Cadaveric Organ Donation: The Spanish Model, Journal of Nephrology 15 (2002), 22-28

Matesanz, R./Miranda, B., Expanding the Organ Donor Pool: The Spanish Model [Letter], Kidney International 59 (2001), 1594

Matesanz, R./Miranda, B./Felipe, C., Organ Procurement and Renal Transplants in Spain: the Impact of Transplant Coordination, Nephrology Dialysis Transplantation 9 (1994), 475-478

Maunz, Th./Dürig, G./Herzog, R./Scholz, R. et al., Grundgesetz, Kommentar, [7]1996, Loseblatt, Stand 12/2004

Maurer, H., Die medizinische Organtransplantation in verfassungsrechtlicher Sicht, Die Öffentliche Verwaltung 1980, 7-15

Mavrodes, G.I., The Morality of Selling Human Organs, in: M.D. Basson (Ed.), Ethics, Humanism and Medicine. Proceedings of Three Conferences Sponsored by the Committee on Ethics, Humanism and Medicine at the University of Michigan 1978-79, New York 1980, 133-139

Meier-Kriesche, H.-U./Kaplan, B., Waiting Time on Dialysis as the Strongest Modifiable Risk Factor for Renal Transplant Outcomes. A Paired Donor Kidney Analysis, Transplantation 74 (2002), 1377-1381

Meier-Kriesche, H.U./Port, F.K./Ojo, A.O. et al., Effect of Waiting Time on Renal Transplant Outcome, Kidney International 58 (2000), 1311-1317

Merkel, R., Hirntod und kein Ende. Zur notwendigen Fortsetzung einer unerledigten Debatte, Jura 1999, 113-122

Ministerio de Sanidad Y Consumo, Madrid, Transplant Statistics, http://www.msc.es/Diseno/informacionProfesional/profesional_trasplantes.htm

Miranda, B./Fernandez Lucas, M. et al., Organ Donation in Spain, Nephrology Dialysis Transplantion (14) 1999, Suppl. 3, 15-21

Miserok, K./Sasse, R./Krüger, M., Transplantationsrecht des Bundes und der Länder mit Transfusionsgesetz, Loseblatt, teilw. erschienen

Mona, M., Rechtsphilosophische Analyse der Entgeltlichkeit und Vertragsfreiheit in der Nierenspende – Verwerflicher Organhandel oder legitimes Anreizinstrument?, Archiv für Rechts- und Sozialphilosophie 90 (2004) 355-390

Monnier, M., Das alte und neue Modell der Organallokation in der Schweiz, in: P. Becchi/A. Bondolfi/U. Kostka/K. Seelmann (Hg.), Organallokation. Ethische und rechtliche Fragen, Basel 2004, 39-47

Morlok, M., Selbstverständnis als Rechtskriterium, Tübingen 1993

Morris, P.J./Cranston, D., Use of Renal Transplants from Living Donors. Surgical Techniques Should be Fully Evaluated, British Medical Journal 318 (1999), 1553

Murswiek, Grundrechte als Teilhaberechte, soziale Grundrechte, in: Isensee/Kirchhof (Hg.), Handbuch des Staatsrechts der Bundesrepublik Deutschland, Band V, 1992, § 112

Muthny, F.A./Wesslau, C./Smit, H., Organspendebezogene Entscheidungsprozesseder Angehörigen nach plötzlichem Hirntod, Transplantationsmedizin 15 (2003), 1-6

Nagel, E., Schmerz und Leid auf Wartelisten, Ethik in der Medizin 12 (2000), 227

National Kidney Foundation/American Society of Transplantation/American Society of Transplant Surgeons/American Society of Nephrology et al., Consensus Statement on the Live Organ Donor, Journal of the American Medical Association (JAMA) 284 (2000), 2919-2926

Nationale Ethikkommission der Schweiz im Bereich Humanmedizin (NEK-CNE), Stellungnahme 6/2003 – Zur Regelung der Lebendspende im Transplantationsgesetz, http://www.nek-cne.ch/de/pdf/stellungnahme6_de.pdf

Neft, H., Die Überkreuz-Lebendspende im Lichte der Restriktionen des Transplantationsgesetzes, Neue Zeitschrift für Sozialrecht 2004, 519-522

Nett, Ph.C./Stüssi, G./Weber, M./Seebach, J.D., Transplantationsmedizin: Strategien gegen den Organmangel, Schweizer Medizinisches Forum Nr. 24 (11. Juni 2003), 559-568

Neuhaus, P., Stellungnahme zur öffentlichen Anhörung „Organlebendspende" der Enquete-Kommission Ethik und Recht der modernen Medizin des Deutschen Bundestages am 1. März 2004, Kom.-Drs. 15/151

Nickel, L./Preisigke, A., Zulässigkeit einer Überkreuz-Lebendspende nach dem Transplantationsgesetz, Medizinrecht 2004, 307-310

Nickel, L./Schmidt-Preisigke, A./Sengler, H., Transplantationsgesetz. Kommentar, Stuttgart 2001

Niedermair, H., Körperverletzung mit Einwilligung und die Guten Sitten, München 1999

Nielsen, L., Living Organ Donors – Legal Perspectives from Western Europe, in: D. Price/H. Akveld (Eds.), Living Organ Donation in the Nineties: European Medico-Legal Perspectives (EUROTOLD), Leicester 1996, 63-77

Nys, H., Desirable Characteristics of Living Donation Transplant Legislation, in: D. Price/H. Akveld (Eds.), Living Organ Donation in the Nineties: European Medico-Legal Perspectives (EUROTOLD), Leicester 1996, 127-137

O'Neill, O., Distant Strangers, Moral Standing, and Porous Boundaries, in dies., Bounds of Justice, Cambridge 2000

Oberender, P. O./Rudolf, T., Das belohnte Geschenk – Monetäre Anreize auf dem Markt für Organtransplantate, Universität Bayreuth, Rechts- und Wirtschaftswissenschaftliche Fakultät, Wirtschaftswissenschaftliche Diskussionspapiere. Diskussionspapier 12–03, Oktober 2003, http://www.uni-bayreuth.de/departments/rw/lehrstuehle/vwl3/Workingpapers/WP_12-03.pdf

Oduncu, F., Der „Hirntod" als Todeskriterium – Biologisch-medizinische Fakten, anthropologisch-ethische Fragen, in: C. Roxin/U. Schroth/Ch. Knauer/H. Niedermair (Hg.), Medizinstrafrecht, Stuttgart/München ²2001, 199-249

Oduncu, F., Hirntod und Organtransplantationen. Medizinische, juristische und ethische Fragen, Göttingen 1998

Otto, G., Stellungnahme zur öffentlichen Anhörung „Organlebendspende" der Enquete-Kommission Ethik und Recht der modernen Medizin des Deutschen Bundestages am 1. März 2004, Kom.-Drs. 15/131

Papier, H.J./Möller, J., Das Bestimmtheitsgebot und seine Durchsetzung, Archiv des öffentlichen Rechts 122 (1997), 177-211

Park, K./Kim, J.S./Kim, S.I., Analysis of Risk Factors Affecting the Outcome of Primary Living Donor Renal Transplantation in Korea, Transplantation Proceedings 24 (1992), 2426-2427

Park, K./Moon, J.I./Kim, S.I./Kim, J.S., Exchange Donor Program in Kidney Transplantation, Transplantation 67 (1999), 336-338

Park, K./Moon, J.I./Kim, S.I./Kim, J.S., Exchange Donor Program in Kidney Transplantation, Transplantation Proceedings 31 (1999), 356-357

Partridge, E., Posthumous Interests and Posthumous Respect, Ethics 91 (1981), 243-264

Paul, C., Zur Auslegung des Begriffes „Handeltreiben" nach dem Transplantationsgesetz, Medizinrecht 1999, 214-216

Peters, D.A., Marketing Organs for Transplantation, Dialysis & Transplantation 13 (1984), 40-42

Pott, E. (Bundeszentrale für gesundheitliche Aufklärung), Stellungnahme zur öffentlichen Anhörung „Organisation der postmortalen Organspende in Deutschland" der Enquete-Kommission Ethik und Recht der modernen Medizin des Deutschen Bundestages am 14.3.2005, Kom.-Drs. 15/232

Preisigke, A., Ausgewählte Probleme in der aktuellen Diskussion um die Lebendspende von Organen, in Amelung, K. et al. (Hg.), Strafrecht, Biorecht, Rechtsphilosophie: Festschrift für Hans-Ludwig Schreiber zum 70. Geburtstag, Heidelberg 2003, 833-842

Price, D., Legal and Ethical Aspects of Organ Transplantation, Cambridge 2000

Price, D., The Texture and Content of Living Donor Transplant Laws and Policies, Transplantation Proceedings 28 (1996), 378-379

Price, D., The Voluntarism and Informedness of Living Donors, in: D. Price/H. Akveld (Eds.), Living Organ Donation in the Nineties: European Medico-Legal Perspectives (EUROTOLD), Leicester 1996, 107-121

Price, D., Transplant Clinicians as Moral Gatekeepers: Is this Role Simply one of Respecting the Autonomy of Persons?, in: Th. Gutmann/A.S. Daar/W. Land/R.A. Sells (Eds.), Ethical, Legal And Social Issues in Organ Transplantation, Lengerich/Berlin u.a. 2004, 143-147

Price, D./Akveld, H. (Eds.), Living Organ Donation in the Nineties: European Medico-Legal Perspectives (EUROTOLD), Leicester 1996

Quante, M., Auf zum Body-Shop? Einwände gegen die Legalisierung des Handels mit menschlichen Organen, in: A. Bondolfi/U. Kostka/K. Seelmann (Hg.), Hirntod und Organspende, Basel 2003, 181 ff.

Radcliffe Richards, J., From Him That Hath Not, in: W. Land/J.B. Dossetor (Eds.), Organ Replacement Therapy: Ethics, Justice and Commerce, Berlin/Heidelberg/New York 1991, 191-196

Radcliffe Richards, J./Daar, A.S./Guttmann, R.D./Hoffenberg, R./Kennedy, I./Lock, M./Sells, R.A./Tilney, N. (for the International Forum for Transplant Ethics), The Case for Allowing Kidney Sales, The Lancet 351 (1998), 1950-1952

Rapaport, F.T., The Case for a Living Emotionally Related International Kidney Donor Exchange Registry, Transplantation Proceedings 18 (3/1986), Suppl. 2, 5-9

Rawls, J., Gerechtigkeit als Fairneß. Ein Neuentwurf, Frankfurt a. Main 2003

Reich, K., Organspendeverträge. Geldzahlungen als Anreiz zur Organspende in den USA und in der Bundesrepublik Deutschland, Hamburg 2000

Rittner, Ch./Besold, A./Wandel, E., A Proposal for Anonymous Living Organ Donation in Germany, in: Th. Gutmann/A.S. Daar/W. Land/R.A. Sells (Eds.), Ethical, Legal And Social Issues in Organ Transplantation, Lengerich/Berlin u.a. 2004, 231-235

Rittner, Ch./Besold, A./Wandel, E., Die anonymisierte Lebendspende nach § 9 Satz 1 TPG geeigneter Organe (§ 8 I 2 TPG lege ferenda) – ein Plädoyer pro vita und gegen ärztlichen und staatlichen Paternalismus, Medizinrecht 2001, 118-123

Rixen, St., Die Regelung des Transplantationsgesetzes zur postmortalen Organspende vor dem Bundesverfassungsgericht, Neue Juristische Wochenschrift 1999, 3389-3391

Ross, L.F./Rubin, D.T./Siegler, M./Josephson, M.A./Thistlethwaite, J.R./Woodle, E.S., Ethics of a Paired-Kidney-Exchange Program, The New England Journal of Medicine 336 (1997), 1752-1755

Ross, L.F./Woodle, E.S., Ethical Issues in Increasing Living Kidney Donations by Expanding Kidney Paired Exchange Programs, Transplantation 69 (2000), 1539-1543

Roth, A.E./Sönmez, T./Ünver, M., A Kidney Exchange Clearinghouse in New England, http://www.aeaweb.org/annual_mtg_papers/2005/0107_1015_1004.pdf

Roth, A.E./Sönmez, T./Ünver, M., Kidney Exchange, Quarterly Journal of Economics, 119 (2004), 457-488
Rothman, D.J., The International Organ Traffic, The New York Review of Books 45 (26.3.1998), 14-17
Rothman, D.J./Rose, E./Awaya, T. et al., The Bellagio Task Force Report on Transplantation, Bodily Integrity, and the International Traffic in Organs, Transplantation Proceedings 29 (1997), 2739-2745
Roxin, C., Strafrecht. Allgemeiner Teil, Band I, München ³1997
Russo, M.W./Brown R.S., Ethical Issues in Living Donor Liver Transplantation, Current Gastroenterology Reports 5 (2003), 26-30.
Sachs, M. (Hrsg.), Grundgesetz, München ³2003
Sachs, M., Organentnahme bei lebenden Personen (Transplantationsgesetz) [zur Entscheidung des Bundesverfassungsgerichts vom 13.8.1999], Juristische Schulung 2000, 393-395
Sachs, M., Stellungnahme zum Entwurf des Transplantationsgesetzes, Anhörung am 25.9. und 9.10. 1996, Deutscher Bundestag, Ausschuß für Gesundheit, Aussch.-Drs. 589/13
Sauer, J., Sozialhilfe und Lebendorganspende, NDV (Nachrichtendienst des Deutschen Vereins für öffentliche und private Fürsorge) 2000, 97-101
Schachtschneider K.A./Siebold, D., Die „erweiterte Zustimmungslösung" des Transplantationsgesetzes im Konflikt mit dem Grundgesetz, Die Öffentliche Verwaltung 2000, 129-137
Schauenburg, H./Hildebrandt, A., Organspendebereitschaft in Spanien und Deutschland – eine vergleichende Untersuchung. 54. Arbeitstagung des Deutschen Kollegiums Psychosomatische Medizin (DKPM), Göttingen, März 2003, Psychotherapie – Psychosomatik – Medizinische Psychologie 53 (2003), 134
Scheper-Hughes, N., Keeping an Eye on the Global Traffic in Human Organs, Lancet 361 (2003), 1645-48
Schmidt, V. H., Veralltäglichung der Triage, Zeitschrift für Soziologie 25 (1996), 419-437
Schmidt, V.H. Die Organverteilung nach dem Transplantationsgesetz: einige Neuerungen, in: Th. Gutmann et al., Grundlagen einer gerechten Organverteilung – Medizin, Psychologie, Recht, Ethik und Soziologie, Berlin/New York 2002, 9-36
Schmidt, V.H., Politik der Organverteilung. Eine Untersuchung über Empfängerauswahl in der Transplantationsmedizin, Baden-Baden 1996
Schmidt, V.H., Stellungnahme anlässlich der Anhörung am 09.10.1996 vor dem Ausschuss für Gesundheit des Deutschen Bundestags, Aussch.-Drs. 602/13.
Schmidt, V.H., Zu einigen ungelösten Problemen der Organallokation, Transplantationsmedizin 8 (1996), 39, 41.
Schmidt-Aßmann, E., Grundrechtspositionen und Legitimationsfragen im öffentlichen Gesundheitswesen, Berlin 2001
Schmidt-Aßmann, E., Rechtsschutzfragen des Transplantationsgesetzes, Neue Zeitschrift für Verwaltungsrecht 2001, Sonderheft für H. Weber, 59 ff.
Schmidt-Didczuhn, A., Transplantationsmedizin in Ost und West im Spiegel des Grundgesetzes, Zeitschrift für Rechtspolitik 1991, 264-270
Schneewind, K.A., Ist die Lebendspende von Nieren psychologisch verantwortbar?, in: Oduncu, F./Schroth, U./Vossenkuhl, W. (Hg.), Organtransplantation – Organgewinnung, Verteilung und Perspektiven, Göttingen 2003, 222-231

Schneewind, K.A., Psychological Aspects in Living Organ Donation, in: G.M. Collins/J.M. Dubernard/G. Persijn/W. Land (Eds.), Procurement and Preservation of Vascularized Organs, Dordrecht 1997, 325-330

Schneewind, K.A., Psychologische Aspekte der Lebendnierenspende, Zeitschrift für Transplantationsmedizin 5 (1993), 89-96

Schneewind, K.A./Hillebrand, G.F./Land, W., Lebendnierenspende zwischen verwandten und nicht-verwandten Personen: Das Münchner Modell, Report Psychologie, 22 (1997), 118-121

Schneewind, K.A./Ney, B./Hammerschmidt, H./Oerter, R./Pabst, O./Schultz-Gambard, E., Veränderungserwartungen und faktische Veränderungen der Lebensgestaltung bei Nierentransplantation: Ein Vergleich zwischen verwandten und nichtverwandten Spender-Empfänger-Paaren, Transplantationsmedizin 12 (2000), 164-173

Schneewind, K.A./Schmid, U., Bedingungen der Patientenautonomie bei Lebendnierenspende: Ergebnisse einer psychologischen Studie, in: U. Schroth/K.A. Schneewind/Th. Gutmann/B. Fateh-Moghadam, Patientenautonomie am Beispiel der Lebendorganspende, 2005, i.E.

Schneewind, K.A./Schmid, U., Zur „Dringlichkeit" der Nierentransplantation bei Dialysepatienten. Ergebnisse einer psychologisch-medizinischen Untersuchung, in: Gutmann et al., Grundlagen einer gerechten Organverteilung – Medizin, Psychologie, Recht, Ethik und Soziologie, Berlin/New York 2002, 219-240

Schockenhoff, E., Verkannte Chancen der Lebendspende?, Zentralblatt für Chirurgie 124 (1999), 725-728

Schöne-Seifert, B., Medizinethik, in: J. Nida-Rümelin (Hg.), Angewandte Ethik, Stuttgart 1996, 552-648

Schöne-Seifert, B., Organtransplantation und Autonomie – Ethische Überlegungen, in: H. Köchler (Hg.), Transplantationsmedizin und personale Identität, Frankfurt a. Main 2001, 73-88

Schott, M., Patientenauswahl und Organallokation, Basel/Genf/München 2001

Schreiber, H.-L., Recht und Ethik der Lebend-Organtransplantation, in: Kirste, G. (Hg.), Nieren-Lebendspende. Rechtsfragen und Versicherungsregelungen für Mediziner, Lengerich 2000, 33-44

Schreiber, H.-L., Richtlinien und Regeln für die Organallokation, in: Ch. Dierks/P. Neuhaus/A. Wienke (Hg.), Die Allokation von Spenderorganen, Heidelberg 1999, 65 ff.

Schreiber, H.-L., Stellungnahme zur öffentlichen Anhörung „Organlebendspende" der Enquete-Kommission Ethik und Recht der modernen Medizin des Deutschen Bundestages am 1. März 2004, Kom.-Drs. 15/139a

Schreiber, H.L./Wolfslast, G., Ein Entwurf für ein Transplantationsgesetz, Medizinrecht 1992, 189-195

Schröder, M./Taupitz, J., Menschliches Blut: verwendbar nach Belieben des Arztes?, Stuttgart 1991

Schroeder, F.-Ch., Gegen die Spendenlösung bei der Organgabe, Zeitschrift für Rechtspolitik 1997, 265-267; geringfügig verändert wieder in: in: K. Seelmann/G. Brudermüller (Hg.), Organtransplantation, 2000, Würzburg 173-180

Schroth, U., Anmerkung zu BSG v. 10.12.2003, Juristenzeitung 2004, 469

Schroth, U., Das Organhandelsverbot. Legitimität und Inhalt einer paternalistischen Strafrechtsnorm, in: B. Schünemann/H. Achenbach et al. (Hg.), Festschrift für Claus Roxin zum 70. Geburtstag, Berlin/New York 2001, 869-890

Schroth, U., Das strafbewehrte Organhandelsverbot des Transplantationsgesetzes. Ein internationales Problem und seine deutsche Lösung, in: Gutmann, Th./Schneewind, K.A./Schroth, U./Schmidt, V.H./Elsässer, A./Land, W./Hillebrand, G.F., Grundlagen einer gerechten Organverteilung – Medizin, Psychologie, Recht, Ethik und Soziologie, Berlin/Heidelberg 2002, 115-142

Schroth, U., Die strafrechtlichen Grenzen der Lebendspende, in: C. Roxin/U. Schroth/Ch. Knauer/H. Niedermair (Hg.), Medizinstrafrecht, Stuttgart/München ²2001, 271-290

Schroth, U., Die strafrechtlichen Tatbestände des Transplantationsgesetzes, Juristenzeitung 1997, 1149-1154

Schroth, U., Präzision im Strafrecht. Zur Deutung des Bestimmtheitsgebots, in: Grewendorf, G. (Hg.), Rechtskultur als Sprachkultur, Frankfurt a. Main 1992, 93-110

Schroth, U., Stellungnahme zu dem Artikel von Bernhard Seidenath, „Lebendspende von Organen: Zur Auslegung des § 8 Abs. 1 S. 2 TPG" in Medizinrecht 1998, 253-256, Medizinrecht 1999, 67-68

Schroth, U./König, P./Gutmann, Th./Oduncu, F., Transplantationsgesetz. Kommentar, München 2005

Schroth, U./Schneewind, K.A./Elsässer, A./Land, W./Gutmann, Th., Patientenautonomie am Beispiel der Lebendorganspende, 2005, i.E.

Schulin, B. (Hg.), Handbuch des Sozialversicherungsrechts, Bd. 1, Gesetzliche Krankenversicherung, 1994

Schutzeichel, C. I., Geschenk oder Ware? Das begehrte Gut Organ. Nierentransplantation in einem hochregulierten Markt, Münster u.a. 2002

Schwabe, J., Der Schutz des Menschen vor sich selbst, Juristenzeitung 1998, 66-75

Schweizer Bundesrat, Botschaft zum Bundesgesetz über die Transplantation von Organen, Geweben und Zellen (Transplantationsgesetz), 2001

Schwindt, R./Vining, A.R., Proposal for a Future Delivery Market for Transplant Organs, Journal of Health Politics, Policy and Law 11 (1986), 485-500

Seelmann, K., Organtransplantation – die strafrechtlichen Grundlagenprobleme, in: G. Brudermüller/K. Seelmann (Hg.), Organtransplantation, 2000, 29-42

Seelmann, K., Solidaritätspflichten im Strafrecht, in: H. Jung/H. Müller-Dietz/U. Neumann (Hg.), Recht und Moral. Beiträge zu einer Standortbestimmung, Baden-Baden 1991, 295-304

Seewald, O., Ein Organtransplantationsgesetz im pluralistischen Verfassungsstaat, Verwaltungsarchiv 88 (1997), 199-229

Seewald, O., Gutachterliche Stellungnahme zum Entwurf eines Deutschen Transplantationsgesetzes (Gesetz über die Entnahme und Transplantation von Organen) der Arbeitsgruppe Organspende in der Interessengemeinschaft der Dialysepatienten und Transplantierten in Bayern e. V., 1991

Seidenath, B., Anmerkung: Zur Verfassungsmäßigkeit der Regelung der Organentnahme bei Lebenden im Transplantationsgesetz, Medizinrecht 2000, 33-35

Seidenath, B., Lebendspende von Organen: Zur Auslegung des § 8 Abs. 1 S. 2 TPG, Medizinrecht 1998, 253-256

Sellmair, S./Vossenkuhl, W., Moralische Ansprüche von Patienten und die Allokation von Spenderorganen, in: Oduncu, F./Schroth, U./Vossenkuhl, W. (Hg.), Organtransplantation – Organgewinnung, Verteilung und Perspektiven, Göttingen 2003, 131-145

Sells, R.A., Transplants, in: R. Gillon (Ed.), Principles of Health Care Ethics, New York 1994, 1003-1025

Sengler, H., Stellungnahme zu rechtlichen Aspekten der Lebendspende aus der Sicht des Bundesgesundheitsministeriums, in: G. Kirste (Hg.), Nieren-Lebendspende, Band 1, 2000, 100-124

Shelton, D.L., Group will Track, Insure Live Organ Donors, American Medical News, 9.10.2000

Shiffman, M.L. et al., Living Donor Liver Transplantation: Summary of a Conference at the National Institutes of Health, Liver Transplantation 8 (2002), 174-188.

Sitter-Liver, B., Gerechte Organallokation. Zur Verteilung knapper Güter in der Transplantationsmedizin, Fribourg 2003

Smart, B., Fault and the Allocation of Spare Organs, Journal of Medical Ethics 20 (1994), 26-30

Smith, G.C./Trauer, T./Kerr, P.G./Chadban, S.J., Prospective Psychosocial Monitoring of Living Kidney Donors Using the SF-36 Health Survey, Transplantation 76 (2003), 807-809

South-Eastern Organ Procurement Foundation (SEOPF) [U.S.], Presseerklärung vom Oktober 2000: Major New Initiative Will Track and Protect Health Status of Living Kidney Donors, http://www.seopf/press.htm

Spital, A., Do U.S. Transplant Centers Encourage Emotionally Related Kidney Donation?, Transplantation 61 (1996), 374-377

Spital, A., Donor Exchange for Renal Transplantation [Letter], New England Journal of Medicine 351 (2004), 935-937

Spital, A., Estimating the Number of Potential Organ Donors in the United States, New England Journal of Medicine 349 (2003), 2073-5

Spital, A., Evolution of Attitudes at U.S. Transplant Centers Toward Kidney Donation by Friends and Altruistic Strangers, Transplantation 69 (2000), 1728-1731

Spital, A., Kidney Donation by Altruistic Living Strangers, in: Th. Gutmann/A.S. Daar/W. Land/R.A. Sells (Eds.), Ethical, Legal And Social Issues in Organ Transplantation, Lengerich/Berlin u.a. 2004, 133-141

Spital, A., Mandated Choice for Organ Donation: Time to Give it a Try, in: A.L. Caplan/D. Coelho (Eds.), The Ethics of Organ Transplants: The Current Debate, Amherst, NY 1998, 147-153

Spital, A., Public Attitudes Toward Kidney Donation by Friends and Altruistic Strangers in the United States, Transplantation 71 (2001), 1061-1064

Spital, A., Should People who Commit Themselves to Organ Donation be Granted Preferred Status to Receive Organ Transplants? Clinical Transplantation 19 (2005), 269

Spital, A., The Ethics of Unconventional Living Organ Donation, Clinical Transplantation 5 (1991), 322-326

Spital, A., Unrelated Living Donors: Should They Be Used?, Transplantation Proceedings 24 (1992), 2215-2217

Spital, A., When a Stranger Offers a Kidney: Ethical Issues in Living Organ Donation, American Journal of Kidney Diseases 32 (1998), 676-691

Staudinger, J. et al., Kommentar zum Bürgerlichen Gesetzbuch, [13]1993 ff. und Einzelauflagen

Steiner, R. (Ed.), Educating, Evaluating, and Selecting Living Kidney Donors, Dordrecht 2004

Steiner, R./Gert, B., A Technique for Presenting Risk and Outcome Data to Potential Living Renal Transplant Donors, Transplantation 71 (2001) 1056-1057

Steiner, R./Gert, B., Ethical Selection of Living Kidney Donors, American Journal of Kidney Diseases 36 (2000),677-686
Steinvorth, U., Wem gehören meine Organe?, in: G. Brudermüller/K. Seelmann (Hg.), Organtransplantation, Würzburg 2000, 149-158
Stellpflug, M., Anmerkung zu dem Urteil des BSG vom 10.12.2003, Die Sozialgerichtsbarkeit 2004, 579.
Sternberg-Lieben, D., Rationierung im Gesundheitswesen – Gedanken aus (straf-)rechtlicher Sicht, in: B. Heinrich/E. Hilgendorf/D. Sternberg-Lieben/W. Mitsch (Hg.), Festschrift für Ulrich Weber, Bielefeld 2004, 69-89
Stiftung Lebendspende, Die medizinischen und ethischen Aspekte der Lebendspende, http://www.stiftunglebendspende.de, 2004
Surman, O.S./Hertl, M., Liver Donation: Donor Safety Comes First, Lancet 362, 2003, 674-675
Tarantino, A., Why Should We Implement Living Donation in Renal Transplantation, Clinical Nephrology 53 (2000), 55-63
Taupitz, J., Richtlinien in der Transplantationsmedizin, Neue Juristische Wochenschrift 2003, 1145.
Taupitz, J., Um Leben und Tod: Die Diskussion um ein Transplantationsgesetz, Juristische Schulung 1997, 203
Taupitz, J., Wem gebührt der Schatz im menschlichen Körper? Zur Beteiligung des Patienten an der kommerziellen Nutzung seiner Körpersubstanzen, Archiv für civilistische Praxis (AcP) 191 (1991), 201 ff.
Taylor, G.J./Allee, M.R. et al, Informed Consent for Living Anonymous Adult Donors, in: Th. Gutmann/A.S. Daar/W. Land/R.A. Sells (Eds.), Ethical, Legal And Social Issues in Organ Transplantation, Lengerich/Berlin u.a. 2004, 201-203
Terasaki, P.I./Cecka, J.M./Gjertson, D.W./Takemoto, S., High Survival Rates of Kidney Transplants from Spousal and Living Unrelated Donors, The New England Journal of Medicine 333 (1995), 333-336
Terasaki, P.I./Gjertson, D.W./Cecka, J.M., Paired Kidney Exchange Is Not A Solution to AB0 Incompatibility, Transplantation 65 (1998), 291
Thiel, G., 5 Jahre Schweizer Nierenlebendspende-Register (SNLR 1993-1998), Abstracts der 7. Schweizerischen Transplantationstagung, 29./30.01.1999, 33-34
Thiel, G., Excuses of Nephrologists Not to Transplant, in: W. Land/J.B. Dossetor (Eds.), Organ Replacement Therapy: Ethics, Justice and Commerce, Berlin/Heidelberg/New York 1991, 353-363
Thiel, G., Living Unrelated Kidney Transplantation, in: G.M. Collins/J.M. Dubernard/G. Persijn/W. Land (Eds.), Procurement and Preservation of Vascularized Organs, Dordrecht 1997, 367-374
Thiel, G., Medizinischer Stand der Lebendspende in der Schweiz, Ende 2003, in: Nationale Ethikkommission der Schweiz im Bereich Humanmedizin (NEK-CNE), Stellungnahme 6/2003 – Zur Regelung der Lebendspende im Transplantationsgesetz, 11-16
Thiel, G., Möglichkeiten der Cross-over-Lebendspende bei der Nierentransplantation, in: G. Kirste (Hg.), Nieren-Lebendspende. Rechtsfragen und Versicherungs-Regelungen für Mediziner, Lengerich 2000, 169-179
Thiel, G., Organlebendspende in der Schweiz – ein Erfahrungsbericht, in: P. Becchi/A. Bondolfi/U. Kostka/K. Seelmann (Hg.), Organallokation. Ethische und rechtliche Fragen, Basel 2004, 11-27

Trute, H.H., Die Verwaltung und das Verwaltungsrecht zwischen Selbstregulierung und staatlicher Steuerung, Deutsches Verwaltungsblatt 1996, 950

U.S. Organ Procurement and Transplantation Network and the Scientific Registry of Transplant Recipients (OPTN/SRTR) 2003 Annual Report, http://www.optn.org/AR2003/default.htm

United Nations, Convention Against Transnational Organized Crime (A/RES/55/25); http://www.unodc.org/unodc/en/crime_cicp_convention.html

United Network for Organ Sharing 1991 Ethics Committee, Ethics of Organ Transplantation from Living Donors, Transplantation Proceedings 24 (1992), 2236-2237

United Network for Organ Sharing Ethics Committee (Presumed Consent Subcommittee), An Evaluation of the Ethics of Presumed Consent and a Proposal Based on Required Response, 30.6.1993, unter http://www.unos.or/resources

United Network for Organ Sharing Ethics Committee, General Principles for Allocating Human Organs and Tissues, Transplantation Proceedings 24 (1992), 2227-2235

United Network on Organ Sharing, Statement of Principles and Objectives of Equitable Organ Allocation, 1997, Internet document, http://204.127.237.11/equitabl.htm

UNOS Policy for the Allocation Of Cadaveric Kidneys (unter http://www.unos.org)

v. Münch, I./Kunig, Ph. (Hg.), Grundgesetzkommentar, Band 1, München ^{5}2000

v. Mangoldt, H./Klein, F./Starck, Ch., Das Bonner Grundgesetz, ^{4}2000

Veatch, R.M., A Theory of Medical Ethics, New York 1981

Veatch, R.M., Equality, Justice, and Rightness in Allocating Health Care: A Response to James Childress, in: B.S. Kogan (Ed.), A Time to Be Born and A Time to Die. The Ethics of Choice, New York 1991, 205-216

Veatch, R.M., Justice, Utility and Organ Allocation, in: Th. Gutmann/A.S. Daar/W. Land/R.A. Sells (Eds.), Ethical, Legal, and Social Issues in Organ Transplantation, Lengerich/Berlin u.a. 2004, 57-67

Veatch, R.M., Theories of Medical Ethics: The Professional Model Compared With the Societal Model, in: W. Land/J.B. Dossetor (Eds.), Organ Replacement Therapy: Ethics, Justice, and Commerce, Berlin/Heidelberg/New York 1991, 3-9

Veatch, R.M., Transplantation Ethics, Washington 2000

Veatch, R.M./Pitt, J.B., The Myth of Informed Consent: Ethical Problems in New Organ Procurement Strategies, in: Veatch, R.M., Transplantation Ethics, Washington 2000, chapter 10

Veatch., R.M., A Theory of Medical Ethics, New York 1981

Vereinbarung über die Durchführungsbestimmungen zur Aufwandserstattung nach § 8 Abs. 2 des Vertrages nach § 11 TPG, Bekanntmachung des Bundesministeriums für Gesundheit und Soziale Sicherung v. 16. 4. 2004 im Bundesanzeiger 2004, Nr. 73, 8181 f.

Vollmann, J., Medizinethische Probleme bei der Lebendspende von Organen, Fortschritte der Medizin 114 (1996), 303-306

Wagner, E./Fateh-Moghadam, B., Freiwilligkeit als Verfahren. Zum Verhältnis von Lebendorganspende, medizinischer Praxis und Recht, Soziale Welt 56 (2005), 79-104, i.E.

Wesslau, C., Stellungnahme zur öffentlichen Anhörung „Organisation der postmortalen Organspende in Deutschland" der Enquete-Kommission Ethik und Recht der modernen Medizin des Deutschen Bundestages am 14.3.2005, Kom.-Drs. 15/234

Wolber, K., Krankenversicherung – Auslandsbehandlung – keine Leistungspflicht bei Organspende gegen Bezahlung, Die Sozialgerichtsbarkeit 1998, 484-485
Wolber, K., Unfallversicherungsschutz bei Organspenden nach dem Transplantationsgesetz. SGB VII und Organspenden, Die Sozialversicherung 1998, 147-150
Wolfe, R.A./Ashby, V.B./Milford, E.L. et al., Comparison of Mortality in All Patients On Dialysis, Patients On Dialysis Awaiting Transplantation, And Recipients of A First Cadaveric Transplant, New England Journal of Medicine 341 (1999), 1725-1730
Woodle, E.S./Ross, L.F., Paired Exchanges Should be Part of the Solution to ABO Incompatibility in Living Donor Kidney Transplantation, Transplantation 66 (1998), 406-407
World Health Organisation, 57th World Health Assembly, Resolution on Human Organ and Tissue Transplantation, WHA57.18 v. 22.5.2004
World Health Organisation, Human Organ Transplantation. A Report on Developments under the Auspices of World Health Organisation (1987-1991), 1992
World Health Organisation, Guiding Principles on Human Organ Transplantations. Lancet 337 (1991), 1470-1471, sowie in: World Health Organisation, Human Organ transplantation. A Report on Developments Under the Auspices of the WHO (1987-1991), Genf 1991
Zenios, S.A./Woodle, E.S./Ross, L.F., Primum Non Nocere: Avoiding Harm to Vulnerable Wait List Candidates in an Indirect Kidney Exchange, Transplantation 72 (2001), 648-654
Zilligens, B., Die strafrechtlichen Grenzen der Lebendorganspende, Frankfurt a. Main 2004

Anhang

Gesetz über die Spende, Entnahme und Übertragung von Organen

(Transplantationsgesetz – TPG)

vom 5. November 1997 (BGBl. I, S. 2631)

(zuletzt geändert durch Art. 3 § 7 Nr. 2 des Gesetzes v. 16.2.2001 („Lebenspartnerschaftsgesetz"), BGBl. I, 266 mit Wirkung zum 1.8.2001 sowie durch Art. 14 der Verordnung v. 25.11.2003, BGBl. I, 2304)

Der Bundestag hat mit Zustimmung des Bundesrates das folgende Gesetz beschlossen:

Erster Abschnitt
Allgemeine Vorschriften

§ 1
Anwendungsbereich

(1) Dieses Gesetz gilt für die Spende und die Entnahme von menschlichen Organen, Organteilen oder Geweben (Organe) zum Zwecke der Übertragung auf andere Menschen sowie für die Übertragung der Organe einschließlich der Vorbereitung dieser Maßnahmen. Es gilt ferner für das Verbot des Handels mit menschlichen Organen.

(2) Dieses Gesetz gilt nicht für Blut und Knochenmark sowie embryonale und fetale Organe und Gewebe.

§ 2
Aufklärung der Bevölkerung, Erklärung zur Organspende, Organspenderegister, Organspendeausweise

(1) Die nach Landesrecht zuständigen Stellen, die Bundesbehörden im Rahmen ihrer Zuständigkeit, insbesondere die Bundeszentrale für gesundheitliche Aufklärung, sowie die Krankenkassen sollen auf der Grundlage dieses Gesetzes die Bevölkerung über die Möglichkeiten der Organspende, die Voraussetzungen der Organentnahme und die Bedeutung der Organübertragung aufklären. Sie sollen auch Ausweise für die Erklärung zur Organspende (Organspendeausweise) zusammen mit geeigneten Aufklärungsunterlagen bereithalten. Die Krankenkassen und die privaten Krankenversicherungsunternehmen stellen diese Unterlagen in regelmäßigen Abständen ihren Versicherten, die das sechzehnte Lebensjahr vollendet haben, zur Verfügung mit der Bitte, eine Erklärung zur Organspende abzugeben.

(2) Wer eine Erklärung zur Organspende abgibt, kann in eine Organentnahme nach § 3 einwilligen, ihr widersprechen oder die Entscheidung einer namentlich benannten Person seines Vertrauens übertragen (Erklärung zur Organspende). Die Erklärung kann auf bestimmte Organe beschränkt werden. Die Einwilligung und die Übertragung der Entscheidung können vom vollendeten sechzehnten, der Widerspruch kann vom vollendeten vierzehnten Lebensjahr an erklärt werden.

(3) Das Bundesministerium für Gesundheit und Soziale Sicherung kann durch Rechts-

verordnung mit Zustimmung des Bundesrates einer Stelle die Aufgabe übertragen, die Erklärungen zur Organspende auf Wunsch der Erklärenden zu speichern und darüber berechtigten Personen Auskunft zu erteilen (Organspenderegister). Die gespeicherten personenbezogenen Daten dürfen nur zum Zwecke der Feststellung verwendet werden, ob bei demjenigen, der die Erklärung abgegeben hatte, eine Organentnahme nach § 3 oder § 4 zulässig ist. Die Rechtsverordnung regelt insbesondere

1. die für die Entgegennahme einer Erklärung zur Organspende oder für deren Änderung zuständigen öffentlichen Stellen (Anlaufstellen), die Verwendung eines Vordrucks, die Art der darauf anzugebenden Daten und die Prüfung der Identität des Erklärenden,

2. die Übermittlung der Erklärung durch die Anlaufstellen an das Organspenderegister sowie die Speicherung der Erklärung und der darin enthaltenen Daten bei den Anlaufstellen und dem Register,

3. die Aufzeichnung aller Abrufe im automatisierten Verfahren nach § 10 des Bundesdatenschutzgesetzes sowie der sonstigen Auskünfte aus dem Organspenderegister zum Zwecke der Prüfung der Zulässigkeit der Anfragen und Auskünfte,

4. die Speicherung der Personendaten der nach Absatz 4 Satz 1 auskunftsberechtigten Ärzte bei dem Register sowie die Vergabe, Speicherung und Zusammensetzung der Codenummern für ihre Auskunftsberechtigung,

5. die Löschung der gespeicherten Daten und

6. die Finanzierung des Organspenderegisters.

(4) Die Auskunft aus dem Organspenderegister darf ausschließlich an den Erklärenden sowie an einen von einem Krankenhaus dem Register als auskunftsberechtigt benannten Arzt erteilt werden, der weder an der Entnahme noch an der Übertragung der Organe des möglichen Organspenders beteiligt ist und auch nicht Weisungen eines Arztes untersteht, der an diesen Maßnahmen beteiligt ist. Die Anfrage darf erst nach der Feststellung des Todes gemäß § 3 Abs. 1 Nr. 2 erfolgen. Die Auskunft darf nur an den Arzt weitergegeben werden, der die Organentnahme vornehmen soll, und an die Person, die nach § 3 Abs. 3 Satz 1 über die beabsichtigte oder nach § 4 über eine in Frage kommende Organentnahme zu unterrichten ist.

(5) Das Bundesministerium für Gesundheit und Soziale Sicherung kann durch allgemeine Verwaltungsvorschrift mit Zustimmung des Bundesrates ein Muster für einen Organspendeausweis festlegen und im Bundesanzeiger bekanntmachen.

Zweiter Abschnitt

Organentnahme bei toten Organspendern

§ 3

Organentnahme mit Einwilligung des Organspenders

(1) Die Entnahme von Organen ist, soweit in § 4 nichts Abweichendes bestimmt ist, nur zulässig, wenn

1. der Organspender in die Entnahme eingewilligt hatte,

2. der Tod des Organspenders nach Regeln, die dem Stand der Erkenntnisse der medizinischen Wissenschaft entsprechen, festgestellt ist und

3. der Eingriff durch einen Arzt vorgenommen wird.

(2) Die Entnahme von Organen ist unzulässig, wenn

1. die Person, deren Tod festgestellt ist, der Organentnahme widersprochen hatte,

2. nicht vor der Entnahme bei dem Organspender der endgültige, nicht behebbare Ausfall der Gesamtfunktion des Großhirns, des Kleinhirns und des Hirnstamms nach Verfahrensregeln, die dem Stand der Erkenntnisse der medizinischen Wissenschaft entsprechen, festgestellt ist.

(3) Der Arzt hat den nächsten Angehörigen des Organspenders über die beabsichtigte Organentnahme zu unterrichten. Er hat Ablauf und Umfang der Organentnahme aufzuzeichnen. Der nächste Angehörige hat das Recht auf Einsichtnahme. Er kann eine Person seines Vertrauens hinzuziehen.

§ 4
Organentnahme mit Zustimmung anderer Personen

(1) Liegt dem Arzt, der die Organentnahme vornehmen soll, weder eine schriftliche Einwilligung noch ein schriftlicher Widerspruch des möglichen Organspenders vor, ist dessen nächster Angehöriger zu befragen, ob ihm von diesem eine Erklärung zur Organspende bekannt ist. Ist auch dem Angehörigen eine solche Erklärung nicht bekannt, so ist die Entnahme unter den Voraussetzungen des § 3 Abs. 1 Nr. 2 und 3 und Abs. 2 nur zulässig, wenn ein Arzt den Angehörigen über eine in Frage kommende Organentnahme unterrichtet und dieser ihr zugestimmt hat. Der Angehörige hat bei seiner Entscheidung einen mutmaßlichen Willen des möglichen Organspenders zu beachten. Der Arzt hat den Angehörigen hierauf hinzuweisen. Der Angehörige kann mit dem Arzt vereinbaren, daß er seine Erklärung innerhalb einer bestimmten, vereinbarten Frist widerrufen kann.

(2) Nächste Angehörige im Sinne dieses Gesetzes sind in der Rangfolge ihrer Aufzählung

1. Ehegatte oder eingetragener Lebenspartner (Lebenspartner),

2. volljährige Kinder,

3. Eltern oder, sofern der mögliche Organspender zur Todeszeit minderjährig war und die Sorge für seine Person zu dieser Zeit nur einem Elternteil, einem Vormund oder einem Pfleger zustand, dieser Sorgeinhaber,

4. volljährige Geschwister,

5. Großeltern.

Der nächste Angehörige ist nur dann zu einer Entscheidung nach Absatz 1 befugt, wenn er in den letzten zwei Jahren vor dem Tod des möglichen Organspenders zu diesem persönlichen Kontakt hatte. Der Arzt hat dies durch Befragung des Angehörigen festzustellen. Bei mehreren gleichrangigen Angehörigen genügt es, wenn einer von ihnen nach Absatz 1 beteiligt wird und eine Entscheidung trifft; es ist jedoch der Widerspruch eines jeden von ihnen beachtlich. Ist ein vorrangiger Angehöriger innerhalb angemessener Zeit nicht erreichbar, genügt die Beteiligung und Entscheidung des nächsterreichbaren nachrangigen Angehörigen. Dem nächsten Angehörigen steht eine volljährige Person gleich, die dem möglichen Organspender bis zu seinem Tode in besonderer persönlicher Verbundenheit offenkundig nahegestanden hat; sie tritt neben den nächsten Angehörigen.

(3) Hatte der mögliche Organspender die Entscheidung über eine Organentnahme einer bestimmten Person übertragen, tritt diese an die Stelle des nächsten Angehörigen.

(4) Der Arzt hat Ablauf, Inhalt und Ergebnis der Beteiligung der Angehörigen sowie der Personen nach Absatz 2 Satz 6 und Absatz 3 aufzuzeichnen. Die Personen nach den Absätzen 2 und 3 haben das Recht auf Einsichtnahme. Eine Vereinbarung nach Absatz 1 Satz 5 bedarf der Schriftform.

§ 5

Nachweisverfahren

(1) Die Feststellungen nach § 3 Abs. 1 Nr. 2 und Abs. 2 Nr. 2 sind jeweils durch zwei dafür qualifizierte Ärzte zu treffen, die den Organspender unabhängig voneinander untersucht haben. Abweichend von Satz 1 genügt zur Feststellung nach § 3 Abs. 1 Nr. 2 die Untersuchung und Feststellung durch einen Arzt, wenn der endgültige, nicht behebbare Stillstand von Herz und Kreislauf eingetreten ist und seitdem mehr als drei Stunden vergangen sind.

(2) Die an den Untersuchungen nach Absatz 1 beteiligten Ärzte dürfen weder an der Entnahme noch an der Übertragung der Organe des Organspenders beteiligt sein. Sie dürfen auch nicht Weisungen eines Arztes unterstehen, der an diesen Maßnahmen beteiligt ist. Die Feststellung der Untersuchungsergebnisse und ihr Zeitpunkt sind von den Ärzten unter Angabe der zugrundeliegenden Untersuchungsbefunde jeweils in einer Niederschrift aufzuzeichnen und zu unterschreiben. Dem nächsten Angehörigen sowie den Personen nach § 4 Abs. 2 Satz 6 und Abs. 3 ist Gelegenheit zur Einsichtnahme zu geben. Sie können eine Person ihres Vertrauens hinzuziehen.

§ 6

Achtung der Würde des Organspenders

(1) Die Organentnahme und alle mit ihr zusammenhängenden Maßnahmen müssen unter Achtung der Würde des Organspenders in einer der ärztlichen Sorgfaltspflicht entsprechenden Weise durchgeführt werden.

(2) Der Leichnam des Organspenders muß in würdigem Zustand zur Bestattung übergeben werden. Zuvor ist dem nächsten Angehörigen Gelegenheit zu geben, den Leichnam zu sehen.

§ 7

Auskunftspflicht

(1) Dem Arzt, der eine Organentnahme bei einem möglichen Spender nach § 3 oder § 4 beabsichtigt, oder der von der Koordinierungsstelle (§ 11) beauftragten Person ist auf Verlangen Auskunft zu erteilen, soweit dies zur Feststellung, ob die Organentnahme nach diesen Vorschriften zulässig ist und ob ihr medizinische Gründe entgegenstehen, sowie zur Unterrichtung nach § 3 Abs. 3 Satz 1 erforderlich ist. Der Arzt muß in einem Krankenhaus tätig sein, das nach § 108 des Fünften Buches Sozialgesetzbuch oder nach anderen gesetzlichen Bestimmungen für die Übertragung der Organe, deren Entnahme er beabsichtigt, zugelassen ist oder mit einem solchen Krankenhaus zum Zwecke der Entnahme dieser Organe zusammenarbeitet. Die Auskunft soll für alle Organe, deren Entnahme beabsichtigt ist, zusammen eingeholt werden. Die Auskunft darf erst erteilt werden, nachdem der Tod des möglichen Organspenders gemäß § 3 Abs. 1 Nr. 2 festgestellt ist.

(2) Zur Auskunft verpflichtet sind

1. Ärzte, die den möglichen Organspender wegen einer dem Tode vorausgegangenen Erkrankung behandelt hatten,

2. Ärzte, die über den möglichen Organspender eine Auskunft aus dem Organspenderegister nach § 2 Abs. 4 erhalten haben,

3. der Arzt, der bei dem möglichen Organspender die Leichenschau vorgenommen hat,

4. die Behörde, in deren Gewahrsam sich der Leichnam des möglichen Organspenders befindet, und

5. die von der Koordinierungsstelle beauftragte Person, soweit sie nach Absatz 1 Auskunft erhalten hat.

Dritter Abschnitt

Organentnahme bei lebenden Organspendern

§ 8

Zulässigkeit der Organentnahme

(1) Die Entnahme von Organen einer lebenden Person ist nur zulässig, wenn

1. die Person
   a) volljährig und einwilligungsfähig ist,
   b) nach Absatz 2 Satz 1 aufgeklärt worden ist und in die Entnahme eingewilligt hat,
   c) nach ärztlicher Beurteilung als Spender geeignet ist und voraussichtlich nicht über das Operationsrisiko hinaus gefährdet oder über die unmittelbaren Folgen der Entnahme hinaus gesundheitlich schwer beeinträchtigt wird,
2. die Übertragung des Organs auf den vorgesehenen Empfänger nach ärztlicher Beurteilung geeignet ist, das Leben dieses Menschen zu erhalten oder bei ihm eine schwerwiegende Krankheit zu heilen, ihre Verschlimmerung zu verhüten oder ihre Beschwerden zu lindern,
3. ein geeignetes Organ eines Spenders nach § 3 oder § 4 im Zeitpunkt der Organentnahme nicht zur Verfügung steht und
4. der Eingriff durch einen Arzt vorgenommen wird.

Die Entnahme von Organen, die sich nicht wieder bilden können, ist darüber hinaus nur zulässig zum Zwecke der Übertragung auf Verwandte ersten oder zweiten Grades, Ehegatten, Lebenspartner, Verlobte oder andere Personen, die dem Spender in besonderer persönlicher Verbundenheit offenkundig nahestehen.

(2) Der Organspender ist über die Art des Eingriffs, den Umfang und mögliche, auch mittelbare Folgen und Spätfolgen der beabsichtigten Organentnahme für seine Gesundheit sowie über die zu erwartende Erfolgsaussicht der Organübertragung und sonstige Umstände, denen er erkennbar eine Bedeutung für die Organspende beimißt, durch einen Arzt aufzuklären. Die Aufklärung hat in Anwesenheit eines weiteren Arztes, für den § 5 Abs. 2 Satz 1 und 2 entsprechend gilt, und, soweit erforderlich, anderer sachverständiger Personen zu erfolgen. Der Inhalt der Aufklärung und die Einwilligungserklärung des Organspenders sind in einer Niederschrift aufzuzeichnen, die von den aufklärenden Personen, dem weiteren Arzt und dem Spender zu unterschreiben ist. Die Niederschrift muß auch eine Angabe über die versicherungsrechtliche Absicherung der gesundheitlichen Risiken nach Satz 1 enthalten. Die Einwilligung kann schriftlich oder mündlich widerrufen werden.

(3) Die Entnahme von Organen bei einem Lebenden darf erst durchgeführt werden, nachdem sich der Organspender und der Organempfänger zur Teilnahme an einer ärztlich empfohlenen Nachbetreuung bereit erklärt haben. Weitere Voraussetzung ist, daß die nach Landesrecht zuständige Kommission gutachtlich dazu Stellung genommen hat, ob begründete tatsächliche Anhaltspunkte dafür vorliegen, daß die Einwilligung in die Organspende nicht freiwillig erfolgt oder das Organ Gegenstand verbotenen Handeltreibens nach § 17 ist. Der Kommission muß ein Arzt, der weder an der Entnahme noch an der Übertragung von Organen beteiligt ist noch Weisungen eines Arztes untersteht, der an solchen Maßnahmen beteiligt ist, eine Person mit der Befähigung zum Richteramt und eine in psychologischen Fragen erfahrene Person angehören. Das Nähere, insbesondere zur Zusammensetzung der Kommission, zum Verfahren und zur Finanzierung, wird durch Landesrecht bestimmt.

Vierter Abschnitt

Entnahme, Vermittlung und Übertragung bestimmter Organe

§ 9

Zulässigkeit der Organübertragung

Die Übertragung von Herz, Niere, Leber, Lunge, Bauchspeicheldrüse und Darm darf nur in dafür zugelassenen Transplantationszentren (§ 10) vorgenommen werden. Sind diese Organe Spendern nach § 3 oder § 4 entnommen worden (vermittlungspflichtige Organe), ist ihre Übertragung nur zulässig, wenn sie durch die Vermittlungsstelle unter Beachtung der Regelungen nach § 12 vermittelt worden sind. Sind vermittlungspflichtige Organe im Geltungsbereich dieses Gesetzes entnommen worden, ist ihre Übertragung darüber hinaus nur zulässig, wenn die Entnahme unter Beachtung der Regelungen nach § 11 durchgeführt wurde.

§ 10

Transplantationszentren

(1) Transplantationszentren sind Krankenhäuser oder Einrichtungen an Krankenhäusern, die nach § 108 des Fünften Buches Sozialgesetzbuch oder nach anderen gesetzlichen Bestimmungen für die Übertragung von in § 9 Satz 1 genannten Organen zugelassen sind. Bei der Zulassung nach § 108 des Fünften Buches Sozialgesetzbuch sind Schwerpunkte für die Übertragung dieser Organe zu bilden, um eine bedarfsgerechte, leistungsfähige und wirtschaftliche Versorgung zu gewährleisten und die erforderliche Qualität der Organübertragung zu sichern.

(2) Die Transplantationszentren sind verpflichtet,

1. Wartelisten der zur Transplantation angenommenen Patienten mit den für die Organvermittlung nach § 12 erforderlichen Angaben zu führen sowie unverzüglich über die Annahme eines Patienten zur Organübertragung und seine Aufnahme in die Warteliste zu entscheiden und den behandelnden Arzt darüber zu unterrichten, ebenso über die Herausnahme eines Patienten aus der Warteliste,

2. über die Aufnahme in die Warteliste nach Regeln zu entscheiden, die dem Stand der Erkenntnisse der medizinischen Wissenschaft entsprechen, insbesondere nach Notwendigkeit und Erfolgsaussicht einer Organübertragung,

3. die auf Grund der §en 11 und 12 getroffenen Regelungen zur Organentnahme und Organvermittlung einzuhalten,

4. jede Organübertragung so zu dokumentieren, daß eine lückenlose Rückverfolgung der Organe vom Empfänger zum Spender ermöglicht wird; bei der Übertragung von vermittlungspflichtigen Organen ist die Kenn-Nummer (§ 13 Abs. 1 Satz 1) anzugeben, um eine Rückverfolgung durch die Koordinierungsstelle zu ermöglichen,

5. vor und nach einer Organübertragung Maßnahmen für eine erforderliche psychische Betreuung der Patienten im Krankenhaus sicherzustellen und

6. nach Maßgabe der Vorschriften des Fünften Buches Sozialgesetzbuch Maßnahmen zur Qualitätssicherung, die auch einen Vergleich mit anderen Transplantationszentren ermöglichen, im Rahmen ihrer Tätigkeit nach diesem Gesetz durchzuführen; dies gilt für die Nachbetreuung von Organspendern nach § 8 Abs. 3 Satz 1 entsprechend.

(3) Absatz 2 Nr. 4 und 6 gilt für die Übertragung von Augenhornhäuten entsprechend.

§ 11
Zusammenarbeit bei der Organentnahme, Koordinierungsstelle

(1) Die Entnahme von vermittlungspflichtigen Organen einschließlich der Vorbereitung von Entnahme, Vermittlung und Übertragung ist gemeinschaftliche Aufgabe der Transplantationszentren und der anderen Krankenhäuser in regionaler Zusammenarbeit. Zur Organisation dieser Aufgabe errichten oder beauftragen die Spitzenverbände der Krankenkassen gemeinsam, die Bundesärztekammer und die Deutsche Krankenhausgesellschaft oder die Bundesverbände der Krankenhausträger gemeinsam eine geeignete Einrichtung (Koordinierungsstelle). Sie muß auf Grund einer finanziell und organisatorisch eigenständigen Trägerschaft, der Zahl und Qualifikation ihrer Mitarbeiter, ihrer betrieblichen Organisation sowie ihrer sachlichen Ausstattung die Gewähr dafür bieten, daß die Maßnahmen nach Satz 1 in Zusammenarbeit mit den Transplantationszentren und den anderen Krankenhäusern nach den Vorschriften dieses Gesetzes durchgeführt werden. Die Transplantationszentren müssen in der Koordinierungsstelle angemessen vertreten sein.

(2) Die Spitzenverbände der Krankenkassen gemeinsam, die Bundesärztekammer, die Deutsche Krankenhausgesellschaft oder die Bundesverbände der Krankenhausträger gemeinsam und die Koordinierungsstelle regeln durch Vertrag die Aufgaben der Koordinierungsstelle mit Wirkung für die Transplantationszentren und die anderen Krankenhäuser. Der Vertrag regelt insbesondere

1. die Anforderungen an die im Zusammenhang mit einer Organentnahme zum Schutz der Organempfänger erforderlichen Maßnahmen sowie die Rahmenregelungen für die Zusammenarbeit der Beteiligten,

2. die Zusammenarbeit und den Erfahrungsaustausch mit der Vermittlungsstelle,

3. die Unterstützung der Transplantationszentren bei Maßnahmen zur Qualitätssicherung,

4. den Ersatz angemessener Aufwendungen der Koordinierungsstelle für die Erfüllung ihrer Aufgaben nach diesem Gesetz einschließlich der Abgeltung von Leistungen, die Transplantationszentren und andere Krankenhäuser im Rahmen der Organentnahme erbringen.

(3) Der Vertrag nach den Absätzen 1 und 2 sowie seine Änderung bedarf der Genehmigung durch das Bundesministerium für Gesundheit und Soziale Sicherung und ist im Bundesanzeiger bekanntzumachen. Die Genehmigung ist zu erteilen, wenn der Vertrag oder seine Änderung den Vorschriften dieses Gesetzes und sonstigem Recht entspricht. Die Spitzenverbände der Krankenkassen gemeinsam, die Bundesärztekammer und die Deutsche Krankenhausgesellschaft oder die Bundesverbände der Krankenhausträger gemeinsam überwachen die Einhaltung der Vertragsbestimmungen.

(4) Die Transplantationszentren und die anderen Krankenhäuser sind verpflichtet, untereinander und mit der Koordinierungsstelle zusammenzuarbeiten. Die Krankenhäuser sind verpflichtet, den endgültigen, nicht behebbaren Ausfall der Gesamtfunktion des Großhirns, des Kleinhirns und des Hirnstamms von Patienten, die nach ärztlicher Beurteilung als Spender vermittlungspflichtiger Organe in Betracht kommen, dem zuständigen Transplantationszentrum mitzuteilen, das die Koordinierungsstelle unterrichtet. Das zuständige Transplantationszentrum klärt in Zusammenarbeit mit der Koordinierungsstelle, ob die Voraussetzungen für eine Organentnahme vorliegen. Hierzu erhebt das zuständige Transplantationszentrum die Personalien dieser Patienten und weitere für die Durchführung der Organentnahme und -vermittlung erforderliche personenbezogene Daten. Die Krankenhäuser sind verpflichtet, dem zuständigen Transplantationszentrum

diese Daten zu übermitteln; dieses übermittelt die Daten an die Koordinierungsstelle.

(5) Die Koordinierungsstelle veröffentlicht jährlich einen Bericht, der die Tätigkeit jedes Transplantationszentrums im vergangenen Kalenderjahr nach einheitlichen Vorgaben darstellt und insbesondere folgende, nicht personenbezogene Angaben enthält:

1. Zahl und Art der durchgeführten Organübertragungen nach § 9 und ihre Ergebnisse, getrennt nach Organen von Spendern nach den §§ 3 und 4 sowie nach § 8,

2. die Entwicklung der Warteliste, insbesondere aufgenommene, transplantierte, aus anderen Gründen ausgeschiedene sowie verstorbene Patienten,

3. die Gründe für die Aufnahme oder Nichtaufnahme in die Warteliste,

4. Altersgruppe, Geschlecht, Familienstand und Versichertenstatus der zu Nummer 1 bis 3 betroffenen Patienten,

5. die Nachbetreuung der Spender nach § 8 Abs. 3 Satz 1 und die Dokumentation ihrer durch die Organspende bedingten gesundheitlichen Risiken,

6. die durchgeführten Maßnahmen zur Qualitätssicherung nach § 10 Abs. 2 Nr. 6.

In dem Vertrag nach Absatz 2 können einheitliche Vorgaben für den Tätigkeitsbericht und die ihm zugrundeliegenden Angaben der Transplantationszentren vereinbart werden.

(6) Kommt ein Vertrag nach den Absätzen 1 und 2 nicht innerhalb von zwei Jahren nach Inkrafttreten dieses Gesetzes zustande, bestimmt das Bundesministerium für Gesundheit und Soziale Sicherung durch Rechtsverordnung mit Zustimmung des Bundesrates die Koordinierungsstelle und ihre Aufgaben.

§ 12

Organvermittlung, Vermittlungsstelle

(1) Zur Vermittlung der vermittlungspflichtigen Organe errichten oder beauftragen die Spitzenverbände der Krankenkassen gemeinsam, die Bundesärztekammer und die Deutsche Krankenhausgesellschaft oder die Bundesverbände der Krankenhausträger gemeinsam eine geeignete Einrichtung (Vermittlungsstelle). Sie muß auf Grund einer finanziell und organisatorisch eigenständigen Trägerschaft, der Zahl und Qualifikation ihrer Mitarbeiter, ihrer betrieblichen Organisation sowie ihrer sachlichen Ausstattung die Gewähr dafür bieten, daß die Organvermittlung nach den Vorschriften dieses Gesetzes erfolgt. Soweit sie Organe vermittelt, die außerhalb des Geltungsbereichs dieses Gesetzes entnommen werden, muß sie auch gewährleisten, daß die zum Schutz der Organempfänger erforderlichen Maßnahmen nach dem Stand der Erkenntnisse der medizinischen Wissenschaft durchgeführt werden. Es dürfen nur Organe vermittelt werden, die im Einklang mit den am Ort der Entnahme geltenden Rechtsvorschriften entnommen worden sind, soweit deren Anwendung nicht zu einem Ergebnis führt, das mit wesentlichen Grundsätzen des deutschen Rechts, insbesondere mit den Grundrechten, offensichtlich unvereinbar ist.

(2) Als Vermittlungsstelle kann auch eine geeignete Einrichtung beauftragt werden, die ihren Sitz außerhalb des Geltungsbereichs dieses Gesetzes hat und die Organe im Rahmen eines internationalen Organaustausches unter Anwendung der Vorschriften dieses Gesetzes für die Organvermittlung vermittelt. Dabei ist sicherzustellen, daß die Vorschriften der §en 14 und 15 sinngemäß Anwendung finden; eine angemessene Datenschutzaufsicht muß gewährleistet sein.

(3) Die vermittlungspflichtigen Organe sind von der Vermittlungsstelle nach Regeln, die dem Stand der Erkenntnisse der medizinischen Wissenschaft entsprechen,

insbesondere nach Erfolgsaussicht und Dringlichkeit für geeignete Patienten zu vermitteln. Die Wartelisten der Transplantationszentren sind dabei als eine einheitliche Warteliste zu behandeln. Die Vermittlungsentscheidung ist für jedes Organ unter Angabe der Gründe zu dokumentieren und unter Verwendung der Kenn-Nummer dem Transplantationszentrum und der Koordinierungsstelle zu übermitteln.

(4) Die Spitzenverbände der Krankenkassen gemeinsam, die Bundesärztekammer, die Deutsche Krankenhausgesellschaft oder die Bundesverbände der Krankenhausträger gemeinsam und die Vermittlungsstelle regeln durch Vertrag die Aufgaben der Vermittlungsstelle mit Wirkung für die Transplantationszentren. Der Vertrag regelt insbesondere

1. die Art der von den Transplantationszentren nach § 13 Abs. 3 Satz 3 zu meldenden Angaben über die Patienten sowie die Verarbeitung und Nutzung dieser Angaben durch die Vermittlungsstelle in einheitlichen Wartelisten für die jeweiligen Arten der durchzuführenden Organübertragungen,

2. die Erfassung der von der Koordinierungsstelle nach § 13 Abs. 1 Satz 4 gemeldeten Organe,

3. die Vermittlung der Organe nach den Vorschriften des Absatzes 3 sowie Verfahren zur Einhaltung der Vorschriften des Absatzes 1 Satz 3 und 4,

4. die Überprüfung von Vermittlungsentscheidungen in regelmäßigen Abständen durch eine von den Vertragspartnern bestimmte Prüfungskommission,

5. die Zusammenarbeit und den Erfahrungsaustausch mit der Koordinierungsstelle und den Transplantationszentren,

6. eine regelmäßige Berichterstattung der Vermittlungsstelle an die anderen Vertragspartner,

7. den Ersatz angemessener Aufwendungen der Vermittlungsstelle für die Erfüllung ihrer Aufgaben nach diesem Gesetz,

8. eine vertragliche Kündigungsmöglichkeit bei Vertragsverletzungen der Vermittlungsstelle.

(5) Der Vertrag nach den Absätzen 1 und 4 sowie seine Änderung bedarf der Genehmigung durch das Bundesministerium für Gesundheit und Soziale Sicherung und ist im Bundesanzeiger bekanntzumachen. Die Genehmigung ist zu erteilen, wenn der Vertrag oder seine Änderung den Vorschriften dieses Gesetzes und sonstigem Recht entspricht. Die Spitzenverbände der Krankenkassen gemeinsam, die Bundesärztekammer und die Deutsche Krankenhausgesellschaft oder die Bundesverbände der Krankenhausträger gemeinsam überwachen die Einhaltung der Vertragsbestimmungen.

(6) Kommt ein Vertrag nach den Absätzen 1 und 4 nicht innerhalb von zwei Jahren nach Inkrafttreten dieses Gesetzes zustande, bestimmt das Bundesministerium für Gesundheit und Soziale Sicherung durch Rechtsverordnung mit Zustimmung des Bundesrates die Vermittlungsstelle und ihre Aufgaben.

Fünfter Abschnitt

Meldungen, Datenschutz, Fristen, Richtlinien zum Stand der Erkenntnisse der medizinischen Wissenschaft

§ 13

Meldungen, Begleitpapiere

(1) Die Koordinierungsstelle verschlüsselt in einem mit den Transplantationszentren abgestimmten Verfahren die personenbezogenen Daten des Organspenders und bildet eine Kenn-Nummer, die ausschließlich der Koordinierungsstelle einen Rückschluß auf die Person des Organspenders ermöglicht. Die Kenn-Nummer ist in die Begleitpapiere für das entnommene Organ

aufzunehmen. Die Begleitpapiere enthalten daneben alle für die Organübertragung erforderlichen medizinischen Angaben. Die Koordinierungsstelle meldet das Organ, die Kenn-Nummer und die für die Organvermittlung erforderlichen medizinischen Angaben an die Vermittlungsstelle und übermittelt nach Entscheidung der Vermittlungsstelle die Begleitpapiere an das Transplantationszentrum, in dem das Organ auf den Empfänger übertragen werden soll. Das Nähere wird im Vertrag nach § 11 Abs. 2 geregelt.

(2) Die Koordinierungsstelle darf Angaben aus den Begleitpapieren mit den personenbezogenen Daten des Organspenders zur weiteren Information über diesen nur gemeinsam verarbeiten und nutzen, insbesondere zusammenführen und an die Transplantationszentren weitergeben, in denen Organe des Spenders übertragen worden sind, soweit dies zur Abwehr einer zu befürchtenden gesundheitlichen Gefährdung der Organempfänger erforderlich ist.

(3) Der behandelnde Arzt hat Patienten, bei denen die Übertragung vermittlungspflichtiger Organe medizinisch angezeigt ist, mit deren schriftlicher Einwilligung unverzüglich an das Transplantationszentrum zu melden, in dem die Organübertragung vorgenommen werden soll. Die Meldung hat auch dann zu erfolgen, wenn eine Ersatztherapie durchgeführt wird. Die Transplantationszentren melden die für die Organvermittlung erforderlichen Angaben über die in die Wartelisten aufgenommenen Patienten nach deren schriftlicher Einwilligung an die Vermittlungsstelle. Der Patient ist vor der Einwilligung darüber zu unterrichten, an welche Stellen seine personenbezogenen Daten übermittelt werden. Duldet die Meldung nach Satz 1 oder 3 wegen der Gefahr des Todes oder einer schweren Gesundheitsschädigung des Patienten keinen Aufschub, kann sie auch ohne seine vorherige Einwilligung erfolgen; die Einwilligung ist unverzüglich nachträglich einzuholen.

§ 14

Datenschutz

(1) Ist die Koordinierungsstelle oder die Vermittlungsstelle eine nicht-öffentliche Stelle im Geltungsbereich dieses Gesetzes, gilt § 38 des Bundesdatenschutzgesetzes mit der Maßgabe, daß die Aufsichtsbehörde die Einhaltung der Vorschriften über den Datenschutz überwacht, auch wenn ihr hinreichende Anhaltspunkte für eine Verletzung dieser Vorschriften nicht vorliegen oder die Daten nicht in Dateien verarbeitet werden. Dies gilt auch für die Verarbeitung und Nutzung personenbezogener Daten durch Personen mit Ausnahme des Erklärenden, an die nach § 2 Abs. 4 Auskunft aus dem Organspenderegister erteilt oder an die die Auskunft weitergegeben worden ist.

(2) Die an der Erteilung oder Weitergabe der Auskunft nach § 2 Abs. 4 beteiligten Personen mit Ausnahme des Erklärenden, die an der Stellungnahme nach § 8 Abs. 3 Satz 2, die an der Mitteilung, Unterrichtung oder Übermittlung nach § 11 Abs. 4 sowie die an der Organentnahme, -vermittlung oder -übertragung beteiligten Personen dürfen personenbezogene Daten der Organspender und der Organempfänger nicht offenbaren. Dies gilt auch für personenbezogene Daten von Personen, die nach § 3 Abs. 3 Satz 1 über die beabsichtigte oder nach § 4 über eine in Frage kommende Organentnahme unterrichtet worden sind. Die im Rahmen dieses Gesetzes erhobenen personenbezogenen Daten dürfen für andere als in diesem Gesetz genannte Zwecke nicht verarbeitet oder genutzt werden. Sie dürfen für gerichtliche Verfahren verarbeitet und genutzt werden, deren Gegenstand die Verletzung des Offenbarungsverbots nach Satz 1 oder 2 ist.

§ 15

Aufbewahrungs- und Löschungsfristen

Die Aufzeichnungen über die Beteiligung nach § 4 Abs. 4, zur Feststellung der Untersuchungsergebnisse nach § 5 Abs. 2 Satz 3, zur Aufklärung nach § 8 Abs. 2 Satz 3 und zur gutachtlichen Stellungnahme nach § 8 Abs. 3 Satz 2 sowie die Dokumentationen der Organentnahme, -vermittlung und -übertragung sind mindestens zehn Jahre aufzubewahren. Die in Aufzeichnungen und Dokumentationen nach den Sätzen 1 und 2 enthaltenen personenbezogenen Daten sind spätestens bis zum Ablauf eines weiteren Jahres zu vernichten; soweit darin enthaltene personenbezogene Daten in Dateien gespeichert sind, sind diese innerhalb dieser Frist zu löschen.

§ 16

Richtlinien zum Stand der Erkenntnisse der medizinischen Wissenschaft

(1) Die Bundesärztekammer stellt den Stand der Erkenntnisse der medizinischen Wissenschaft in Richtlinien fest für

1. die Regeln zur Feststellung des Todes nach § 3 Abs. 1 Nr. 2 und die Verfahrensregeln zur Feststellung des endgültigen, nicht behebbaren Ausfalls der Gesamtfunktion des Großhirns, des Kleinhirns und des Hirnstamms nach § 3 Abs. 2 Nr. 2 einschließlich der dazu jeweils erforderlichen ärztlichen Qualifikation,

2. die Regeln zur Aufnahme in die Warteliste nach § 10 Abs. 2 Nr. 2 einschließlich der Dokumentation der Gründe für die Aufnahme oder die Ablehnung der Aufnahme,

3. die ärztliche Beurteilung nach § 11 Abs. 4 Satz 2,

4. die Anforderungen an die im Zusammenhang mit einer Organentnahme zum Schutz der Organempfänger erforderlichen Maßnahmen einschließlich ihrer Dokumentation, insbesondere an

   a) die Untersuchung des Organspenders, der entnommenen Organe und der Organempfänger, um die gesundheitlichen Risiken für die Organempfänger, insbesondere das Risiko der Übertragung von Krankheiten, so gering wie möglich zu halten,

   b) die Konservierung, Aufbereitung, Aufbewahrung und Beförderung der Organe, um diese in einer zur Übertragung oder zur weiteren Aufbereitung und Aufbewahrung vor einer Übertragung geeigneten Beschaffenheit zu erhalten,

5. die Regeln zur Organvermittlung nach § 12 Abs. 3 Satz 1 und

6. die Anforderungen an die im Zusammenhang mit einer Organentnahme und -übertragung erforderlichen Maßnahmen zur Qualitätssicherung.

Die Einhaltung des Standes der Erkenntnisse der medizinischen Wissenschaft wird vermutet, wenn die Richtlinien der Bundesärztekammer beachtet worden sind.

(2) Bei der Erarbeitung der Richtlinien nach Absatz 1 Satz 1 Nr. 1 und 5 sollen Ärzte, die weder an der Entnahme noch an der Übertragung von Organen beteiligt sind noch Weisungen eines Arztes unterstehen, der an solchen Maßnahmen beteiligt ist, bei der Erarbeitung der Richtlinien nach Absatz 1 Satz 1 Nr. 2 und 5 Personen mit der Befähigung zum Richteramt und Personen aus dem Kreis der Patienten, bei der Erarbeitung von Richtlinien nach Absatz 1 Satz 1 Nr. 5 ferner Personen aus dem Kreis der Angehörigen von Organspendern nach § 3 oder § 4 angemessen vertreten sein.

Sechster Abschnitt

Verbotsvorschriften

§ 17

Verbot des Organhandels

(1) Es ist verboten, mit Organen, die einer Heilbehandlung zu dienen bestimmt sind, Handel zu treiben. Satz 1 gilt nicht für

1. die Gewährung oder Annahme eines angemessenen Entgelts für die zur Erreichung des Ziels der Heilbehandlung gebotenen Maßnahmen, insbesondere für die Entnahme, die Konservierung, die weitere Aufbereitung einschließlich der Maßnahmen zum Infektionsschutz, die Aufbewahrung und die Beförderung der Organe, sowie
2. Arzneimittel, die aus oder unter Verwendung von Organen hergestellt sind und den Vorschriften des Arzneimittelgesetzes über die Zulassung oder Registrierung unterliegen oder durch Rechtsverordnung von der Zulassung oder Registrierung freigestellt sind.

(2) Ebenso ist verboten, Organe, die nach Absatz 1 Satz 1 Gegenstand verbotenen Handeltreibens sind, zu entnehmen, auf einen anderen Menschen zu übertragen oder sich übertragen zu lassen.

Siebter Abschnitt

Straf- und Bußgeldvorschriften

§ 18

Organhandel

(1) Wer entgegen § 17 Abs. 1 Satz 1 mit einem Organ Handel treibt oder entgegen § 17 Abs. 2 ein Organ entnimmt, überträgt oder sich übertragen läßt, wird mit Freiheitsstrafe bis zu fünf Jahren oder mit Geldstrafe bestraft.

(2) Handelt der Täter in den Fällen des Absatzes 1 gewerbsmäßig, ist die Strafe Freiheitsstrafe von einem Jahr bis zu fünf Jahren.

(3) Der Versuch ist strafbar.

(4) Das Gericht kann bei Organspendern, deren Organe Gegenstand verbotenen Handeltreibens waren, und bei Organempfängern von einer Bestrafung nach Absatz 1 absehen oder die Strafe nach seinem Ermessen mildern (§ 49 Abs. 2 des Strafgesetzbuchs).

§ 19

Weitere Strafvorschriften

(1) Wer entgegen § 3 Abs. 1 oder 2 oder § 4 Abs. 1 Satz 2 ein Organ entnimmt, wird mit Freiheitsstrafe bis zu drei Jahren oder mit Geldstrafe bestraft.

(2) Wer entgegen § 8 Abs. 1 Satz 1 Nr. 1 Buchstabe a, b, Nr. 4 oder Satz 2 ein Organ entnimmt, wird mit Freiheitsstrafe bis zu fünf Jahren oder mit Geldstrafe bestraft.

(3) Wer entgegen § 2 Abs. 4 Satz 1 oder 3 eine Auskunft erteilt oder weitergibt oder entgegen § 13 Abs. 2 Angaben verarbeitet oder nutzt oder entgegen § 14 Abs. 2 Satz 1 bis 3 personenbezogene Daten offenbart, verarbeitet oder nutzt, wird, wenn die Tat nicht in § 203 des Strafgesetzbuchs mit Strafe bedroht ist, mit Freiheitsstrafe bis zu einem Jahr oder mit Geldstrafe bestraft.

(4) In den Fällen der Absätze 1 und 2 ist der Versuch strafbar.

(5) Handelt der Täter in den Fällen des Absatzes 1 fahrlässig, ist die Strafe Freiheitsstrafe bis zu einem Jahr oder Geldstrafe.

§ 20

Bußgeldvorschriften

(1) Ordnungswidrig handelt, wer vorsätzlich oder fahrlässig

1. entgegen § 5 Abs. 2 Satz 3 die Feststellung der Untersuchungsergebnisse oder ihren Zeitpunkt nicht, nicht richtig, nicht vollständig oder nicht in der vorgeschriebenen Weise aufzeichnet oder nicht unterschreibt,

2. entgegen § 9 ein Organ überträgt,

3. entgegen § 10 Abs. 2 Nr. 4, auch in Verbindung mit Abs. 3, die Organübertragung nicht oder nicht in der vorgeschriebenen Weise dokumentiert oder

4. entgegen § 15 Satz 1 eine dort genannte Unterlage nicht oder nicht

mindestens zehn Jahre aufbewahrt.

(2) Die Ordnungswidrigkeit kann in den Fällen des Absatzes 1 Nr. 1 bis 3 mit einer Geldbuße bis zu fünfzigtausend Deutsche Mark, in den Fällen des Absatzes 1 Nr. 4 mit einer Geldbuße bis zu fünftausend Deutsche Mark geahndet werden.

Achter Abschnitt

Schlußvorschriften

§ 21

Änderung des Arzneimittelgesetzes

Das Arzneimittelgesetz in der Fassung der Bekanntmachung vom 19. Oktober 1994 (BGBl. I S. 3018), zuletzt geändert gemäß Artikel 3 der Verordnung vom 21. September 1997 (BGBl. I S. 2390), wird wie folgt geändert:

1. In § 2 Abs. 3 wird nach Nummer 7 der Punkt am Ende des Satzes durch ein Komma ersetzt und folgende Nummer 8 angefügt:

   „8. die in § 9 Satz 1 des Transplantationsgesetzes genannten Organe und Augenhornhäute, wenn sie zur Übertragung auf andere Menschen bestimmt sind."

2. § 80 wird wie folgt geändert:

   a) In Satz 1 wird nach Nummer 3 der Punkt am Ende des Satzes durch ein Komma ersetzt und folgende Nummer 4 angefügt:

      „4. menschliche Organe, Organteile und Gewebe, die unter der fachlichen Verantwortung eines Arztes zum Zwecke der Übertragung auf andere Menschen entnommen werden, wenn diese Menschen unter der fachlichen Verantwortung dieses Arztes behandelt werden."

   b) Nach Satz 2 wird folgender Satz angefügt:

      „Satz 1 Nr. 4 gilt nicht für Blutzubereitungen."

§ 22

Änderung des Fünften Buches Sozialgesetzbuch

§ 115 a Abs. 2 des Fünften Buches Sozialgesetzbuch - Gesetzliche Krankenversicherung - (Artikel 1 des Gesetzes vom 20. Dezember 1988, BGBl. I S. 2477), das zuletzt gemäß Artikel 39 der Verordnung vom 21. September 1997 (BGBl. I S. 2390) geändert worden ist, wird wie folgt gefaßt:

„(2) Die vorstationäre Behandlung ist auf längstens drei Behandlungstage innerhalb von fünf Tagen vor Beginn der stationären Behandlung begrenzt. Die nachstationäre Behandlung darf sieben Behandlungstage innerhalb von 14 Tagen, bei Organübertragungen nach § 9 des Transplantationsgesetzes drei Monate nach Beendigung der stationären Krankenhausbehandlung nicht überschreiten. Die Frist von 14 Tagen oder drei Monaten kann in medizinisch begründeten Einzelfällen im Einvernehmen mit dem einweisenden Arzt verlängert werden. Kontrolluntersuchungen bei Organübertragungen nach § 9 des Transplantationsgesetzes dürfen vom Krankenhaus auch nach Beendigung der nachstationären Behandlung fortgeführt werden, um die weitere Krankenbehandlung oder Maßnahmen der Qualitätssicherung wissenschaftlich zu begleiten oder zu unterstützen. Eine notwendige ärztliche Behandlung außerhalb des Krankenhauses während der vor- und nachstationären Behandlung wird im Rahmen des Sicherstellungsauftrags durch die an der vertragsärztlichen Versorgung teilnehmenden Ärzte gewährleistet. Das Krankenhaus hat den einweisenden Arzt über die vor- oder nachstationäre Behandlung sowie diesen und die an der weiteren Krankenbehandlung jeweils beteiligten Ärzte über die Kontrolluntersuchungen und deren Ergebnis unverzüglich zu unterrichten. Die

Sätze 2 bis 6 gelten für die Nachbetreuung von Organspendern nach § 8 Abs. 3 Satz 1 des Transplantationsgesetzes entsprechend."

§ 23
Änderung des Siebten Buches Sozialgesetzbuch

§ 2 Abs. 1 Nr. 13 Buchstabe b des Siebten Buches Sozialgesetzbuch – Gesetzliche Unfallversicherung – (Artikel 1 des Gesetzes vom 7. August 1996, BGBl. I S. 1254), das zuletzt durch Artikel 3 des Gesetzes vom 29. April 1997 (BGBl. I S. 968) geändert worden ist, wird wie folgt gefaßt:

„b) Blut oder körpereigene Organe, Organteile oder Gewebe spenden,".

§ 24
Änderung des Strafgesetzbuchs

§ 5 des Strafgesetzbuchs in der Fassung der Bekanntmachung vom 10. März 1987 (BGBl. I S. 945, 1160), das zuletzt durch Artikel 1 des Gesetzes vom 13. August 1997 (BGBl. I S. 2038) geändert worden ist, wird wie folgt geändert:

1. In Nummer 14 wird der Punkt durch ein Semikolon ersetzt.

2. Nach Nummer 14 wird folgende Nummer 15 angefügt:

„15. Organhandel (§ 18 des Transplantationsgesetzes), wenn der Täter zur Zeit der Tat Deutscher ist."

§ 25
Übergangsregelungen

(1) Bei Inkrafttreten dieses Gesetzes bestehende Verträge über Regelungsgegenstände nach § 11 gelten weiter, bis sie durch Vertrag nach § 11 Abs. 1 und 2 abgelöst oder durch Rechtsverordnung nach § 11 Abs. 6 ersetzt werden.

(2) Bei Inkrafttreten dieses Gesetzes bestehende Verträge über Regelungsgegenstände nach § 12 gelten weiter, bis sie durch Vertrag nach § 12 Abs. 1 und 4 abgelöst oder durch Rechtsverordnung nach § 12 Abs. 6 ersetzt werden.

§ 26
Inkrafttreten, Außerkrafttreten

(1) Dieses Gesetz tritt am 1. Dezember 1997 in Kraft, soweit in Satz 2 nichts Abweichendes bestimmt ist. § 8 Abs. 3 Satz 2 und 3 tritt am 1. Dezember 1999 in Kraft.

(2) Am 1. Dezember 1997 treten außer Kraft:

1. die Verordnung über die Durchführung von Organtransplantationen vom 4. Juli 1975 (GBl. I Nr. 32 S. 597), geändert durch Verordnung vom 5. August 1987 (GBl. I Nr. 19 S. 199),

2. die Erste Durchführungsbestimmung zur Verordnung über die Durchführung von Organtransplantationen vom 29. März 1977 (GBl. I Nr. 13 S. 141).